Steilhang

Ewald Fritz Schrempf

Mein herzlicher Dank für Unterstützung gilt der Wirtschaftskammer Österreich und dem Sportministerium

WKO
WIRTSCHAFTSKAMMER ÖSTERREICH

SPORT
MINISTERIUM

www.fritz-schrempf.at
Layout: POSS Verlag, Wien
ISBN 978-3-200-02060-3

Steilhang

Ewald Fritz Schrempf

Inhaltsverzeichnis

Teil 3 –Wirtschaft, Sportartikelhandel

Teil 4 – Technologie

Teil 5 – Sport

(Links zu **Youtube-Skisport-Videos** auf www.fritz-schrempf.at)

Teil 6 – Sicherheit im Skisport

Teil 7 – Trauerstunden

„Steilhang“ – ein ganz großer Bogen in Sachen Skisport!

Dkfm. Ewald Fritz Schrempf – kaum ein anderer hat den Skirennsport in Österreich so hautnah erlebt wie er. Schrempf stand als Atomic-Verantwortlicher nicht nur an der Front des Atomic-Rennsportgeschehens, sondern durchlebte an der Seite des verstorbenen Skifabrikanten und Atomic-Eigners Alois Rohrmoser, zu dessen engsten Vertrauten er zählte, auch die wirtschaftlichen Belange der österreichischen und internationalen Skiindustrie mit all ihren Facetten.

Nach seinem ersten Buch „Mausefalle“ zeichnet der in der Ramsau lebende Steirer nun für ein zweites Buch – „Steilhang“ – verantwortlich. Darin gewährt er auf eindrucksvolle und von großer Sachkenntnis geprägte Art und Weise weitere Einblicke in die Belange des österreichischen Skisportes. Schrempf spannt dabei einen sehr großen Bogen, beleuchtet nicht nur die Wirtschaft, die Industrie, die Technologie, den Sportartikelhandel, die diversen Skifirmen sondern auch die große Palette des Sportes selbst, das im Moment sehr heiße Thema der Sicherheit sowie die Technologie.

Und er beschreibt auch die Trauerstunden des Sportes – etwa den Tod der österreichischen Skilegende Toni Sailer – auf die für ihn eigene Betrachtungsweise. Auch vor dem immer wieder aufkochenden Thema „Doping“ macht er nicht halt.

Und er blickt in die Zukunft des Skirennsportes – etwa auf den Hallen-Skirennsport. Eine äußerst interessante Lektüre – nicht nur für Wirtschafts- und Sport-Insider, sondern darüber hinaus auch für an gesellschaftlichen Belangen Interessierte.

Prof. Peter Schröcksnadel
ÖSV-Präsident

Vorwort

Dieses Buch ist eine Betrachtung der neueren Skigeschichte aus wirtschaftlicher, technologischer und sportlicher Sicht. Leser meines ersten Buches „Mausefalle“ werden darin einige Kapitel bzw. Teile daraus wiederfinden (meist mit blauem Rand gekennzeichnet), was zum besseren Verständnis nötig war. Die „Mausefalle“ hätte eigentlich gar nicht erscheinen dürfen, wenn es nach einer Bank bzw. dem Anwalt derselben gegangen wäre. Daher findet sich unmittelbar nach dem Vorwort auch entsprechender Schriftverkehr. Außerdem sind einige Kommentare zum Buch „Mausefalle“ behandelt. Das vorliegende Buch „Steilhang“ wurde allerdings durch viele neue Kapitel ergänzt. Natürlich konnten dabei nicht alle Daten und Fakten lückenlos erfasst werden – es wird daher auf andere Literatur im jeweiligen Themenzusammenhang verwiesen.

Fünf Jahre nach Erscheinen der „Mausefalle“ hat sich in vielerlei Hinsicht doch einiges verändert, dies ist auch der Grund für das Folgebuch „Steilhang“.
Der Titel „Steilhang” wurde nicht nur wegen eines Streckenteils der Kitzbühler Streif gewählt, sondern vor allem auch wegen des steilen Abstiegs des Welt-Skimarktes – bei Alpinski belief sich der Welt-Skimarkt vor einem guten Jahrzehnt noch auf rund 8,4 Millionen Paar. Mittlerweile ist er auf derzeit rund 3,2 Millionen Paar gesunken. Eine ähnliche Entwicklung ergab sich beim Langlaufmarkt – von mehr als einer Million auf rund 600.000 Paar reduziert. Dies hatte natürlich auch entsprechende Auswirkungen auf die Absatzzahlen der Ski-Industrie und vor allem auf die Bilanzen und GuV-Rechnungen.

In ***Teil 1*** *halte ich wirtschaftliche Entwicklungen von Saison 2006/2007 bis 2009/2010 fest. Dabei greife ich vor allem auf in Tageszeitungen und Magazinen erschienene Berichte zurück. Aufgrund der umfangreichen Meldungen erfolgten selbstverständlich Kürzungen und Interpretationen, teilweise in Schlagworten und Überschriften*

Teil 2 *beschäftigt sich mit der Entwicklung bedeutender und spezieller Skifirmen. Den umfangreicheren Teil in diesem Kapitel nimmt die Firma Atomic ein, für welche ich von 1971 bis 1995 gearbeitet habe. Ein anderer Grund dafür ist, dass der Leser auch Hintergründe des wahrscheinlich unnötigsten Konkurses in der österreichischen Industriegeschichte kennenlernen soll. Aber auch Geschichte und Entwicklung der anderen Skifirmen werden entsprechend berücksichtigt.*

Teil 3 *beschreibt die Situation im Sportartikelfachhandel, da auch auf diesem Gebiet wesentliche Veränderungen stattgefunden haben. Der Weltskimarkt wird kurz gestreift, Schwerpunkt bildet jedoch die Situation in Österreich.*

Teil 4 *behandelt neue technologische Aspekte und Innovationen. Außerdem werden Hinweise auf mögliche weitere Neuheiten in der Skientwicklung und Skikonstruktion aus Sicht des Autors gegeben.*

Teil 5 *handelt vom skisportlichen Geschehen. Im Buch „Mausefalle" habe ich mich auf das Thema „Alpinski" beschränkt. Diesmal erfolgt eine Beschreibung auch aller anderen skisportbezogenen Disziplinen. Außerdem werden die wichtigen mit dem Skisport verbundenen Organisationen wie F.I.S., ÖSV, Austria Skipool und Europäische Ski Federation beleuchtet. Veranstaltungsorte von Olympischen Spielen, Weltmeisterschaften und Weltcuprennen werden ebenso beschrieben, wie Ausblicke auf die Weltmeisterschaften 2011 in Garmisch-Partenkirchen, 2013 in Schladming und die Olympischen Spiele 2014 in Sotschi gemacht werden. Auch den Punkten Skinachwuchs, Ausbildungsstätten und Problematik der Schulskikurse wird Raum gegeben. Eine Fotocollage von Athleten runden das Kapitel „Sport" ab. Eine graphische Beschreibung bekannter Skisportpisten ist abgedruckt. Auch eine mögliche Erweiterung von „Skilauf in Hallen und in der Stadt" soll nicht unbeschrieben bleiben. Schlussendlich wird auch das Thema „Doping" und die daraus resultierenden Diskussionen zwischen IOC, ÖOC und Österreichischem Skiverband behandelt.*

__Teil 6__ ist mir ein besonderes Anliegen. Es geht dabei um das Thema „Sicherheit im Skilauf“. Ein Kapitel, welches mehr und mehr an Bedeutung gewinnt, da auch tiefgreifende volkswirtschaftliche Auswirkungen gegeben sind.

__Teil__ 7 ist mir beim Schreiben am schwersten gefallen. Es handelt sich um Trauerstunden, welche auch dem Skisport nicht erspart geblieben sind. Insbesondere wird Leben und Wirken des leider viel zu früh verstorbenen Jahrhundertsportlers Toni Sailer beschrieben.

Mein Dank gilt allen Menschen, die mir bei der Erstellung und Verwirklichung dieses Buches geholfen haben: meinen Eltern, welche es mir ermöglicht haben, in dieser schönen Branche zu arbeiten, meiner Frau Gisela, die im Laufe meines Berufslebens unendlich viel Geduld gezeigt hat, meiner Tochter Kerstin und meinem Sohn Andreas, für die ich mir manchmal mehr Zeit nehmen hätte sollen (ein Ratschlag an alle „Jungmanager“ und Familienväter!), meinen Geschwistern und Verwandten.

Danke auch an die vielen Sportartikelhändler, Geschäftspartner aus der Industrie, Atomic- und Head/Tyrolia-Mitarbeiterinnen und Mitarbeiter, aber auch an ehemalige Mitbewerber, welche mir interessantes Material zur Verfügung gestellt haben. Ein Dank an den Österreichischen Skiverband mit Präsident Professor Peter Schröcksnadel an der Spitze, an den Internationalen Skiverband, an die Professoren der Wirtschaftsuniversität Wien, Herrn Professor Dr. Gerhard Seicht und Professor DDr. Werner Clement.

Nicht vergessen darf ich die vielen Berichterstatter der Medien, vor allem der österreichischen. Dies gilt insbesondere für die Bereiche Wirtschaft und Sport. Die Berichterstattung über die Firmen, in denen ich tätig war, ist immer fair und von gegenseitigem Vertrauen getragen gewesen.

Ein ganz großes Dankeschön an Eva Poss (POSS Verlag, Wien), welche das Layout in großartiger Manier gestaltet hat. Ohne sie wäre das Buch nur halb so „schön“ geworden.

Ein einfaches und demütiges Danke an unseren Herrgott, welcher mir nach Rückschlägen immer wieder Kraft und Zuversicht zum Weitermachen gegeben hat.

Der Sport – und damit natürlich in erster Linie der Skisport – hat in Österreich einen besonders hohen Stellenwert. Daher auch ein besonderer Dank an alle „Fans“ sowie Leserinnen und Leser dieses Buches.

Ewald Fritz Schrempf
Ramsau am Dachstein im November 2010

Stellungnahmen und Kommentare zur „Mausefalle"

PRESLMAYR RECHTSANWÄLTE

BAWAG
2-4 Seitzergasse
1010 WIEN

Dr. Karl Preslmayr
Dr. Florian Gehmacher
Dr. Rainer Herzig
Mag. Dieter Hauck
Dr. Martin Preslmayr, LL.M.
Dr. Matthias Schmidt
Mag. Erland Pirker
Dr. Rainer Knyrim
Dr. Barbara Kurz, LL.M.
Dr. Martin Bartimä
Dr. Raimund Madl

Preslmayr Rechtsanwälte OEG
Dr. Karl Lueger-Ring 12
1010 Wien, Austria
Tel: (+43 1) 533 16 95
Fax: (+43 1) 535 56 86
office@preslmayr.at
www.preslmayr.at

BAWAG 01010-796-527
UID ATU 10504104

PER FAX VORAB
FAX NR.: 03687 / 81 0 31-4

Herrn
Dkfm. Fritz Ewald Schrempf
Wieseneck 117
8972 Ramsau am Dachstein

12. November 2004
02/ha

Die Zeiten ändern sich!
23/6/2006

BAWAG / Buch „Mausefalle"

Sehr geehrter Herr Diplomkaufmann Schrempf!

Wie Sie wissen vertreten wir rechtsfreundlich die Bank für Arbeit und Wirtschaft AG. Sie haben mir vor einiger Zeit mitgeteilt, dass Sie beabsichtigen, ein Buch über den Konkurs der Firma Atomic zu schreiben. Dieses Vorhaben versuchen Sie nun, wie ich aus Ihrem Schreiben an Herrn GD Dkfm. Zwettler vom 18.10.2004 entnehmen kann, ernsthaft zu betreiben.

Ich möchte Sie in diesem Zusammenhang als Vertreter der BAWAG darauf aufmerksam machen, dass Sie Ihre (Verschwiegenheits-)Pflichten als ehemaliger Geschäftsführer der Atomic for Sport GmbH gegenüber der Gesellschaft, die durch den Masseverwalter Dr. Vavrovsky repräsentiert wird, einzuhalten haben und dass unsere Mandantin für den Fall, dass das Buch tatsächlich erscheint und Unwahrheiten oder unzulässige Wertungen oder sonstige kreditschädigende Äußerungen oder dergleichen enthalten sollte, nicht zögern wird, mit entsprechenden rechtlichen Mitteln (Klage auf Unterlassung, einstweilige Verfügung, medienrechtliche Maßnahmen) gegen Sie vorzugehen.

Unsere Mandantin und ich gehen daher davon aus, dass Sie den Rahmen des Zulässigen nicht überschreiten werden. Um dies aber auszuschließen empfehlen wir Ihnen, uns das Manuskript Ihres Buches vor Drucklegung zu übermitteln, damit wir Sie auf Unrichtigkeiten, Missverständnisse, unzulässige Wertungen und dergl. hinweisen können. Es obliegt dann Ihnen, im Manuskript entsprechende Änderungen vorzunehmen oder die oben erwähnten rechtlichen Schritte zu riskieren. Jedenfalls will unsere Mandantin hiermit eine Warnung aussprechen, die in einem allfälligen späteren Verfahren zu berücksichtigen sein wird.

In Erwartung Ihrer Stellungnahme und des Buchmanuskriptes
mit freundlichen Grüßen

Florian Gehmacher

SN

Mittwoch, 17. November 2004

OHNE PROTOKOLL

Der Atomic-Konkurs ist zwar schon fast ein Jahrzehnt vorbei, doch die Narben aus diesen Vorgängen sind offenbar noch nicht verheilt. So kündigt der frühere Atomic-Manager Fritz Schrempf für Dezember dieses Jahres ein Buch mit dem Titel „Mausefalle" an, in dem er sich nicht nur mit den letzten 50 Jahren Skisport und Ski-Triumphen in Österreich, sondern auch ausgiebig mit dem Atomic-Konkurs beschäftigen will. Schrempf, bis zum bitteren Ende ein enger Vertrauter von Atomic-Gründer Alois Rohrmoser, widmet darin ein Kapitel der Rolle der Banken, in einem weiteren Kapitel darf Rohrmoser seine Sichtweise zum Konkurs darstellen.

Das hat nun die Bawag auf den Plan gerufen. Über ihre Anwälte warnt das Geldinstitut, das bis zur Pleite die Hausbank von Atomic war, Schrempf schon einmal schriftlich vor. Unter der Androhung von Klage auf Unterlassung, einstweiliger Verfügung und weiteren medienrechtlichen Maßnahmen gehen „unsere Mandantin und ich davon aus, dass Sie den Rahmen des Zulässigen nicht überschreiten" werden, teilt der Wiener Anwalt Florian Gehmacher Schrempf mit. „Um dies aber auszuschließen empfehlen wir Ihnen, uns das Manuskript Ihre Buches vor Drucklegung zu übermitteln, damit wir Sie auf Unrichtigkeiten, Missverständnisse, unzulässige Wertungen und dergl. hinweisen können." Gezeichnet ist der Brief mit der ungewöhnlichen Aufforderung: „In Erwartung Ihrer Stellungnahme und des Buchmanuskripts." Schrempf, der heute als Unternehmensberater tätig ist, bedankt sich schon einmal vorweg bei der Bawag „für die prächtige Werbung für mein Buch". So würden noch mehr Personen auf die Rolle der Bawag in dieser Sache aufmerksam. **msm**

profil 48/22/11/2004

LORENZ

Nervöse Banker

Rechtsstreit. **Fritz Schrempf (Foto) blickt auf eine durchaus wechselvolle Karriere zurück. Bis Anfang der neunziger Jahre war er Geschäftsführer von Atomic, später im Management von Head/Tyrolia aktiv. Seine in 27 Jahren gesammelten Branchenerfahrungen will der 58-jährige nunmehrige Unternehmensberater jetzt in Buchform publizieren. Im Jänner soll das Werk unter dem Titel „Mausefalle – Streif-Lichter durch 50 Jahre Ski" präsentiert werden. Der Bawag – sie war die Atomic-Hausbank bis zum Konkurs 1994 – ist das offenbar gar nicht recht. In einem Brief an Schrempf schreibt der Anwalt, „dass unsere Mandantin für den Fall, dass das Buch tatsächlich erscheint und Unwahrheiten oder unzulässige Wertungen (...) enthalten sollte, nicht zögern wird, mit entsprechenden rechtlichen Mitteln gegen Sie vorzugehen".**

„Anti-Stress-Zonen auf

Salzburg 2020. Christoph Bründl gilt als Querdenker im Tourismus. Die SN fragten ihn, wie Salzburgs Winterfremdenverkehr künftig aussehen wird.

HEINZ BAYER

Bründl fordert Entspannungszonen auf den Skibergen, mehr authentische Gastlichkeit und eine neue Kundenverliebtheit statt der völligen Fixierung auf die Technik der Skilifte.

SN: Eine neue Studie sagt, Europas Winter würden kälter. Schuld sei eine Art Ruhephase der Sonne. Gute Nachrichten?

Bründl: Wir reden uns zu viel auf Rahmenbedingungen aus. Entscheidend sind unsere Reaktionsmuster. Fakt ist: Das Wetter wird uns in Salzburg bevorzugen. Die Hitze im Süden wird durch den Klimawandel unerträglich. Die Berge werden eine Art Wiedergeburt erleben.

SN: Lassen wir das Klima einmal weg und bleiben beim Winter und beim Skifahren. Ski fahren ist kompliziert, teuer und stressig. Sie geben mir recht?

Bründl: Ja. Da muss etwas passier. Nach mühevoller Anreise wird der Kunde in einen Skibus gequetscht und zur Talstation transportiert. Und dann ist der Winterurlaub auch noch eine der teuersten Varianten überhaupt.

SN: Starke Worte für einen, der vor allem durch Ski fahrende Gäste sein Geld verdient.

Bründl: Wir müssen uns der Realität stellen. Unser Glück in den 1990er-Jahren war, dass die Grenzen im Osten aufgegangen sind. Neue Gäste kamen. Das täuschte darüber hinweg, dass der Skimarkt stagniert. Wir brauchen neue Radikalitäten. Derzeit nehmen die Großen den Kleinen Marktanteile weg. Innovationen passieren nicht, die Skiindustrie schläft.

SN: „Radikal" klingt wie Umbau unter Schmerzen.

Bründl: Ja. Ein Beispiel: In Andermatt entsteht ein neuer Ferienort mit sechs Hotels, 30 Villen und 490 Wohnungen. Aus den Kellern der Hotels geht es direkt zu den Pisten. „Ski in/Ski out" ist das neue Zauberwort. Der Butler legt für den Gast auf der Ausfahrtsrampe die Skier bereit. Nummeriert und mit Namen versehen. Am Abend stellt der Gast den Ski wieder dort ab. Er muss sich um nichts kümmern. Wir brauchen mehr Kundenverliebtheit und weniger Technikverliebtheit und immer aufwendigere Lifte. Mittlerwei-

den Skibergen sind ein Muss"

le gibt es Lifte, deren Sicherheitsbügel sich automatisch senken. Ist das notwendig? Wenn wir unsere gut betuchten Urlauber nicht verlieren wollen, müssen faszinierende Serviceleistungen und Emotionen viel mehr zentraler Punkt sein.

SN: Nicht jedes Hotel wird eine Rampe zum Lift bauen können.

Bründl: Dann muss es Ladezonen vor den Talstationen geben. Und Helfer, die beim Be- und Entladen zur Hand gehen. Wer mit Kindern Ski fahren geht, hat ein ganzes Sammelsurium an Ausrüstung mit. Gästen kann man nicht Hunderte Meter vor der Talstation eine Parklücke zuweisen und sie dann ihrem Glück oder Unglück überlassen.

SN: Das heißt?

Bründl: Das klassische Hotel und der klassische Service sind Auslaufmodelle. Wir brauchen authentische Konzepte. Almdörfer, wie es sie am Priesteregg in Leogang gibt. Das hat Zukunft. Es geht um Ruheinseln und um totale Individualität. Der Gast kauft nicht ein Bett, Gast kauft den Unterschied.

SN: Vor wenigen Jahren hieß es, der Tourismus müsse die Berge inszenieren. Treppen bauen, Lichtinstallationen machen, mit Brücken ganze Täler überspannen.

Bründl: Das, was ist, muss echt sein. Ich muss spüren, dass es echt ist. Es wird eine radikale Aufsplittung geben. In einen Après-Ski-Markt und darauf spezialisierte Orte wie Saalbach-Hinterglemm, Obertauern oder Ischgl. Dann wird es Top-Orte für Familien geben. Wie etwa Serfaus in Tirol. Und es wird einen Markt für Tourengeher geben. Die Frage der Tourengeher gehört längst in einer befriedigenden Form gelöst.

SN: Und trotzdem: Ski fahren auf der Piste macht Stress. Das empfinden viele Menschen so.

Bründl: Das stimmt ja auch. Derzeit. Aber das kann man ändern. Durch Entspannungszonen. In Serfaus gibt es die. Stühle, Sofas und Liegebänke stehen abseits der Piste. Dort kannst du dich hinsetzen, den Blick in die Berge genießen, die Stille spüren, zu dir selbst kommen, durchatmen. Solche Ruhezonen lassen sich einrichten. Da geht es nur um etwas Fantasie.

SN: Und trotz aller Fantasie: Es gibt keine Alternative zum Schnee – wenn er ausbleibt.

Bründl: Das stimmt. Schnee ist eine Urfaszination. Beschneite Pisten sind eine Sache, eine schneebedeckte Landschaft aber, die ist magisch, mystisch.

SN: Die Krise dient im Tourismus oft als Ausrede. Sind die fetten Jahre wirklich vorbei?

Bründl: Das Alte ist vorbei. Jetzt kommt etwas Neues. Erfolg ist eine gefährliche Kraft, sie macht träge. Wir haben nicht nur eine Wirtschaftskrise, vor allem haben wir eine Wertekrise in der Gesellschaft und eine Innovationskrise. Wir waren viele Jahre in vielen Bereichen für die Vertuschung von allen möglichen Dingen und haben das Heil in einem grenzenlosen und nur auf Quantität ausgerichteten Wachstum gesehen. Dazu kommt, dass es jetzt einen neuen Gast gibt.

SN: Im Verhalten?

Bründl: Ja. Er ist durch das Internet informierter, anspruchsvoller und wehrhafter. Er vergleicht und sagt auch ganz offen und hart, wenn es anderswo besser und preisgünstiger ist.

SN: Wie wird der Wintertourismus im Jahr 2020 aussehen?

Bründl: Salzburg und Tirol bleiben Marktführer. Aber nur, wenn wir zu unseren Wurzeln zurückkommen. Wir haben eine paradiesische Landschaft, ja, aber wir brauchen viel mehr authentische Erlebnisse für den Gast. Die große Sehnsucht der Menschen, die zu uns kommen, ist es, eine Gastfreundschaft zu erfahren, die von Herzen kommt. Frankreich kann uns da nicht das Wasser reichen, die Schweiz auch nicht. Entscheidend wird sein, welche Mitarbeiter die Unternehmer einstellen und wie sie mit ihren Mitarbeitern umgehen. Wo weder Herzlichkeit noch Begeisterung vorgelebt werden, kann man sie auch von keinem der Mitarbeitern erwarten.

Zur Person

Christoph Bründl

ist Geschäftsführer der Bründl Sports Gruppe mit 17 Shops in Kaprun, Zell am See, Ischgl, Mayrhofen und Salzburg.

Bründl ist Tourismusobmann in Kaprun seit 2000, 49 Jahre, verheiratet, Vater von zwei Kindern (11 und 12), lebt aber getrennt.
Hobbys: Skitouren, Mountainbiken, Lesen, Jazz, Qi Gong.

Sein Sportshop in Kaprun setzt Maßstäbe, er lässt sich in keine Normen zwängen: Christoph Bründl auf Kaprun.
Bild: SN/HEINZ BAYER

Salzburg 2020

Ihre Ideen sind gefragt: Wie soll sich Salzburg bis 2020 entwickeln? Welche Projekte sollen endlich verwirklicht werden? Was wünschen Sie sich für Ihre Heimat? Schreiben Sie uns Ihre Idee für das Bundesland, Ihren Bezirk oder Ihre Heimatgemeinde auf www.salzburg.com/2020 oder auf einer Karte an die SN, Karolingerstraße 40, 5021 Salzburg.

Ausgezeichnete Ideen

Die drei zukunftsträchtigsten Ideen werden von einer Jury mit folgenden Preisen ausgezeichnet:
1. Preis: Salzburg AG – Elektro-Bike.
2. Preis: Direktanlage.at – Schroder ISF Global Climate Change – Klimafonds im Wert von 3000 Euro.
3. Preis der SN – passend zur Aktion: 2020 Euro.

www.bruendl.at

bründl sports ACTIVE COMPANY

Herrn
Dkfm. Fritz Schrempf
Wieseneck 117
8972 Ramsau am Dachstein

INTERSPORT BRÜNDL
KAPRUN · KITZSTEINHORN

Kaprun, 25. Juni 2010

Sehr geschätzter Fritz!

Entschuldige bitte, dass ich mich erst heute auf deinen besonderen Brief und deine Beilagen melde. Ich war nun zwei Wochen unterwegs und brauchte auch Zeit, deine sehr spannenden und umfassenden Unterlagen zu studieren.

Ich habe etliche Reaktionen auf den Artikel in der SN bekommen, aber keine so fundierte, faszinierende und umfassende Antwort wie deine.

Deshalb möchte ich dir meinen ganz besonderen Dank für deine Zeit, deine Mühe und deine Gründlichkeit, die du in dieses Informationspaket gelegt hast, aussprechen.

Da wir ohnedies mit einem neuen Standort in deine Nähe kommen (am 26. November eröffnen wir einen neuen Shop im Planet Planai), werde ich mich bei dir melden, wenn ich wieder in Schladming bin.

Es ist faszinierend, wie du bereits vor einigen Jahren den Weitblick in diese besondere Zukunft hattest. Umso mehr wäre natürlich eine entsprechende Vertiefung unserer Themen sehr spannend. Ich möchte hiermit keineswegs schriftlich auf deine sehr interessante Gedankenkette eingehen, und vorerst so verbleiben, dass ich mich bei dir melden werde.

In der Beilage übermittle ich dir unsere Firmenbroschüre, die wir vor kurzem erstellt haben. Weiters möchte ich dir noch das besondere Dokument von diesem außergewöhnlichen Projekt „Andermatt" übermitteln.

Ich wünsche dir weiterhin so viel Energie, Leidenschaft und vor allem kritischen Geist – denn dieser ist in unserer Zeit sehr wichtig.

Mit sportlichen Grüßen aus dem Sommer- und Winterparadies Kaprun-Zell am See

Intersport Bründl
Christoph Bründl

INTERSPORT BRÜNDL KAPRUN · KITZSTEINHORN | INTERSPORT SCHMITTEN ZELL AM SEE | INTERSPORT MATHOY Ischgl | INTERSPORT HAUSBERGER MAYRHOFEN · ZILLERTAL | bründl sports | subway

Bründl Sports Active Company. 17 Shops, 5 sportliche Orte, 1000 Sportideen: Kaprun - Zell am See - Ischgl - Mayrhofen - Salzburg
Sport Bründl Gesellschaft m.b.H. Zentrale und Verwaltung: 5710 Kaprun | Nikolaus-Gassner-Straße 4 | Österreich
Telefon: +43 (0) 6547 / 83 88 - 0* | Telefax: +43 (0) 6547 / 83 88 - 31 | E-Mail: office@bruendl.at | Internet: www bruendl.at

Firmenbuchnummer: FN 63658s; Gerichtsstandort Landesgericht Salzburg; UID Nr. ATU 33470507; Bankverbindung: Salzburger Sparkasse Kaprun, Konto Nr. 3801140201, BLZ 20.404

Teil 1 – Wirtschaftliche Ausgangslage

Wintersport und Wirtschaft

Die folgenden Angaben stützen sich zum Teil auf Daten, welche auf einer Studie beruhen, die Bernhard Felderer vom Institut für höhere Studien (IHS) 2008 anlässlich einer Veranstaltung vom „Netzwerk Winter“ mit Sitz in Salzburg vorstellte. Im Winter , so Felderer, liege die Wertschöpfung der heimischen Touristiker bei 11 Milliarden Euro. Den Rahm schöpfen mit 4,2 Milliarden Euro die Hotels und anderen Beherbergungsbetriebe als gesamtes ab, die Seilbahnunternehmen bringen es auf 873 Millionen Euro, der Bereich Sport und Unterhaltung auf 517 Millionen Euro, die Skiindustrie auf 172 Millionen Euro. Tirol lukriert 47,8 Porzent dieser Wertschöpfung, Salzburg 25 Prozent, Vorarlberg zehn, die Steiermark sechs und Kärnten 2,7 Prozent. Über diese Zahlen freut sich auch der Finanzminister. Schließlich überweist ihm die Branche 1,8 Milliarden Euro an Steuern.

Ein weiterer erfreulicher Aspekt: Der Wintertourismus sichert bundesweit 250.000 Arbeitsplätze und damit jeden 14. Job in Österreich – das entspricht z. B. dem doppelten Wert der Landwirtschaft. Alles, was sich um den Begriff Sport rankt, hat mittlerweile globale Wirtschaftskompetenz erreicht. Bekleidungsindustrie, Ausrüsterfirmen, die Tourismuswirtschaft, die Seilbahnwirtschaft, die Medienkompetenz mit der TV-Industrie an der Spitze, der Professionalismus der Beteiligten, die Heilmittelindustrie mit allen positiven und negativen Aspekten usw. sind im Sammelbecken „Sport“ zu finden. Der Österreichische Skiverband spielt, was den Wintersport und die Konkurrenzen im Weltcup betrifft, sogar mit einem sehr starken Orchester. Das gilt sowohl für die sportlichen aber auch und vor allem für die wirtschaftlichen Belange.

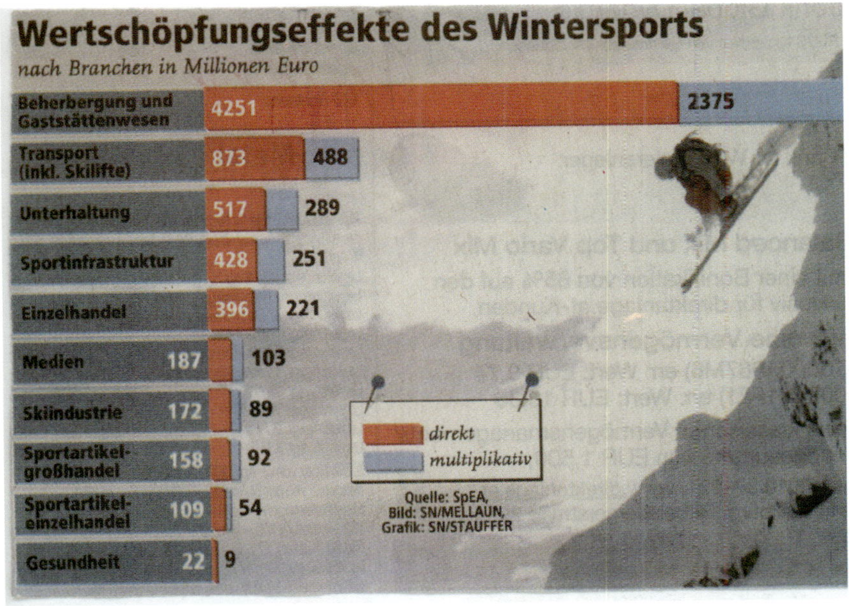

Ski-Krisenjahre

Wie in fast jeder Branche gibt es auch in der Skiindustrie in regelmäßigen Abständen Krisenjahre – Jahre, in denen die Erwartungen aufgrund verschiedenster Umstände nicht erfüllt werden können.
Es gibt darüber auch verschiedene Publikationen in Studien und Presseberichten. Im 20. Jahrhundert war die französische Ski-Industrie mit den Firmen Rossignol, Dynastar und Dynamic betroffen. Nachstehend finden Sie Titel- und Rückseite der Studie „Ski en Crise", erstellt von der Universität Grenoble. Genau in diese Jahre 1977 und 1978 fiel auch der Ankauf der französischen Skifirma Dynamic durch Atomic (siehe dazu eigenes Kapitel).

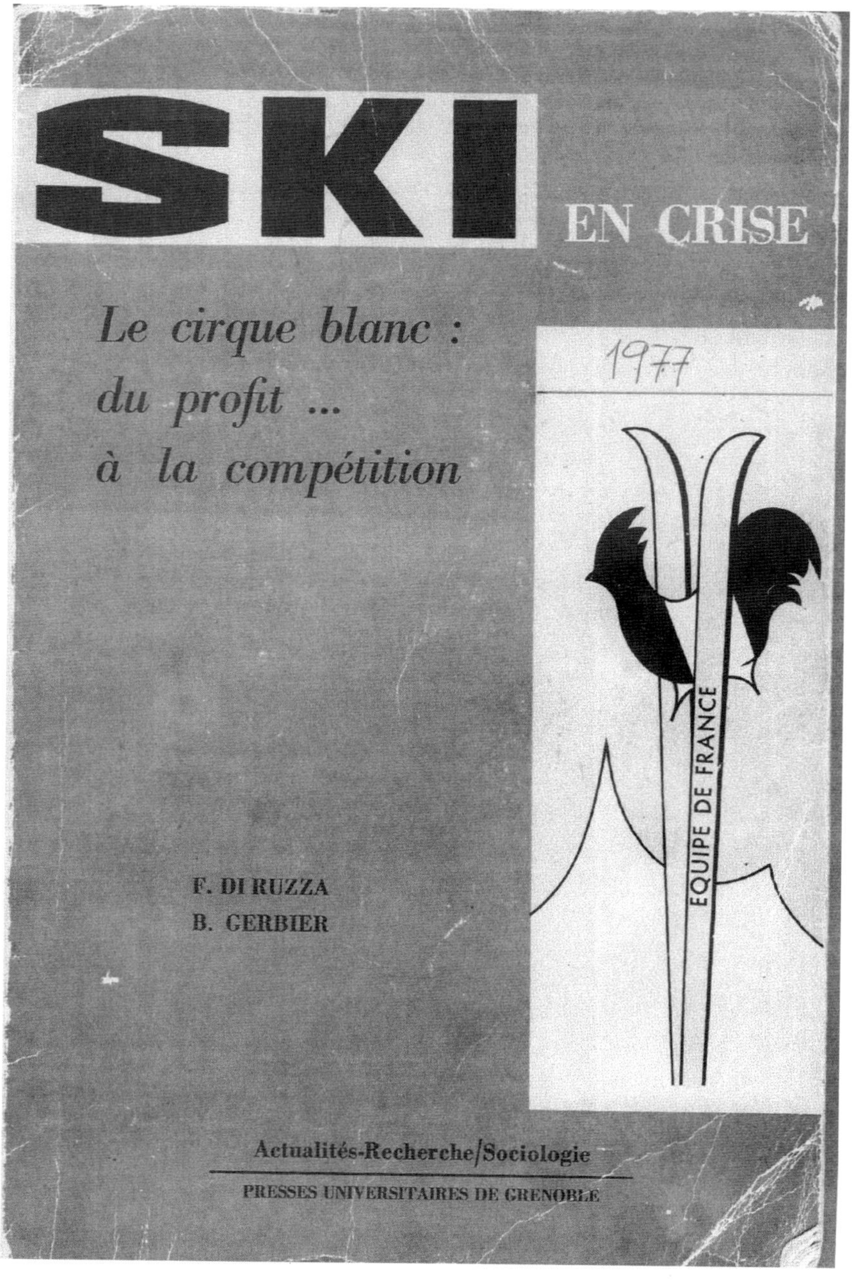
SKI
EN CRISE
Le cirque blanc :
du profit ...
à la compétition
1977
EQUIPE DE FRANCE
F. DI RUZZA
B. GERBIER
Actualités-Recherche/Sociologie
PRESSES UNIVERSITAIRES DE GRENOBLE

SKI en crise ISBN 2-7061-01113

Essai sur l'économie du sport

Le sport est et devient de plus en plus un phénomène social d'une ampleur suffisante pour que la part que lui réserve l'actualité, qu'elle soit écrite ou parlée, augmente au point d'éclipser totalement, à certains moments, les autres rubriques journalistiques.

Le langage presque toujours utilisé pour décrire les activités sportives – celui de l'épopée, des grands romans d'aventure et chevaleresques – masque cependant une autre réalité fondamentale de ce phénomène. Et procéder à une analyse socio-économique, telle qu'elle apparaît dans cet ouvrage, permet de saisir combien le sport est pénétré par les rapports économiques et sociaux.

L'exemple du ski illustre fort bien cette étroite liaison entre promoteurs qui aménagent (ou qui détruisent ?), groupes industriels qui financent et fédérations sportives qui régentent.

Ainsi, l'on découvre que cette fameuse "crise du ski" apparaît bien comme le résultat d'un changement de politique des fabricants de ski, surtout Rossignol, comme la conséquence du changement de statut social dans l'équipe de France et la volonté de la part des stations de se servir de la neige non plus comme support à la pratique du ski, mais plutôt comme appât pour "clientèle étrangère riche".

Les auteurs F. Di Ruzza et B. Gerbier, tous deux docteurs d'Etat en Sciences Economiques et enseignants à l'Université des Sciences Sociales de Grenoble, proposent donc ici une première analyse économique cohérente d'une activité sportive en étudiant justement le fonctionnement des *marchés de l'équipement*, du *marché du spectacle* et du *marché des sportifs* et leur imbrication.

Actualités – Recherches/Série sociologie

PRESSES UNIVERSITAIRES DE GRENOBLE

1980 war besonders schwierig für die Firma Kneissl, Kufstein. Die Probleme und das Verhalten der damaligen Hausbank führten schließlich noch im selben Jahr zum Konkurs von Kneissl. Universitätsprofessor Dr. Gerhard Seicht von der Wirtschaftsuniversität Wien verfasste darüber einen Bericht, welcher allerdings erst 10 Jahre später veröffentlicht werden durfte. Darüber wird unter dem Kapitel „Kneissl" näher berichtet.
Arg war die Lage dann 1990 nach einigen schneearmen Wintern in Folge, fallendem Dollarkurs und anderen unbeeinflussbaren Faktoren, allerdings aber auch durch firmeninterne Fehler.
Auch 1995 (nach den Konkursen von Atomic, Blizzard, Hagan und HTM-Head/Tyrolia/Mares) und 1998 wurde in den Medien viel über die Probleme berichtet und kommentiert. Der Autor verfügt über mehrere Ordner betreffend die Skiindustrie in diesen Jahren. Allein diese Ordner würden zahlreiche Bücher füllen. Stellvertretend seien daher nur einige Berichte und Auszüge davon aus dieser Zeit erwähnt:

Die Presse, 18. April 1990, Thomas Brey: „Sturzgefahr"
Die österreichische Skiindustrie, immer noch ein Aushängeschild der heimischen Wirtschaft, läuft ernsthaft Gefahr, auf der beinharten Wettbewerbspiste zu Sturz zu kommen. Den sich abzeichnenden Verkaufseinbruch in den kommenden Jahren werden nur Firmen mit großen finanziellen Ressourcen überstehen.

Der Standard, 21. Dezember 1990, Reinhard Göweil (heute Chefredakteur der „Wiener Zeitung"): „Die Party ist vorbei"
Die österreichische Wintersportartikelindustrie war eine der wenigen Wirtschaftswunder-Branchen Österreichs. Hier entstanden Firmen, die von der Innovationskraft her Weltgeltung erlangten. Kneissl, Fischer, Atomic, Blizzard, Kästle fuhren voraus und alle anderen hinterher. Die Wintersportartikelindustrie war eine Paradebranche. Nun ist die Party vorbei. Eine Durststrecke von drei schneearmen Jahren hinterlässt diesen Industriezweig als Trümmerhaufen. Weltweit agierende Konzerne kann man nicht provinziell führen. Die Mehrzahl

der heimischen Alpin-Industriellen musste diese eindrucksvolle Binsenweisheit schon zur Kenntnis nehmen. Österreichische Provinzialität verabreicht nun der einst so bewunderten Parade-Branche eine letale Dosis.

Der Standard, 26. März 1992, Michael Hann: Die österreichische Skiindustrie bietet schon seit Jahren ein trauriges Beispiel, wie egozentrisches Patriarchentum und Mangel an Kooperationsfähigkeit dazu führen, dass ein Industriezweig mit Weltgeltung in ausländische Hände gerät.

Die Presse, 24. Feb. 1998, Josef Urschitz: „Ungebremste Schussfahrt":
Im Schatten des Herminators standen auch eine Reihe anderer alpenländischer Brettelkünstler auf den Siegespodesten. Ob damit freilich auch die nicht unerheblichen Probleme, mit denen die heimischen Ski-Fabriken derzeit kämpfen, gelöst sind, darf eher bezweifelt werden. Die Struktur der Branche sieht derzeit nämlich so aus, dass auch viele Maiers die wirtschaftliche Schussfahrt den Markt-Berg hinab nicht aufhalten können. (Der wirtschaftliche „Steilhang").

Salzburger Nachrichten, 17. März 1998, Hermann Fröschl: „Alte Stärke als zentrale Schwäche":
Die österreichische Skilösung bleibt vorerst nur ein Wunschtraum. Noch ist niemand bereit, die heimischen Skifabriken unter gemeinsame Führung zu stellen und die Zusammenarbeit in allen Bereichen zu bewegen. Noch sieht sich der Salzburger Raiffeisen-General Manfred Holztrattner einer breiten Ablehnungsfront gegenüber. Immerhin hat sein Vorstoß aber eine breite Debatte um die Zukunft der Skiindustrie ausgelöst, vor der sich die Betroffenen seit Jahren sonst gerne drücken.

Kurier, 17. August 1998, Andrea Hodoschek: „Über das Scheitern einer österreichischen Skilösung. Eine traurige Geschichte":
Die österreichische Skilösung dürfte endgültig gescheitert sein. Ein-

fach deswegen, weil kaum noch Unternehmen vorhanden sind, die sich zu einer am Weltmarkt starken Gruppe zusammenschließen könnten. Jahrzehntelang war die heimische Ski-Industrie eine Vorzeige-Branche, auf die das ganze Land stolz war. Franz Kneissl, Alois Rohrmoser, Toni Arnsteiner und Pepi Fischer kannte jedes Kind. In einem boomenden Skimarkt schraubten die vier Skikaiser ihre Produktion rasant hinauf und landeten einen Exporterfolg nach dem anderen. Dann aber wurde es am Weltmarkt langsam enger. Nachfrage und Preis brachen ein, international gab es enorme Überkapazitäten. Trotzdem waren Österreichs Skiherren, alle miteinander Self-made-Männer und Patriarchen, nicht bereit, zu kooperieren. Sie fuhren weiterhin stur jeder gegen jeden. Als die Austria Tabak die Sportartikelgruppe HTM als hoffnungsvollen Sanierungsfall übernommen hatte und erstmals Beppo Mauhart eine österreichische Skilösung skizzierte, winkten die potentiellen Kooperationspartner ebenso uninteressiert ab, wie der der damalige Finanzminister Ferdinand Lacina. Heute ist Fischer der einzige große, heimische Skierzeuger, dem sein Unternehmen noch gehört. HTM wurde in einer Panikaktion an den Schweden Johan Eliasch verkauft. Fischer ärgerte sich zu Recht über die großzügige Unterstützung der kreditgebenden Banken für HTM, die streng genommen eine Verzerrung des Wettbewerbs darstellt. Atomic gehört dem Amer-Konzern, schreibt rote Zahlen und muss Mitarbeiter kündigen.

Wirtschaftsblatt, 18. November 1998, Hans Pleininger: „Welche Skifirma hat den längeren Atem?“:
Der Skiwinter beginnt mit einem Paukenschlag: Die marode slowenische Skifabrik Elan steht zum Verkauf – und die österreichische Head-Tyrolia-Mares unter Johan Eliasch möchte hier zuschlagen. Heads Griff nach Elan bringt Schwung in den bislang schleichenden Ausleseprozess unter den Skifirmen. Noch gibt es weltweit ein Dutzend Skihersteller mit eigenem Produktionsbetrieb. Die Skibosse von Fischer, Atomic, Salomon & Co könnten locker das Doppelte der benötigten Jahresmenge von vier Millionen Paar Ski erzeugen.

Mehr wird es trotz des Carving-Booms auch nie wieder werden. Die Skifirmen müssen sich daher auf die neuen Marktbedingungen einstellen. Die Hälfte aller Skifabriken würde schon heute nicht mehr gebraucht. Wer aber gibt von sich aus auf? Jede gemeinsame Überlebensstrategie scheiterte bislang am Irrglauben, es alleine zu schaffen. Dazu gehört auch die vielzitierte österreichische Skilösung. So kommt es letztendlich darauf an, wer den längeren Atem hat.

sbn – sports business news Nr. 0/95, Antje Ernst-Motz: "Downhill in die Katastrophe":
Siehe nachfolgende Abbildungen. Der Großteil der darin geschilderten Fakten gilt auch heute noch, abgesehen von den Kursrelationen, welche auch durch die Einführung des Euro obsolet geworden sind.

sbn

sports business news

Ein SPORT INTERN Sonderdienst
Herausgegeben von Karl-Heinz Huba

Supplement zu *sports business news* Nr. 0/95

SNOW BUSINESS

Österreichs Skiindustrie im Sommer 1995

Downhill in die Katastrophe

Ein *sbn* Dossier von Antje Ernst-Motz

Im Rampenlicht österreichischer Skikanonen wurden auch die Skihersteller der rotweißroten Republik zu Medienstars. Franz Kneissl, Pepi Fischer, Alois Rohrmoser vor allem symbolisierten den Erfolg eines von der Nation gehätschelten Wirtschaftszweiges. Mit Chuzpe und Bauernschläue hatten sie aus Handwerksbetrieben riesige Produktionsstätten entwickelt und den Weltmarkt erobert. Manchmal schwebten sie mit eigenem Hubschrauber bei den großen Skirennen ein. Mancher stand freilich auf tönernen Füßen, und auf einem immer komplizierter werdenden Markt fehlte es oft am Verständnis für wirtschaftliche Mechanismen. Aus Krisen erwuchsen Katastrophen, die in den letzten zwölf Monaten mit dem Zusammenbruch von Atomic, Hagan, Blizzard und HTM ihren Höhepunkt erlebten.

Wagrain, November 1994: Die finnische Amer-Gruppe übernimmt Atomic, den größten österreichischen Skiproduzenten, der zwei Monate zuvor Konkurs angemeldet hatte. Im Sommer 1994 war erstmals über finanzielle Schwierigkeiten des Unternehmens in einer breiteren Öffentlichkeit geredet worden. Doch zu diesem Zeitpunkt war das "Aus" für die Atomic for Sport GmbH schon nicht mehr aufzuhalten. Der geschätzte Verkaufswert der Wagrainer-Gruppe (Skimarken Atomic und Dynamic, Skischuhe der Marke Koflach, Skibindungen der Marke Ess sowie die Produktion von Snowboards, Skistöcken und Inline-Skatern) wird zum Konkurstermin mit einer Milliarde Schilling angeben, die Bankverbindlichkeiten werden mit 1,6 Milliarden Schilling beziffert. Zum Glück findet sich relativ schnell ein Käufer für das insolvente Unternehmen. Der finnische Mischkonzern (2,3 Milliarden Mark Umsatz aus dem Tabak-,Auto-, Papier- und Sportartikelgeschäft) zahlt für den einstigen österreichischen Renommierexporteur 800 Millionen Schilling.

Ein handfester Krach mit der Hausbank Bawag hatte zwar das Schicksal des Unternehmens besiegelt, die Weichen für den Untergang des Rohrmoser-Imperiums wurden freilich schon sehr viel früher gestellt. Fahrlässigkeit zeigte Atomic-Eigner Alois Rohrmoser etwa beim Umgang mit dem Dollar: Weil der Kurs der US-WÄhrung nicht abgesichert wurde, kam es im Zuge des Dollarverfalls zu einem Währungsverlust von rund 150 Millionen Schilling. Unglücklich manöverierte das Unternehmen auch in dem für den Skiabsatz so wichtigen Rennsportbereich. Die Rohrmoser-Zuwendungen an die Skistars kletterten zum Schluß auf 90 Millionen Schilling. Die Rennerfolge aber nahmen ab. Hinzu kam: Rohrmoser entpuppte sich als typischer Vertreter der österreichischen Unternehmermentalität: Was mir gehört, das behalte ich auch.

In diesem Sinne geriet die richtige Entscheidung von 1977, sich mit der Übernahme der französischen Skimarke Dynamic ein starkes Bein in der Domäne der französischen Konkurrenz zu sichern, Ende der 80er Jahre zum Flop. Rohrmoser konnte sich weder entschließen, das Unternehmen zu verkaufen - 1990 zeigte Benetton großes Interesse - , noch die Produktion nach Österreich zu verlagern. Das traurige Ergebnis: Im Januar 1994 mußte die französische Produktion zusperren, Dynamic-Ski werden derzeit im Atomic-Werk im österreichischen Altenmarkt produziert.

Diese Ego-Mentalität äußerte sich auch darin, daß Atomic bis zum bitteren Ende als Einzelfirma geführt wurde. Daß es auch anders geht als mit Einkommenssteuerzahlungen von 50 Prozent, eine Finanzierung über die Börse günstiger ist als teure Kredite, wollte Rohrmoser nicht wahrhaben. Zum eigensinnigen Vorgehen des rotweißen Ski-Pioniers paßte es denn auch, daß er bis zum Schluß ins Tagesgeschehen des Unternehmens eingriff. Bei Detailfragen zwar mitmischte, sich aber andererseits erst viel zu spät entschloß, dem Unternehmen einen Controller zu verpassen oder ein vernünftiges Berichtswesen einzuführen. Vor allem aber ließ es der vom österreichischen Wirtschaftsmagazin *Trend* 1989 zum "Mann des Jahres" gekürte Rohrmoser zum Schluß auch noch auf einen heftigen Krach mit seinen Banken, insbesondere mit der Bawag, ankommen. Ein ungleicher Kampf, den der einstige Skikaiser nur verlieren konnte: 1993 mußte Rohrmoser, bis zu diesem Zeitpunkt größter österreichischer Einzelunternehmer, auf Drängen seines Hauptkreditgebers, der Bawag, die Atomic for Sport GmbH gründen und dort seine Firmenanteile einbringen. Als ihm dann im Sommer 1994 das Wasser bereits bis zum Hals stand, übertrug er 85 Prozent dieser Anteile ohne Wissen der Bank an einen Treuhänder mit der Weisung, einen Käufer dafür zu suchen. Die Bank reagierte prompt: Sie schickte Atomic und Rohrmoser persönlich in den Konkurs.

Wie wird es mit Atomic weitergehen? Kenner der Skibranche gehen davon aus, daß das Unternehmen mit seinen modernen Produktionsstätten der starken französischen Konkurrenz Rossignol und Salomon durchaus Paroli bieten kann. Die aktuelle Politik des finnischen Besitzers zielt eher darauf ab, die Produktion - im vergangenen Jahr 650.000 Paar Atomic-Ski und 150.000 Paar der Marke Dynamic - nicht so sehr den vorhandenen Kapazitäten als den Marktbedürfnissen anzupassen. Will heißen, weniger zu produzieren, um dadurch eine Erhöhung der Durchschnittspreise durchzusetzen.

Und Rohrmoser selber? Er hat zwar die Schlacht um sein Unternehmen verloren, sieht sich aber immer noch im Besitz eines wichtigen Faustpfandes, um sein persönliches Konkursverfahren schmerzloser abzuwickeln: Bis jetzt ist noch nicht geklärt, ob die Markenrechte vor allem auf den wichtigen Absatzmärkten USA und Japan mit an Amer veräußert wurden oder nicht.

Mittersill, April 1995: Das Landesgericht Salzburg eröffnet das Konkursverfahren über die Skifirma Blizzard. Laut Konkursantrag stehen Aktiva von 409,6 Millionen Schilling Passiva von 577,4 Millionen Schilling gegenüber. Die Überschuldung des Unternehmens, das der Tischler Toni Arnsteiner einst mit Skistars wie Franz Klammer, Roger Staub, Marie-Theres Nadig oder Petra Kronsberger zum Erfolg führte, beträgt 176,8 Millionen Schilling. Allein 1994 gab es bei Blizzard Verluste in Höhe von 50 Millionen Schilling bei einem Umsatz von 450 Millionen Schilling. - Laut Status vom 26.April 1995 beliefen sich die Verbindlichkeiten auf rund 550 Millionen Schilling. Etwa 70 Prozent davon entfallen auf die langjährige Hausbank, den Raiffeisenverband Salzburg. Das Institut betont zu diesem Zeitpunkt auch, daß das traditionsreiche Mittersiller Unternehmen - mit 400 Mitarbeitern der weitaus größte Arbeitgeber der Region - nicht zerschlagen, sondern mit Hilfe einer Finanzspritze und stark reduzierter Mitarbeiterzahl fortgeführt werden soll. "Blizzard ist nicht pleite, wir fangen neu an", demonstriert auch Blizzard-Chef und Arnsteiner-Schwiegersohn Franz Schenner Stärke.

Geheimnisvoll präsentiert er einen "kapitalkräftigen ausländischen" Einsteiger in der Mittersiller Firma. Doch die Hoffnungen, daß sich in der von der Konkursordnung vorgesehenen zweimonatigen Schutzfrist ein Käufer - die von Klaus J. Jacobs kontrollierte Schweizer Allgemeine Finanzgesellschaft (AFG) wird als erster Anwärter genannt - für das Unternehmen findet, zerschlagen sich. Mit der Gründung einer Auffanggesellschaft und dem zugesagten finanziellen Zuschuß des Raiffeisenverbandes in Höhe von 100 Millionen Schilling ist die die Fortführung des Unternehmens bis Oktober zunächst gesichert. Unsicher ist hingegen die Zukunft von Geschäftsführer Schenner. Interne Machtkämpfe prägen das Tagesgeschäft.

Ein weiterer Schrecken fährt den Mittersillern im Juni in die Knochen: der Raichle-Konkurs. Der Schweizer Schuhhersteller und Blizzard arbeiteten im Vertrieb eng zusammen. Und wie es nach dem 31. Oktober weitergeht, weiß niemand so recht. Die Zeichen stehen nicht gut für das Unternehmen. Machte Blizzard noch in den achziger Jahren Furore mit einer neuen Skigeneration, dem sogenannten "Thermo"-Ski, so verschliefen die Verantwortlichen die innovative Schalen- Technologie, die Salomon 1990 einführte.

Ein weiterer Stolperstein auf dem Weg in eine sichere Zukunft: Die Marke Blizzard ist außer in Österreich, Deutschland und der Schweiz international kaum präsent. Vor allem auf den wichtigen amerikanischen und japanischen Märkten spielt sie nur eine Nebenrolle. Triadenpolitik ist heute ein Muß, um im Konzert der großen Anbieter wie Rossignol, Salomon oder Atomic anzutreten. Hinzu kommt: Die Nachfolgegesellschaft "Blizzard neu" hat den 315 (von 378) verbliebenen Mitarbeitern neue Verträge untergejubelt. Lohnkürzungen zwischen acht und 15 Prozent tragen mit Sicherheit nicht zur Motivation bei. Selbst Ex-Eigner Toni Arnsteiner, der das Unternehmen vor vier Jahren Tochter und Schwiegersohn überließ, hat offensichtlich wenig Vertrauen in die Zukunft. "Weihnachten", so mutmaßt der Pensionär schon mal gelegentlich, "ist Schluß."

Antiesenhofen, Mai 1995: Die Skifirma Hagan meldet mit einer Überschuldung von 54,6 Millionen Schilling Konkurs an. Die Verbindlichkeiten gegenüber Banken und Lieferanten belaufen sich auf rund 120 Millionen Schilling. Hagan verzeichnete zuletzt einen Umsatz von 210 Millionen Schilling. Typisch für die österreichische Skiindustrie: Neben strukturellen Problemen sind es vor allem hausgemachte Fehler, die das Unternehmen in die Insolvenz trieben. Rund 20 Millionen Schilling Verlust im vergangenen Jahr gehen allein auf das Konto eines teueren Ausflugs von Hagan-Geschäftsführer Franz Siegesleuthner in die Produktion exklusiver Fahrräder. Zusätzliche Probleme bereitete zu dieser Zeit der überraschende Ausstieg des japanischen Yamaha-Konzerns, der seine 30prozentige Beteiligung für einen symbolischen Betrag an Siegesleuthner abtrat.

Auch von personellen Differenzen blieb das Unternehmen nicht verschont. Der langjährige technische Leiter Egon Zveglic nahm seinen Hut und verschwand zum Konkurrenten Atomic.

Immerhin gab es einen Interessenten für Hagan: Die Kneissl-Dachstein-Gruppe wollte die Markenrechte des Unternehmens kaufen und unterbreitete ein Fortführungsangebot für die insolvente Skifabrik, aber die Gläubigerversammlung wollte sich auf die Offerte von Kneissl-Dachstein-Vorstand Erhard Grossnig nicht einlassen. Der hatte einen Finanzbedarf von 40 bis 50 Millionen Schilling für die Hagan-Fortführung ermittelt und versicherte: "Wir haben das Geld". Doch das konnte die Gläubigerversammlung nicht überzeugen, denn das Kufsteiner Unternehmen steht selbst auf nicht allzu starken Füßen und mußte im vergangenen Jahr eine Umsatzeinbuße von 12 Prozent hinnehmen.

Kufstein/Kreuzlingen, Juli 1995: Kneissl-Dachstein übernimmt den Schweizer Sportschuhkonzern Raichle, über den im Monat zuvor das Konkursamt des Kantons Thurgau den Konkurs eröffnete. Die Verluste des Unternehmens summierten

Rennsport-Flops

Lohnt sich ein Engagement im Skirennsport - oder ist das Geld zum Fenster rausgeschmissen? Vergleicht man die Weltcup-Punkte der Saison 1994/95 mit dem finanziellen Aufwand, dann stehen die Sieger und Verlierer in diesem Geschäft schnell fest: **Rossignol** ist mit rund 17 Millionen Mark zwar der größte Geldgeber im alpinen Skisport; aber dieser hohe Einsatz hat sich für das Unternehmen immer ausgezahlt. In der vergangenen Saison errang Rossignol unangefochten einmal mehr den Spitzenplatz mit 2075 Weltcup-Punkten; Kosten pro Punkt rund **8500 Mark**. Weniger gut war das Ergebnis etwa für **Atomic**: Einem Etat von rund sieben Millionen Mark standen 458 Punkte und damit rund **17.000 Mark** pro Punkt gegenüber. Ganz schwach die Performance von **Kästle**. Bei einem Rennsportetat von rund drei Millionen Mark erzielte die **Benetton Sports**-Tochter nur 30 Punkte. Pro Punkt wurden damit etwa **100.000 Mark** investiert.

Irritierendes Durcheinander

Auf dem Alpinsk-Markt herrscht nach wie vor ein irritierendes Modell-Durcheinander. Von **sbn** ermittelte Daten zeigen, daß die 21 am Markt vertretenen Marken in den letzten Jahren pro Saison immer mit über 1.500 verschiedenen Modellen auf dem Markt präsent waren. Den Vogel schießen zur Zeit **Atomic** (279 Modelle, Produktion: 650.000 Paar), **Blizzard** (274 Modelle, Produktion: 370.000 Paar) und **Fischer** (201 Modelle, Produktion: 500.000 Paar) ab.

sich in den zurückliegenden zwei Jahren auf rund 15 Millionen Schweizer Franken. Der Umsatz ging von 190 Millionen Franken (1992) auf 158 Millionen Franken (1994) zurück. Schneearme Winter spielen wie häufig ebenso eine Rolle wie Währungskrisen. Zudem zeigte Beatrice Wehrhahn, 1991 noch mit dem "Veuve-Clicquot-Preis" als Schweizer Unternehmerin des Jahres ausgzeichnet, wenig Weitsicht und Risikobereitschaft, als es Anfang der neunziger Jahre darum ging, den Trendwechsel zum Schnallenschuh mitzumachen. Zwar kaufte sie die österreichische Marke Dynafit und damit "Schnallen-Knowhow". Doch bis die neuen Modelle auf den Markt kamen, verstrichen drei Jahre. Vor allem aber war den Banken seit längerem die dünne Eigenkapitaldecke des Unternehmens (rund 25 Prozent) ein Dorn im Auge. Seit Jahren drängten die Kreditinstitute die Raichle-Eigentümerin, mehr Kapital einzuschießen. Doch Beatrice Wehrhahn sowie Raichle-Chef und Ehemann Franco Bianchi erklärten sich allenfalls bereit, einen Investor zu suchen.

Als der nicht präsentiert wird, sind auch die Banken nicht mehr zu einer weiteren Krediterneuerung bereit. Zwar gewährt das Bezirksgericht Kreuzlingen auf Initiative der. Raichle-Inhaberin Beatrice Werhahn die Nachlasstundung, die das Unternehmen bis zu vier Monate vor den Forderungen der Gläubiger schützt, um noch einen Käufer für das Unternehmen zu finden. Doch mit keinem der häufig genannten Interessenten - Ems-Chemie oder Klaus Jacobs AFG - kommt es letztlich zum Vertragsabschluß. AFG-Verhandlungspartner Peter Haber hält mit der Begründung nicht hinter dem Berg: "Es wurde kein tragfähiges Sanierungskonzept gefunden." Und auch die Gläubiger-Banken scheinen nicht mehr an die Zukunft des Skischuh-Produzenten zu glauben: Sie drehen den Geldhahn zu.

Mitte Juni kann Raichle die Löhne nicht

Nichts dazugelernt

Produktionszahlen und tatsächliche Verkäufe auf dem Skimarkt klafften auch 1994/95 wieder ziemlich auseinander. Weltweit wurden etwa rund **6,8 Millionen Paar Ski** hergestellt. Die Zahl der verkauften Ski beläuft sich hingegen nur auf rund 5,9 Millionen Paar. Nicht anders sieht es bei **Skischuhen** aus: Produziert wurden rund 7,2 Millionen Paar. Verkauft allerdings nur 6,3 Millionen Paar.

Das Dilemma mit der Währung

Wie Österreichs Skiindustrie unter der Kursentwicklung leidet

Währung	Mittelwert* 1990	1993	1995**	Veränderung in %
1 US-Dollar	11,91	11,45	9,8	- 17,0
100 Französiche Francs	209,10	208,55	199,95	- 4,4
100 Italienische Lira	0,95	0,77	0,59	- 38,1
100 Schwedische Kronen	195	159	136	- 30,2
100 Spanische Escudos	8,01	7,41	6,6	- 16,5
100 Japanische Yen	7,71	10,77	11,70	+51,7

*Angaben in österreichischen Schilling ; **Augustwerte

mehr bezahlen. Doch Ende Juli gelingt zumindest vorläufig der Neubeginn. Die Kneissl-Dachstein-Gruppe, bei den Gläubigern der Skimarke Hagan wegen mangelnden Vertrauens in die finanzielle Solidität der Kufsteiner-Gruppe abgeblitzt, präsentiert sich dank einer Kreditzusage der acht Gläubigerbanken in Höhe von 20 Millionen Schweizer Franken als Eigentümer der Raichle Boots AG. Die Produktion ist am ersten August wieder angelaufen. Firmensanierer und Kneissl-Miteigentümer Erhard Grossnigg weiß freilich, daß nur eine gestraffte Produktion und radikal gesenkte Kosten dem Schweizer Einkauf eine Überlebenschance geben. Und so werden von den 460 Arbeitsplätzen letztlich nicht mehr als 200 übrigbleiben. Und ob die in Zukunft bestand haben werden, muß sich erst noch zeigen.

Wie der Skiabsatz ist auch der Verkauf der dazu passenden Schuhe in allen wichtigen Märkten rückläufig. Was will, wundern sich denn auch nicht nur Brancheninsider, Kneissl mit drei Skischuhmarken. "Da stützt der Blinde den Lahmen," lästert ein Branchenkenner.

Wien, August 1995. HTM, Sportartikeltochter der staatlichen Austria Tabak AG, löst ein Desaster aus. Die Zahlungsunfähigkeit des Unternehmens ist dabei nur eine Seite im Chaos: Es beharken sich Minister und Provinzpolitiker, Vorstände müssen ihren Hut nehmen.

Unter dem HTM-Dach sind die österreichische Skibindungsmarke Tyrolia, die ursprünglich amerikanische Marke Head (Ski, Tennis und Sportmode) sowie die italienische Tauchsportmarke Mares vereinigt. Seit der Übernahme des Unternehmens (1994 4,5 Milliarden Schilling Umsatz, rund 3000 Mitarbeiter), hängt HTM wie ein Mühlstein am Hals von Austria Tabak. 1993 beliefen sich die Verluste bereits auf 210 Millionen Schilling. Das Jahr 1994 - rund 400 Millionen Schilling miese - bezeichnete selbst der damalige Austria-Tabak-Chef Beppo Mauhart als "katastrophal".

Zwar hat die Tabak-Mutter bereits eine Milliarde Schilling in die Sport-Tochter gepumpt. Doch das reicht bei weitem nicht aus. Mittlerweile gehen die Verantwortlichen davon aus, daß zum Überleben des Unternehmens mindestens 1,5 Milliarden Schilling erforderlich sind. Immerhin konnten noch im Juli rund 20 betroffene Gläubigerbanken zu einem "stillen Ausgleich" bewegt werden. Sie verzichteten vorübergehend, wenn auch "ungern" (Bank-Austria-Vorstand Karl Samstag) auf die Zinsen für langfristige Verbindlichkeiten in Höhe von 250 Millionen Schilling.

Rent a ski

Nicht genug mit schneearmen Wintern, Rezession oder Währungsturbulenzen: Auf die gebeutelte Skiindustrie wartet bereits die nächste Herausforderung. Leihski sind auffallend stark im Kommen. Solange keine echte Innovation dahintersteht, empfindet der Konsument ständig neue Modelle kaum noch als Kaufanreiz. Er leiht sich für 10 oder 14 Tage Skifahren das aktuellste Paar Ski samt Bindung und Schuhen lieber aus. In Frankreich entfallen bereits 50 Prozent des Geschäftes auf den Leihskimarkt. Ein Trend, der auch auf den anderen wichtigen Märkten immer stärker zunimmt.

Zwei der wichtigsten Kreditgeber - Bank Austria und Creditanstalt-Bankverein - hatten Anfang August noch ihre Bereitschaft signalisiert, das angeschlagene Unternehmen weiter zu finanzieren, doch nur unter der Voraussetzung eines schlüssigen Sanierungskonzeptes. Für dessen Verwirklichung sollte ein neuer Mann sorgen: Lothar M. Hawel, bis zum vergangenen Jahr Geschäftsführungsvorsitzender der Kölner Muelhens-Gruppe (4711). Doch von seiner Marschroute aus der Verlustzone sind offensichtlich nicht alle Beteiligten überzeugt.

Während Österreichs Finanzminister Andreas Staribacher mit dem Hinweis auf Rettung von tausenden von Arbeitsplätzen dem Sanierungskonzept positive Seiten abgewinnt - geplant ist, das Personal um 10 Prozent abzubauen, die verlustbringende Golfproduktion einzustellen und die Sportbekleidung in Lizenz zu vergeben, auch die Lizenz für eine neue Leichtzigarette namens "Head" soll Geld in die Kasse bringen - will Wirtschaftsminister Johannes Ditz den Plänen auf keinen Fall zustimmen. Seine Begründung: Ein derartiges Placet würde eine nachträgliche Sanktionierung des HTM-Kaufes bedeuten, den die ÖVP-Vertreter in der Regierung immer abgelehnt haben. Ditz plädiert dafür, einen Käufer für die notleidende AT-Tochter zu suchen. Vor allem müssen aber die Austria Tabak-Vorstände um den Vorsitzenden Beppo Mauhart - Günther Hayn und Otto Husinsky - ihren Hut nehmen. Sie stellten bis vor kurzem noch den HTM-Aufsichtsrat und müssen sich nun völliges Versagen bei der Kontrolle des Tochterunternehmens vorwerfen lassen.

Nicht nur das: Die Austria Tabak selbst geriet durch die Sporttochter reichlich ins Schleudern. In der AT-Bilanz des vergangenen Jahres mußten allein 1,3 Milliarden Schilling für die verlustreiche Beteiligung abgeschrieben werden. Rote Zahlen konnten im Tabakkonzern nur durch die Auflösung von Rücklagen vermieden werden. Es werden zur Zeit zwar etliche ausländische Interessenten für HTM gehandelt, auch eine "kleine österreichische Skilösung" ist mit einer Zusammenlegung von Blizzard und Head wieder einmal im Gespräch. Ein Gewinn wird in keinem Fall raesspringen. Immerhin schiebt das Unternehmen einen Schuldenberg von über vier Milliarden Schilling vor sich her. Mittlerweile soll die Sanierung zumindest versucht werden. Auch mit dem Hintergedanken, die Braut für einen späteren Verkauf attraktiver zu machen. Die zur Zeit noch höchst häßliche Tochter erhält in diesem Jahr von der AT-Mutter im Rahmen des 1,5 Millionen Schilling Hilfspaketes zunächst einmal 650 Millionen Schilling. Die beiden neuen Interimsvorstände bei der Austria Tabak, Herbert Kornfeld und Jörg Schram, geben sich optimistisch. Wenn im kommenden Jahr programmgemäß die restlichen 850 Millionen Schilling fließen, sollen bis Ende 1996 die HTM-Verbindlichkeiten auf 2,5 Milliarden Schilling runtergefahren werden.

Wie geht es mit der Branche weiter? Auf die Zukunft können die Skisportproduzenten kaum bauen. Da sieht es alles andere als rosig aus: In den wichtigsten Märkten und Produktgruppen sind die Absatzzahlen rückläufig, können sie allenfalls noch gehalten werden. Die Ursachen liegen vor allem in der weltweit immer noch nicht überwundenen Rezession, in den Währungsproblemen auf den wichtigsten Märkten und auch in einem Generationswechsel zu jüngeren Produkten (Snowboards).

Zudem ist der Konsument nicht mehr bereit, alle ein oder zwei Jahre einen neuen Ski zu kaufen. Die Spanne dehnt sich mittlerweile auf bis zu fünf Jahre aus.

Fazit: Die fetten Jahre der Skihersteller sind vorbei. Wurden 1980 noch rund 10 Millionen Paar Alpinski verkauft, so sind es heute nur noch knapp sechs Millionen mit Tendenz zu fünf Millionen. Stark rückläufig ist auch das Segment der Langlaufski. Schneearme Winter, wirtschaftlich schwierige Zeiten, Preiskämpfe, die Langlebigkeit des Produktes, aber auch der Trend zum Leihski knabbern an den Verkaufszahlen. Daran wird sich auch in Zukunft nicht allzuviel ändern. Schätzungen gehen davon aus, daß die Branche zur Zeit mit weltweit 50 Millionen Skifahrern rechnen kann. Eine Größenordnung, die wohl bis auf weiteres festgeschrieben ist. Während die französischen Hersteller Rossignol, vor allem aber Senkrechtstarter Salomon dank zeitgemäßer Marketing-Strategien und gezielter Investitionen in den Rennsport ihre Positionen am stagnierenden Markt ausbauen können, verlieren die tradidtionsreichen und renommierten österreichischen Marken an Boden, schaden Konkurse dem einstmals strahlenden Image.

Von Kontinent zu Kontinent

Die Chancen der Ski-Industrie

Europa: Der Markt für Alpin- und Langlaufski ist eher rückläufig. Die Gründe sind bekannt: Rezession, Währungsprobleme und das Aufkommen einer neuen Generation, die sich mehr für das Snowboardfahren als den klassischen alpinen Skilauf interessiert. So ist das Snowboardsegment auch der einzige Bereich, der in den kommenden zwei bis drei Jahren noch gute Wachstumschancen hat. Allerdings wird es auch hier wie auf dem Alpinskimarkt zu Preiskämpfen kommen, werden die Preise sich nach unten entwickeln. Dadurch werden in diesem Bereich wohl einige Marken verschwinden. Die Herstellung wird sich auf einige wenige Firmen konzentrieren. Bindungen und Schuhe werden sich künftig analog der Skisituation entwickeln, also rückläufig sein. Chancen liegen hier im Angebot von neuen Snowboard-Bindungen und Spezialschuhen für diesen Bereich.

Nordamerika: Der nordamerikanische Markt wird den europäischen Produzenten in den kommenden Jahren weiterhin Einbrüche zwischen 15 und 20 Prozent bescheren. Vor allem die Währungsprobleme, das heißt der niedrige Kurswert des US-Dollars, spielen hier die entscheidende Rolle. Die gleichen Perspektiven gelten für Schuhe und Bindungen. Ausnahme ist auch auf dem amerikanischen Markt das Segment Snowboards, dem in den kommenden zwei bis drei Jahren noch gute Wachstumschancen prognostiziert werden.

Asien (Japan,Korea): Die Rezession drückt dem Skigeschäft ihren Stempel auf. Auch Graumarktimporte beeinflussen den Absatz, der in Japan durch den Kurs des Yen sehr teuren Ski. Nur der Snowboardmarkt wird in den kommenden zwei bis drei Jahren noch wachsen und damit auch die Absatzchancen für spezielle Bindungen und Schuhe.

Ein Sprung ins 21. Jahrhundert

Die im Folgenden angeführten Schlagzeilen und auszugsweisen Berichte sind den Zeitungen und Magazinen und einer Stellungnahme des Holzfachverbandes entnommen: Presseaussendung Holzfachverband (= Dachverband der Skiindustrie innerhalb der Wirtschaftskammer), Österreich, Salzburger Nachrichten, Kleine Zeitung, Kronenzeitung, Kurier, Wirtschaftsblatt, Der Standard, Die Presse, NEWS. Außerdem wurden zu diesem Thema auch vom Autor einige Schreiben an Medien verfasst.

Rundschreiben des Holzfachverbandes an die Mitglieder, Dez. 2006:
In den letzten Tagen häufen sich die Fragen zum Thema „Klimawandel“ (hohe Temperaturen im November) und Effekte für die Skiindustrie. Die einheitliche Sprachregelung sollte lauten:

Zur wissenschaftlichen Basis eines etwaigen globalen Klimawandels kann sich die Skiindustrie nicht kompetent genug äußern. Während in Europa derzeit hohe Temperaturen herrschen, gibt es in Nordamerika ein ausgeprägtes Winterklima mit viel Schnee. In den letzten Jahrzehnten hat es immer wieder schneelose November und Dezember in Europa gegeben. Die Skiindustrie exportiert 85 % ihrer Produkte weltweit und ist an die unterschiedlichen Winterszenarien über die Kontinente hinweg bereits gewöhnt. Auch wenn die Skiindustrie selbstverständlich sämtliche seriösen Aussagen zum Thema Klimaveränderung aufmerksam verfolgt, so dürfte unmittelbare, ortsgebundene Betroffenheit zum Thema vor allen Dingen in der Seilbahn- und Tourismuswirtschaft herrschen. Auf diese Branchen sollte auch für die Statements verwiesen werden (haben dafür auch großzügige PR-Abteilungen zur Verfügung).

Skiproduktion gedrosselt. Die Skiindustrie muss die ehrgeizigen Pläne für 2007 revidieren. Denn die Lager der Händler sind voll. Doch noch warten alle auf die weiße Pracht. „Im Dezember 2005 haben die Händler die Kinderski noch mit LKW direkt vom Werk abgeholt. Aber so etwas wie diese Saison habe ich in den letzten zehn Jahren nicht erlebt“ sagt Michael Schineis, Chef von Atomic in Österreich. Und damit meint er das warme Wetter – nicht nur in den heimischen Alpen, sondern vor allem auch in Absatzmärkten wie Nordamerika, Japan und Skandinavien.
Während die Skiindustrie mit Innovationen in der nächsten Saison punkten will, hofft Intersport-Alleinvorstand Gabriele Fenninger das Gegenteil. „Wir hoffen, dass die Industrie nicht mit vielen, extremen Neuheiten kommt“, sagt sie. Denn ein Minus von 16 Prozent bei Alpinski und 17 Prozent bei Skischuhen seit September bedeutet, dass die Lager voll sind. Von Schleuderpreisen hält Fenninger wenig. Bei minus 70 Prozent sei der Einstandspreis wesentlich höher. Übrigens haben die Intersport-Händler seit September nur ein Umsatzminus von einem Prozent gemacht. Die Leute haben eben mehr in Lauf- und Fitnessausrüstung investiert. Geheimtipps, wo Skifahren derzeit gut möglich ist, machen die Runde. Für die Skiindustrie ist das ein gutes Zeichen. Auch, wenn ein Winter wie dieser die Branche erschüttern wird. Denn einige Betriebe waren trotz Rekordabsätzen im Vorjahr in der Vergangenheit nicht gerade mit üppigen Gewinnen gesegnet.

Atomic muss laut Bericht der Salzburger Nachrichten vom 21. Februar 2007 bis zu 80 Mitarbeiter entlassen. Dies entspricht laut Firmenangaben rund 10 % der Belegschaft. Die Zeiten als der Alpinskimarkt noch rund acht Millionen Paar erreicht hat, gehören der Vergangenheit an. 4,5 Millionen waren es noch vor rund zwei Jahren, 3,8 Millionen heute.

„Stillstand im Handel wirft die Skiindustrie aus der Spur“. Österreichs Skihersteller müssen sich in der kommenden Saison auf Auftragseinbußen von rund 30 Prozent einstellen. Der Handel sitzt auf vollen Lagern. Die Preise sind im Keller. Atomic hat die Produktionsschichten in Österreichs größtem Skiwerk auf eine reduziert, sagt Geschäftsführer Michael Schineis dem STANDARD. „Wir fertigen jetzt vorsichtig“. Atomic, Tochter des finnischen Konzerns Amer, produziert in Altenmarkt mit 1.000 Mitarbeitern jährlich 900.000 Paar Ski. Umsatz 2006: rund 210 Mio. Euro. Schineis hofft, alle Jobs zu halten. Produktionspartner in Bulgarien sollen helfen, die schwankenden Absätze abzufedern. Unter dem Atomic-Dach ist auch die Fertigung von Salomon. Um deren Langlaufskier zu bauen, startet die Gruppe heuer in Bulgarien ein eigenes Werk. Konkurrent Fischer fertigt neben Ried mit 1.400 Mitarbeitern in der Ukraine. „Wir müssen diesen Kostenvorteil ausgleichen“, sagt Schineis. Mit Sorge beobachtet Europas Industrie den Einstieg Chinas in den Markt. Die Chinesen mischen bereits stark beim Bau von Snowboards mit. Und der US-Konzern K2 lässt dort mittlerweile auch Skier fertigen. Der Großteil geht in den Export.

„Matte Saison für Skifirmen“.
Der Absatz ist heuer massiv eingebrochen, und auch die Aussichten für die kommende Saison sind alles andere als günstig. Nach dem ungewöhnlich warmen Winter ist in der heimischen Skiindustrie Feuer am Dach. Der weltweite Absatz bei Alpinskiern ist um 15 Prozent, bei Langlaufskiern sogar um 30 Prozent eingebrochen. Die Lager bei den Händlern sind noch übervoll, es werden kaum neue Modelle geordert. Die Konsequenz: Die heimischen Skihersteller wie Atomic oder Head reagieren mit Produktionsdrosselung. Das bedeutet automatisch, dass auch Mitarbeiter abgebaut werden. Bei Head wird die Produktion um Ostern für vier Wochen ruhen. Man plant aktuell, zwanzig Prozent weniger Ski als im Vorjahr zu produzieren. Fischer hat bereits im Herbst 70 Mitarbeiter abgebaut. „Rote Zahlen in der Skiindustrie“. Nach dem schneearmen Winter (und zu-

sätzlichen anderen Faktoren) ist es kein Wunder, dass die Umsätze im Sportartikelfachhandel stark rückläufig waren. Die Folgen für die Industrie kommen erst mit Verspätung. Es ist derzeit sicher nicht leicht, die Produktionsplanung einigermaßen in den Griff zu bekommen: auf der einen Seite muss man Überlager vermeiden (es könnte ja wieder ein schneearmer Winter kommen), auf der anderen Seite soll man lieferfähig sein, um Nachbestellungen befriedigen zu können. Auf jeden Fall sind Bestellungs-, Umsatz- und Gewinnrückgänge bis zu 40 Prozent auszumachen.

Kein leichtes Leben für Sportartikelhersteller.
Eine Überraschung lieferte die Atomic-Mutter Amer, die dank eines geringen Finanzverlustes das Minus im zweiten Quartal leicht verringern konnte Dass der Verlust eingegrenzt werden konnte, liegt nicht zuletzt an massiven Einsparungen im Wintersport-Segment. Von Atomic (41 Prozent Umsatzrückgang im ersten Halbjahr) und Salomon wird erwartet, dass sie trotz allem in den roten Zahlen bleiben. Bei Head sanken die Erlöse bei Skiern und Bindungen (Tyrolia) im ersten Halbjahr um 30,5 Prozent. Schon jetzt sind die Rückschläge so groß, dass es im Gesamtjahr voraussichtlich ein negatives Betriebsergebnis geben wird.

Die schwere Ski-Krise.
Umsatz-Rückgänge bis zu 50 Prozent bei den Vorbestellungen. Für die Skiindustrie stellt sich die Lage katastrophal dar. Eine Erhebung des Marktforschers GfK ergab einen Rückgang bei Ski-Bestellungen um 30 Prozent. Handelsobmann Fritz Aichinger spricht sogar von bis zu minus 50 Prozent. Die bekannten österreichischen Brettl-Hersteller stecken tief in den roten Zahlen. Der größte Skiproduzent Atomic verzeichnet im ersten Halbjahr ein Umsatzminus von 41 Prozent auf 17,3 Millionen Euro. Der Betriebsverlust betrug besorgniserregende 24,4 Millionen. Atomic-Chef Michael Schineis hofft noch, eine schwarze Null fürs Gesamtjahr zu erreichen. Atomic hat den Personalstand bereits um 100 auf 750 Mitarbeiter reduziert. Gegen

Ende des Jahres wird dann noch laut Schineis auf Kurzarbeit umgestellt. Der Umsatz des Head-Konzerns brach im Halbjahr um 9,6 Prozent auf 119 Millionen Euro ein. Verlust: über 14 Millionen.

Aus einem E-Mail des Autors an NEWS: „Die Dreifach-Strategie von Herrn Eliasch ist in Frage zu stellen: Hermann Maier-Effekt (Wechsel von Atomic zu Head)? Produktionsziffer 600.000 Paar Ski? Klimaschutz: glaubt Herr Eliasch (offensichtlich nicht nur „Investor“, welcher für kolportierte ATS 10 Millionen HTM gekauft hat – frag’ nach bei Dr. Hannes Androsch, welcher ebenfalls an Head interessiert war – wirklich, dass er durch eine Kooperation mit der Naturschutzorganisation „Cool Earth“ den Regenwald retten kann, die Klimaerwärmung verhindert, den Schneemangel behebt? Die Hoffnung stirbt zuletzt. Im Falle Eliasch die Hoffnung, Atomic einzuholen, und das bei einem Marktanteilsunterschied von rund 13 Prozent. Hoffen auf harten Winter. Der frühe Schneefall und der Weltcup-Start lassen die Skiindustrie auf bessere Zahlen in diesem Winter hoffen. Von Entwarnung ist aber noch lange keine Rede.

Salomon kam im vergangenen Winter, in dem der österreichische Skimarkt von 520.000 auf 360.000 Paar einbrach, mit einem Minus von 10 Prozent mit einem blauen Auge davon. Ein Minus von mehr als 20 Prozent musste die Konzernschwester Atomic vorigen Winter hinnehmen. Das beschleunigte die angepeilten Synergieeffekte in der Amer-Gruppe. Bereits jetzt werden alle Ski der Marken Dynamic, Atomic und Volant in Altenmarkt produziert, dazu kämen Modelle von Salomon. Nach neuen Wegen sucht auch Rossignol, wo das Geschäftsjahr im Oktober mit minus 17 Prozent zu Ende geht. In einem Punkt ist sich die Branche einig: Nur mit Ski allein wird es in Zukunft nicht mehr gehen.

Österreichs Skiindustrie strauchelt.
Der Handel sitzt auf vollen Lagern, die Hersteller klagen über 30 Prozent weniger Aufträge. Das schlägt sich auch in der Absatz-

prognose nieder: Verkaufte Fischer 2006/07 rund 1,7 Mio. Paar Ski, rechnet man für die heurige Saison nur noch mit 1,1 Millionen.

Das große Ski-Duell.
Ski-Erzeuger kämpfen gegen Krise, Head fordert Atomic heraus. Der Ski-Weltcup startet. Die Brettl-Hersteller stehen mit dem Rücken zur Wand. Gute Schneelage und Rennsiege sollen Trendwende bringen. Im Rennsport lautet das Hersteller-Duell Atomic gegen Head. Atomic tritt mit Benjamin Raich und Weltcupverteidiger Aksel Lund Svindal an. Herausforderer Head mit dem durch ein kolportiertes Fixum von einer Million Euro abgeworbenen Hermann Maier und mit Bode Miller. Neben Rennsiegen geht es um harte Absatzzahlen. Die Hersteller kämpfen verbissen um Marktanteile.

Glitzerwelt und Zukunftsangst.
Die Absage des Weltcup-Auftakts in Sölden war der Beginn eines Winters, der in den Bilanzen der Skifirmen eine blutrote Spur hinterlassen und dem ganzen Zirkus klar gemacht hat, wie fragil die Basis ist, auf der der ganze Wintersport in Zeiten der Klimaerwärmung steht. Ein Jahr später scheint alles vergessen. Sölden ist an diesem Wochenende der größte Parkplatz von Luxus-Geländeautos, die jenseits von 50.000 Euro kosten. Die Skifirmen präsentieren sich mit einem noch größeren Aufwand als je zuvor. Geld scheint auch beim Veranstalter in Sölden keine Rolle zu spielen: Um einen nochmaligen Ausfall des relativ jungen Klassikers zu verhindern, wurde auf dem Gletscher eine Beschneiungsanlage um 22 Millionen Euro gebaut.

Die Spuren der Skikrise.
2006/07 wurden in Österreich mit 388.000 Paar um rund 30 % weniger Alpin-Brettln und sogar 60 % weniger Langlauflatten verkauft. Das hat tiefe Spuren und rote Zahlen hinterlassen: Atomic hat seine Mitarbeiterschaft in Altenmarkt durch Kündigungen und Nichtnachbesetzungen um 200 auf 750 verringert, Fischer musste 150 Leute abbauen und weitere Teile der Produktion aus Ried in sein ukrainisches

Werk verlegen. Head setzte Kurzarbeit für die halbe Belegschaft an. Die Krise hat jedenfalls einige Eigentümerwechsel ins Rutschen gebracht: Blizzard ging von einer heimischen Investorengruppe mehrheitlich an den italienischen Sportartikler Nordica. Umgekehrt wurde Kästle von der Cross-Industries-Gruppe um Stefan Pierer vom Benetton-Konzern zurückgekauft. Peter Wahle, Vorstand der Sports Experts-Gruppe spürt einen leichten Aufschwung der Nachfrage. Allround-Carver mit etwas verbreiterter Skimitte seien gefragt. Und ganz wichtig sei wieder das Ladythema sagt Head-Manager Bob Koch. Anmerkung des Autors: kürzere Skis (heute Carving-Skis genannt) mit gemäßigter Skitaillierung hat es schon 1974 gegeben, ebenso wie Damenmodelle (in leichterer Bauweise, versetztem Bindungsmontage-Punkt und auf Damen abgestimmte Farben und Graphiken). Siehe dazu Bildausschnitte aus Katalogen 1974/75.

Skifirmen atmen auf.
Wintereinbruch: Händler und Ski-Hersteller hoffen auf Trendwende. Anmerkungen: Grund zum Aufatmen ist der relativ frühe Wintereinbruch. Trotzdem ist zu sagen, dass es für den letztjährigen Einbruch von 500.000 Paar auf 388.000 Paar andere Gründe als Schneemangel gibt: notwendige Sparmaßnahmen der potentiellen Skifahrer, jährlicher Modellwechsel der Skierzeuger, unübersichtliche Kollektionen gepaart mit einer Vielzahl von Sondermodellen; die einst österreichischen Skierzeuger befinden sich großteils nicht mehr in österreichischem Besitz (Atomic = Finnisch, Blizzard = Italienisch, Head = Schwedisch). Von den großen Skifirmen befindet sich lediglich Fischer wieder zu 100 % in österreichischer Hand, nachdem die rund 30 % eines japanischen Mitbesitzers zurück gekauft wurden.

In den Katalogen 2004/05 preist man die sogenannten „Twin-Tip"-Ski an. Eine Skiart, die es bereits 1976/77 unter den Bezeichnungen „Trick" und Baller" gegeben hat. Geschichte und Mode wiederholen sich immer wieder.

SPECIAL
Target Group: The ski which meets individual requirements.
RENTAL
Complete range of rental skis which are characterized by extreme durability and effortless manoeuvrability.

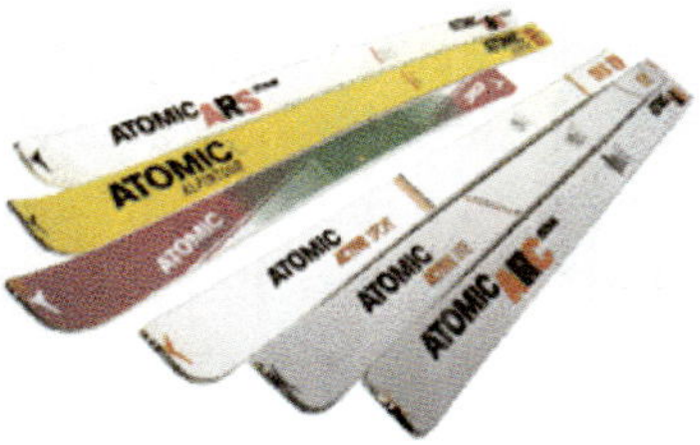

Schlagzeilen, Berichte und Stellungnahmen 2008

Skibranche in Bedrängnis. Die milden Temperaturen im Jänner 2007 hatten der Branche teils dramatische Umsatzeinbußen bis zu 15 Prozent beschert. Auch Fischer Sports GmbH muss eine traurige Bilanz ziehen. Das Unternehmen rechnet gar mit einem Umsatzminus von 25 Prozent für das bis Februar 2008 reichende Geschäftsjahr 2007/2008. Während man in China den Skisport kaum noch entdeckt habe, sei Russland der „einzige Wachstumsmarkt, den die Industrie im Augenblick hat". Der Fischer-Chef zeigt sich besorgt über die Zukunft des Wintersports in Europa. Das Interesse der Jungen gehe zurück, weil die Konkurrenz der Unterhaltungselektronik stark sei. Zudem gälte Wintersport als teuer.

Anmerkung des Autors in einem Fax an die Salzburger Nachrichten: Ich sehe nicht den zweiten schwierigen Winter, sondern kenne im Verlauf der letzten 30 Jahre mindestens sieben „schwierige" Winter. 1988 kam der Schnee in Höhe von 30 cm als Weihnachtswunder am Sonntag, 24.12.; ein Jahr später hatten wir in ganz Österreich „grüne" Weihnachten. 1964, im Jahr der Olympischen Spiele in Innsbruck, hat es erst Anfang Februar geschneit. Ich habe überdies Aufzeichnungen aus einem Kloster in Niederösterreich, datierend aus dem 11. Jahrhundert und die Wetterverhältnisse exakt darstellend (Schnee im Sommer, Apfelblüte im Februar usw.). Skimarkt China: In der Zwischenzeit lassen sehr viele Skiproduzenten zumindest Teile der Gesamtproduktion in China erzeugen. Atomic-Firmengründer Alois Rohrmoser hat einmal gesagt, dass man Mode auch in Paris, Wien, Berlin, New York, … macht und nicht in irgendwelchen Ländern. Ski sollen dort produziert werden, wo die Arbeiter mit Herz, Hirn und Händen bei der Herstellung sind. Hinsichtlich des rückläufigen Interesses der Jugend am Skisport sind Industrie, Handel, Tourismuswirtschaft usw. gefragt, entgegen zu wirken. Wieder mit Herz, Hirn und Händen!

Es geht wieder bergauf.

Die krisengeschüttelten Ski-Produzenten sind wieder optimistisch. Sie wollen 2008 endlich wieder durchstarten. Branchenprimus Atomic wurde von der „Ski-Krise“ am schlimmsten getroffen. Das Marktforschungsunternehmen GfK hat erhoben, dass zwischen April und Dezember 2007 in Österreich 237.400 Paar Ski verkauft wurden – das ist noch einmal um ein Prozent weniger als im selben Zeitraum des „Katastrophenjahrs“ 2006. Heuer soll es aber wieder bergauf gehen. Trotz der zuletzt extrem schwierigen Rahmenbedingungen ist Head-Österreich-Boss Bob Koch sehr zufrieden. „Zwischen April und Dezember 2007 konnten wir um 32 Prozent mehr Paar Ski verkaufen“. Man habe damit, so Koch weiter, den Marktanteil auf 17,4 Prozent ausgebaut. Der Gesamtkonzern schreibt dennoch rote Zahlen. In den ersten drei Quartalen betrug der Verlust 5,4 Millionen Euro. Atomic mit Einbußen. Am härtesten traf das verhaltene Geschäft den heimischen Branchenprimus Atomic (29 Prozent Marktanteil). So ging der Verkauf von Alpin-Skiern um 25 Prozent und jener von Langlaufskiern sogar um 60 Prozent zurück. Besser als Atomic ging es zuletzt Fischer, der Nummer zwei am heimischen Markt. Der Ski-Umsatz in Österreich konnte zwischen April und Dezember 2007 sogar um 1,2 Millionen Euro auf 14,8 Millionen Euro gesteigert werden. Zum Vergleich: Atomic verkaufte im selben Zeitraum Alpinski um 14,9 Millionen Euro.

Das Drama der Skiindustrie.

Die Skiindustrie steht wieder als Verlierer da. Es gab nur ein mageres Plus von fünf Prozent. Noch schlimmer traf es die Langlaufproduzenten, wo sich der Markt praktisch halbiert hat. Die Folgen für Österreichs einstige Parade-Industrie sind fatal: Alle großen Hersteller schreiben Verluste im zweistelligen Millionenbereich. Wurden Anfang der 90er Jahre weltweit noch rund neun Millionen Paar im Jahr verkauft, so werden es aktuell bestenfalls 3,5 Millionen sein. Die Folgen: Bei Amer (Atomic, Salomon) werden in diesem Jahr die Produktionskapazitäten für 800.000 (!) vom Markt genommen. In

Frankreich wird das Salomon-Werk zugesperrt. In Österreich nehmen Atomic, Fischer, Head und Blizzard über mehrere Wochen ein Kurzarbeitsmodell zu Hilfe. Immer mehr Produktion wird in Billiglohnländer verlagert: Fischer und Blizzard setzen auf die Ukraine, Head verlagert nach Tschechien, Atomic nach Bulgarien. Weitere Gründe für die Skiflaute: In tieferen Lagen ist die Saison sehr kurz, Ski werden oft nur mehr ausgeborgt. Es fehlt der Branche an Innovationen (Anmerkung: siehe dazu das Interview von Christoph Bründl im Kapitel nach dem Vorwort). Und auf den Überseemärkten haben Ski „Made in Austria“ wegen des starken Euro ein Preisproblem.

Einen interessanten Leserbrief schrieb Franz Schenner, Schwiegersohn von Blizzard-Gründer Anton Arnsteiner: „... Spätestens Anfang der 90er Jahre sollte allen Nichtgestrigen klar geworden sein, dass Erfolge im Skirennsport keine Garantie dafür sind, mehr Ski zu verkaufen. Diese Marketingschiene hat jahrelang, ja jahrzehntelang funktioniert. Der Skiweltcup ist die Formel 1 des Wintersports. Die Formel 1 lebt auch nicht von seinen Ausrüstern, sondern von großen Multikonzernen, die diese weltweite TV-Werbebühne teuer bezahlen. Auch die Skihersteller haben eine breite, höchst innovative Modellpalette, die allerdings niemand kennt, weil das nötige Kommunikationsbudget fehlt. Wenn im kommenden Jahr, so die Prognosen, nur mehr drei Millionen Paar Ski verkauft werden, wird der Skirennsport auf einige Millionen der Ausrüster verzichten müssen. Wenn der Skirennsport nur mehr uns Österreicher interessiert, wird die Bühne immer kleiner und daher jeder Sieg teurer. Damit der Skisport neu belebt wird, brauchen wir vor allem Bilder, die die Nichtskifahrer interessieren. Es muss nicht in den Köpfen schneien, wir müssen nur Lust auf Wintersport machen.” Ein Bravo an meinen ehemaligen Kollegen (und Mitbewerber) Franz Schenner!

Weil sie soll’n Ski foan….
Finanzkrise, Frühlingswetter, Klimawandel, herbe Verlustjahre im Nacken. Doch die Wintersportwirtschaft gibt sich kämpferisch und

überraschend einig. Am 8. November 2008 fand in Kaprun ein Meeting aller am Wintersport interessierten Stellen statt – Seilbahnwirtschaft, Tourismus, Skilehrer, Skiindustrie, Wirtschaftskammer – um gemeinsame Ziele zu präsentieren. Da stellt sich die Frage: Ist das wieder nur ein Stück geduldiges Papier? Eine der Vorstellungen seitens der Skiindustrie lautete: „Wir brauchen eine gemeinsame Branchenmesse, auf der sich die Konsumenten informieren, buchen, aber auch gleichzeitig einkaufen können". Die Skiindustrie müsse mit dem Tourismus zusammenrücken. Diese Erkenntnis allein sei zu wenig, nun müssten Taten folgen. Es gehe darum, bei den jungen Leuten in Konkurrenz zu Computer und TV zu treten. Die Skiproduzenten blicken vorsichtig optimistisch in die Zukunft: Bei Fischer ist man mit der Vorordersituation zufrieden, ebenso bei Head. Bei Atomic rechnet man mit dem gleichen Alpinski-Absatz wie im Vorjahr (rund 500.000 Paar). Anmerkung: unter Atomic-Gründer und Firmenchef waren es 1,150.000 Paar im besten Jahr. Bei Fischer wie auch bei Atomic wurde in den letzten Jahren kräftig umstrukturiert. Alle Hersteller rechnen damit, dass der Konzentrationsprozess in der Branche weitergeht. Der Weltmarkt für Alpinski umfasst etwa 3,4 Millionen Paar pro Jahr. Aber die Produktionskapazitäten liegen weit darüber.

Ski-Industrie: Licht am Ende des Tunnels.
Die heimischen Skiproduzenten melden einen um bis zu 30 Prozent gesteigerten Orderwert. Noch wurden die Verluste der vergangenen Jahre nicht wettgemacht. Gegenüber den Vorjahren wurden von den Händlern zwar nicht wesentlich mehr Stück geordert, doch die Margensituation hat sich stark verbessert (Fischer). Auch bei Atomic in Altenmarkt geht es wieder bergauf: Atomic-Eigentümer Amer-Sports schließt die Produktion in Frankreich und Rumänien und produziert künftig alle Alpin- und Langlaufski der Marken Atomic und Salomon sowie alle Snowboards in Altenmarkt und Bulgarien. Bei Head stieg in Österreich der Orderwert um 30 Prozent, weltweit gesehen um rund 15 Prozent. Die Branche kann den Aufschwung gebrauchen,

die vergangenen beiden Jahre haben tiefrote Spuren hinterlassen. Bei der Präsentation der Halbjahresergebnisse Mitte August erklärte Head-CEO Johan Eliasch, dass die Bestellungen für die kommende Wintersaison die Verluste des Vorjahres erst etwa zur Hälfte wettgemacht haben. Der Head-Konzern hat im Vorjahr 11,2 Millionen Euro Verlust geschrieben – Atomic-Mutter Amer im Wintersportbereich 26 Millionen. Bei Fischer rechnet man mit einem Umsatzplus von 15 Prozent und einem Umsatz zwischen 145 und 150 Millionen Euro (2007: 137 Millionen Euro). Die Investitionen in den Spitzensport und in die Lochskitechnologie haben sich ausgezahlt.

Schlagzeilen, Berichte und Stellungnahmen 2009

Skisport in der Mausefalle.
Schwindende Bedeutung. Immer weniger Kinder nehmen an Schulskikursen teil. In einigen Jahren fehlt der Nachwuchs. Skination Österreich? Gesellschaftlich verliert der Wintersport an Bedeutung. Touristiker versuchen gegenzusteuern. Es gehört zu Österreich wie die Lipizzaner und die Mozartkugel: Skifahren. „Der klassische Skifahrer wird in zehn, 15 Jahren aussterben“ sagt Trendforscher Andreas Reiter vom Zukunftsbüro ZTB. Schuld ist vor allem der demografische Wandel: Der Anteil an Migranten ohne Bezug zum Wintersport steigt, ebenfalls das Durchschnittsalter. Die Zahl der Kinder sinkt, und die Kinder, die nachkommen, fahren immer seltener auf Schulskikurs (Siehe eigenes Kapitel). Während Anfang der 80er Jahre noch jedes Jahr 250.000 Kinder das Skifahren durch die Schule gelernt haben, sind es derzeit nur mehr knapp 150.000. Noch gibt es aber an Gästen, egal ob jung oder alt, keinen Mangel. Die Zahl der Skitage steigt konstant. Knapp 57 Millionen Skitage wurden vergangene Saison auf Österreichs Pisten verbracht, so die Daten der Seilbahnbetreiber. „Der Wintersport ist nicht akut in Gefahr, aber in 20, 30 Jahren“, sagt Reiter. Erik Wolf, Geschäftsführer des Verbandes der Seilbahnen sieht Skifahren als Breitensport nicht in Gefahr. Jeder

14. Arbeitsplatz in Österreich hängt direkt oder indirekt vom Wintersport ab! „Wir müssen wieder mehr Stimmung für den Wintersport machen, sonst verliert ganz Österreich", sagt Hans Schenner, Obmann der Tourismussparte der Wirtschaftskammer.

Die Skiindustrie hatte ihre Krise und lebt immer noch.
Der Skimarkt schrumpft weiter. Doch die Branche ist krisenerprobt und der Spaß am Skisport ist ungebrochen. Februar 2009: Massen an jungen Leuten, die Spaß am Skisport haben, zudem reihenweise ausverkaufte Skimodelle. Aber in der Skiindustrie ist längst nicht alles gut. Sie hat aufgrund des warmen Winters 2006/2007 zwei harte Jahre hinter sich, die in den Bilanzen tiefrote Spuren hinterlassen haben. Der Skimarkt schrumpft weltweit und wird es weiter tun. Es gibt Überkapazitäten. Jetzt gibt es zwar Schnee, aber die Finanzkrise versaut den weißen Traum. Die Sporthändler haben ihre Lektion aus den warmen Wintern gelernt und reichen die Probleme an die Skihersteller weiter. Es wird weniger bestellt werden. Für die kapitalintensive Skiindustrie, die monatelang ihre Produkte auf Lager halten und finanzieren muss, ist das eine große Herausforderung. Weitere Konzentrationen sind wahrscheinlich. Sie sprechen von Produktinnovationen, neuen Tourismusformen und Chancen im Skiverleih. Den Druck auf die Skiindustrie wird auch der Profirennsport mehr und mehr zu spüren bekommen. Unverhohlen äußern die Bosse der Skifirmen Unzufriedenheit über die Kosten-Nutzen-Relation im Rennsport. Darauf müssen sich die Skiverbände einstellen.

Skihersteller in Sturzgefahr.
Die Skiindustrie wird von der Wirtschaftskrise zur Unzeit erwischt. Denn die Branche hat in Folge warmer Winter Verluste hinter sich. Rossignol muss jetzt für zwei Monate die Produktion einstellen. „Der gute Winter bewahrt uns vor Schlimmerem", sagt Schineis von Atomic. Zwei Trends setzen sich weiter fort: Eine immer stärkere Verlagerung des Skiabsatzes weg von den Städten in Richtung Skigebiete und weitere Zuwächse im Skiverleih, was den Markt kleiner macht. Ein

weiteres Problem der Branche ist, dass sie sehr kapitalintensiv ist. Blizzard-Chef Helmut Exenberger erwartet jedenfalls schwierige Verhandlungen mit den Banken. Head-Chef Bob Koch ist für 2009 vorsichtig und kritisch. Kurzarbeit stehe derzeit bei keiner Firma auf dem Plan".

Schlagzeilen, Berichte und Stellungnahmen 2010

Auf der Suche nach der Zukunft. Bei Atomic erwartet man, dass sich der Weltskimarkt bei rund 3,2 Millionen Paar pro Jahr einpendeln wird, in Österreich bei 350.000 Paar.
Skiindustrie zaubert es durch den Winter. Skifahren im Schatten der Krise (Jänner 2010).

Die Talfahrt der Branche setzt sich auch heuer in der Wintersaison fort, und in absehbarer Zeit ist auch kein Aufschwung in Sicht. Schätzungen zufolge beträgt der Weltskimarkt gerade einmal drei Millionen Paar, damit um knapp 15 Prozent weniger als 2008. Österreichweit sank der Absatz einmal mehr auf 300.000 Paar, rechnet Helmut Exenberger, der Chef von Blizzard, vor. Die Krise ließ den nordamerikanischen Markt um 25 Prozent einbrechen. In Japan verliert die Skibranche auch abseits konjunktureller Turbulenzen an Boden. Europa hält den Herstellern zwar die Stange, hier kommt ihnen aber der wachsende Skiverleih in die Quere. Die Franzosen etwa borgen bereits 80 Prozent ihrer Brettln aus. Der Anteil wird auch in Österreich stark steigen (siehe dazu meine diesbezüglichen Anmerkungen in meinem ersten Buch „Mausefalle", 2005). Ob Marktführer Atomic, Head, Fischer oder Blizzard: Es gibt mittlerweile keinen unter ihnen, der keine Werke in Billiglohnländern betreibt. Die harten Einschnitte kosteten in Europa tausende Arbeitsplätze. Viele Hersteller fahren aber nach wie vor herbe Verluste ein. Brettln made in China: darauf ist die österreichische Industrie nicht gut zu sprechen und argumentiert mit verfälschten Statistiken; nur K2 und Völkl ließen ihre

Ski in China produzieren, in einem einzigen Werk. Bei Head sieht man im besten Falle 15 Prozent Ski aus Asien.
Seit Jänner/Februar habe ich über die Entwicklung der Skiindustrie sehr wenig gelesen. Hauptsächlich wurde aus dem Sportbereich (Olympische Spiele in Vancouver und Weltcup) berichtet.

Die letzte dem Autor vorliegende Meldung stammt vom Holzfachverband, in welchem über die Marktsituation berichtet wird:

Quelle:
Branchenbericht der Österreichischen Holzindustrie 2009/2010

19.08.2010: **Ski – Wintersport bleibt im Trend**

Der abgelaufene Winter bot wunderbare Verhältnisse für den Skisport. Wieder konnte festegestellt werden, dass Skifahren nach wie vor im Trend liegt. Die alpinen Skiregionen waren gut besucht; trotz Wirtschaftkrise ist das Geschäft mit dem Wintersport in der Saison 2009/2010 gut gelaufen.

Für die Skiindustrie ist das grundsätzlich erfreulich, es hält aber die Verkaufsentwicklung am Markt mit dem grundsätzlich positiven Trend zum Skisport nicht Schritt.

Seit den weltweiten Markteinbrüchen vor drei/vier Jahren hat sich insgesamt zwar keine Verschlechterung ergeben, ein Aufwärtstrend lässt allerdings noch auf sich warten. Der Markt in Nordamerika und Japan bleibt schwierig.

Die österreichischen Skihersteller haben sich jedenfalls auf die gegebenen Marktbedingungen eingestellt und müssen sich dem immer vorsichtigeren Verhalten des Handels und der Entwicklung des Skiverleihs offensiv stellen.

Wie schon in den vergangenen zwei Jahren ist das Vernetzen der Wintersportpartner in Österreich ein vordringliches Ziel. Zum Einen müssen die Aktivitäten in Richtung Jugend als Skifahrer und Gäste von morgen – und zwar erfolgreich – forciert werden. Zum Anderen muss das effiziente und koordinierte Verfolgen gemeinsamer Ziele der österreichischen Wintersportpartner unbeirrt fortgesetzt werden.

Es steht von allen anerkannt fest, dass die Herausforderungen des internationalen Wettbewerbs im Bereich Wintersport von den einzelnen Branchen alleine nicht bewältigt werden können. Die verstärkte Zusammenarbeit ist hier eine wichtige Voraussetzung für eine erfolgreiche Zukunft, an der die Skiindustrie ihren Beitrag leisten will.

Wolfgang Mayrhofer
Sprecher der Österreichischen Skiindustrie

Marktsituation ohne wesentliche Veränderung

Wie schon in der Saison davor haben sich 2009/2010 die europäischen Kernskimärkte stabil entwickelt. Besondere Herausforderungen bieten hier der verstärkte Anteil an Verleihski sowie ein vorsichtiges Verhalten des Handels. Dies ist auch für die kommende Saison festzustellen.

Die österreichischen Markenskihersteller waren vor drei Jahren gezwungen, sich auf eine zweistellige Marktrückgangsbewegung einzustellen, sodass sich die geänderten Marktbedingungen in den Strukturen und Produktionsverläufen widerspiegeln.

Die österreichischen Produktionsstandorte haben sich flexibel an die neuen Bedingungen angepasst und werden auch durch Standorte in Osteuropa abgesichert. Die Headquarter, Forschung und Entwicklung, und somit die strategischen Zentren, sind dadurch in Österreich gefestigt.

Die Investitionen in den Rennsport werden laufend auf ihre Effizienz überprüft. Die Unternehmen müssen sich auch hier ständig die Frage stellen, ob diese Kosten gerechtfertigt sind. Es ist allerdings weit und breit keine Alternative für diesen „Werbeauftritt" der einzelnen Ski-Marken in Sicht. Solange über den Rennsport eine gewisse internationale Präsenz der einzelnen österreichischen Marken in den Printund elektronischen Medien erzielbar ist, wird das Rennsportinvestment nicht ersetzt werden.

Außerdem wird über den Rennsport durch das Investment der Skiindustrie das gesamte Wintersportlandpaket Österreichs beworben. Die österreichischen Markenski übernehmen dadurch nach wie vor eine wichtige Rolle als Botschafter der österreichischen Wintersportkompetenz.

Es ist daher unerlässlich, dass die Bemühungen zur Vernetzung der Wintersportinteressen in Österreich fortgesetzt werden. Die Skiindustrie hat schon bisher wesentliche Beiträge geleistet und möchte dies auch in Zukunft tun. Gemeinsam mit den wichtigen Partnern des Tourismus und der Seilbahnwirtschaft, den Ministerien und der Politik kann viel zum Vorteil aller bewegt werden. Es ist überflüssig zu erwähnen, welche Bedeutung das Wintersportgeschäft für die österreichische Volkswirtschaft hat.

Weltmarktvolumen

Insgesamt pendelt sich der Weltmarkt bei 3,1 Mio. Alpinski ein. Der Langlaufskimarkt zeigt ein leicht gestiegenes Volumen, aufgrund des sehr guten Winters in Skandinavien und Russland. Die Marktgröße liegt bei etwa 1,3 Mio. Paar Langlaufski. Bei Skischuhen ist von einem Marktvolumen von 3,5 Mio. Paar auszugehen.

Hoher Marktanteil (Exportquote)

Der Anteil österreichischer Marken auf diesen Wintersportsegmenten liegt nach wie vor bei beachtlichen 50 %. Die Exportquote liegt bei über 80 % und wird bekanntermaßen von wenigen Branchen aus Österreich erreicht. Wie schon erwähnt stimmt die Partizipation an den Skisporteinrichtungen durchaus optimistisch. Der Wintersport wird weiterhin breit ausgeübt.

Soweit vorerst zur wirtschaftlichen Ausgangssituation der Wintersportartikelindustrie. Da in den einzelnen Beiträgen bereits auch sehr viele Zahlen über die einzelnen Firmen aufscheinen, wird sich Teil 2 auf die vorliegenden Ergebnisse 2009/2010 beschränken. Ausgenommen davon sind individuelle Berichte über einzelne Firmen, technische Highlights und ähnliches.
Die angeführten Zahlen sind den diversen Berichten von Tageszeitungen und Magazinen entnommen und können daher variieren. Die genauen Zahlen werden nur sehr schwer zugänglich sein.

Teil 2 – Wirtschaft, Industrie

In diesem Kapitel werden die einzelnen Skifirmen vorgestellt. Auf Zahlen aus Bilanzen und Gewinn- und Verlustrechnungen kann weitgehend verzichtet werden, da die firmeninternen Berichte dazu bereits unter der wirtschaftlichen Ausgangslage beschrieben wurden. Neueste Zahlen aus 2009/2010 scheinen daher nur dann auf, wenn sie vom Handelsgericht zur Verfügung gestellt werden. Abgerundet wird das Kapitel durch Informationen über Kooperationen, Komplettanbieter (Ski, Bindung, Schuhe) und Beispiele aus der heutigen Werbung sowie einen Kommentar zu den seit vielen Jahren üblichen „Skitests“.

Atomic

Chronik

Werksaufnahme Atomic

1955: Alois Rohrmoser beginnt mit vier Angestellten die Produktion von laminierten Holzskiern in seiner Wagnerei in Wagrain, Salzburg.
1966: Beginn der industriellen Fertigung

1968: Atomic im Rennsport: Olga Pall gewinnt Gold bei den Olympischen Spielen in Grenoble.

Olga Pall sorgte für die Überraschung bei den Olympischen Spielen 1968 in Grenoble. Sie gewann Abfahrtsgold.

1971: Eröffnung des Werkes am Standort Altenmarkt im Pongau.
1972 bis 1976: Gründung von Atomic-Vertriebstöchtern in Frankreich, Deutschland und den USA
1977/1978: Übernahme der französischen Skimarke Dynamic.
1982: Beginn der Skistock-Produktion unter der Marke „Colt"
1983: Erweiterung des Standortes Altenmarkt im Pongau.
1984: Gründung von Atomic Schweiz. Bau der Seilbahn- und Skiliftanlage auf der Fageralm in der Forstau.
1985: Ausbau des Werkes Wagrain.
1987: Gründung von Atomic Canada. Produktionsstart von Lang-

laufski im Werk Altenmarkt (siehe dazu mögliche Alternative des Kaufes von K2 in den USA).
1988: Übernahme der deutschen Skibindungsmarke „Ess". Organisation der Bindungsproduktion in Altenmarkt im Pongau. Atomic vertreibt die Produkte des japanischen Sportartikelkonzerns Asics am österreichischen Markt.
1989: Mit Übernahme des renommierten Sportschuhherstellers „Koflach" ist Atomic der erste Komplettanbieter. Ski, Schuhe, Bindungen und Skistöcke werden entwickelt und in eigenen Produktionsstätten hergestellt.
1992: Beginn der Snowboardproduktion unter der Marke „Oxygen". Patentierung der neuen Skigeneration „Twincap" und „Racecap". Umwandlung der Einzelfirma in die „Atomic for Sport GmbH".
1994: Produktionsverlagerung der Dynamic-Ski nach Altenmarkt im Pongau. Anmeldung der Insolvenz mit einer späteren Befriedigungsquote von 93,5 Prozent. Laut einem BAWAG-Inserat hat die Bank beim Konkurs nichts verloren.
1995: Zentralisierung der Skiproduktion am Standort Altenmarkt im Pongau.
1997: Einführung einer Atomic Skischuhkollektion.
1998: Abschluss der Konzentration des gesamten Skibereichs unter dem Markennamen „Atomic" mit der Vorstellung einer Atomic-Bindungs-Kollektion.
2000: Konzentration auf das „Atomic Snow System Konzept".
2002 bis 2007 großartige Rennerfolge, allen voran mit Hermann Maier. Start der Schuhproduktion in Altenmarkt.
Firmengeschichtlich und in der gesamten Entwicklung stütze ich mich ab 2007 vor allem auf Zeitungsmeldungen.

10. August 2007 – Tageszeitung „Österreich": „Die Skibranche geht am Stock. Der schneearme Winter hinterlässt seine Spuren. ... Atomic hat zu kämpfen. Die Vorbestellungen für den kommenden Winter fielen um 30 Prozent geringer aus als im Vorjahr. Der Halbjahresumsatz ging von 29,3 Millionen Euro um 41 Prozent auf 17,3 Mil-

lionen Euro zurück. Das Betriebsergebnis weist ein Minus von 24,4 Millionen Euro aus …"

„Wir wollen 40 % Marktanteil" zitiert die Kronenzeitung vom 28. November 2007 auf der Wirtschaftsseite Atomic Geschäftsführer Dr. Schineis. Die Krone weiter: Der finnische Mutterkonzern Amer hat wie berichtet Schineis zum Chef der Wintersport-Division (400 Millionen Euro Umsatz) ernannt. ‚Wir produzieren bei Skiern, Schuhen und Bindungen jeweils zwischen ein und eineinhalb Millionen Paar'. … Die Produktion von einfacheren Modellen wurde nach Bulgarien und Rumänien ausgelagert. In Altenmarkt in Salzburg (750 Beschäftigte) werden jetzt auch 100.000 Paar Salomon-Ski gefertigt, in Frankreich wird dagegen kaum mehr produziert".

Salzburger Nachrichten vom 11. Jänner 2008 (auszugsweise): „Aus für Salomon in Frankreich. Amer stellt die Salomon-Skiproduktion in Frankreich komplett ein. Profiteur könnte der Atomic-Standort in Altenmarkt werden. … Die gesamte Skiproduktion von Salomon in Frankreich wird eingestellt. 400 Posten weltweit sollen gestrichen werden. In Altenmarkt wird der Spritzguss für Alpinskischuhe mit Ende 2008 eingestellt. … Salomon produziert derzeit laut Schineis in Frankreich noch 100.000 bis 150.000 Paar höherpreisige Ski. Wie viele davon künftig in Altenmarkt und wie viele in Rumänien oder Bulgarien hergestellt würden, sei noch unklar und hänge auch von der Marktentwicklung ab. Derzeit werden in Altenmarkt rund 600.000 Ski produziert. … Die industrielle Welt wird bei Amer künftig klar von der Markenwelt getrennt. Die Kosten für die Umstrukturierung werden 40 Millionen Euro betragen und sollen noch ins Geschäftsjahr 2007 verbucht werden. Ab 2009 soll die Neuorganisation dann 20 Millionen Euro Einsparungen allein bei den Personalkosten bringen. …".

Salzburger Nachrichten vom 25. Jänner 2008: Die finnische Tochter des isländischen Investors Thor Björgolfson, Novator Finland, wird rund 20 Prozent der Anteile von Amer Sports übernehmen. Das teilte der Mutterkonzern des Skiherstellers Atomic mit. Novator ist damit größter Einzelaktionär von Amer, bisher war dies die finnische Bank Nordea mit 18 Prozent. Seit vergangener Woche haben sowohl der norwegische Mischkonzern Orkla als auch die britische Sports Direct ihre Anteile an Amer Sports aufgestockt. … Amer hatte vor zwei Wochen einen 27-prozentigen Umsatzrückgang beim Verkauf von Wintersportartikeln bekannt gegeben. Gleichzeitig hatte der finnische Sportartikelkonzern Umstrukturierungen und Sparmaßnahmen angekündigt".

Auszüge aus den Salzburger Nachrichten vom 7. August 2008:
„… In den USA leidet Amer unter dem starken Euro und der konjunkturbedingt extrem vorsichtigen Einkaufspolitik des Handels. In Europa verzeichnet man im Alpinskibereich vor allem in den Skiregionen kräftige Zuwächse von 20 bis 25 Prozent, während der Handel in den Städten zögerlich ordert. Das sei auch eine Folge des kräftig wachsenden Verleihgeschäfts, mutmaßt Schineis. ‚Das Verleihgeschäft verschiebt das Geschäft von den Städten in die Berge'. Ganz schlecht läuft das Geschäft mit Langlaufski. … In Skandinavien dürfte ein ganzer Jahresbedarf in den Geschäften auf Lager liegen. … Im ersten Halbjahr 2008 ist der Umsatz der Wintersparte um 17 Prozent auf 54,4 Millionen Euro gestiegen. Das Amer-Werk in Altenmarkt muss freilich nicht fürchten, unter einer schlechten Orderlage zu leiden. Grund dafür sind die bereits angekündigten Reorganisationen im Skibereich. Die Produktion von Salomon in Frankreich wird zugesperrt und zu Atomic sowie zu einer Partnerfirma nach Bulgarien verlagert…."

Salzburger Nachrichten vom 2. Oktober 2008 (auszugsweise): „Neue Jobs bei Atomic. Österreichs Skimarktführer Atomic lässt mit einer Nachricht aufhorchen, die angesichts von Finanzmarktkrise und Jobabbau bei vielen Unternehmen einem Kontrastprogramm gleichkommt. ‚Wir brauchen in Altenmarkt 90 neue Mitarbeiter', sagt Michael Schineis, im börsennotierten Amer-Sports-Konzern Präsident für den Wintersportbereich. Der Grund: In der Skifabrik wird die Produktion um 30 Prozent erhöht. Hintergrund ist die Umstrukturierung bei Amer. Wie berichtet, wird die Skiproduktion der Atomic-Schwester Salomon in Frankreich Ende des Jahres geschlossen. Die Lohnfertigung für Salomon in Rumänien läuft ebenfalls aus. Künftig werden alle Alpin- und Langlaufski sowie Snowboards in Bulgarien und eben in Altenmarkt produziert. 700.000 bis 750.000 Alpinski, 150.000 bis 200.000 Langlaufski und 50.000 bis 60.000 Snowboards sollen in der kommenden Saison in Salzburg gefertigt werden. In Altenmarkt werden mit den 90 neuen Leuten, die in allen Qualifizierungsstufen in der Produktion gebraucht werden, dann wieder insgesamt 800 Mitarbeiter beschäftigt sein. In der Hochzeit 2001/ 2002 waren in Altenmarkt mehr als 900.000 Paar Ski produziert worden und knapp unter 1.000 Mitarbeiter beschäftigt gewesen. … Außerdem wird Altenmarkt zum Entwicklungscenter für Atomic und Salomon, in dem Prototypen für die Serienfertigung vorbereitet werden".

Und wieder die Salzburger Nachrichten am 6. Februar 2009 (auszugsweise): „Erholung bei Atomic/Salomon. Bereits das Jahr 2007 hatte bei Amer-Sports, Mutterkonzern des österreichischen Skiherstellers Atomic, eine Spur der Verwüstung gezogen. Im Vorjahr sanken zwar die Umsätze beim börsennotierten finnischen Sportartikelhersteller von 1,652 Mrd. Euro auf 1,576 Mrd. Euro. Das Ergebnis vor Steuern und Zinsen (EBIT) rasselte aber – Einmaleffekte herausgerechnet- von 92,2 Millionen Euro auf 65,8 Millionen Euro hinunter. …
Tatsächlich konnte der Verlust im Bereich Wintersport Hartware (Atomic/Salomon) 2008 mehr als halbiert werden. Statt 27 Millionen Euro Verlust bewege man sich jetzt im niedrigen zweistelligen Bereich, sagt Michaeal Schineis, Präsident der Einheit ‚Winter Sports Equipement' bei Amer. Es dürften etwa elf Millionen Euro sein ...".

Änderung des STÄRKEN - SCHWÄCHEN - PROFIL

	Erfolgsfaktor	Beurteilung					Position des eigenen Unternehmens	Position des stärksten Unternehmens	
		sehr gut + 10	gut + 5	mittel 0	schlecht - 5	sehr schlecht - 10		Salomon	Rossignol
1	Eigenkapitalausstattung						+ 10	+ 10	+ 5
2	Motivation der Mitarbeiter						+ 5	0	0
3	Kundennähe						+10	+ 10	+ 10
4	Beziehung zum Handel						+ 5	+ 5	+ 5
5	Kostensituation						+ 5	0	0
6	Möglichkeit der Fremdf.						+ 5	+ 10	+ 10
7	Fertigungssteuerung						+ 10	+ 5	+ 10
8	Vertriebsnetz						+ 5	+ 10	+ 5
9	Image d. Unternehmens						+ 10	+ 10	+ 10
10	Qualitätsstandard des Produktangebotes						+ 10	+ 5	+ 10
11	F & E - Aktivitäten						+ 5	+ 10	+ 10
12	Standort						+ 10	+ 5	+ 5
13	Beziehung zu Medien						+ 10	+ 10	+ 10
14	Qualität der Werbekonzeption						+ 5	+ 10	+ 5

Salzburger Nachrichten am 25. Februar 2009: Der finnische Mutterkonzern des Salzburger Skiherstellers Atomic, Amer Sports, ist in Geldnöten: Das Unternehmen hat eine Hybridanleihe für Investoren angekündigt, die 50 bis 75 Millionen Euro einspielen soll. Als Grund für die Probleme gelten die hohen Schulden infolge der fast 500 Millionen Euro schweren Salomon-Übernahme. …".
Die Halbjahreszahlen von Amer liegen bei rund 700 Millionen Euro, das Nettoresultat dürfte bei einem Minus von rund 15 Millionen Euro liegen, was einer wesentlichen Verbesserung gegenüber dem Vorjahr entspräche. Winter und Outdoor tragen in etwa 300 Millionen Euro zum Gesamtumsatz bei, auch der Verlust in diesem Segment konnte mehr als halbiert werden.
Die Amer-Umsatzzahlen verteilen sich auf die Triade-Märkte in etwa wie folgt: Amerika 315 Millionen Euro, Europa 300 Millionen Euro, Asien 85 Millionen Euro.

Anmerkung am Rande: Im Jahr 1994 erstellte der Autor einen Vergleich wesentlicher Firmenzahlen zwischen Atomic, Salomon und Rossignol (siehe abgebildete Grafik).

Internationalisierung

Prof. Dr. W. Clement, Wirtschaftsuniv. Wien

Auszüge aus einem Bericht des Industriewissenschaftlichen Institutes der Wirtschaftsuniversität Wien, Prof. DDr. Werner Clement (Autoren: Christian Bellak, Othmar Fischer, Peter Podesser, Bernard Rieger, Peter Schönhofer)

Es handelt sich hier um einen Bericht, welcher noch aus der Zeit von Atomic unter Rohrmoser stammt. Kürzungen und den Sinn des Textes nicht beeinflussbare Änderungen wurden vorgenommen, Kommentare vom Autor unter Berücksichtigung der späteren Entwicklung einbezogen. Eigentlich hätten wesentliche Teile der Untersuchung auch heute noch Gültigkeit, wenn sie richtig angewendet werden. Tituliert ist der Bericht mit „Atomic setzt auf die Macht der Triade" (ein Wirtschaftsbuch des japanischen Autors Kenichi Ohmae).

Die Erzeugung von Skiern ist wohl die letzte Domäne einer „österreichischen" Industrie (das Wort „österreichisch" trifft heute leider nicht mehr zu). Seit Jahren unbestritten die Nummer eins auf dem österreichischen Markt ist die Pongauer Skifirma Atomic mit ihrem französischen Ableger Dynamic.

Die Marktkonzeption des Unternehmens heißt „Triade". „Triade" heißt, auf den Schlüsselmärkten Europa, Nordamerika und Asien in gleicher Weise präsent zu sein, um Marktschwankungen auf den verschiedenen Kontinenten ausgleichen zu können. Die Weichen der Rohrmoser-Gruppe sind weiterhin auf Expansion gestellt. Mit Unterstützung der sechs (von zehn möglichen) Goldmedaillen bei der Skiweltmeisterschaft in Vail, Colorado, sieht man heute goldenen Zeiten entgegen (der Rennsport hatte damals noch eine wesentlich wichtigere Rolle auf Verkaufserfolge, als dies heute der Fall ist). Die Geschichte von Atomic, das ist die Geschichte des Alleineigentümers KR Alois Rohrmoser, und sie erinnert an jene typisch amerikanischen Legenden, die so gerne kolportiert, aber nur selten Realität werden: Am Bergbauernhof aufgewachsen, 1955 Gründung einer Wagnerei in Wagrain/Salzburg, inzwischen Inhaber eines Skiimperiums. Anfangs hielt man ihn eher für verrückt, als er erklärte, einmal 100 Paar Ski pro Tag erzeugen zu wollen (zur „Hoch-Zeit" waren es täglich ca. 5.500 Paar!).
„Mehr und besser arbeiten als die anderen" heißt der Leitsatz, der

den rasanten Aufstieg begleitete. Eine entscheidende Rolle zum Aufstieg spielte auch der Rennsport (heute würde ich die Lage etwas anders beurteilen. Rennerfolge sind wichtig, rechtfertigen aber in keiner Weise Aufwendungen in Richtung Sieben-Millionen-Euro-Grenze).
Das mittelfristige Marketingziel lautet, weltweit einen durchschnittlichen Marktanteil von 15 Prozent bei Alpinski und 10 Prozent bei Langlaufski zu erreichen. Titel des Programms war „Global 15/Global 10“ (beide Ziele wurden noch unter Rohrmoser deutlich überschritten). Bei diesem Programm lag die Betonung auf „gesunden Marktanteil“. Der Skimarkt ist gesättigt und Marktanteile lassen sich in größerem Umfang nur noch über Dumping-Preise gewinnen.
Die Weichen der Rohrmoser-Gruppe sind auf Expansionskurs gestellt. In diesem Licht ist auch die 1987 begonnene vierjährige Investitionsphase zu sehen, in deren Verlauf mit einem Gesamtvolumen von ATS 350 Millionen das Stammhaus in Wagrain erweitert, das Zweigwerk in Altenmarkt ausgebaut, eine neue Langlaufski-Fabrik in Altenmarkt errichtet und auch die Kapazitäten der französischen Atomic-Tochter Dynamic erweitert wurden. Die Langlaufskifabrik wurde als Alternative zum Kauf der amerikanischen Skifirma K2 errichtet. Die Entscheidung war bereits für K2 gefallen, ein „Letter of Intent“ bereits unterschrieben, als Rohrmoser aus Flugangst-Gründen im letzten Moment noch eine negative Entscheidung traf und absagte. Ich habe diese Entscheidung bei einem Anruf vom damaligen K2-Eigentümer „Bank of America“ dem zuständigen Mitarbeiter Richard Horan um zwei Uhr in der Früh von Altaussee aus mitgeteilt.

Dazu ist anzumerken, dass amerikanische Banken Industriebeteiligungen nur in Ausnahmefällen über einen längeren Zeitraum als fünf Jahre halten. Die beiden Firmen Atomic und K2 wären auf dem Weltmarkt wahrscheinlich unschlagbar geblieben, zumal auch die zu dieser Zeit herrschenden Firmenkulturen ideal zusammen gepasst hätten. K2 hatte seinen Sitz auf einer Insel – Vashon Islands – etwa drei km entfernt von der amerikanischen Westküste (Seattle) und nur über eine Fähre erreichbar. Ein wunderbarer Platz und hervorragende Ski (Torsionsbox-Bauweise, Erfolgsski der Brüder Steve und Phil Mahre). Der damalige ÖSV-Trainer Charly Kahr hat uns (vollkommen legal) ein Paar K2 Slalomski gebracht. Die Kopie davon wurde mit dem Modell HV 3 zum Erfolgsmodell von Marc Girardelli, Rudi Nierlich u. a. im Weltcup. Von Charly Kahr stammt übrigens auch der Ausdruck „Heut' pfeifen die Komantschen“ geprägt, und nicht, wie heute irrtümlicherweise oft behauptet, von Armin Assinger!

Einige der Hauptabsatzmärkte USA, Frankreich, Deutschland, Schweiz wurden zu dieser Zeit von Tochterfirmen bearbeitet. Nur in Japan setzte man auf den Sportartikel-Giganten Asics als Generalvertreter. Atomic hat den Vertrag mit Asics 2004 gekündigt (Japan war „mein“ Markt mit 309.000 verkauften Paar Ski im Rekordjahr, 2005 wurde in Japan eine eigene Tochterfirma gegründet. Laut Firmenangaben beträgt der Verkauf heute rund 40.000 Paar pro Jahr. Es gab bereits 1990 einen prall gefüllten Ordner mit Plänen einer eigenen Tochterfirma in Japan.
Peter Schönhofer schreibt in seiner Abhandlung: Die Pongauer Skierzeuger sehen das Geschäft über einen starken Generalvertreter als risikolosere Form eines Auslandsengagements, obwohl man sich einer gewissen Abhängigkeit durchaus bewusst ist. „Das Geschäft mit einem Generalvertreter ist eigentlich schöner und risikoloser, da jede Tochterfirma auch Probleme mit sich bringt“ (Schrempf). Ich kannte damals schon und auch heute noch die Bilanzen der Tochterfirmen der wichtigsten Anbieter. Ein einziges Desaster, vor allem in den USA – für die Geschäftsführer war am Anfang „everything great“, die Bilanzen sahen aber anders aus. Um Ausreden war man nicht verlegen: „bad winter“, „no snow“, „prices are too high“, ... Dasselbe gilt aber auch für Frankreich: „pas de neige“, „trop cher“, ... Fischer tat als einzige Firma den mutigen Schritt, Tochterfirmen der Reihe nach zu schließen (FKK – Fischer/Kästle France, Fischer Deutschland, Fischer of America ...) und wurde von der Konkurrenz dafür belächelt. Ich glaube, dass heute so mancher Produzent froh

wäre, statt teurer, meist unprofitabler Tocherfirmen finanzkräftige Partner als Generalvertreter zu haben.

Weiter im Artikel von IWI, Wirtschaftsuniversität Wien:
Traditionell schwierig für ausländische Partner gestaltet sich – aufgrund der starken Position der französischen Erzeuger – der französische Markt. Atomic ist seit 1973 mit einer eigenen Tochter präsent. Geld lässt sich allerdings dort nicht verdienen. Mit einem Absatz von rund 50.000 Paar erreichte man gerade die Grenze, um plus/minus Null abzuschließen. Die Akquisition von Dynamic betrachtet Schrempf als einen ganz entscheidenden Faktor für die Gestaltung der Wettbewerbssituation gegenüber dem weltgrößten Skierzeuger – der Rossignol-Gruppe (Rossignol und Dynastar). Rossignol hatte Mitte der 70er Jahre kaum mehr einen Konkurrenten und konnte so am Heimmarkt fette Gewinne erzielen. Mit diesem Geld attackierte man auf den Auslandsmärkten die gesamte österreichische Skiindustrie in Form von Dumpingpreisen. „Rossignol müssen wir am eigenen Markt besonders gut beobachten; nur dann können wir ihnen auch im Ausland Paroli bieten“ (Schrempf). Außerdem verfügte man damit über Produktionsstätten in Österreich und einem EU-Land (Österreich war damals noch nicht Mitglied der EU). Bei der Übernahme produzierte man gerade einmal 70.000 Paar Ski, es wurden daraus 280.000 Paar. In der Zwischenzeit ist die Produktion in Grenoble eingestellt. Wie viele oder wie wenige Paar Dynamic heute noch erzeugt und verkauft werden, entzieht sich meiner Kenntnis. Allerdings habe ich gelesen, dass man wieder verstärkt in die Marke „Dynamic“ investieren wolle.

Bei Atomic achtete man streng darauf, dass die beiden Marken nach außen hin getrennt auftraten. Die Konkurrenz im eigenen Haus fanden die Salzburger nicht schlimm, und im Innenverhältnis half man sich gegenseitig, es gab gegenseitigen Informationsaustausch und Informationspflicht, die Preispolitik wurde abgestimmt und gemeinsam Forschung und Entwicklung betrieben. Als ausbaufähig bezeichnet Schrempf den US-Markt. Sorge bereitete allerdings die aufgrund des Dollarverfalls schwache Ertragslage. Darüber tröstete sich Schrempf mit der Einsicht hinweg, dass schließlich in den Zeiten steigenden Dollar-Kurses zusätzliche Gewinne erwirtschaftet werden konnten. „Wir haben den starken Dollar ‚ausgehalten', und wir werden auch den abgeschwächten Dollar aushalten", tröstet sich Schrempf. Das hat sich allerdings nicht als richtig herausgestellt, da der fallende Dollar-Kurs auch wesentlich zu späteren Negativ-Ergebnissen beigetragen hat.

„In China. Wenn die Chinesen zum Skifahren anfangen."

Atomic-Geschäftsführer Fritz Schrempf auf die Frage, wo es die besten Marktchancen für Skier gibt.

Krone 23/11/91

Lassen sich jetzt Marktanteile am stagnierenden Wintersportmarkt nur noch auf Kosten anderer Produzenten und Marken erzielen, so erhoffte man sich bei Atomic doch einiges von einer damals bevorstehenden Ostöffnung und in späteren Zeiten auch von China (siehe Wirtschaftsteil der Kronenzeitung vom 23. November 1991).

Die ersten Bande zu den osteuropäischen Märkten hatten die Atomic-Leute bereits geknüpft. Seit 1982 bestand ein Lizenz- und Know-how-Vertrag mit der bulgarischen Skifabrik Mladost (= Jugend) und 1989 wurde auch ein entsprechender Vertrag mit der tschechischen Firma Sulov in Zilina/Tatra abgeschlossen. Durch Maschinenlieferungen, Rohstofflieferungen und Know-how-Erlöse konnte ein wesentlicher Beitrag zum damals positiven Bilanzergebnis erzielt werden. Ein weiteres Projekt bezüglich Errichtung einer Skifabrik befand sich in einer fortgeschrittenen Phase; leider wurde nichts daraus. Fischer war mit der Langlaufski-Fabrik in Russland erfolgreicher. Atomic hatte aber den Ostmarkt sehr genau im Auge behalten. Dazu bediente man sich eines unternehmensintern entwickelten, gezielten internationalen Marktbeobachtungsschemas. Jährlich bekamen sämtliche Tochterfirmen und Generalvertretungen einen ausgefeilten, standardisierten Fragebogen zugesandt. Die gewonnenen Daten dienten einer besseren Einschätzung der Märkte. Informationen über die allgemeine wirtschaftliche Lage (Inflationsrate, Arbeitslosenrate, Zinsniveau, politische Stabilität ...) sowie produktspezifische Analysen (Umsatz, Marktanteile der einzelnen Marken, beabsichtigte Umstrukturierungen, Einschätzung des Marktvolumens, Absatzkanäle, Lagersituation beim Handel, Trends ...) halfen, Chancen und Risiken frühzeitig zu antizipieren und rechtzeitig darauf zu reagieren.

Zusätzlich wurden die wichtigsten Absatzmärkte von den Salzburger Verkaufsmanagern mindestens viermal im Jahr persönlich besucht, um sich vor Ort ein Bild der jeweiligen Situation zu machen. Gemeinsame Beratung und Entscheidungen (in etwa nach dem japanischen „Ringi-System", wonach jeder betroffene Entscheidungsträger den Stempel mit seiner Unterschrift auf das Beschlussprotokoll setzen musste) gab es auch bei der Wahl der jeweiligen Kollektionen, einem ebenso wichtigen wie sensiblen Erfolgsfaktor. „Es besteht hier ständig die Gefahr, dass man sich einmal vergreift", bringt Schrempf die Kurzlebigkeit der Modetrends auf einen Nenner.

Abgesehen von solchen Zukunftsüberlegungen hatte man bei Atomic große Pläne. Durch den Erwerb der deutschen Skibindungsfirma Ess/Immenstadt, wurde die Diversifikation weiter voran getrieben. Obwohl die Salzburger an Diversifikation um jeden Preis nicht interessiert waren, sondern sich weiter auf „Die Dinge, die man kann" konzentrieren wollten, sahen sie in dieser Übernahme einen wesentlichen Schritt der Zukunftssicherung. Ein Jahr nach dem Interview mit Herrn Peter Schönhofer folgte der Kauf der steirischen Ski- und

Bergschuh-Firma Koflach. Vielleicht ein Fehlkauf, wie sich später herausstellen sollte (das Management von Atomic und Koflach passte nicht zusammen). Vielleicht aber auch eine Chance, sich unter dem Markennamen Atomic als Skischuh-Produzent zu etablieren. Der Kauf und die Verhandlungen mit dem bekannten Konkursanwalt aus Wels, Dr. Chalupsky und Stefan Pierer, heute KTM-Vorstands-Chef, werden in einem eigenen Kapitel behandelt.

Faktoren zum (Miss-) Erfolg

Auf Veranlassung der FGG (Finanz Garantie Gesellschaft) und der BAWAG erstellte der Autor im Juni 1994 das Konzept „Turnaround“ und übergab es beiden Institutionen sowie natürlich Herrn Rohrmoser.
Dass dies nur eine Art „Arbeitsbeschaffung“ war, konnte ich nicht ahnen. Erst später erfuhr ich aus einer sehr kompetenten und ehrlichen Quelle, dass es zwischen Regierung und BAWAG unter GD Elsner längst beschlossene Sache war, Atomic in den Konkurs zu schicken. Zur gleichen Zeit hatten nämlich Fischer und Head ebenso größere Probleme, und es war halt leichter, in der Tourismusregion Pongau Arbeitsplätze zu schaffen als in Ried im Innkreis oder in Vorarlberg. Jedenfalls wurden die im Konzept angeführten Punkte nicht beachtet.

Ein weiteres Konzept wurde von Dr. Hugo Miacheal Sekyra (†) erstellt („Restrukturierung Atomic“). Ich erhielt dieses Elaborat erst im August 1994 über die BAWAG. Viele der beiden Konzepte deckten sich natürlich. Als Dr. Sekyra („HMS“) aber gegenüber Rohrmoser die wesentlichen Punkte erklärte, wurde dieser böse, und die nicht einmal begonnene Karriere von HMS bei Atomic war beendet.

Als Ursachen für Unternehmenskrisen in der Skiindustrie galten immer:

Externe, großteils unbeeinflussbare Faktoren

- O Neue Basis-Technologien (Monocoque, Cap-Ski, neue Materialien, ...)
- O Währungsrisiko (Dollar, Yen), durch den Euro in den wichtigsten Ländern Europas heute ausgeschaltet.
- O Rezession in angestammten Hauptmärkten (USA, Japan, Deutschland)
- O Stagnierende Märkte, Schlagwort „Skimüdigkeit". Insgesamt rückgängiges Marktvolumen (konnte nur teilweise durch Snowboards substituiert werden)
- O Billige Volumenprodukte gegenüber Markenware/Handelsmarken, welche meist beim jeweils billigsten Anbieter bestellt wurden.
- O Änderung des Konsumverhaltens (andere Interessen, Trendsportarten, PC, Handy, aber auch einfach Sparsamkeit als Notwendigkeit)
- O Klimatische Verhältnisse (schneearme Winter, später Schneefall, Klimaveränderungs-Diskussionen)
- O Gesetzliche Vorschriften (Umweltauflagen, Recycling ...)

Interne Ursachen

- O Nicht mehr zeitgemäße Strukturen/Rechtsformen des Unternehmens. Bereits in den 70er Jahren wurde bei Atomic vom damaligen kaufmännischen Leiter, Dr. Eugen Köck, versucht, das Einzelunternehmen in eine GmbH umzuwandeln, mit dem späteren Plan für eine AG und Börsengang.
- O Hohe Fluktuationsraten bei Führungskräften. Bei Atomic begann dies 1990, als Führungsleute entweder von Rohrmoser gekündigt wurden oder von sich aus die Firma verließen. Der Autor blieb bis zum bitteren Ende, in der Hoffnung, dass doch noch ein Umdenken stattfinden würde, und der „Turnaround" zu schaffen wäre. Die Abgänge von Führungspersonal, mittlerem Management, Geschäftsführern von Tochterfirmen zwischen 1990 und

1993 bedeuteten einen Verlust von mehr als 250 Jahren Erfahrung. Ein derartiger Aderlass führt zwangsweise zu Rückschlägen. Bis neues Personal die Erfahrung gesammelt und die nötigen Kontakte geschaffen hat, sind die meisten Leute schon wieder weg. Auch Patriarchen müssen einsehen, dass Personal, menschliche Arbeitskraft und Erfahrung die wichtigsten Aktivposten einer Firma sind.

- O Verpasste Chancen am Markt
- O Stagnierende Märkte: Nur einige Beispiele. Japan: von mehr als zwei Millionen Paar auf unter 500.000 Paar geschrumpft. Schweden: zur „Hoch-Zeit" eines Ingemar Stenmark (heute noch der Läufer mit den meisten Weltcup-Siegen) betrug das Marktvolumen rund 240.000 Paar, heute vielleicht noch 40.000 Paar! Gleiches Beispiel in Norwegen: Atomic allein verkaufte in den besten Jahren bis zu 75.000 Paar, Marktvolumen heute bei rund 40.000 Paar. Diese Beispiele könnten beliebig fortgesetzt werden.
- O Schlechtes Betriebsklima, Misstrauen
- O Kampf gegen Multis um Marktanteile und Margen
- O Überproportionale Herstellung-, Vertriebs- und Werbekosten (Rennsport)
- O Zinslast des Fremdkapitals

Schrempf-Nachfolge-Spiel

Die „Krise“ zwischen Rohrmoser und Schrempf begann Ende der 80er Jahre. Nach rund zwei Jahren erfolgloser Vorstöße hinsichtlich einer Gehaltsregelung für das Management kam es am 9. Dezember 1989, in Altenmarkt in einem Vieraugengespräch zu einer Einigung. Es war dies an einem Samstag anlässlich einer Sitzung, an welcher das gesamte Management und der „technische Leiter“ Pilotto teilnahmen. Es ging um dringend notwendige Entscheidungen nach dem kurzfristig erfolgten Kauf von Koflach. Ein Agreement wurde geschlossen, um telefonisch am nächsten Tag, exakt fünf Minuten vor zwölf von Rohrmoser telefonisch widerrufen zu werden. Ein Kapitel des Vertrauensverlustes. Dies führte in weiterer Folge auch zur Abwanderung vieler Manager. Heute würde man als „Mobbing“ bezeichnen, wie sich Rohrmoser in Folge dem Autor gegenüber verhielt. Es begann das „Schrempf-Nachfolge-Spiel“.

1991 wurde der von Schrempf vorgeschlagene und von Rohrmoser akzeptierte Franz Heinrich (Ex-Blizzard) als Geschäftsführer für Atomic Deutschland eingestellt. Mir liegen handschriftliche Protokolle vor, dass Heinrich versprochen wurde, in absehbarer Zeit die führende Rolle im Mutterhaus zu übernehmen. Es gab viele Diskussionen, aber nur wenige zu Papier gebrachte Vorschläge von Heinrich (höchstens auf „Wischzetteln“, aber dafür nach seiner Aussage im „Hirn“ bestehende Ideen). Nachdem es nicht dazu kam, hat Heinrich gekündigt. Rohrmoser nahm die Kündigung an.

1992 war Bundesminister und (gescheiterter) Präsidentschaftskandidat Dr. Rudolf Streicher im Gespräch und geisterte durch die Medien. Auch zu dessen Verpflichtung kam es schließlich nicht.
Ebenfalls 1992/1993 bot Rohrmoser dem als „Personal-Beistand“ von der BAWAG eingesetzten Mag. Willibald Ortner mehrfach die Geschäftsführung an. Dies teilte mir Mag. Ortner anlässlich eines Gespräches bei Atomic Schweiz in Littau glaubwürdig mit. Laut Ort-

ner erfolgte dieses Angebot vor Zeugen (insbesondere dem technischen Leiter Pilotto und Koflach Geschäftsführer Walter Wittmann).

1994 ging es dann Schlag auf Schlag:
Kontakte zu Dr. Hugo Michael Sekyra (HMS) (†) wurden hergestellt. Atomic-Rechtsanwalt Dr. Herwig Liebscher informierte mich darüber am 2. März 1994 in einem sehr persönlichen Gespräch. In einem weiteren Gespräch zwischen HMS und dem Autor bestätigte dieser, dass er zwar von Rohrmoser als Geschäftsführer vorgesehen war, die Verhandlungen jedoch scheiterten. Rohrmoser wurde in NEWS 10/94 zitiert: „Der Doktor Sekyra ist ein fähiger Mann". Dass es nachher zu einem Umdenken kam, war der herben Kritik von Sekyra an Rohrmoser zuzuschreiben.
Ein weiterer von Rohrmoser 1994 ins Spiel gebrachter potentieller Nachfolger war der damalige Geschäftsführer von Kästle, kurzzeitig auch Geschäftsführer bei Blizzard, Ulrich Metzler. Metzler gab mir gegenüber sein großes Interesse an der Position zu und versprach dem Autor, das er „Vize" bleiben bzw. werden könne. Die BAWAG lehnte ein Engagement Metzlers ab, da die Gehaltsvorstellungen weit überzogen waren. Angeheizt wird laut Dr. Schneid, damals bei „Die Presse", die Gerüchteküche um einen neuen „Supermann" bei Atomic. Es handelte sich um den Ex-Steirerbräu-„General" Hermann Gruber. Rohrmoser: „Ich halte ihn für einen der besten Manager". Gruber selbst ließ über die Medien verlauten, er habe bereits Angebote. Eine Aussage von Gruber war unter anderem, dass er der Brau-AG zu „tüchtig" gewesen sei. Offensichtlich war er aber auch Rohrmoser schließlich zu „tüchtig".

Wie ich später erfuhr, wurde der Personalvermittler Dr. Gneist aus Salzburg bereits im Mai 1993 von Rohrmoser beauftragt, einen Geschäftsführer für Atomic zu suchen (wahrscheinlich in gleicher Weise wie Dr. Neumann in Wien bei der Suche nach einem Direktor für Dynamic, welche in einem Desaster und einem nachfolgenden Prozess gegen Rohrmoser in Höhe von knapp einer Million ATS endete).

Hermann Gruber

Hugo Michael Sekyra:
Auch ein Mann des Jahres

Kneissl-Chef Erhard Grossnigg: „Kooperationen sinnvoll." Bild: Votavafoto

News:

„Sanierer" für eine Woche. Die ausgeschalteten Treuhänder Stefan Pierer und Ernst Chalupsky halten zu Rohrmoser: „Wir können ja nicht über Nacht abrauschen."

Einen ausgezeichnet recherchierten Bericht hat Lieselotte Palme im <u>Profil vom 12. September 1994</u> geschrieben. Einige Zitate daraus: „In den letzten Wochen muss es zwischen Alois Rohrmoser und

BAWAG-Direktor „Marcel“ Helmut Elsner zu geradezu schauderhaften Szenen gekommen sein. Alois Rohrmoser, ländlicher Vollblutunternehmer, der letzte große österreichische Ski-Patriarch. Einst genial. Jetzt vor allem knorrig, immer noch äußerst selbstbewusst. Eigensinnig bis zur Starrsinnigkeit. Helmut „Marcel“ Elsner ein schnoddriger Manager, dem spätestens seit seinem legendär gewordenen „Club 2“-Fernsehauftritt im Frühjahr 1994 (im Zusammenhang mit den „Karibik-Geschäften“) der Ruf nacheilt, er sei zu reifen Leistungen in Präpotenz und Arroganz fähig. Sieht sich selber gerne als Kosmopolit und als besonders „tough“, will Rohrmoser jetzt ans Eingemachte. Er (Elsner) spielt die graue Maus, die ab und zu aus beruflichen Gründen den Overall aus- und den Nadelstreif anziehen muss. In Wirklichkeit ist er ein ehrgeiziger, eitler karrieregeiler Manager“.

Rohrmoser hatte zu dieser Zeit auch seinen endgültigen Wunschkandidaten für die neue Atomic-Geschäftsführung präsentiert: Stefan Pierer hielte er für den besten, legte sich Rohrmoser nun fest.
Eine halbe Woche davor setzte Elsner Rohrmoser in Kenntnis, dass die BAWAG beabsichtige, den Kneissl-Miteigentümer und „Sanierungsmanager“ Erhard Grossnig (Dachstein, Kneissl, Stiefelkönig, Augarten, Forstinger – „Sanierer“) als Atomic-Geschäftsführer einzusetzen. Im Kurier vom 26. September 2003 wurde Grossnig noch als „Sanierer mit dem goldenen Händchen“ bezeichnet. Der Rest der Geschichte ist bekannt bzw. steht an anderer Stelle.

Aus der Mehrheit dieser Berichte und Aussagen sieht man wieder einmal die Ehrlichkeit und Offenheit gewisser Leute. Ein Verhalten, das in Wirtschaft und Politik leider immer weiter um sich gegriffen hat. Ein Rat an alle Österreicherinnen und Österreicher in diesen Dingen könnte nur lauten: Mehr Mut, mehr Zivilcourage auch den sogenannten „Großen“ gegenüber, welche oft meinen, sie könnten sich alles erlauben und es sich in jeder Weise richten. Gerade die Vorfälle der jüngsten Vergangenheit zeigen dies leider eindrucksvoll auf.

Die Rolle der Banken

„Pleiten, Betrug und BAWAG“

Schonungslos aufgedeckt – Die Enthüllungen des Bankenuntersuchungsausschusses

Als der Ausschuß am Altar der rot-schwarzen Koalition geopfert wurde, war klar, daß nur die Spitze des Eisberges dessen an die Öffentlichkeit gedrungen ist, was als der größte Finanzskandal der Zweiten Republik in die Geschichte eingehen wird. Untermauert mit Originaldokumenten deckt jetzt der Ausschußvorsitzende Martin Graf auch viele jener Aspekte auf, die bisher noch nicht bekannt wurden …

Erhältlich bei „Zur Zeit“ unter verlag@zurzeit.at, Tel.: 01/7121057 oder per Fax.: 01/7121057–20

Als Alois Rohrmoser in den 50er/60er Jahren von der örtlichen Bank keinen Kredit für den Ausbau seiner Wagnerei erhielt, wandte er sich an die BAWAG, welche zu dieser Zeit eine Filiale in St. Johann im Pongau eröffnete. Er bekam das Vertrauen und den erforderlichen Kredit. Obwohl ÖVP-Vizebürgermeister in Wagrain, war von da an seine Aussage, dass bei gleichen oder minimal abweichenden Konditionen der Vorzug immer der BAWAG zu geben ist. Daran hat er sich auch immer gehalten. Es gab ein gegenseitiges Vertrauensverhältnis zwischen Rohrmoser und den Generaldirektoren der BAWAG. Erst zu Beginn der 80er Jahre kam als weitere größere Bank die damalige „Z“-Bank mehr oder weniger als „Konditionen-Kontrollor“ dazu. Das Anfangsvolumen betrug ATS zehn Millionen. Die Jahre danach waren geprägt von einem normalen Geschäftsverhältnis, welches eigentlich immer fair ablief. Das Kreditvolumen bei der Nachfolgebank „Bank Austria“ stieg im Jahr 1992 auf über ATS 200 Millionen an. In einem Gespräch am 5. März 1992 bei der BAWAG in Wien (Teilnehmer: Alois Rohrmoser, Mag. Walter Ilgner, Finanzchef von Atomic, Mag. Ertl, BAWAG und Dr. Traunmüller, BAWAG) wurde seitens der BAWAG festgehalten, dass man durch die Zusage von Direktor Elsner das Obligo bei der Bank Austria unter bestimmten Bedingungen jederzeit übernehmen werde. 1993 und bis Frühjahr 1994 gab es mit der BAWAG fast nur mehr Vieraugengespräche mit Rohrmoser. Dieser berichtete immer, dass alles in Ordnung sei und die BAWAG unter Berücksichtigung bestimmter Auflagen voll hinter Atomic, vor allem hinter der Person Alois Rohrmoser, stehe.

In der Folge gab es allerdings ein Schreiben an KR Rohrmoser mit der Aufforderung, wesentliche Betriebsdaten und Unternehmenskonzepte raschest vorzulegen, vor allem auch im Hinblick auf die Kontakte mit der Finanzierungsgarantie-Gesellschaft. Von der BAWAG wurde in diesem Schreiben empfohlen, die Planung ausschließlich auf Basis der Fortsetzung der Eigenständigkeit von Atomic durchzuführen. In einem weiteren Schreiben der BAWAG an Rohrmoser stand unter anderem zu lesen: „... müssen feststellen, dass die von Ihnen wiederholt gemachten Zusagen, Ihr Unternehmen mit zusätzlicher Liquidität auszustatten, nicht eingehalten wurden. Im Sinne dieser o. a. Zusagen wurde von Ihnen verbindlich erklärt, dass eine Überschreitung der von uns genehmigten und mit Ihnen akkordierten Höchstschuldsumme uns gegenüber von ATS 1,5 Milliarden nicht notwendig sei, da von Ihnen entsprechende Mittel angeschafft würden. Für die Zukunft erwarten wir von Ihnen die strikte Einhaltung der getroffenen Zusagen und Vereinbarungen“.
Im Juli 1994 begann dann die intensivere Suche der BAWAG nach einem Partner für Atomic. Dies ging auch aus zahlreichen Medienberichten hervor.
Ab September 1994 – die Details sind zur Genüge geschildert – hatte die BAWAG praktisch keine andere Wahl, als den Konkurs einzuleiten, um das „Vierer-Konsortium“ loszuwerden. Die düsteren Meldungen ab 16. September: „Bawag schickt Atomic samt Chef in

Konkurs“, „Das Ende Rohrmosers“, „Tabula rasa bei Atomic“, „Bawag beantragt Konkurs und lehnt Verkaufsangebote Rohrmosers ab“, „Bawag siegt im Machtkampf um Atomic – Rückzieher Rohrmosers kam zu spät“, „Rohrmoser verliert das Vermögen“, „Bawag fährt mit Atomic und Rohrmoser Schlitten“, „Konkurs von Atomic ist jetzt besiegelt“, „Jörg Haider erhebt schwere Vorwürfe“, „Kreditorenverband nimmt jetzt die Bawag aufs Korn“, „Atomic wird nicht zerschlagen“, „Neuerlich Kritik an Bawag“, „Anzeige gegen Vorstand der Bawag in Sachen Atomic“, „Bawag hält an 50-Prozent-Offert für Atomic-Altlieferanten fest“, „Bawag muss Angebot an Atomic-Gläubiger erhöhen“, „AKV beharrt auf Forderung der Bawag“, „Bawag-Chef Flöttl setzt Atomic als Trumpf-Karte ein“, „Flöttl-Traum(a) – prominentestes Opfer der Bawag: Alois Rohrmoser“, usw.
In einem Telefonat mit dem Autor und Direktor Elsner bezüglich Alois Rohrmoser zeigte sich Elsner sehr unwirsch. Ich teilte ihm nur mit, dass ich sehr wohl ersucht worden sei, die Geschäftsführung weiter auszuüben, und dass sich gerade Elsner bei mir für den „Mutigen Schritt“, die Geschäftsführung zurückzulegen, bedankt habe. Dass mich das Ganze gegenüber der Gebietskrankenkasse inklusive Rechtsanwaltskosten, Reisespesen usw. rund ATS 100.000,-- gekostet habe, interessiere ihn nicht, ich solle mich an Dr. Vavrowsky wenden.
Die „Banker-Mausefalle“ sowohl für Rohrmoser als auch für mich!

Ab Dezember 1994 geht es weiter:
„Bawag bleibt Atomic auch weiter treu“, „Bawag will retain 10 per cent of Atomic (SGI-Sporting Goods Intelligence, Paris/USA).

Einige Auszüge aus den Medien 1996 bis 1998:
„Rohrmoser wirft der Bawag Erpressung vor und schaltet Staatsanwaltschaft ein“, „Eine Klageflut ist im Anrollen“, „Kripo untersucht Atomic-Pleite“, „Justiz ermittelt gegen Bawag“, „Kripo will Atomic-Konten sperren“, „Brisanter Akt nach Linz“, „Rohrmoser fühlt sich um ATS 300 Millionen betrogen“, „Causa Rohrmoser: Suche nach

nicht befangenen Richtern", „Neues Kapitel im Atomic-Krimi", „Im Atomic-Krimi schießt die Bawag nun zurück", „Causa Atomic: Der OGH ist am Zug", „Rohrmosers Rache", „Rohrmoser-Akt ist weiter auf Reisen", „Akte Rohrmoser ist in Steyr gelandet", „Verfahren gegen Bawag eingestellt", „Atomic-Verfahren wird eingestellt".

Im Streit ging es weiter:
Format 20/2001: „Lieber Freund der Bawag: Die Republik kontert eine Klage der Bawag wegen der Atomic-Pleite mit pikanten Details: Bawag-Chef Elsner habe beim Innenminister interveniert, um die Ermittlungen zu stoppen". Da der Autor über die Einzelheiten in dieser Angelegenheit nicht informiert ist, zieht er es vor, dazu keinen Kommentar abzugeben.

Neben dem Fall Atomic hatte die BAWAG im gleichen Zeitraum auch noch andere wesentliche Probleme:
Karibik-Abenteuer mit Aktien des Sohnes von General-Direktor Flöttl: „Marcels Tropenträume: Auch Bawag-Vorstand Elsner pflegt intensiven Kontakt mit Flöttl-Sohn Wolfgang. Als Dauergast auf Bermuda",so Lieselotte Palme im Profil vom 2. Mai 1994.

Der Standard schrieb am 2. Mai 1994 unter dem Titel „Kopf des Tages": „Bawag-Gelder als Basis für den Aufstieg". Laut anderer Pressemeldungen griff die Politik ein, und das Karibik-Abenteuer wurde beendet.
Die Großpleite des „Konsum", welche bereits vorhersehbar war, und wobei Milliarden von Schillingen „vernichtet" wurden. Laut Generaldirektor Flöttl wurde bereits in der Bilanz 1994 Vorsorge in Form von Rückstellungen für den Konsum getroffen. Economos-Pleite.

Aber immerhin stand die Skiindustrie mit den Erfolgen ihrer Läufer und den Exporterfolgen national und international gesehen mehr im Rampenlicht als der Konsum, die Karibik oder Economos.

Den pensionierten Generaldirektor der BAWAG, Elsner trafen auch noch andere Vorwürfe, wie Profil vom 21. Mai 2002:
„Contenance, Herr Elsner. Was waren wir Wirtschaftsjournalisten immer eifersüchtig. Auf unsere knallharten Kollegen aus dem Klatsch-Business. Auch uns Wirtschaftsjournalisten haftet nun Heldenhaftes an. Dank Bawag-Generaldirektor Helmut Elsner. Der ließ kürzlich den Fotograf eines Nachrichtenmagazins mit seiner Aktentasche Bekanntschaft schließen. Weil Elsner sich ‚belästigt' gefühlt hatte. Herr Generaldirektor Elsner, so nicht. Keiner von uns stöbert in Ihrem Hausmüll (trennen Sie?), kramt in Ihrer Schmutzwäsche (transpirieren Sie?), verfolgt Ihre Limousinen oder behelligt Sie auf dem Golfplatz (schummeln Sie?). Wir Wirtschaftsjournalisten können nun wirklich nichts dafür, dass ausgerechnet Sie Generaldirektor einer großen Bankengruppe sind. Wir können nichts dafür, dass sich in Gewerkschaftskreisen Missmut über Ihr üppiges Doppelsalär regt. Und wir können auch nichts dafür, dass Ihnen Öffentlichkeitsarbeit ein alles andere als notwendiges Übel ist".

Dazu passt auch noch ein Bericht aus dem Kurier vom 27. April 2003:
„Höchstgericht: Bankchef muss sich ‚Abzocker' nennen lassen. Klage gegen deutsche Zeitung zurückgewiesen, weil Kritik angemessen war". Auf Details möchte ich hier verzichten, die Artikel in der angesehenen „Süddeutschen Zeitung" und im „Kurier" sprechen für sich.

BANK FÜR ARBEIT UND WIRTSCHAFT
AKTIENGESELLSCHAFT

BAWAG

BAWAG PRÄSENTIERT ZUKUNFTSSICHERE LÖSUNG FÜR ATOMIC

Die mehr als drei Jahrzehnte währende Zusammenarbeit der BAWAG mit Atomic führte nun, wie von der BAWAG stets in Aussicht gestellt, zu einer zukunftssicheren Lösung für Atomic als wichtigsten Repräsentanten der österreichischen Schiindustrie.

AMER als starker Partner

Der finnische Sportartikel-Konzern AMER mit einem Gruppenumsatz von 23 Milliarden Schilling, davon 7 Milliarden Schilling im Sportbereich, und einem weltweiten Mitarbeiterstand von rund 5.300 Personen konnte als starker Partner für die Übernahme von Atomic gewonnen werden.

AMER übernimmt wesentliche Vermögensteile von Atomic um einen Betrag von 900 Millionen Schilling. Darüber hinaus löst AMER noch die der BAWAG abgetretenen Forderungen an Konzerntöchter in der Höhe von mehreren hundert Millionen Schilling ein.

In den letzten Jahren war die BAWAG intensiv bemüht, für Atomic einen strategischen Partner zu finden, der in der Lage ist, den Absatz der Produktion im Ausland wirklich erfolgreich voranzutreiben. Die Produktion von Atomic wird zu 90 % im Ausland abgesetzt. Die von Atomic gegründeten Generalvertretungen bzw. Töchter der Firma Atomic im Ausland waren alle verlustreich.

Sicherung des Fortbestands von Atomic

Mit AMER ist es uns gelungen, den gewünschten starken Käufer von erster Bonität für Atomic zu finden, sodaß Atomic nun weltweit optimal vermarktet werden kann. Damit ist der Fortbestand von Atomic gesichert, was stets das erklärte Ziel der BAWAG war. Wie die neuen Eigentümer von Atomic betonen, wollen sie nicht nur die Produktion aufrecht erhalten, sondern noch erweitern. Damit würden sogar mehr Menschen beschäftigt werden, als es bisher der Fall war.

1.160
800
(2004)

Optimale Konkursabwicklung

Der untypische Atomic-Konkurs, der eigentlich nur durch die Nacht- und Nebel-Aktion Herrn Rohrmosers, in der dieser 85 % seiner Anteile an das sogenannte "1-Schilling-Konsortium" übertrug, zur Herstellung der Rechtssicherheit notwendig war, konnte somit zum schnellstmöglichen Zeitpunkt einer befriedigenden Lösung zugeführt werden. Dies muß nicht zuletzt dem dynamischen Masseverwalter, Dr. Karl-Ludwig Vavrovsky, zugeschrieben werden, dem es gelungen ist - trotz Störversuche von Herrn Rohrmoser und den ihn vertretenden Anwälten - seriöse Interessenten für Atomic zu gewinnen.

Ungebrochene Produktion und Auslieferung im Konkursmonat

In diesem Konkurs, in dem die Produktion bei Atomic keine Stunde stillstand, wurden alle Löhne, Gehälter und Materiallieferungen mit Hilfe der BAWAG laufend bezahlt, sodaß Produktion und Auslieferung ungebrochen fortgeführt werden konnten.

Zur sogenannten "österreichischen Schilösung"

Die vielzitierte "österreichische Schilösung" bestand bis zuletzt nur aus Schlagworten. Das von Head vorgelegte Angebot war von allen Angeboten, die dem Masseverwalter vorlagen, das schlechteste, jenes von AMER - unter Berücksichtigung der strategischen Vorteile - das beste.

Neben den von ausländischen Großunternehmen erstellten Angeboten, die alle mit großem Kapitaleinsatz dieser Unternehmen verbunden waren, zeichnete sich die sogenannte "große österreichische Lösung" von der Firma HTM dadurch aus, daß nicht nur kein Geld eingesetzt wurde, sondern die BAWAG zunächst selbst das Eigenkapital der verlustreichen ausländischen Töchter wiederherstellen und somit einige hunderte Millionen Kapital hätte zuschießen müssen. Zum Dank dafür hätte dann eine Fusionierung von der Head-Gruppe mit Atomic stattfinden können. Wie wir erfahren mußten, ist Head selbst ein verlustbringendes Unternehmen.

Im weiteren Verlauf hätte bei dieser HTM-Lösung Geld aus dem Ausland zugeführt werden müssen, es wäre letzten Endes die Firma auch wieder in ausländischen Besitz gekommen.

Bei der nunmehr getroffenen AMER-Lösung fließt nicht nur Geld aus dem Ausland in die österreichische Firma, sondern AMER kann vor allem - was die Firma Atomic so dringend benötigt - den Vertrieb im Ausland organisieren. AMER selbst ist ja weltweit tätig.

Bestätigung der Kreditgestionierung der BAWAG
Dieses Ergebnis beweist vor allem auch, daß die BAWAG ihre Kreditengagements stets wohlüberlegt eingeht und auch das Risiko bei Atomic in keiner Phase falsch eingeschätzt wurde. Der BAWAG ist es dabei nicht nur gelungen, einen schwierigen "Kreditfall" zu lösen, sondern auch österreichische Arbeitsplätze und eine große österreichische Marke zu retten.

Rechtsanwälte
DR. VAVROVSKY / DR. STÖGER
Kommandit-Partnerschaft
Dr. Karl Ludwig Vavrovsky
Dr. Ingrid Stöger

PRESSEINFORMATION

des Masseverwalters im Konkurs der Atomic for Sport GmbH anläßlich der Pressekonferenz vom 16.11.1994

1. Konkurseröffnung am 16.9.1994

2. Unternehmensfortführung im Vollbetrieb ohne Belastung der Masse durch Ausfallsgarantie der BAWAG
   - mit ca. 650 Dienstnehmern
   - bei einem monatlichen Mittelerfordernis von ca. S 90 Mio
   - mit einem Fakturenwert der ausgelieferten Waren in zwei Monaten von ca. .... S 280 Mio
   - mit Einnahmen in zwei Monaten von ca. .... S 90 Mio
   - Verabschiedung der neuen Kollektion
   - Abschluß von Werbeverträgen und Rennläuferverträgen
   - Kontrolle der Lager- und Buchhaltung
   - Inventur (einschließlich der Betriebsstätten im Ausland)
   - Auftrag zur Fertigstellung der Bilanz und G&V p.31.3.1994
   - Kontrolle und Erfüllung von Eigentumsvorbehalten

3. Statuserstellung durch KPMG Alpentreuhand GmbH:

- Aktiva:		
Anlagevermögen		S 686,5 Mio
Umlaufvermögen: Vorräte	S 266,4 Mio	
Forderungen und Sonstige	S 280,3 Mio	
		S 546,7 Mio
		S 1233,2 Mio
- Passiva:		
Rückstellungen		S 180,9 Mio
Verbindlichkeiten gegenüber Banken		S 1598,0 Mio
Sonstige Verbindlichkeiten		S 171,5 Mio
		S 1950,4 Mio

4. Maßnahmen zur Erfüllung des Einbringungsvertrages:
   - Liegenschaften (Vertragsabschluß mit Dr. Honsig-Erlenburg)
   - Beteiligungen (Vertragsabschluß mit Dr. Honsig-Erlenburg)
   - Marken und Patente (Beauftragung des Patentanwaltes zur Umschreibung im In- und Ausland, Sicherungsmaßnahmen zugunsten der Masse)

5. Erstellung von Verkaufsunterlagen, Ermöglichung von Prüfungsmöglichkeiten (due diligences), Angebotsprüfung und Vertragsverhandlungen

6. <u>Abschluß des Vertrages mit AMER Group Ltd</u>
<u>und Einholung der Genehmigungen durch Gläubigerausschuß</u>
und Konkursgericht am 15.11.1994

- alle Vermögenswerte, ausgenommen

Liegenschaften und Gebäude Wagrain ca.	S 41,0 Mio
Skiliftanlagen Forstau-Fageralm ca.	S 18,2 Mio
Beteiligung Kleinarl ca.	S 16,0 Mio
Wertpapiere ca.	S 18,0 Mio
Forderungen (soweit kein Beteiligungsverhältnis besteht)	S 253,8 Mio
	S 347,0 Mio

- Kaufpreis
  (bereits treuhändig erlegt) netto .... S 900,0 Mio
- Ankauf von Absonderungsrechten an Forderungen gegenüber Auslandstöchtern durch AMER von BAWAG

7. <u>Dienstnehmer</u>
- Kündigung (Austritt) gemäß § 25 KO (Information Betriebsrat, Anzeige Arbeitsamt)
- Bereitschaft zur Wiedereinstellung durch AMER zu gleichen Bedingungen
- Aufnahme weiterer Dienstnehmer in Altenmarkt und Köflach

8. <u>Standortsicherung</u>
- Altenmarkt
- Köflach
- nur für 6 Monate Wagrain

Anzumerken sind noch zwei Tatsachen: In einer Presseaussendung anlässlich der Übernahme von Atomic durch Amer schrieb die BAWAG unter anderem: Der untypische Atomic-Konkurs, der eigentlich nur durch die Nacht- und Nebel-Aktion Herrn Rohrmosers, in der dieser 85 Prozent seiner Anteile an das so genannte ‚1-Schilling-Konsortium' übertrug, zur Herstellung der Rechtssicherheit notwendig war".

Die BAWAG schaltete am 30. März1995 im Standard ein Inserat im Zusammenhang mit der Konsum-Insolvenz. Darin hieß es unter anderem: „Im Fall der Schifabrik Atomic haben wir die Vermögenswerte und Arbeitsplätze langfristig für Österreich gesichert, ohne selbst einen Ausfall tragen zu müssen". Ein Kommentar dazu erübrigt sich.

Standard
30/3/95 (5x)

KONSUM-Insolvenz für BAWAG kein Problem

Die **BAWAG** hat ihre Kreditrisken immer sehr sorgfältig bewertet und war daher an den **großen Firmenpleiten** der letzten Jahre **nicht beteiligt**.

Auch in **risikoreichen Auslandsgeschäften** war unser Haus **nicht involviert**. Wir konnten unsere Engagements auf Auslandsmärkten nicht nur ohne Verluste, sondern **mit Gewinnen** rückführen.

Im Fall der Schifabrik **Atomic** haben wir die Vermögenswerte und Arbeitsplätze langfristig für Österreich gesichert, ohne selbst einen Ausfall tragen zu müssen.

Bei der Insolvenz der KONSUM-Gruppe haben wir für mögliche Ausfälle schon in der Bilanz 1994 vorgesorgt. Darüber hinausgehende Ausfälle können aus dem laufenden Ertrag des Jahres problemlos bereinigt werden.

Wir haben mit unserer hohen Ertragskraft die Rücklagen in den letzten Jahren massiv gestärkt und damit eine auch im internationalen Vergleich hervorragende Kapitalausstattung erreicht.

Nutzen Sie die vielen Vorteile unserer Angebote.

Vergleichen Sie!

Kommen Sie zu uns!

BAWAG

BANK FÜR ARBEIT UND WIRTSCHAFT

DER STANDARD, 30/3/95

BAWAG-Inserat sorg
für Empörun

KONSUM-Insolvenz für BAWAG kein Problem

Die BAWAG hat ihre Kreditrisken immer sehr sorgfältig bewertet und war daher an den großen Firmenpleiten der letzten Jahre nicht beteiligt.

Auch in risikoreichen Auslandsgeschäften war unser Haus nicht involviert. Wir konnten unsere Engagements auf Auslandsmärkten nicht nur ohne Verluste, sondern mit Gewinnen rückführen.

Im Fall der Schifabrik Atomic haben wir die Vermögenswerte und Arbeitsplätze langfristig für Österreich gesichert, ohne selbst einen Ausfall tragen zu müssen.

Bei der Insolvenz der KONSUM-Gruppe haben wir für mögliche Ausfälle schon in der Bilanz 1994 vorgesorgt. Darüber hinausgehende Ausfälle können aus dem laufenden Ertrag des Jahres problemlos bereinigt werden.

Wir haben mit unserer hohen Ertragskraft die Rücklagen in den letzten Jahren massiv gestärkt und damit eine auch im internationalen Vergleich hervorragende Kapitalausstattung erreicht.

Nutzen Sie die vielen Vorteile unserer Angebote.

Vergleichen Sie!

Kommen Sie zu uns!

BAWAG

BANK FÜR ARBEIT UND WIRTSCHAFT

„BESTSELLER" 4/95

Oliver Schopf 1994
Der Standard, 6/10/1994
ECONOMOS
KARIBIK

Oliver Schopf 1994
SPAREINLAGEN
KREDITE
DICHTUNGEN
FERNREISEN
SKI
AAAAtomic
SONDERANGEBOT
HIER GIBT'S DEN
BETRIEBSRATSKREDIT
Aktion
DER ECONOMOS-
SUPERPACK
BILLIG-
ANGEBOT
Auslauf-
modelle
Der Standard 10/10/1994
BAWAG-Schalterhalle

Herbst 2006, Oberösterreichische Nachrichten:

„Neue Ermittlungen: Atomic von Elsner in Pleite getrieben. Im Zuge der Bawag-Ermittlungen wird auch der Konkurs des größten österreichischen Skiherstellers, Atomic, aufgerollt. Dies bestätigte die Staatsanwaltschaft Wien den OÖN. Hintergrund der laufenden Untersuchungen ist die Tatsache, dass die Atomic-Insolvenz letztlich mit einer Gesamtquote von deutlich mehr als hundert Prozent abgeschlossen wurde. 73,8 Prozent betrug die Quote im Konkurs, 20 Prozent die Quote im Zwangsausgleich des persönlich voll haftenden Einzelunternehmers Alois Rohrmoser. Rechnet man noch die Millionenkosten für das Insolvenzverfahren einschließlich der damit zusammenhängenden Prozesse dazu, kommt man auf eine Quote zwischen 104 und 107 Prozent. Dies alleine würde zeigen, dass Atomic keinesfalls konkursreif gewesen sei. In diesem Zusammenhang taucht nun ein Verhandlungsprotokoll des Landesgerichts Wien vom 23. Mai 2006 auf. Atomic-Masseverwalter Karl Ludwig Vavrovsky und Insolvenzrichter Gregor Sieber hatten Volksanwalt Ewald Stadler geklagt. Dieser hatte ihnen vorgeworfen, beim Atomic-Konkurs wäre es nicht mit rechten Dingen zugegangen. Übrigens: Der damalige Bawag-Anwalt legte sogar sein Mandat zurück, weil er bei diesem Vorgehen Elsners nicht mitmachen wollte“.

2007: Salzburger Nachrichten vom 15.3.2007:

„Der Ruin eines Selfmademans. Der Banken-Untersuchungsausschuss durchleuchtet derzeit den Fall Atomic. Rohrmoser-Anwalt Florian Masser ließ keinen Zweifel an der Einschätzung der Familie, dass der bald 13 Jahre zurückliegende Ruin von Rohrmosers Lebenswerk von dessen Hausbank Bawag systematisch betrieben worden sei. Nie vorher und nie seither habe es seine Kanzlei in einem Fall mit einer derartigen Fülle von Ungereimtheiten zu tun gehabt. Das reiche von der blitzartigen Konkurseröffnung über das Naheverhältnis zwischen Konkursrichter und Masseverwalter und dem Druck, den die damalige Bawag-Führung unter Helmut Elsner auf Rohrmoser, ermittelnde Behörden und Medien ausübte, bis zur letztlich enormen Befriedigungsquote der Gläubiger in der Höhe von 93,5 Prozent“.

Salzburger Nachrichten vom 10. November 2007:
„Strafanzeige im „Fall Atomic“. Die Eröffnung des Konkurses gegen den Skiproduzenten sei rechtswidrig gewesen, behaupten ÖVP und FPÖ. Sie wollen Gerechtigkeit für die Erben von Alois Rohrmoser. Im Bankenausschuss seien neue Beweismittel zu Tage getreten, die den Verdacht des Amtsmissbrauchs und der verbotenen Geschenkannahme von Beamten im Konkursverfahren von Atomic nahelegten. Der Firmenkonkurs erbrachte 73,8 Prozent, die beiden Hauptgläubiger Bawag und Invest Kredit erhielten verpfändet: die Kleinarler Skilifte, die Forstauer Bergbahnen, zwei Kleinkraftwerke, Schloß Höch in Flachau samt Wald und Jagd, ein Anwesen in Salzburg, Skihütten und Almen sowie Sparbücher. Die Hausbank Bawag hatte das Paradeunternehmen um offiziell knapp 124 Millionen Euro an den finnischen Amer-Konzern verkauft. Immer wieder wurden Ungereimtheiten um die Atomic-Pleite behauptet. Insgesamt 52 Mal beschäftigte der Fall alle Gerichtsinstanzen. Der Banken-Untersuchungsausschuss wurde Anfang Juli 2007 abgeschlossen. Die Parteien konnten sich auf keinen gemeinsamen Abschlussbericht einigen. ÖVP und FPÖ strichen das persönliche Naheverhältnis von Konkursrichter und Masseverwalter hervor.

Salzburger Nachrichten vom 5. Dezember 2007: „Akte Rohrmoser wird im Advent geschlossen, das Privatvermögen ist vollständig verwertet“.

In seinem Buch „Das Syndikat der Totengräber” schreibt Richard Schneider im Abschnitt „Der Fall Atomic: Neuer Sprengstoff” den nachfolgend abgebildeten Bericht:

Das Syndikat der Totengräber
Eine Dokumentation über die Hinrichtung des roten Bankenriesen BAWAG und seines Eigentümers des ÖGB
Korruption - Machtrausch - Luxusleben

Das Syndikat der Totengräber

Durch ihre riskanten Zins- und Währungsspekulationen wurden Helmut Elsner, Wolfgang Flöttl & Co zu den Totengräbern der Bank für Arbeit und Wirtschaft. Die Hintergründe des größten Bankenskandals der zweiten Republik - in dem auch der Österreichische Gewerkschaftsbund ÖGB eine unrühmliche Rolle einnimmt - sind verworren und nahezu undurchschaubar. Dieses Buch ist die erste zusammenfassende Dokumentation der wichtigsten Ereignisse dieser Finanzaffäre, die seit Monaten unter dem Synonym „Karibik-Geschäfte der BAWAG" für aufgeregte Schlagzeilen sorgt.

Autor: Richard Schneider

ISBN 10: 3-9501887-4-6
ISBN 13: 978-3-9501887-4-5

„Eine solche Wertsteigerung um fast das Fünffache ist im Zeitraum von ein bis zwei Monaten auszuschließen", heißt es in der Klage. Daraus sei der Schluss zu ziehen, dass der eigentliche Kaufpreis zumindest 3,5 Milliarden Schilling betragen haben müsste. Laut Anzeige „ergibt sich daher der weitere Verdacht, dass der Konkurs gegen die Atomic for Sport GmbH und gegen KR Alois Rohrmoser bewusst herbeigeführt wurde, um Karibik-Verluste der Bawag durch eine ungerechtfertigte Zerschlagung des Unternehmens und des Privatvermögens des Verstorbenen abzudecken".

Tatsache ist: Nach Abwicklung beider Konkursverfahren im Jahr 2005 gelangte eine Quote von mehr als 93 Prozent zur Auszahlung – und das trotz der hohen Kosten (50 Millionen Schilling) des Insolvenzverfahrens. Für Masser ein weiteres Indiz dafür, dass der vom damals zuständigen Bawag-Vorstand Helmut Elsner betriebene Atomic-Konkurs völlig unnötig gewesen sei.

Der seinerzeit für Rohrmoser tätige Anwalt und Insolvenzspezialist Ernst Chalupsky wird dazu in den Oberösterreichischen Nachrichten mit einem weiteren bemerkenswertem Detail zitiert: Demnach seien 200 Millionen Schilling Schulden, die Kunden bei Atomic hatten, angeblich uneinbringlich gewesen. Diese Forderungen seien dann von Karibik-Firmen der Bawag um den vollen Preis gekauft worden. Chalupsky: „Wir hatten damals den Verdacht, dass da irgendwelche Geldflüsse verschleiert werden sollten."

Aber auch der Wirtschaftsprüfer Karl Bruckner von der BDO Auxilia Treuhand GmbH stellte diesbezüglich im Standard seine Überlegungen an: „Es wäre rein spekulativ vorstellbar, dass die Bawag anlässlich der Insolvenz des Skiherstellers Atomic Pfandrechte erworben und über ihre Offshore-Gesellschaften gewinnbringend verwertet hat, während die Kreditforderung in der Bank selbst zu 100 Prozent abgeschrieben wurde."

Mit anderen Worten: Es könnte – rein spekulativ gesehen – so gelaufen sein, dass man den Namen „Atomic“ um einen entsprechenden Betrag über eine Karibikgesellschaft verkauft und dort den Gewinn realisiert hat. Während man in der Bankbilanz den vollen Kreditverlust ausweist und im Geschäftsbericht als uneinbringlich unter „Risikovorsorge im Kreditgeschäft“ bucht.

Ähnliches dürfte auch Werner Mayer, Chefinspektor der Kriminalabteilung des ehemaligen Landesgendarmeriekommandos Salzburg vermutet haben. Jedenfalls brachte er bereits im Jänner 1998 den „Verdacht auf strafrechtlich relevante Machenschaften im Zusammenhang mit dem Konkursverfahren Atomic“ zur Anzeige, da ihm im Zuge seiner Ermittlungen mit der Eurotrail Invest Ltd. und der Railtrans Invest Ltd. zwei Bawag-Briefkastenfirmen in Dublin aufgefallen sind, über die es dubiose Geldflüsse gegeben hat. Als Verdächtige in dem Fall führte der Kripobeamte damals neben Helmut Elsner nicht nur dessen Vorstandskollegen Josef Schwarzecker sowie Bawag-Anwalt Florian Gehmacher und die Leiterin der Bawag-Rechtsabteilung Uta Kraft an, sondern auch den zuständigen Konkursrichter Gregor Sieber und die Masseverwalter Karl Ludwig Vavrovsky (Atomic-Konkurs) und Johannes Honsig-Erlenburg (Privatkonkurs Rohrmoser).

Die Kernaussagen seiner Anzeige lesen sich dabei wörtlich so:
„Die Ergebnisse der bislang geführten Recherchen weisen darauf hin, dass der Masse ein Schaden von mindestens 300 Millionen Schilling entstanden ist.“
„Inkludiert man die angeführten Beträge zu der Befriedigungsquote von 93 Prozent, so ergibt das eine ‚Gesamtbefriedigung’ von weit über 100 Prozent. Dies lässt die Vermutung aufkommen, dass durch den Konkurs über Atomic und KR Rohrmoser zugunsten der Bawag vorsätzlich ein erheblicher Vermögensvorteil geschaffen wurde (siehe dazu Medienbericht Beilage 28, Aussage des ehem. GD Flöttl der Bawag: ‚der Atomic Konkurs sei für die Bawag geradezu ein Geschäft gewesen!’)“
„Im Hinblick auf die Höhe der Summe und unter Hinweis auf den noch vorhandenen erheblichen Betrag auf Konten der

Masse sowie auf die noch nicht veräußerten anderen Vermögenswerte, darf vorgetragen werden, den Erlass einer einstweiligen Verfügung gem. §144a StPO in Erwägung zu ziehen, um so bis zur totalen Klärung der Vorgänge um die angesprochenen Konkurse mögliche weitere finanzielle Nachteile für KR Rohrmoser abwenden zu können."

Dass es in dem von Mayer durchgeführten Ermittlungsverfahren – trotz erdrückender Verdachtslage – nie zum Showdown kam, ist wahrscheinlich den guten Beziehungen der Gewerkschaftsbank zu verdanken. Jedenfalls befindet sich im Akt ein Schreiben mit einer erstaunlichen Passage. Demnach „hat Generaldirektor Helmut Elsner in mehreren Schreiben an den Herrn Bundesminister für Inneres (Anm: Karl Schlögl) versucht, direkt darauf hinzuwirken, dass der vom Herrn Generaldirektor als ‚lieber Freund' bezeichnete Herr Bundesminister weitere Ermittlungen durch das Landesgendarmeriekommando Salzburg untersage."

Der Profil-Journalistin Lilo Palme ist es nicht besser ergangen. Auch sie hat bereits 1998 eine Sachverhaltsdarstellung rund um die Bawag-Causa beim damaligen Chef der Wirtschaftspolizei, Roland Horngacher, eingebracht. Der Anzeige war laut dem Standard „eine abenteuerliche Recherche und eine – nach einer einstweiligen Verfügung auf Antrag von Bawag-Chef Helmut Elsner – nie erschienene Geschichte rund um die Insolvenz von Economos im Herbst 1994 vorausgegangen." Dabei handelte es sich um einen börsennotierten Dichtungshersteller und Großkunden der Bawag, dessen Chef Helmut Mayerhofer ein enger Elsner-Freund war.

Mayerhofer, der in den USA die Seal Jet gegründet hat, soll laut Palme mit ihr von Österreich aus „fingierte Geschäfte" gemacht haben. Als die Banken Mitte 1994 ihre Kredite fällig stellten, kaufte ihnen die Bawag per stillem Ausgleich einen Teil der Forderungen ab, allerdings mussten sie dafür schriftlich auf zivil- und strafrechtliche Schritte gegen Economos und die Bawag verzichten. Das schlechte Gewissen Elsners – der das Unternehmen an die Börse gebracht hatte – war anscheinend

Der Fall Atomic

berechtigt. Denn angeblich hat die Bawag bereits 1993 von der Überschuldung des Unternehmens gewusst, die anderen Banken aber nicht darüber informiert. In Gegenteil: Um die Bilanzen zu schönen sollen auf Elsners Rat wertlose Forderungen über den Ultimo mit Wertpapieren der Meinl Bank werthaltig gemacht worden sein. Zumindest zeigte der Wirtschaftsprüfer, der die Bilanzen zuletzt uneingeschränkt testiert hatte, als der Skandal ruchbar wurde, auf Economos-Aufsichtsrat Elsner, der die Werthaltigkeit der Forderungen bestätigt habe. Doch all das durfte Palme nie veröffentlichen, da ihr am 8. Mai 1998 per einstweiliger Verfügung jede weitere Recherche untersagt worden war, da sie bereits alleine dadurch kredit- und rufschädigende Aussagen mache.

Palme: „Die Profil-Geschichte musste in letzter Minute aus dem Blatt gekippt werden. Stattdessen habe ich sie dann sozusagen dem Horngacher gebracht." Wo die Anzeige abblieb und warum – dafür interessieren sich jetzt andere Polizisten.

Eines ist jetzt schon sicher: Sollten die Konkurs-Fälle Atomic und Economos im Zuge der jetzigen Bawag-Ermittlungen neu aufgerollt werden, ist für neuen Sprengstoff in der Bawag-Affäre gesorgt. Jedenfalls wäre es für den ÖGB wohl eine weitere Katastrophe, stellte sich heraus, dass seine Bank, die kurz vor dem Verkauf steht, Arbeitsplätze vernichtet hat, um Kapitalflüsse zu verschleiern.

Dieser Bericht ist insofern überholt, als der Fall Atomic abgeschlossen wurde, jedoch ohne dass die Angelegenheit je restlos augeklärt worden wäre. Allerdings vermittelt der Bericht in anschaulicher Weise, wie in bestimmten Fragen seitens der BAWAG vorgegangen wurde (Liselotte Palmer, Economos, Meinl Bank, Banken in Dublin).

Nachfolgender Bericht der Presse (Hanna Kordik) vom 3. März 2007 ist einmal als ganze Ansicht und danach vergrößert in Teilen abgebildet.

Der Kampf des Ski-Pioniers. Eine Tragödie.

AFFÄRE. *Vor gut zwölf Jahren schickte die Bawag die Skifabrik Atomic in den Konkurs. Jetzt sollen die mysteriösen Hintergründe durchleuchtet werden. Zu spät für Firmengründer Alois Rohrmoser. Er verstarb vor zwei Jahren.*

Es ist Februar 1998, und **Helmut Elsner** ist zufrieden mit seiner Performance. Der Bawag-Generaldirektor hat seinen Kontrahenten wieder einmal gezeigt, dass er alle Kniffe kennt: Er hat sie alle mit Klagen eingedeckt. Und er hat sich eine ganz besondere Raffinesse ausgedacht – wozu hat man schließlich gute Beziehungen? Also schreibt er seinem Parteifreund, Innenminister **Karl Schlögl**, einen Brief mit der Bitte um Intervention bei den laufenden polizeilichen Ermittlungen. Jetzt kann er zur Tagesordnung übergehen: „Das Ganze wird in kürzester Zeit erledigt sein", prophezeit Elsner den Journalisten.

Welch Irrtum. Schlögl war das Ansinnen Elsners ziemlich wurscht. Die Klagen haben auch niemanden eingeschüchtert. Und erledigt ist „das Ganze" auch keineswegs. Im Gegenteil: Die mysteriösen Umstände rund um die Pleite des Ski-Konzerns Atomic sind aktueller denn je. Kommende Woche sollen sie im Banken-Untersuchungsausschuss erörtert werden.

Eine spannende Causa: Es geht um die Frage, ob Elsner die einst größte Skifabrik des Landes im Jahre 1994 nur deshalb in den Konkurs schickte, um dringend benötigte liquide Mittel zur Verfügung zu haben (Stichwort: Karibik-Verluste). Dafür spricht jedenfalls eine Anzeige aus dem Jahr 1998, die das Landesgendarmeriekommando Salzburg erstattete – die dortige Kriminalabteilung hatte Vermutungen über solche Zusammenhänge gemacht.

Eine tragische Causa: Jahrelang hatte Firmengründer **Alois Rohrmoser** nachgerade fanatisch um sein Lebenswerk, um seine Rehabilitierung gekämpft. Erfolglos. Im Februar 2005 ist er gestorben. „Er ist an der Geschichte zu Grunde gegangen", sagt seine Tochter **Elisabeth „Lizzy" Rohrmoser**. Dass die Sache nun wieder aktuell ist, sei natürlich eine große Genugtuung, sagt sie. „Wir hätten nie gedacht, dass wir die Chance zur Aufklärung noch bekommen." Dass der Vater dies nicht mehr erleben durfte, sei aber sehr schmerzhaft.

Der Zusammenbruch des Atomic-Imperiums liegt so viele Jahre zurück – doch die beiden Töchter und die Witwe Alois Rohrmosers wollen den Kampf gegen die damalige „Ungerechtigkeit" nicht aufgeben. Wie denn auch: Sie laborieren immer noch an einem „Riesen-Schuldenberg" (Lizzy Rohrmoser). Von seelischen Narben ganz zu schweigen.

Firmengründer Alois Rohrmoser: Hausverbot in der Firma. [APA/Jaeger]

Doch es gibt auch „Kollateralschäden": **Fritz Schrempf** zum Beispiel. Er war bis zum bitteren Ende Atomic-Geschäftsführer und hat vor zwei Jahren ein Buch über die Causa geschrieben. „Es war als Vergangenheitsbewältigung gedacht", sagt er, „aber völlig befreien habe ich mich von der Sache trotzdem nicht können." Immer noch fühlt er sich als „Atomic-Mann", obwohl er dem Unternehmen vor zwölf Jahren den Rücken kehrte. „Ich habe halt 24 Jahre dort gearbeitet", sagt er. Wenn er von Alois Rohrmoser spricht, dann sagt er immer noch „der Chef".

Doch das Bild, das er vom „Chef" zeichnet, ist voller Widersprüche. Es ist einerseits das Bild eines Mannes, der ein Parade-Unternehmen aus dem Nichts aufgebaut hat. „Ich habe ihm viel zu verdanken", sagt Schrempf. Es ist aber andererseits auch das Bild eines Mannes, der in den letzten Jahren als Firmenchef durchaus starrsinnig, misstrauisch und unberechenbar war. Und dadurch war es für Helmut Elsner ein Leichtes, Atomic den Garaus zu machen. Jedenfalls begründete die Bawag seinerzeit den Konkursantrag mit dem „mangelnden Vertrauen" zu Rohrmoser.

Kordikonomy

VON HANNA KORDIK

Das Psychogramm des „Chefs", das Schrempf liefert, ist in der Tat kein schmeichelhaftes: „Er wurde 1989 vom Magazin ‚Trend' zum ‚Mann des Jahres' gekürt. Und seitdem ist er abgehobener und sturer geworden", erzählt Schrempf. „Er wollte die Meinung anderer Leute nicht mehr hören."

Als das Unternehmen Anfang der neunziger Jahre dank mehrerer schneearmer Winter und hoher Investitionen wirtschaftliche Probleme bekam, wurde die Kluft zwischen dem Patriarchen und dem Management immer größer. „Wir waren in seinen Augen an der Situation schuld", erzählt Schrempf. Eine ganze Reihe von Managern verließ das Unternehmen. Schrempf blieb.

Ex-Atomic-Geschäftsführer Schrempf: „Vergangenheitsbewältigung". [Bruckberger]

Alois Rohrmoser igelte sich immer mehr ein. Und so kam es, dass er am 7. September 1994 eine einsame Entscheidung über die Zukunft des Unternehmens traf: Er übertrug die Mehrheit seiner Anteile an ein Treuhänder-Konsortium rund um den Rechtsanwalt **Ernst Chalupsky** und den Sanierer **Stefan Pierer**. Schrempf erfuhr davon aus den Medien. Und Elsner tobte: Rohrmoser habe gegen alle vertraglichen Vereinbarungen mit dem Kreditgeber Bawag verstoßen.

Es war jedenfalls eine fatale Entscheidung Rohrmosers: Schrempf trat als Geschäftsführer zurück. Und die Bawag hatte einen Grund, dem Unternehmen den Todesstoß zu versetzen: Dem Insolvenzspezialisten Chalupsky haftete nämlich das Image an, Unternehmen via Pleite zu entschulden, dann eine Auffanggesellschaft zu gründen und die Gläubiger durch die Finger schauen zu lassen.

Fraglich ist halt trotzdem, ob die Vorgangsweise der Bawag notwendig war: Sie stellte die Atomic-Kredite fällig – und das Ende war besiegelt. Erstaunlich ist allerdings, dass die Gläubiger beim Konkurs 93,5 Prozent ihrer Forderungen erhielten. „Der Konkurs war absolut nicht notwendig", sagt Schrempf.

Wie groß Rohrmosers Verzweiflung war, lässt sich nur erahnen: Er bekam sofortiges Hausverbot in der Firma – ein schwerer psychischer Schlag. Derart zermürbt, unterschrieb er eine Erklärung, in der er sich verpflichtete, keinerlei Vorwürfe oder Ansprüche gegen die Bawag zu erheben. Dafür durfte er sein Wohnhaus behalten, und seine Familie wurde aus der Haftung genommen.

Rohrmoser kämpfte trotzdem weiter, immer verbissener. Seine Tochter: „Die Leute wollten es schon nicht mehr hören, sie haben ihn für einen Spinner gehalten." Er fühlte sich missverstanden und verfolgt: Von seinem langjährigen Anwalt trennte er sich. 1997 wandte er sich an den Anwalt **Werner Masser**, der sich in der Lucona-Affäre einen Namen gemacht hatte – und der in Wien saß. Denn in Salzburg traute Rohrmoser längst niemandem mehr. Mittlerweile ist mit **Florian Masser** schon die nächste Anwalts-Generation äußerst umtriebig. Die Akten füllen mittlerweile „einen ganzen Raum", sagen die Anwälte. Florian Masser ist auch als Zeuge im U-Ausschuss geladen.

Derweil harrt Fritz Schrempf der Dinge. Wenigstens mit dem „Chef" hat er seinen Frieden geschlossen. Ende 2004 hatte Rohrmoser ihn in einem Café aufgesucht und wüst beschimpft. Sechs Wochen später entschuldigte sich der alte Mann bei ihm. Zehn Tage darauf war Rohrmoser tot.

MERKWÜRDIGE PLEITE

Atomic ging am 16. September 1994 in Konkurs – nachdem die Bawag die Kredite fällig gestellt hatte. Sie meldete Forderungen von 1,8 Mrd. S an, schränkte diese aber später auf 950 Mio. S ein. Atomic wurde dann an den finnischen Amer-Konzern verkauft.

Firmengründer Rohrmoser sagte stets, der Konkurs sei nicht notwendig gewesen – die Gläubiger hatten eine Quote von 93,5 % erhalten. Gibt es einen Konnex zu den Bawag-Karibik-Verlusten?

in kürze

Steigende Beschäftigung

Österreichweit ist die Beschäftigung im Februar im Vergleich zum Vorjahresmonat um 77.723 Personen gestiegen. „Das ist der stärkste Anstieg seit August 1991", so Arbeitsminister Martin Bartenstein. Grund für den Anstieg ist die rege Bautätigkeit aufgrund des warmen Winters.

Klima: Mehr Bäume, bitte!

Zwei Drittel der Österreicher halten das Pflanzen von Bäumen für eine bedeutende Maßnahme im Kampf gegen den Klimawandel. Das ergab eine Studie des Linzer Meinungsforschungsinstituts „market". Von weniger Autofahrten halten die Österreicher dagegen nicht viel. Atomkraftwerke sind ganz tabu.

Mehr Aufträge am Bau

Die gute Konjunktur am heimischen Bau hält an. Ende November 2006 betrug der Auftragsstand in der Bauwirtschaft 6,47 Mrd. Euro. Das entspricht einer Zunahme von 13,2 Prozent im Vergleich zum Vorjahreswert.

Es ist Februar 1998, und **Helmut Elsner** ist zufrieden mit seiner Performance. Der Bawag-Generaldirektor hat seinen Kontrahenten wieder einmal gezeigt, dass er alle Kniffe kennt: Er hat sie alle mit Klagen eingedeckt. Und er hat sich eine ganz besondere Raffinesse ausgedacht – wozu hat man schließlich gute Beziehungen? Also schreibt er seinem Parteifreund, Innenminister **Karl Schlögl**, einen Brief mit der Bitte um Intervention bei den laufenden polizeilichen Ermittlungen. Jetzt kann er zur Tagesordnung übergehen: „Das Ganze wird in kürzester Zeit erledigt sein", prophezeit Elsner den Journalisten.

Welch Irrtum. Schlögl war das Ansinnen Elsners ziemlich wurscht. Die Klagen haben auch niemanden eingeschüchtert. Und erledigt ist „das Ganze" auch keineswegs. Im Gegenteil: Die mysteriösen Umstände rund um die Pleite des Ski-Konzerns Atomic sind aktueller denn je. Kommende Woche sollen sie im Banken-Untersuchungsausschuss erörtert werden.

Eine spannende Causa: Es geht um die Frage, ob Elsner die einst größte Skifabrik des Landes im Jahre 1994 nur deshalb in den Konkurs schickte, um dringend benötigte liquide Mittel zur Verfügung zu haben (Stichwort: Karibik-Verluste). Dafür spricht jedenfalls eine Anzeige aus dem Jahr 1998, die das Landesgendarmeriekommando Salzburg erstattete – die dortige Kriminalabteilung hatte Vermutungen über solche Zusammenhänge gemacht.

Eine tragische Causa: Jahrelang hatte Firmengründer **Alois Rohrmoser** nachgerade fanatisch um sein Lebenswerk, um seine Rehabilitierung gekämpft. Erfolglos. Im Februar 2005 ist er gestorben. „Er ist an der Geschichte zu Grunde gegangen", sagt seine Tochter **Elisabeth „Lizzy" Rohrmoser**. Dass die Sache nun wieder aktuell ist, sei natürlich eine große Genugtuung, sagt sie. „Wir hätten nie gedacht, dass wir die Chance zur Aufklärung noch bekommen." Dass der Vater dies nicht mehr erleben durfte, sei aber sehr schmerzhaft.

Der Zusammenbruch des Atomic-Imperiums liegt so viele Jahre zurück – doch die beiden Töchter und die Witwe Alois Rohrmosers wollen den Kampf gegen die damalige „Ungerechtigkeit" nicht aufgeben. Wie denn auch: Sie laborieren immer noch an einem „Riesen-Schuldenberg" (Lizzy Rohrmoser). Von seelischen Narben ganz zu schweigen.

Doch es gibt auch „Kollateralschäden": **Fritz Schrempf** zum Beispiel. Er war bis zum bitteren Ende Atomic-Geschäftsführer und hat vor zwei Jahren ein Buch über die Causa geschrieben. „Es war als Vergangenheitsbewältigung gedacht", sagt er, „aber völlig befreien habe ich mich von der Sache trotzdem nicht können." Immer noch fühlt er sich als „Atomic-Mann", obwohl er dem Unternehmen vor zwölf Jahren den Rücken kehrte. „Ich habe halt 24 Jahre dort gearbeitet", sagt er. Wenn er von

Alois Rohrmoser spricht, dann sagt er immer noch „der Chef".

Doch das Bild, das er vom „Chef" zeichnet, ist voller Widersprüche. Es ist einerseits das Bild eines Mannes, der ein Parade-Unternehmen aus dem Nichts aufgebaut hat. „Ich habe ihm viel zu verdanken", sagt Schrempf. Es ist aber andererseits auch das Bild eines Mannes, der in den letzten Jahren als Firmenchef durchaus starrsinnig, misstrauisch und unberechenbar war. Und dadurch war es für Helmut Elsner ein Leichtes, Atomic den Garaus zu machen. Jedenfalls begründete die Bawag seinerzeit den Konkursantrag mit dem „mangelnden Vertrauen" zu Rohrmoser.

Das Psychogramm des „Chefs", das Schrempf liefert, ist in der Tat kein schmeichelhaftes: „Er wurde 1989 vom Magazin ‚Trend' zum ‚Mann des Jahres' gekürt. Und seitdem ist er abgehobener und sturer geworden", erzählt Schrempf. „Er wollte die Meinung anderer Leute nicht mehr hören."

Als das Unternehmen Anfang der neunziger Jahre dank mehrerer schneearmer Winter und hoher Investitionen wirtschaftliche Probleme bekam, wurde die Kluft zwischen dem Patriarchen und dem Management immer größer: „Wir waren in seinen Augen an der Situation schuld", erzählt Schrempf. Eine ganze Reihe von Managern verließ das Unternehmen. Schrempf blieb.

Alois Rohrmoser igelte sich immer mehr ein. Und so kam es, dass er am 7. September 1994 eine einsame Entscheidung über die Zukunft des Unternehmens traf: Er übertrug die Mehrheit seiner Anteile an ein Treuhänder-Konsortium rund um den Rechtsanwalt **Ernst Chalupsky** und den Sanierer **Stefan Pierer**. Schrempf erfuhr davon aus den Medien. Und Elsner tobte: Rohrmoser habe gegen alle vertraglichen Vereinbarungen mit dem Kreditgeber Bawag verstoßen.

Es war jedenfalls eine fatale Entscheidung Rohrmosers: Schrempf trat als Geschäftsführer zurück. Und die Bawag hatte einen Grund, dem Unternehmen den Todesstoß zu versetzen: Dem Insolvenzspezialisten Chalupsky haftete nämlich das Image an, Unternehmen via Pleite zu entschulden, dann eine Auffanggesellschaft zu gründen und die Gläubiger durch die Finger schauen zu lassen.

Fraglich ist halt trotzdem, ob die Vorgangsweise der Bawag notwendig war: Sie stellte die Atomic-Kredite fällig – und das Ende war besiegelt. Erstaunlich ist allerdings, dass die Gläubiger beim Konkurs 93,5 Prozent ihrer Forderungen erhielten. „Der Konkurs war absolut nicht notwendig", sagt Schrempf.

Wie groß Rohrmosers Verzweiflung war, lässt sich nur erahnen: Er bekam sofortiges Hausverbot in der Firma – ein schwerer psychischer Schlag. Derart zermürbt, unterschrieb er eine Erklärung, in der er sich verpflichtete, keinerlei Vorwürfe oder Ansprüche gegen die Bawag zu erheben. Dafür durfte er sein Wohnhaus behalten, und seine Familie wurde aus der Haftung genommen.

Rohrmoser kämpfte trotzdem weiter, immer verbissener. Seine Tochter: „Die Leute wollten es schon nicht mehr hören, sie haben ihn für einen Spinner gehalten." Er fühlte sich missverstanden und verfolgt: Von seinem langjährigen Anwalt trennte er sich. 1997 wandte er sich an den Anwalt **Werner Masser**, der sich in der Lucona-Affäre einen Namen gemacht hatte – und der in Wien saß. Denn in Salzburg traute Rohrmoser längst niemandem mehr. Mittlerweile ist mit **Florian Masser** schon die nächste Anwalts-Generation äußerst umtriebig. Die Akten füllen mittlerweile „einen ganzen Raum", sagen die Anwälte. Florian Masser ist auch als Zeuge im U-Ausschuss geladen.

Derweil harrt Fritz Schrempf der Dinge. Wenigstens mit dem „Chef" hat er seinen Frieden geschlossen. Ende 2004 hatte Rohrmoser ihn in einem Café aufgesucht und wüst beschimpft. Sechs Wochen später entschuldigte sich der alte Mann bei ihm. Zehn Tage darauf war Rohrmoser tot.

Die Rolle der Politik

Bevor ich zur Rolle der Politik im Fall Atomic komme, möchte ich einige allgemeine Zeilen zum Titel dieses Kapitels schreiben. Nicht zu hundert Prozent ernst zu nehmen, eher von der humoristischen Seite her zu betrachten. Entnommen sind diese Betrachtungen einigen Tageszeitungen:

Alfred Sinowatz, früherer Bundeskanzler, wird im Kurier nicht eben als Sinnbild eines Sportlers bezeichnet. Er bewegte sich aber im Jänner 1975 auf politisches Neuland. Mit 100 km/h geht es in Innsbruck-Igls abwärts – in einem Vierer-Bob, gesteuert vom WM-Medaillengewinner Werner Delle-Karth.
Der Kurier witzelte damals über den SP-Politiker: „Bei Linkskurven fühlte sich Sinowatz angeblich wohler". Auch die weiteren Sätze sind dem Kurier vom 12. Februar 2006 in etwas verkürzter und leicht abgeänderter Form entnommen:
„Dass Politiker – wenn auch nur zu Show-Zwecken – auf oder in ein Sportgerät steigen, war in den 70ern außergewöhnlich. In den Jahrzehnten danach erkannten sie die Attraktivität des Passiv-Sports. Ob Kitzbühel oder Schladming – Kanzler, Minister, auch Oppositionelle sitzen auf der VIP-Tribüne, um „unsere Helden" zu bejubeln. Das tun sie nach wie vor.
Bundespräsident Fischer verfolgte die Herren-Abfahrt in Sestriere. Schüssel wollte das olympische Gold ebenfalls vor Ort sehen und lässt sich gerne am Arlberg ablichten – beim Skifahren mit Größen aus der EU oder dem russischen Präsidenten Wladimir Putin. Es ging nicht immer so glimpflich aus: Beim Eisstockschießen verlor er den Halt und fiel aufs Hinterteil.
Auch Ex-SP-Chef Alfred Gusenbauer wollte Schneekönig sein und fuhr mit „Kaiser" Franz Klammer den steirischen Hauser Kaibling hinunter. „Stilsicher, konditionsstark" vermerkte profil. Klammer war ebenfalls angetan: „Super, diese Ausdauer".
Dient das nicht bloß der Publicity? Mitnichten, beteuern sie alle. Es

hätten einige erkannt, dass es positiv für ihr Image ist, sportlich zu sein, sagt BZÖ-Mann Schweitzer.
Die verstorbene Innenministerin, einst Olympia-Zweite im Fünfkampf und geprüfte Skilehrerin will sich nicht produzieren. Tut es ein Politikerkollege aus Prestige-Gründen, ist das nicht echt. Wem es Spaß mache, dem sehe man es an. Sport sei eben populärer als Politik. Diese Amerikanisierung der Politik müsse man zur Kenntnis nehmen. Ein Zeichen der innerlichen Abflachung.
Der Grüne Alexander van der Bellen lässt sich ebenfalls von diesem Hype nicht anstecken. Er hält es mit Winston Churchhill: „No sports"

Auch „Österreich" widmet der Rolle des Sports einen Artikel: „Bilder wie in Kitzbühel bekommt man im Parlament kaum zu sehen: Minister neben Minister fiebern der dramatischen Abfahrt in Kitzbühel auf der Ehrentribüne mit. Es gesellen sich auffällig viele Top-Politiker des Landes. Pflichttermin: Abfahrt auf der Streif. Schon vor dem Start war das emsige Bemühen um gute Sitzplätze auf der Ehrentribüne – heißt im Schwenkbereich der Fernseh-Kameras – zu spüren. Und so kam bei der Herren-Abfahrt das Gefühl auf, als sei die rot-schwarze Regierung auf Betriebsausflug. Beobachter spöttelten, dass es leichter sei, Minister in Kitzbühel zu versammeln als im Parlament. Bei Sitzungen im Hohen Haus jedenfalls sind die Sitzreihen selten so gut bestückt wie im Zielraum von Kitzbühel.

Aber Paraden bei Sportveranstaltungen, Firmenbesuche vor Wahlen, Firmeneröffnungen, Spatenstiche, eine Förderung da, die andere dort (meist vor Wahlen) sind nicht unbedingt das, was Unternehmen, vor allem selbständige und eigenverantwortliche Unternehmer, brauchen.

Trotzdem – oder vielleicht gerade deshalb – spielte die Politik im Fall Atomic/Rohrmoser eine entscheidende Rolle. Ich darf in diesem Zusammenhang auf die (stattliche) staatliche Unterstützung von ATS 3,6 Milliarden für Head/Tyrolia durch die staatlichen Austria Tabak Werke unter Präsident Beppo Mauhart hinweisen. Rohrmoser/Atomic dagegen ließ man wie die berühmte heiße Kartoffel fallen, obwohl dessen/deren Verbindlichkeiten und die wirtschaftliche Lage weitaus weniger brisant gewesen wären.
Der Konkurs von Atomic war bereits vollzogen (16. September 1994). Da sich aber auch alle anderen Skifirmen in schwerwiegenden Schwierigkeiten befanden, fand am 19. Oktober 1994 im Wirtschaftsministerium nochmals ein „Gipfel“ statt, um eventuell doch noch die sogenannte „Österreichische Skilösung“ zu finden. Anwesend waren: Dr. Alexander Schmied, Geschäftsführer des Holzfachverbandes, Dr. Stieger vom Wirtschaftsministerium (in Vertretung des damaligen Wirtschaftsministers Dr. Schüssel), Dr. Gregor Sieber, Konkursrichter im Fall Atomic, Dr. Karl Ludwig Vavrovsky, Masseverwalter, Dr. Florian Gehmacher, Rechtsanwalt der BAWAG, Franz Schenner, Geschäftsführer von Blizzard, Dr. Christoph Schindler, Vorstandsvorsitzender der Firma Fischer, Dr. Hannes Reichmayer, Finanzchef der Firma Head, Dr. Strasser von der Finanzierungsgarantie-Gesellschaft und Fritz Schrempf, Atomic.

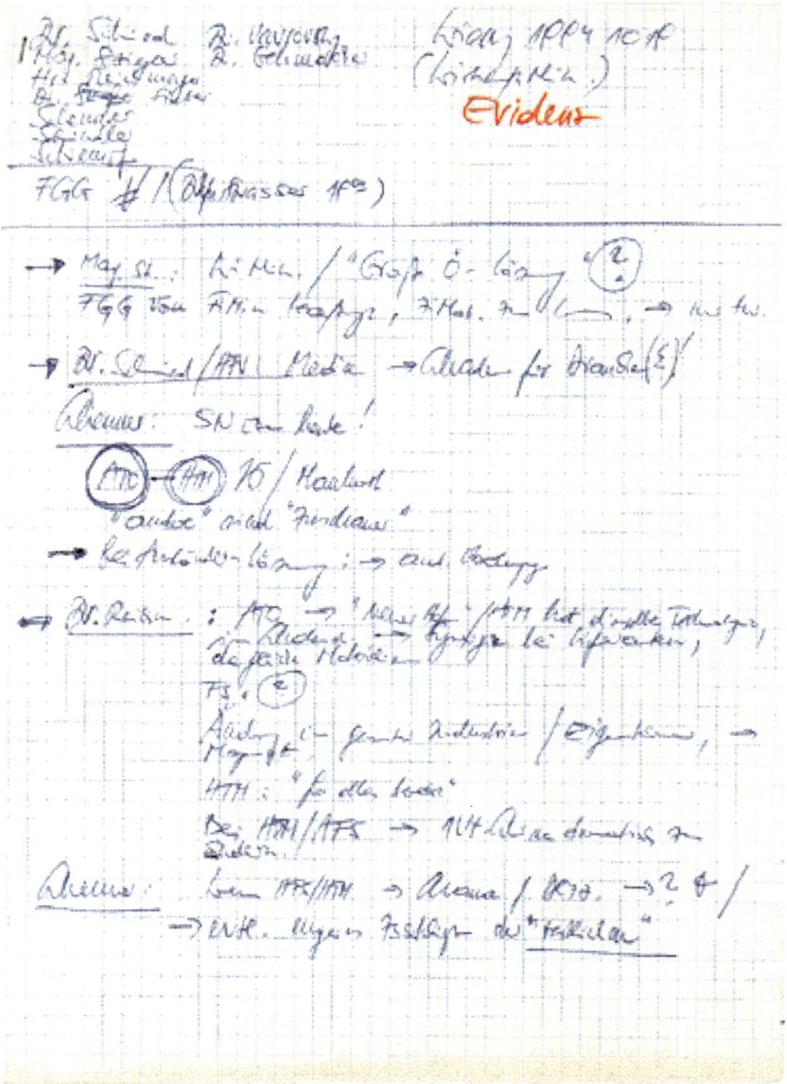

Wer bei dieser für die Zukunft der österreichischen Skiindustrie so wichtigen Sitzung nicht anwesend war, ist der damalige Wirtschaftsminister und spätere Bundeskanzler Dr. Schüssel gewesen. Er hatte wahrscheinlich wichtigere Termine wahrzunehmen oder war einfach aus einem anderen Grund verhindert. Während meiner Berufszeit als EU-Regionalmanager für den Salzburger Pinzgau/Zell am See machte ich Dr. Schüssel unter Anführung aller wichtigen Punkte auf das geplante EU-Projekt „Austria Sport Research Center“ (Zentrum für Sportforschung) in Mittersill aufmerksam und sandte ihm auch sämtliche relevanten Unterlagen zu. Außer schönen Worten ist dabei nichts herausgekommen, damit blieben natürlich auch die Förderungsmittel aus Brüssel aus. Mit Ex-Bundeskanzler Dr. Franz Vranitzky unternahm Rohrmoser noch eine Wanderung in den Salzburger Lungau. Dabei wurde Herrn Rohrmoser zugesagt, dass er keine Angst haben müsse, es werde zu keinem Konkurs kommen. Kennwort: „Politische Mausefalle“ für den österreichischen Sport, und für die österreichische Industrie, vor allem für die Skiindustrie.

Der Fairness halber muss ich aus dem Bereich der Politik aber andere Namen positiv erwähnen: Dr. Hannes Androsch hätte sich bemüht, die schwer angeschlagene HTM-Gruppe in österreichischen Händen zu halten. Er verlor allerdings gegen den schwedischen „Investor“ Johan Eliasch, welcher HTM um kolportierte ATS zehn Millionen „erworben“ hat.

Der frühere Wirtschaftsminister, Dr. Hannes Farnleitner, bemühte sich außerordentlich, der österreichischen Skiindustrie zu helfen. Er war sozusagen ein Mann der ersten Stunde als Vertreter der Wirtschaftskammer im Skikartell und kannte damit auch die Schwierigkeiten dieses Industriezweiges von Beginn an.

Einer APA-Meldung vom 24. Februar 1998 zufolge forderte der damalige Klubchef der FPÖ im Salzburger Landtag, Karl Schnell, einen Untersuchungsausschuss. Er wollte eventuelle Versäumnisse der Politik geklärt sehen. Der Landesregierung wirft er zum Beispiel vor, das wichtige Unternehmen Atomic seinerzeit möglicherweise zu wenig dabei unterstützt zu haben, dass es in österreichischer Hand bleiben könnte.

Am konkreten Beispiel kritisierte Schnell, dass zwar für Blizzard Steuermittel geflossen wären, für Atomic jedoch nicht. Die Politik habe hier möglicherweise zugeschaut, wie ein Unternehmen in den Konkurs getrieben worden sei, der eventuell zu verhindern gewesen wäre.

Auch die Wirtschaftskammer-Präsidenten Ing. Rudi Sallinger und Leopold Maderthaner waren glühende Verfechter des österreichischen Sportes, insbesondere auch des Skisportes.

Sallinger lud die Vertreter der Skiindustrie mindestens einmal im Jahr in sein Büro in der Wiedner Hauptstraße ein, wusch uns den Kopf und sagte uns, was für „Trottel" wir seien (wahrscheinlich hatte er damit Recht), seine nächste Frage aber war: „Und wie kann ich euch helfen?" Mein erstes Treffen mit ihm begann in etwa so:
Sallinger: „I bin da Rudi, wia haßt du?"

Anlässlich einer Einladung zu Kaffe und selbstgemachtem Kuchen in sein Privathaus gab er mir zum Abschied zwei Blumentopf-Untersetzer aus Marmor. Ein Mensch durch und durch, ebenso wie sein Nachfolger Leo Maderthaner. Sallingers liebste Veranstaltung war der „Sportler-Heurige", zu dem er jedes Jahr einlud und sich dabei im Kreise „seiner" Sportler am wohlsten fühlte.

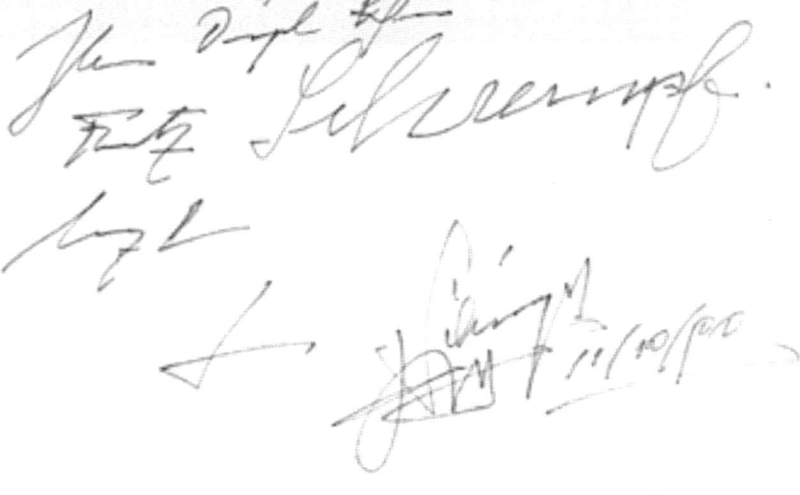

Wirtschaftskammer-Präsident Ing. Rudi Sallinger
Der größte Förderer und Gönner des
Österreichischen Sportes

Die Tage unmittelbar vor und nach dem Konkurs von Atomic

Die folgenden Aufzeichnungen und Aktennotizen habe ich jeden Tag verfasst, um einen halbwegs „freien“ Kopf zu bekommen.
Vorab weise ich in diesem Kapitel nochmals darauf hin, dass es in diesem Buch in verschiedenen Kapiteln eigene Darstellungen über die Jahre und Monate vor dem Konkurs sowie über die Rolle der damaligen BAWAG unter Elsner gibt.

Am 7. September 1994 flog ich von Salzburg nach Genf/Grenoble zu Dynamic. Fast hätte ich den Flug verpasst, da ich noch rund 50 Überweisungen an Lieferanten unterschreiben musste. Rohrmoser verweigerte die Unterschriften und sagte „die BAWAG solle selbst für die Überweisungen sorgen, die schaffen ja sonst auch alles an“. Ohne Durchführung der Zahlungen wäre der Betrieb still gestanden, da die meisten Lieferanten nicht mehr bereit waren, Lieferungen zu tätigen. Die Unterschriften kosteten mich nachträglich rund ATS 100.000,- (Anwaltskosten, Bankgarantie, Reisekosten …). Bei den rund 50 Überweisungen waren nämlich die offenen Forderungen der Gebietskrankenkasse nicht dabei, und damit war die Haftung der Geschäftsführer gegeben. Der Prozess zog sich acht Jahre hin, ehe der Oberste Gerichtshof zu meinen Gunsten entschied (dank des kompetenten Einsatzes der Salzburger Anwälte Dr. Liebscher und Mag. Heinrich).
Am selben Tag gab es eine Presseaussendung vom Rechtsanwaltsbüro Chalupsky aus Wels, in welcher zu lesen war, dass Rohrmoser allen Voraussetzungen zugestimmt habe, um die „Österreichische Skilösung“ zu gewährleisten.
Am Vormittag des 8. September 1994 rief mich Frau Claudia Haase, damals Mitarbeiterin der Austria Presseagentur, heute bei der Kleinen Zeitung in Wien tätig, an und fragte mich, ob ich über die Nacht- und Nebelaktion von Rohrmoser schon Bescheid wisse. Mir war nichts bekannt über die Geschehnisse, und ich bat Frau Haase, mir die Aussendung nach Frankreich zu übermitteln.

FAX RECU de +43 1 3605 225 Le 09/09/94 14:40 sur DYNAMIC // SEIS P: 1/3
09 SEP '94 14:35 APA WIRTSCHAFT S.1

S.v.p. à Monsieur Schrempf urgent
merci

4370535

S.g. Hr. Schrempf!
Ich hoffe, Sie persönlich werden den "Crash" einigermaßen heil überstehen, ich wünsche es Ihnen v. Herzen, schade, schade. Dornier hätte sicher das Zeug zum Überleben, mir tut das ewig leid, wie einige [redacted] wertvolle Industriesubstanz derart auf's Spiel setzen. Schreiben Sie das Buch, es wäre ein Renner, lassen Sie nicht zuviel Zeit ins Land gehen. Aber möglicherweise dürfen Sie das ja gar nicht, ich betätige mich dann für Sie als Ghost-Writer... Tja, ein Kapitel [illegible]-geschichte ist offenbar zu Ende. Ich wünsche Ihnen und Ihrer Familie wirklich alles Gute und würde mich freuen, wenn wir in Kontakt blieben. Wer weiß, wo Sie noch Karriere machen.

Alles Gute Claudia Haase

Am sogenannten Konsortium waren beteiligt: Dr. Chalupsky, Rechtsanwalt in Wels, welcher schon vorher beim Kauf von Koflach beteiligt gewesen war und vor allem bekannt wurde, da er viele Großinsolvenzen u. a. auch von Wien nach Wels „zog"; Stefan Pierer, heute KTM, Dr. Knünz aus Liechtenstein, heute „Wiederbeleber" der Skimarke „Kästle" und der Grazer Universitätsprofessor Mandl. Eine Anmerkung zum Kauf von Koflach: im Sommer 1989 rief mich Pierer an und erklärte mir, dass Dipl.-Ing. Hatschek die Firma Koflach verkaufen wolle.
Nachdem ich Rohrmoser darüber informiert hatte, wurde in weiterer Folge ein Termin in Schladming vereinbart. Teilnehmer waren: Dr. Chalupsky, Pierer, Rohrmoser und Schrempf. Die Herren erklärten uns die Situation von Koflach unter Bekanntgabe der groben Eckdaten. Ihr Plan war, die Markenrechte von Koflach zu kaufen, das Werk in Köflach zu schließen und Koflach in den Konkurs zu schicken. Die Produktion sollte nach Italien verlegt werden.
Als Rohrmoser das Wort „Konkurs" hörte, erklärte er den beiden Herren, sie sollten ihren Kaffee austrinken und wieder zurück nach Wels fahren. Er würde den Weg nach Wagrain, Schrempf den Weg in die Ramsau nehmen. Nachdem Dr. Chalupsky und Pierer daraufhin umschwenkten, wurden die Gespräche trotzdem fortgesetzt. Nach unzähligen Verhandlungen mit dem Verkäufer, dem Land Steiermark (mit der damaligen Wirtschaftslandesrätin Waltraud Klasnic) und den Banken kam es dann rund zwei Monate später zum Kaufabschluss.

Zurück zum Konkurs und den Tagen vorher und nachher: Ich dachte in Frankreich nach der Information durch Frau Haase einen halben Tag und eine Nacht lang nach, wie ich mich verhalten sollte, nachdem ich auch noch die Reaktionen fast aller Tageszeitungen erhalten hatte. Die diversen Schlagzeilen lauteten u. a.: „Atomic geht an Treuhänder-Quartett", „Atomic in der Nacht um einen Schilling verkauft", „Viele Rätsel um den Atomic-Boss", „Skikaiser verlässt überraschend die Kommandobrücke", „Rohrmoser zieht sich aus

Atomic zurück", „Knalleffekt bei Atomic", „Die ‚Welser Partie' stößt zu, wenn der Pleitegeier kreist" usw.).

Der Kurier schrieb am 15. September 1994: „Das Welser Strickmuster: Die Welser Sanierungs-Gruppe, die sich um den dortigen Anwalt Chalupsky geschart hat, verfährt in ihren Tätigkeiten meist nach dem gleichen Strickmuster: Zuerst werden Management-Positionen (entweder als Masseverwalter oder als Schuldnervertreter) mit eigenen oder Vertrauenspersonen besetzt, um Zugang zu ‚intimen' Daten zu erhalten. Die rechtliche Betreuung ist sehr intensiv (arbeits- und gesellschaftsrechtlich). Die VOEST bekam 1989 im Zuge der Pleite ihrer früheren Tochter Hebag eine 180-Millionen-Schilling-Klage umgehängt (die sie später gewann). Die Welser schätzen so spektakuläre Auftritte, weil sie ein enormes Medien-Echo auslösen. Bei Atomic war es nun die Pleite-Drohung. Das Argument es geht um die Erhaltung vieler Arbeitsplätze wird ebenfalls gerne strapaziert. Es drängt vor allem Banken zusätzlich in die Defensive. Anwaltskollegen von Chalupsky bemerken freilich, dass auch er damit reich geworden ist".

Die Salzburger Nachrichten schrieben bereits am 14. September 1994: „Die Antwort des neuen Atomic-Treuhänders könnte bezeichnender nicht sein: ‚Nicht überall, wo Chalupsky draufsteht, ist auch Konkurs drinnen'. Der Sitz der Firma wurde nicht nach Wels verlegt, Atomic auch nicht via Konkurs saniert, beteuerte der Rechtsanwalt und Insolvenzspezialist Ernst Chalupsky im Gespräch mit den SN. Der Verdacht, der so ausgeräumt werden soll, kommt nicht von ungefähr. Die Namen des Anwaltes und des Sanierers Stefan Pierer, der mit seiner Welser Cross Holding nun die Geschäfte bei Atomic in die Hand genommen hat, lassen nicht nur bei Gläubigerschutzverbänden die Alarmglocken klingeln. Konkurstourismus, wirtschaftliche Blutspur, Unternehmenssanierung und Unternehmer-Entschuldung via Pleite sind einige der Schlagworte, die den Kreditorenverbänden bei den Namen Chalupsky und Pierer einfallen. Insolvenzspezialist Chalupsky ist eine der Zentralfiguren des ‚Welser Konkurstourismus'. So mancher Pleitekandidat verlegte seinen Sitz nach Wels (oder versuchte dies zumindest) und wurde wenig später in die Insolvenz geschickt. Via Auffanggesellschaft erstanden die Firmen später wieder auf – Gläubiger schauten zumeist durch die Finger. Eine Art der Sanierung, die Gläubigerschutzverbände als ‚unmoralisch' bezeichnen, die rechtlich aber gedeckt ist.

Das Resultat meiner Überlegungen war, dass ich am 9. September 1994 von Frankreich aus das abgebildete Fax mit der Rücklegung der Geschäftsführung verfasste, unter anderem auch deswegen – wie die APA berichtete –weil ich zu einer Zusammenarbeit mit der „Konsortial-Vierer-Truppe" nicht bereit sei und das „Gesicht nicht verlieren" wolle. Von diesem Schritt informierte ich mit Kopien die BAWAG/Elsner, Rohrmoser und meine Frau. Elsner rief ich noch zusätzlich an, um ihm die neue Situation zu schildern. Er sagte mir, dass ich diesen Schritt überdenken müsse, da mich Atomic brauche. Rohrmoser rief mich ebenfalls kurz darauf an, um mir mitzuteilen, dass er diese Entscheidung nicht akzeptieren könne. Für mich gab es aber kein Zurück mehr.

Ein Zitat aus der APA-Meldung vom 9. September 1994: Der maßgeblich am Aufbau von Atomic beteiligte Kaufmann Schrempf (48) gilt zwar als Rohrmoser-Kritiker, hat dem Unternehmen in den vergangenen Jahren aber trotz teilweise eklatanter Auffassungsunterschiede über die Unternehmensführung die Treue gehalten, während andere Führungsleute dem Patriarchen Rohrmoser bereits vor längerem den Rücken gekehrt hatten".
Die Presse: „Wittmann (Koflach-Geschäftsführer) der als Rohrmoser-Intimus gilt, zur ‚Presse': ‚Eine Lösung kommt nur mit einem finanzstarken Partner in Frage, und da fällt mir vor allem HTM (Head/Tyrolia/Mares) ein'". Allein an dieser Aussage sieht man die Branchenkenntnis gewisser Leute.
Bereits die vorhergehenden Wochen waren – bedingt durch unzählige Reisen zu den Tochterfirmen in die USA, nach Canada, Frankreich, in die Schweiz, nach Deutschland und zu Dynamic – der reinste Horror.

***** RAPPORT D'EMISSION *****

ifiant : DYNAMIC DIRECTION Indicatif : 33 76654134

Date : 09/09/94 10:17

Date/Heure	9-09 10:15
Numéro composé	19/431534534120
Correspondant	+43 1 53453 4120
Durée	0'35"
Mode	FIN
Nom du document	
Pages	1
Résultat	Correct

FACSIMILE TRANSMISSION

TO:	ATOMIC ALTENMARKT	B.P. 9 - 38590 ST ETIENNE DE ST GEOIRS
ATT.:	z. Hd Hr.ROHRMOSER	TELEX : 320 674
FROM:	Hr. Dkfm. SCHREMPF	FAX : (33) 76.65.58.40
DATE:	9. September 1994	PHONE : (33) 76.65.45.55
REF.:	FS/nm	number of pages : 1
FAX Nr.:	365/94	(including this cover sheet)

Betrifft : Geschäftsführung ATOMIC FOR SPORT GmbH

Bedingt durch die personellen und gesellschaftsrechtlichen Veränderungen, welche während meines Aufenthaltes bei DYNAMIC S.A/ATOMIC S.A. France und ohne vorherige Information an mich erfolgt sind, lege ich mein Mandat als Geschäftsführer der Fa. ATOMIC FOR SPORT GmbH mit heutigem Tag zurück.

Mit freundlichen Grüßen,

Dkfm. Ewald Fritz SCHREMPF

Ø Hr ELSNER. BAWAG

Die Schlagzeilen in den Medien lauteten: „Wer kauft Atomic", „Rohrmoser droht der Privatkonkurs", „Ein Patriarch kippt sich aus der Bindung", „Wirtschaftskrimi eskaliert", „Bawag sucht allein einen Käufer", „Atomic-Manager proben den Aufstand", „Unruhe bei Atomic", „Atomic-Manager drohen einen Massenausstieg an", usw.

Am 12. September zitierten mich Rohrmoser und Pierer zu einem Gespräch nach Altenmarkt. Rohrmoser teilte mir um 7.15 Uhr mit, dass „die Leute“ (gemeint waren offensichtlich Pierer & Co) bald kommen würden, und in der Zwischenzeit solle ich nichts arbeiten. Pierer erschien um ca. 8.45 Uhr und teilte mir mit, dass ich seiner Ansicht nach gekündigt hätte. Ich musste ihn insofern korrigieren, als ich nur die Geschäftsführung zurückgelegt hatte und damit „einfacher Angestellter“ war. Erst wollte er mich noch zur Rücknahme meines Faxes überreden. Nachdem dies nichts fruchtete, drohte er damit, dass die neue Geschäftsführung entsprechende Maßnahmen, welche für mich sehr unangenehm wären, gegen mich setzen würde. Am 13. September wurde ich abermals nach Altenmarkt beordert. Es folgte ein erstes Gespräch mit Pierer um 7 Uhr mit den gleichen Fragen wie schon am Vortag. Pierer verhielt sich zu Beginn schmeichelweich und zeigte Verständnis für meinen Standpunkt, da ich in den letzten Jahren „genug mitgemacht“ hätte und „Rohrmoser nicht immer berechenbar“ sei. Später zeigte er aber wieder das Gesicht vom Vortag und teilte mir mit, dass meine Rücknahme der Geschäftsführung eine Kreditschädigung für das Unternehmen sei und ich damit schadenersatzpflichtig gemacht würde (Pierers Rechtskenntnisse dürften zumindest zu diesem Zeitpunkt nicht gerade die besten gewesen sein).

Dr. Schwarzecker von der BAWAG rief mich an, dass das Konsortium („Vierertruppe“) keine Chance habe, man werde diese seitens der BAWAG so „auf Trab halten“, dass sie nicht mehr zum Arbeiten kommen würden.

Dr. Schmied vom Holzfachverband bestätigte, dass er von einem mir angeblich gestellten Ultimatum gehört habe. Ein solches wurde mir allerdings nie gestellt, es wurden nur Drohungen ausgesprochen. Der ORF Salzburg teilte mir mit, dass eine Mitarbeitersitzung in Altenmarkt stattfinden würde, mit der von Dr. Chalupsky herausgegebenen Information, dass die Produktion ab 14. September stillstände.

Was wahrscheinlich auch der Rall gewesen wäre, wenn ich die oben angeführten Überweisungen nicht unterschrieben und nicht telefonisch entsprechend bei vielen Lieferanten interveniert hätte.

Vom Koflach-„Geschäftsführer“ Wittmann wurde am gleichen Tag bekannt gegeben, dass es bei Atomic nun „in einem anderen Ton“ weitergehen werde.

Der Journalist Gérard Windorfer vom französischen Sportmagazin „Sport Eco“ rief mich an und teilte mir mit, dass Rossignol bei einer „österreichischen Skilösung“ EU-Kartell-Probleme sähe und intervenieren würde. Rossignol wäre aber an einer Übernahme von Dynamic interessiert.
Vom japanischen Generalvertreter Asics erfolgte eine Absage der Teilnahme am geplanten Generalvertreter-Meeting, falls „Schrempf-San“ nicht daran teilnehmen würde. Pierer sagte mir am gleichen Tag, dass man in der Angelegenheit Japan und dem Generalvertreter Asics „nicht ein, noch aus wisse“.

Dr. Herwig Liebscher, 33 Jahre lang Rechtsanwalt von Atomic, teilte mir mit, dass seiner Meinung nach der „Coup der Vier“ nicht gelingen werde. Der interimistische Atomic-Geschäftsführer Wittmann sandte am 15. September ein Fax an die BAWAG. Darin wurde die Atomic-Hausbank aufgefordert, bis Dienstag, 18 Uhr eine verbindliche Zusage zu machen, die Klage zurückzuziehen und die Sperre der Konten zurückzunehmen. Elsner konterte, dass bei ihm kein zeichnungsberechtigter Geschäftsführer um Geldmittel für die Produktion ersucht habe. Diese würde die BAWAG sofort zur Verfügung stellen.

Pierer rief mich an und erkundigte sich nach meinem Gesundheitszustand (Bandscheiben-Probleme). Er informierte mich über die offizielle Firmenmitteilung meine Person betreffend, insofern, dass ich die Geschäftsführung zurückgelegt habe, jedoch weiterhin im Unternehmen tätig sei.

Laut Kronenzeitung sei „der neue Hoffnungsträger" im Werk Walter Wittmann. An den damaligen Landeshauptmann von Salzburg, Hans Katschthaler, wollte Wittmann einen Brief schreiben „der nur zwei Zeilen habe. Und das ist die Bestandsgarantie für unser Werk. Damit wäre alles erledigt“.

Dem Kurier teilte Wittmann mit, „dass er mit Freude die Einschaltung der Finanzierungsgarantie-Gesellschaft registriert habe und diese auch die finanziellen Probleme überbrücken helfen könne“. Davon wollte man im Bundeskanzleramt nichts wissen: „Die FGG soll vorerst nur prüfen, wie die heimische Skiindustrie abzusichern ist.“ Dies war eine Aussage eines Vranitzky-Sprechers.

Der 16. September 1994 – Die Mausefalle schnappt zu

Ein noch am 15. September von Rohrmoser und dem „Vierer-Konsortium“ an die BAWAG gemachter Vorschlag, wonach man die Firma um einen Schilling verkaufen wolle, falls man die Konkursanträge zurückziehe, wurde von der BAWAG abgelehnt. Zu sehr hatten sich die Fronten mit Chalupsky & Co, deren Geschäftsführung die BAWAG nie anerkannt hatte, verhärtet. Der Konkurs zur Abwendung des Konsortiums war beschlossen.

Die Salzburger Nachrichten schreiben: „Die von Rohrmoser eingesetzten Treuhänder Chalupsky, Pierer & Co waren am Freitag in Altenmarkt und Wagrain bereits wieder von der Bildfläche verschwunden“.

Unzählige Telefonate mit Geschäftspartnern:

O Dr. Liebscher glaubt nach einem Telefonat mit Dr. Schwarzecker, BAWAG, an keine schnelle Lösung. Atomic werde wahrscheinlich zwei Monate in Konkurs weitergeführt, dann Kauf durch BAWAG, Auffanggesellschaft oder anderen Käufer.

- O Dr. Edmund Kacer, Bürges: Ich solle mir keine Vorwürfe machen, die BAWAG hatte aufgrund des „Konsortiums“ keine andere Möglichkeit.
- O Elsner, BAWAG: Es war von der BAWAG immer geplant, Fritz Schrempf als Geschäftsführer zu behalten und ihm einen Co-Geschäftsführer zur Seite zu stellen. Der Konkurs war die einzige Möglichkeit, das „Vierer-Konsortium“ los zu werden.
- O Dr. Herwig Liebscher: Die BAWAG wünscht Dr. Florian Gehmacher als Firmenanwalt, demnach ist Dr. Liebscher nicht mehr zuständig.
- O Atomic-Controller, Mag. Christoph Geher hat mit Mag. Fritz Spandl, BAWAG, gesprochen. Ein Tauziehen innerhalb der BAWAG sei noch im Gange, es „gehe rund“.
- O Dr. Edmund Kacer, Bürges: er informiert mich, dass es etwa vier Wochen vor Konkurseröffnung ein Gespräch in Wien gegeben habe. Teilnehmer waren Rohrmoser, seine Tochter Elisabeth, Elsner, Dkfm. Hutter (FGG) sowie ein Vertreter des Bundeskanzleramtes. Es wurde Rohrmoser das Angebot gemacht, alle Anteile der BAWAG zu übergeben, er bleibe privat „ungeschoren“ und erhalte ATS x Millionen. Abgelehnt. Als „Co“-Geschäftsführer brauchte man ja nicht dabei zu sein bzw. wurde nicht einmal informiert. Das ungerechtfertigte Misstrauen war evident, ging aber schon Jahre zurück.

17. September 1994: Wieder viele Telefonate, zu erwähnen eines mit Wittmann, dem temporären Atomic-„Geschäftsführer“: BAWAG-Generaldirektor Walter Flöttl hätte ihn in Köflach angerufen. Wittmann war allerdings nicht erreichbar, da er gerade bei einer Betriebsführung mit Bundeskanzler Dr. Franz Vranitzky unterwegs war. Koflach gehe es sehr gut, es liege keine Überschuldung vor (kein Wunder, nachdem Atomic vorher zig Millionen Schilling auf Anordnung von Rohrmoser zur Verlustabdeckung überwiesen hatte!). Koflach sei „lediglich“ illiquid. Wenn die notwendigen Überweisungen von der BAWAG nicht durchgeführt würden, wende man sich halt an die FGG oder an die Landesregierung. Auf jeden Fall

würde man den Konkurs im Gegensatz zu Atomic vermeiden. Der Konkurs von Atomic hätte nach Aussage Wittmanns vermieden werden können, wenn man wie bei Koflach vorgegangen wäre (Kommentar überflüssig!). Nur gut, dass es gewisse Leute im Wintersportgeschäft nicht mehr gibt. Schade nur um die vielen Kapazitäten der jungen, tüchtigen Manager, welche es bei Atomic gegeben hat. Ich hoffe für alle, dass sie entsprechende Positionen gefunden haben.

Der Weg zum Verkauf und die Zeit unter Amer

Nach den Krisenjahren 1991/1992 hat KR Alois Rohrmoser sowohl Bankenkontakte als auch die Public Relations-Arbeit mehr oder weniger selbst übernommen. Im Jahr 1994 gab es unzählige Gespräche Offerte und Meldungen potentieller (?) Käufer für Atomic:

Schöller, Scott, Marker, Austria Tabak (damals HTM-Eigentümer), David Zwilling/Tiroler Bergbahnen, „Vierer-Konsortium", Hugo Michael Sekyra (mit Investoren?), Rossignol, Salomon (mittlerweile selbst wie Atomic unter dem Dach „Amer"), Benetton, Amer und andere.
Die Gespräche mit Scott im Sommer 1994 waren sehr konkret, die entsprechenden Firmenkennzahlen wurden wochenlang von Arthur Anderson geprüft.

Ab September 1994 erschienen dann folgende Presseberichte (auszugsweise zitiert):
„Atomic-Pleite sorgt weiter für Politwirbel", „Grünen-Kritik an Bawag", „Leopold Maderthaner fordert eine Gesamtlösung für die heimische Skiindustrie", „Wettrennen um Atomic geht in die Endrunde", „Österreichische Skilösung unrealistisch", „Amer und Marker Favoriten für Atomic".

Dann kam der Anruf von Masseverwalter Dr. Karl Ludwig Vavrovsky: Sinngemäß: „Der neue Eigentümer steht mit Amer fest. Abholung um 8.40 Uhr am Flughafen Salzburg, um 10.30 Uhr Betriebsversammlung mit folgender Tagesordnung: Betriebsratsobmann Herbert Steger macht die Begrüßung, Statement von Dr. Vavrovsky, Reden Ahohen, Miettinen, Elsner, Dr. Sieber (Konkursrichter). Pressekonferenz in der Lagerhalle (halbrund, 80 Sessel, sieben Plätze für Podium), Statements: Dr. Vavrovsky, Elsner, Schwarzecker, Ahonen, Miettinen. Fragen, Diskussion, Buffet".

Noch einen Tag vorher war intensiv verhandelt worden. Am Montag noch hielt sich auch der Geschäftsführer von Marker (vorher viele Jahre Geschäftsführer von Atomic Deutschland), Dr. Willy Fahrngruber, bereit, um allenfalls einen Kaufvertrag zu paraphieren. Für Dienstag hatte der 64-Prozent-Aktionär von Marker International in Salt Lake City, Hank Tauber, seine Anreise angekündigt.

Salzburger Nachrichten vom 15. November 1994: Ausschlaggebend für die finnische Amer (Kaufpreis und Übernahme der Verpflichtungen) waren die Ankündigungen, zusätzlich 150.000 bis 200.000 Paar Ski unter dem Markennamen „Wilson" zu erzeugen. Bis heute (September 2010) habe ich noch keinen Ski unter der Marke „Wilson" auf den Pisten gesehen. Kann aber auch Zufall sein.

Der Kurier schrieb treffend am 16. November: „Seppo" (Ahonen/Amer) statt Beppo (Mauhart/ATW). Elsner bezeichnete im gleichen Artikel Amer als „einen strategischen Partner, den wir immer wollten". Dies schließe auch die Markenrechte von Atomic in Japan und den USA mit ein. Anders lautende Gerüchte seien nur Störmanöver gewesen.

Kari Miettinen, Finanzchef von Amer, sagte im Kurier-Gespräch, dass Amer die Kaufsumme von rund ATS 900 Millionen zur Gänze bezahlt habe. Durch die Übernahme der Verbindlichkeiten könnte sich laut Kurier für Amer ein Gesamtaufwand von ATS 1,5 Milliarden ergeben. Für die BAWAG werde es keinen Abschreibungsbedarf geben.

Am 16. November waren die Tageszeitungen bereits voll mit Schlagzeilen und Titeln wie: „Atomic um 1 Milliarde ATS verkauft", „Amer: Atomic-Kauf perfekt, Kaufpreis 918,7 Millionen Schilling", „Amer legt für Atomic eine Milliarde auf den Tisch", „Finnische Fahne weht über Atomic", „Finnisch im Finish", „Jubel bei Arbeitern über neue ‚Atomic Austria'", „Amer will 1996 mit Atomic wieder

Gewinne machen", „Amer will Atomic bis 1996 aus Verlustzone führen". Dem Autor liegen Budgets vor, wonach folgende Gewinne für die Gesamtgruppe geplant waren: 1995: ATS 100,8 Millionen, 1996: ATS 143,9 Millionen, 1997: ATS 247,4 Millionen.

Pressemeldungen aus 1995: „Mühsamer Start für den Atomic-Eigentümer Amer. Der Skierzeuger musste im ersten Quartal einen kräftigen Umsatzeinbruch hinnehmen", „Hatte Seppo Ahonen noch im Spätherbst zum Schrecken der Mitbewerber angekündigt, heuer mindestens 200.000 Paar Ski mehr zu fertigen, geht der Trend bisher eindeutig in die Gegenrichtung. Mit einer Betriebsleistung von 140.000 Paar Skiern liegt die Produktionsmenge in den Monaten Jänner, Februar und März um gut 50.000 Paar hinter den Vergleichszahlen des Vorjahres zurück", „Aus für Seppo Ahohen. Zwischen Beppo und Seppo herrscht wieder harmonischer Gleichklang: Am 23. August, knapp zwei Wochen nachdem Mauhart als Tabakgeneral zurückgetreten war, erwischte es auch Ahonen. Der 52-jährige Manager wurde vom Amer-Aufsichtsrat fristlos entlassen. Dass Seppo Ahonen die Kunst des positiven Denkens meisterhaft beherrscht, bewies er schon im Fall Atomic. Das Unternehmen, so der Ex-Manager Ende des Jahres 1994 werde 1995 bereits Gewinne schreiben. Danach sieht es in Altenmarkt derzeit nicht aus. Die bis August erzielten Umsätze sind nur knapp so hoch wie im Vorjahr", „Atomic-Eigner Amer selbst in Schwierigkeiten", „Atomic-Mutterfirma Amer hat Probleme", „Eigentümer-Probleme bei Atomic, „Atomic-Käufer schlitterte in die Verlustzone", „Kauft US-Gigant Nike nun Atomic?"

1996: „Atomic bald mit neuem Eigentümer", „Ein Verkauf der Mutter und damit auch ein Eigentümerwechsel bei Atomic steht unmittelbar bevor", „Als Interessenten werden die beiden US-Sport-Riesen Nike und Scott genannt". Amer-Geschäftsführer Roger Talermo lässt im Kurier am 29. Jänner ausrichten, „dass Atomic trotz schwierigen Marktes im schwarzen Bereich liege und dem Wettbewerb gewachsen sei", „Als Interessenten balgen sich seit Monaten mehrere

Firmen: Nike, AEA, Kohlberg, Kravis, Roberts & Co Inc., Puma/Aritmos“.

1997: „Skierzeuger wieder auf dem Weg nach oben“, „Die Zahlen unterstreichen neuerlich, dass sich Atomic vom reinen Skierzeuger zum breitgefächerten Sportartikelproduzenten entwickelt hat“ (der Schreiber dieser Zeilen hat sich geirrt: Atomic hatte bereits vor 1990 die Generalvertretung von Asics Lauf- und Sportschuhen übernommen, hat Skistöcke erzeugt (mehr als eine Millionen Paar jährlich), Ess-Skibindungen und Koflach-Skischuhe im Sortiment geführt). „Mehrheit an Amer verkauft, Brite dirigiert nun Atomic“, „Neuer Atomic-Eigentümer“, „Britischer Lord kauft Mehrheit von Amer“, „Neuer Eigentümer gehört zur Brau-Dynastie Guiness“, „Amer zur Gänze verkauft“, „Entwarnung bei Atomic: Neuer Besitzer friedlich“, „Zukunft von Atomic/Amer ist wieder völlig ungewiss“, „Amer bremst britischen Lord aus“, „Der Guiness-Erbe schaut durch die Finger“, „Atomic will heuer schwarze Null schaffen“, „Amer: 1998 wieder Gewinn“, „Atomic tief in den roten Zahlen“, „Atomic baut Personal ab“.

1998: „Atomic in Gefahr: 300 Mio. Verlust”, „Atomic bestätigt rasante Talfahrt“, „Kripo fordert Sperre der Atomic-Konten“, „Verlust verdoppelt“, „Tiefrote Spuren von Inline-Skates“, „Mit Atomic geht es steil bergab“, „Verlust von 260 Mio S“, „Atomic steht vor Kündigungswelle“, „Mit tiefen Schnitten gegen Verlust“, „Kündigungswelle bei Atomic angelaufen“, „Kündigungswelle bei Atomic trifft bis zu 70 Mitarbeiter“, „Vertrieb reißt Atomic tief in die roten Zahlen“, „Amer räumt bei Atomic auf“, „Atomic baut ein Viertel seiner Belegschaft ab“, „Atomic kürzt Rennbudget drastisch“, „Atomic-Verkauf durch Amer zeichnet sich ab“, „Das Management läuft den Erfolgen der Skiasse hinterher“, „Bei Atomic wackeln 100 Jobs“, „Atomic: Milliardengrab für Mutterkonzern Amer“, „109 Kündigungen bei Atomic“, „Atomic-Mutter Amer schließt Verlustbringer“, „Einbruch bei Atomic“, „Talfahrt bei Atomic geht ungebremst weiter“, „Finnische Amer sucht einen Käufer für Atomic“, „Atomic im Sturzflug in die Verlustzone“, „Bei Atomic droht schon wieder Kündigungswelle“, „Atomic drückt Verlust unter 250 Millionen S“, „Atomic lagert Produktion nach Übersee aus“ usw.

1999: „Atomic hat den Verlust um 37 Prozent gesenkt“, „Atomic landet bei 164 Mio S Verlust“, „Atomic will Breakeven 1999 schaffen“, „Atomic: werden Weltmarktführer“.

2000: „Atomic schreibt wieder Gewinne“, „Atomic überrascht alle: Gewinn 208 Millionen“.

2003: „Umsatzminus bei Atomic“, „Keine großen Sprünge“, „Drastische Einbrüche bei heimischen Skierzeugern“, „Werden zum Schnee reisen müssen“, „Rekordjagd vorerst vorbei“, „Atomic: Bremsschwung und Neustart in Japan“.

2004: „Atomic schafft Sprung über die 200-Millionen-Marke“.

2005 und später: ich verweise auf die Meldungen und Zahlen unter Teil 1 „ Wirtschaftliche Ausgangslage“ und auf Teil 2 „Wirtschaft – Industrie“.

Es handelt sich bei allen Meldungen um authentische Berichte aus Tageszeitungen und Magazinen. Man ersieht daraus eigentlich die Verwirrtheit bei den Skierzeugern, aber auch, dass man nicht alles glauben darf, was in der Zeitung steht. Logische, ehrliche, realistische Aussagen werden nur von den wenigsten verantwortlichen Managern getroffen.

Markenrechte

Die Diskussion um die Markenrechte von Atomic/Rohrmoser, Koflach, Dynamic und Oxygen spielte vor dem Konkurs und auch nachher immer wieder eine Rolle. Allein in Österreich gab es mehr als 70 Registrierungen der Hauptmarke Atomic, Atomic-Stern (Logo) und diverser Skimodell-Namen. International (nach Madrider Markenrechtsabkommen) waren es mehr als 40 Marken. Dazu kamen Registrierungen in Argentinien, Australien, Bulgarien, Chile, China, Canada, Dänemark, Finnland, Griechenland, Großbritannien, Iran, Island, Israel, Japan (!), Korea, Libanon, Neuseeland, Norwegen, Polen, Spanien, Schweden, Schweiz, Taiwan und USA. In Summe handelte es sich um Hunderte Markenanmeldungen weltweit. Beispielhaft ist nur eine Seite zur Veranschaulichung abgedruckt.
Der Gesamtwert der Marken wurde im Vermögensstatus per 16. September 1994 mit rund 250 Millionen ATS angeführt und machte damit 26 Prozent des dargestellten Gesamtvermögens aus. In Japan waren die Hauptmarken persönlich auf Alois Rohrmoser angemeldet. Ob hier eine später rechtmäßig korrekte Ummeldung erfolgte, entzieht sich meiner Kenntnis.
Einige Schlagzeilen der Tageszeitungen und Magazine lauteten damals: „Atomic-Vertrag: Probleme mit Markenrechten“, „Sein letzter Kampf“, „Entscheidung bei Atomic hängt an Markenrechten“, „Rohrmoser pokert mit Markenrechten als ‚Trumpf‘“, „Rohrmosers letztes Faustpfand“, „Streit um Atomic-Markenrechte“, „Rohrmoser kämpft mit neuem Anwalt um seine letzte Chance“, „Streit um Atomic-Marke“, „Rohrmosers letzter Trumpf“, „Streit um Marke droht“.

Nationale, internationale und
und Markenregistrierungen betr
Alois Rohrmoser

Österreich

Marke
LEADER
SPITFIRE
ATOMIC
DOMINATOR
Atomic-Stern
ATOMIC
Atomic-Stern
Atomic-Stern
arc
GOLF
BIONIC
EASY
ATOMIC
ATOMIC-BIONIC
a r c
ACS
ARC
ACC
COLT
ARC
ATOMIC
ATOMIC
Atomic-Stern
MICRONIC
AVIB
MICRO STEP
ATOMIC FAST
DAYTONA
Pfeil im Kreis
ALOIS ROHRMOSER
ATOMIC EXCELLENT

Marke	Anm
ALOIS ROHRMOSER (Schriftzug 1)	
ALOIS ROHRMOSER (Schriftzug 2)	
AR	
AR	
geteilter Stern	
HY-VITRONIC	
TRIONIC	
ATOMIC	
DIE ROTE RENNMASCHINE (Verkehrsgeltung)	
ATOMIC RENNMASCHINE	
Atomic Stern und RENNMASCHINE	
ATOMIC FLUGMASCHINE	
ATOMIC CARBONIC	
PRO	
dreizackiger Stern	
ARC	
ELEGANCE	
FLAIR	
MATCH-SPORT	
MATCH-LITE	
AVANTGARDE	
PRISMA	
EMOTION	
OVATION	
S-POWER	
MULTITEMP	
TRIMATIC	
PRO	
ATOMIC MONOCOQUE	
ATOMIC HIGHTECH	

Marke	Anme
ATOMIC MODUL	
ESPRIT	
MODUL TECHNIC	
ATOMIC MODULE	
MODULE TECHNIC	
ATOMIC MODULE TECHNIC	
ATOMIC YOUNG STYLE	
MODULE	AM
ATOMIC MODULE TECHNIC	
ATOMIC CALGARY	AM
PHARO	AM
TRICONE	AM
LINEA MODA	AM

International:

ATOMIC
Atomic-Stern
GOLF
a r c
BIONIC
ATOMIC
Atomic-Stern
Atomic und Stern
ATOMIC
MICRO STEP
AVIB
MICRONIC
Atomic-Stern
COLT
Pfeil im Kreis
ATOMIC EXCELLENT
ARC
HY-VITRONIC

und andere

Werbung

agentur auf den einfachen Slogan „Die rote Rennmaschine" – "The red Sled" kam, fast ohne Text, dafür mit großer bildlicher Darstellung umgesetzt.
Wie alle Lebensbereiche unterliegen allerdings natürlich auch die Werbegesetze laufenden Änderungen, um sich nach einem gewissen zeitlichen Abstand zu wiederholen.

Beispiel einer weltweiten, erfolgreichen österr. Wintersportartikel-Industrie 1971/72

Ein Werbebeispiel aus dem Katalog 1973/74, könnte aber fast aus 2004 stammen (sogar „Shell" am Ferrari stimmt 2004 wieder).

Bis vor ca. 15 Jahren waren Werbebudgets in der Größenordnung von 5 bis 8 Prozent des Umsatzes (ohne Ausgaben für den Rennsport) in der Skiindustrie durchaus üblich. Geworben wurde je nach Firma in den klassischen Medien Fernsehen, Rundfunk, Tageszeitungen (es gab sogar noch „Sieginserate"), Fachmagazinen, Plakatwerbung, Kino usw. Heute – sieht man von teuer zu bezahlenden Katalogbeiträgen an große Abnehmer ab – kaum noch Werbung der großen Wintersportartikelerzeuger, wenn, dann meist in relativ kleinen Formaten, es gibt diesbezüglich nur noch wenige Ausnahmen. Ich glaube, eine sinnvolle Aufteilung (Marketing-Mix) zwischen klassischer Werbung und Rennsport (heute überhöht und zu kostenintensiv) wäre ein Schritt in die richtige Richtung. Der Industrie bleibt aber zu wenig Geld für die klassische Werbung. Ein großer Teil geht in der sogenannten „Kooperationswerbung" für die großen Einkaufsgenossenschaften, gossen Ketten und Filialisten auf. Die Werbe-Eigenständigkeit der Skimarken leidet darunter, und der Handel kommt ja seinerseits auch in keiner Weise für die Ausgaben für Forschung und Entwicklung und Rennsport auf.
Auf der Vorseite abgebildete Beispiele zeigen, dass man sich Anfang der 70er Jahre, bei aller gegebenen Konkurrenz, zusammen mit der Bundeswirtschaftskammer (Präsident Ing. Rudi Sallinger) und dem Bund/Unterrichtsministerium (Dr. Helmut Zilk) in der Industrie darüber einig war, auf den Weltmärkten gemeinsam unter österreichischer Flagge aufzutreten. Auch die Art der optischen, grafischen, farblichen und textlichen Gestaltung stand mit Sicherheit in keiner Weise den heutigen Darstellungen nach. Weniger Text wäre oft mehr. Als Beispiel darf ich anführen: Bei Atomic wurde der „Bionic"-Rennski in den Inseraten zuerst mit irrsinnig viel Text und Vergleichen mit Wagenfederung, Servolenkung usw. umfangreich beschrieben, bis dann die Werbeagentur auf den einfachen Slogan „Die rote Rennmaschine" – in den USA „The Red Sled" kam, fast ohne Text, dafür mit großer bildlicher Darstellung mit großem Erfolg umgesetzt. Wie alle Lebensbereiche unterliegen allerdings natürlich auch die Werbegesetze laufenden Änderungen, insbesondere durch das Internet.

R2 – Rohrmoser versucht Ski-Comeback

Ex-Atomic-Inhaber hat mit der Produktion seiner neuen Marke R2 begonnen

Ski-Comeback von Rohrmoser ist perfekt

Dreieinhalb Jahre *nach seiner Atomic-Pleite hat Alois Rohrmoser gestern mit der Produktion der R2-Ski begonnen. Händler aus aller Welt sollen als Kunden gewonnen werden.*

Naumayr

Alois Rohrmoser mit dem ersten Paar R2 in der Fabrik in Mitterberghütten

Mitterberghütten. Seit gestern ist Alois Rohrmoser wieder Ski-Produzent. Heuer werden 10.000 Paar des rot-schwarzen Allroundskis R2 hergestellt. Rohrmoser versucht, Händler aus aller Welt für das neue Produkt zu begeistern. „Die konkreten Anfragen reichen von den USA bis nach Japan."

Erzeugt wird der R2 bei der Allaction Snowboard GesmbH in Mitterberghütten (Salzburg). Der krisengeschüttelte Hersteller von Palmer-Boards lastet da-

Von **M. J. MAYR** und **H. PLEININGER**

mit seine zwanzigköpfige Mannschaft sowie die Maschinen aus. Wie lange Rohrmoser dort bleibt, ist offen. „Die Landesregierung versucht alles, um mich als Konkurrenz von Atomic und Blizzard niederzuhalten", behauptet Rohrmoser. Wirtschaftslandesrat Arno Gasteiger (VP) hat dem 65jährigen Rückkehrer ins Skigeschäft öffentlich ausrichten lassen, daß in den Allaction-Hallen ein Untermietverbot besteht. Das Gebäude gehört dem Land. Rohrmoser: „Ich bin aufs Land nicht angewiesen. Unternehmer aus ganz Österreich haben mir Produktionshallen angeboten."

Zugpferd Moser-Pröll

Beim Marketing knüpft Rohrmoser an alte Seilschaften an. Wie bei den Handelspartnern, baut er auch auf seine Werbezugpferde von früher. So werden die Ski-Legenden Annemarie Moser-Pröll, Hans Enn und David Zwilling die ersten R2-Plakate zieren. Das Design des in diagonaler Kastenbauweise mit Holzkern hergestellten Skis stammt vom Vorarlberger Felix Wolf, der schon bei Atomic für Rohrmoser arbeitete. Vorläufig gibt es nur ein R2-Modell. Der Verkaufspreis im Handel wird knapp unter 4000 Schilling liegen. Später will Rohrmoser auch Carving-Ski produzieren.

Handel interessiert

Im Handel stößt Rohrmoser durchwegs auf Interesse. „Wir wissen, daß er hervorragend Ski bauen kann. Wir werden uns der neuen Marke daher nicht verschließen", sagt Hervis-Chef Alfred Eichblatt.

Intersport-Geschäftsführer Alfred Schwab wird den Rohrmoser-Ski gezielt für Gletscherskispezialisten anbieten. „Je nach Akzeptanz entscheiden wir weiter." Der Welser Großhändler Lutz Eybl hingegen ist skeptisch: „Eine neue Skimarke ist das letzte, worauf die Menschheit wartet."

Wirtschaftsblatt

Von Herbst 1997 bis Sommer 1998, aber auch später noch, geisterte ein Comeback von Atomic-Gründer Alois Rohrmoser durch die Medien. Am 6. November 1997 berichteten die regionalen Pongauer Nachrichten: „Die Sensation ist perfekt: Alois Rohrmoser baut schon bald wieder Ski und Snowboards". Salzburger Nachrichten, Wirtschaftsblatt , Standard, Kurier, NEWS usw. schließen sich dieser

Nachricht an: „Rohrmosers Neustart mit 65“, „Rohrmoser baut wieder Ski“, „Alois Rohrmoser startet sein Comeback“, „Aufregung um Rohrmosers Skipläne“, „Play it again, Alois“, „Ski-Comeback von Rohrmoser ist perfekt“, „Alois Rohrmoser ist wieder da: ‚R2’-Nullserie läuft vom Band“.

Ein Journalist des Wirtschaftsblattes, welcher allen diesen Ansagen getraut und entsprechend darüber berichtet hatte, hat diese „Enten“-Meldung bis 2004 nicht verziehen und wird seinen Aussagen nach den Worten des Ex-Skifabrikanten nie wieder Glauben schenken. Dabei glaube ich, dass es Rohrmoser mit seinen Ankündigungen durchaus ernst war. Er zeigte mir in Anif/Salzburg voll Stolz den ersten, in einer Snowboard-Firma in Bischofshofen erzeugten „R2“. Da damals schon die „Carving-Welle“ im Anrollen war, und der „R2“ hingegen ein ganz traditioneller Ski war, ahnte ich, dass es keine Chance gab. Rohrmoser selbst sprach vom großen Interesse der Händler an dem neuen Produkt, seinen internationalen Kontakten, und dass er eine Produktion von 100.000 Paar pro Jahr plane. Vielleicht hätte er es ohne die nervenzermürbenden und teuren Prozessen mit der BAWAG aber sogar geschafft.

Skigeschäft: Begräbnis dritter Klasse

Ernest Simharl, langjähriger Geschäftsführer der Skifabrik Fischer, schrieb in der Sportartikelzeitung Nr. 6/11, April 1994, unter diesem Titel einen interessanten Bericht über den Skimarkt aus seiner Sicht. Mit Genehmigung von Herrn Simharl zitiere ich hier auszugsweise einige Passagen, welche auch heute noch Gültigkeit haben:

Die Totengräber des Skigeschäfts stehen fassungslos vor der offenen Grube. Der Markt schreit: billig, billiger. Wer hätte gewagt, sich dem Markt entgegenzustemmen? Der Preiskampf regiert den Markt. Selbst in einem geradezu historischen Augenblick des Skigeschäfts, in dem die Innovation des Schalen-(oder „Cap"-)Skis eine Chance einzuräumen schien. Der Ablauf der Skigeschichte scheint sich zu wiederholen. Im Rückblick scheint es, als wären die Skiproduzenten drauf und dran gewesen, sich schon damals jenes Grab zu schaufeln, an dem sie mit ihren „Partnern", den Skihändlern, doch erst jetzt stehen. Je spürbarer für die Hersteller diese Entwicklung wurde, desto ratloser rannten sie von einem Marketing-Guru zum anderen, um für sich selbst zu retten, was zu retten wäre. Designer und Graphiker malten Farborgien auf die Oberfläche. Danach gab es nur mehr die Flucht in den Preiskampf.

Dann kam der historische Augenblick, die Geburt des Schalenskis. Salomon war der erste Erzeuger von „Monocoque-Skis" (siehe eigenes Kapitel).Für Skifachleute stellte er zweifellos primär eine produktionstechnische und keine fahrtechnische Innovation dar. Simharl skizzierte einen anderen Weg, der davon wegführen soll, eine Produktinnovation im gleichen Preisschacher zu verramschen. Bemühungen in dieser Richtung wurden zwar wiederholt gesetzt.

Die Widerstände waren aber immer riesengroß. Das Skigeschäft ist in seinen Vertriebsstrukturen nicht komplizierter als in anderen Branchen. Durch seinen Servicecharakter fallen ihm aber Einschränkungen zu, die für andere Produkte nicht gegeben sind. Simharl meint, „man sollte umdenken, ehe man in das Grab fällt, das man sich selbst gegraben hat“.

Blizzard

BLIZZARD
INTELLIGENT EQUIPMENT

Einst Konkurrenten, heute Freunde. Gretl und KR Toni Arnsteiner im Haus des Autors

Inmitten seiner Rosen und Obstbäume entspannt Toni Arnsteiner nach 51 Berufsjahren

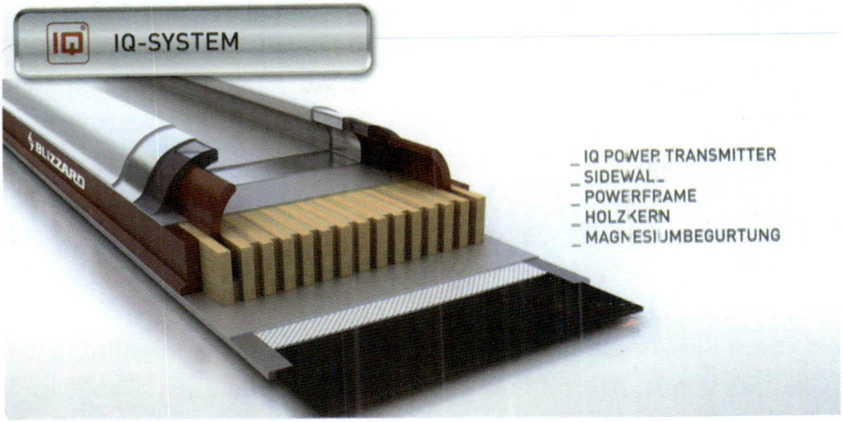

Am 15. August 2010 feierte der Firmengründer seinen 85. Geburtstag. Blizzard wurde 1945 von Anton Arnsteiner in dessen Tischlerei gegründet. Arnsteiner zählt zu jenen Pionieren der österreichischen Skiindustrie, die nach dem Zweiten Weltkrieg mit großem persönlichem Einsatz zur wirtschaftlichen Entwicklung Österreichs beigetragen haben. 1953 wurde die Marke Blizzard erstmals eingetragen. 1957 erfolgte die erste Betriebserweiterung. 1965 meldete man einen Rekordumsatz und erhöhte die Anzahl der Beschäftigten auf zweihundert. In sportlicher Hinsicht war Blizzard bei den Weltmeisterschaften in Chamonix der erfolgreichste österreichische Ausrüster mit drei Gold-, zwei Silber- und zwei Bronzemedaillen. In den 70er Jahren dominierten auf Blizzard „Firebird“ Hans Hinterseer, Monika Kaserer und Marie-Therese Nadig, und in den 80er Jahren schrieben Franz Klammer und Peter Müller auf Blizzard-„Thermo“ alpine Skigeschichte. In den 90er Jahren war es Petra Kronberger, die auf Blizzard „V 20“ dreimal hintereinander den Gesamtweltcup gewann. Heute lebt Arnsteiner nach wie vor in seinem Privathaus in Mittersill, welches direkt an das Firmengelände der Fabrik angrenzt.
Zur Abkürzung der Firmengeschichte zitiere ich großteils einen Artikel aus „Die Presse“ vom 14. Februar 2010. Verfasserin ist Frau Nicole Stern:

„Bis 1991 verlief eigentlich alles nach Plan. Dann übernahm Schwiegersohn Franz Schenner die Geschäftsleitung – just zu einem Zeitpunkt, als die Branche in einer Strukturkrise steckte. Hohe Überkapazitäten, angespannte Ertragslage, stagnierende Absätze und schneearme Winter. Das Unternehmen schlitterte in die Pleite. Der Raiffeisenverband Salzburg rettete dem Betrieb das Leben. Wenig später wurde der Skierzeuger an den US-Sportartikelhersteller Scott verkauft. Nach nur zwei Jahren war Blizzard wieder im Eigentum der Bank – gute zehn Jahre lang.
Mit Anton Stöckl und Karl Hofstätter erklärten sich schließlich zwei Investoren bereit, Blizzard unter die Fittiche zu nehmen. Lange hielt auch diese Ehe nicht. Beide Herren veräußerten ihre Anteile sukzessive an den italienischen Tecnica-Konzern. Seit 2006 ist Blizzard ein Teil dieses Konzerns. Das Marktumfeld ist wie einst schwierig. Denn vor etwa drei Jahren brach der weltweite Skiabsatz infolge miserabler Witterungsverhältnisse ein. Wurden noch in den 80er Jahren mehr als acht Millionen Paar Ski abgesetzt, so sind es heute etwas mehr als drei Millionen. Damit dürfte jedoch die Talsohle erreicht sein. Blizzard hat sich aus dem Markt für Billigski weitgehend zurückgezogen. Billigski und Kinderski erzeugt Blizzard heute in einem ukrainischen Werk. Die teureren Ski stellt Blizzard am Standort Mittersill her. Dort werden derzeit etwa 280.000 Paar Ski produziert. Je die Hälfte davon entfallen laut Firmenangaben auf Blizzard und Nordica (eine Tecnica-Tochter). Die Produktentwicklung ist in Mittersill gebündelt. Die Zahl der Mitarbeiter liegt bei 240. Der Umsatz dürfte 2009 von rund 28 auf etwa 30 Millionen Euro geklettert sein. Gewinne schreibt die Firma aber keine. „Eine schwarze Null ist sich knapp nicht ausgegangen“ heißt es bei Blizzard. 2010 soll sich das – einmal mehr – ändern.

Zu allen angeführten Zahlen merkt der Autor an, dass sich diese auf Pressemeldungen beziehen, da der vorgegebene Fragebogen unbeantwortet blieb und auch beim Amtsblatt der „Wiener Zeitung“ zum Zeitpunkt des Schreibens genaue Daten (noch) nicht erhältlich waren.

Dynamic

Paul Michal, Wagnermeister in Sillans, Frankreich, begann 1931 mit der Fertigung von Skis. Ab 1945 war der frühere Rennläufer James Couttet als Berater tätig, und man begann mit neuen Produktionsmethoden: neues Verleimungssystem, Kunststoff-Beläge, Gliederkante, Torsionsbox-Bauweise, usw. Paradoxerweise führten gerade die Vielzahl von Innovationen und überlegenen Fahreigenschaften der Ski zu Schwierigkeiten.
1970 wurde dann aber das einmalige Erfolgsmodell VR 17 zu einem Verkaufsschlager, und man musste erneut Investitionen tätigen. Die hohen Investitionskosten führten zum Verkauf des Unternehmens an Sofisport, einem Tochterunternehmen der Firmengruppe Empain-Schneider in Paris. Die Produktion stagnierte bei rund 70.000 Paar.

Atomic-Gründer Alois Rohrmoser war bereits Mitte der 70er Jahre interessiert an der Marke und an der Produktionsstätte. Als erfolgreicher Rennläufer bei lokalen und regionalen Rennen sparte sich Rohrmoser im wahrsten Sinne des Wortes den Kauf eines Paares Dynamic-Skis vom Munde ab, da Dynamic zu jener Zeit als der beste Rennski galt. 1977/78 war es dann soweit: Er kaufte nach längeren Verhandlungen anstatt eines Paares Ski gleich die ganze Firma! Vorher waren Rohrmoser und der

Autor einige Male gemeinsam in Frankreich bei Atomic-France. Einmal fiel ihm um ca. 8 Uhr abends ein, noch schnell von Sallanches (damaliger Sitz von Atomic France S.A.) in das rund zwei Autostunden entfernte St. Etienne de St. Geoirs zu fahren, um die Fabrik von außen zu besichtigen. Im Anschluss daran gingen wir in ein noch geöffnetes Bistro. Ich war bei der Gelegenheit beauftragt, die Gäste und Einheimischen nach Dynamic „auszufratscheln". Nach dem Kauf durch Atomic erhöhten sich die Produktionsziffern innerhalb weniger Jahre auf 280.000 Paar.
Heute gehört Dynamic so wie Atomic und Salomon zum Amer-Konzern.

Dynastar

Diese französische Skimarke gehört zum Rossignol-Quiksilver-Konzern und produziert Alpinskis und Skibindungen.

Lange-Skischuhe runden das Programm ab. Produktionszahlen liegen mir nicht vor und dürften bei den Rossignol-Zahlen inkludiert sein.

Nach Angaben von Atomic-Generaldirektor Dr. Micheal Schineis hat die Amer-Gruppe mit den Marken Atomic, Dynamic, Salomon und Volant diese Gruppe überholt und produziert in Summe rund 100.000 Paar mehr.

Nadia Fanchini – ihr erster Weltcupsieg in Lake Louise

Elan

Da es nicht möglich war, Eckdaten über Geschäftsziffern (Produktion, Umsatz, usw.) in Erfahrung zu bringen, beschränkt sich der Autor auf die Firmengeschichte.

Ingemar Stenmark

Angefangen hat die Geschichte der slowenischen Firma Elan mit der Vision und dem Ehrgeiz des Elan-Gründers Rudi Finzgar, einem leidenschaftlichen Skispringer. Das offizielle Gründungsdatum ist der 24. September 1945. In den Jahren danach nahm die Firma an den ersten Messen teil, eröffnete das erste Geschäft und fing an, Ski in die Vereinigten Staaten zu exportieren. Zwischen 1955 und 1965 erweiterte man fortlaufend die Produktpalette. Die Hauptprodukte sind zu dieser Zeit Tennis- und Badmintonschläger. Die 70er Jahre sind ein Schlüsseljahrzehnt für Elan: Die Firma spezialisiert sich auf die Skiproduktion. Elan erreicht die Position eines des weltweit größten Skierzeugers. Zu dieser Zeit gründet Elan Tochtergesellschaften in den wichtigsten Märkten. Ingemar Stenmark, Schweden (auch heute noch der Rennläufer mit den meisten Weltcupsiegen) und Bojan Krizaj sind auf dem Höhepunkt ihrer Karrieren. Im Jahrzehnt 1985 bis 1995 kann sich die Firma trotz schwieriger Umstände einen wichtigen Teil der sogenannten Carvingrevolution sichern. Die Firma entwickelt sich auch zu einem wichtigen Snowboardhersteller. Mit einem neuen Management wird ein entscheidender Umkehrpunkt eingeleitet. Elan sieht sich als Vorreiter was Innovation, Originalität und Einzigartigkeit betrifft. Es werden jährlich neue Maßstäbe gesetzt. Im alpinen Skiweltcup ist Elan heute kaum mehr vertreten, hat aber zahlreiche Weltklasse-Skispringer unter Vertrag.

Fischer

Die Wurzeln von Fischer reichen zurück bis ins Jahr 1924. Josef Fischer mietet in Ried im Innkreis eine zweiräumige Wohnung für eine erste bescheidene Betriebsstätte. („Wagnerei und Holzwarenerzeugung“). Er ist gelernter Wagner. Sein Geld verdient er unter anderem in den Steyr-Werken. Dort lernt er erstmals das Wesen einer industriellen Fertigung kennen und ist davon fasziniert. Mit der Gründung seines eigenen Betriebes beginnt er, seine Vision der industrialisierten Fertigung von Skiern umzusetzen. Damit legt er die Basis, die Fischer in den nächsten Jahrzehnten zu einer der größten Skifabriken der Welt aufsteigen lässt. All die Jahre geschichtlich darzustellen, würde den Rahmen dieses Berichtes sprengen.

Kommerzialrat Josef „Pepi“ Fischer
einer der erfolgreichsten Unternehmer Österreichs

Nach den turbulenten Jahren der Skiindustrie in den Jahren 2006, 2007 und 2008 konnte Fischer laut Geschäftsführer Franz Föttinger im abgelaufenen Geschäftsjahr 2009/2010 den Turnaround schaffen und hat wieder operativ positive Zahlen in die Bücher geschrieben. Vom 47,5-Prozent-Anteil an der FACC (Flugzeug-Bauteile) hat man sich 2008/09 getrennt. Die folgenden Zahlen beziehen sich auf den Stand Mai 2010. Fischer beschäftigt 430 Mitarbeiter am Standort Ried. Rund 40 Prozent der Ski werden in Ried im Innkreis erzeugt, die restlichen 60 Prozent aus Kostengründen an einem schon seit vielen Jahren bestehenden Standort Mukachevo in der Ukraine. Die Gesamtproduktion dürfte sich auf rund 1,2 Millionen Paar belaufen (Schätzung des Autors, kann daher abweichen).

Aufsichtsratsvorsitzender
Dkfm. Florian Keiper-Knorr

Die Produktpalette umfasst Alpinski, Alpin-Bindungen, Alpin-Schuhe, Langlaufski, Langlauf-Schuhe, Langlauf-Bindungen, Langlaufstöcke, Sprungski, Accessoires und Hockey. Die Umsätze der letzten Jahre beliefen sich auf 134 Millionen Euro (2007/2008), 133,6 Millionen Euro (2008/2009) und 132,8 Millionen Euro (2009/2010). Für 2010/2011 sind 136,4 Millionen Euro geplant.

Fischer war in all den Jahren des Bestehens geprägt durch herausragende Erfolge im Rennsport. 1964 bei den Olympischen Spielen in Innsbruck gewinnt Egon Zimmermann die erste Goldmedaille für Fischer. Austragungsort war der Patscherkofel, auf welchem Franz Klammer zwölf Jahre später auf dem legendären Fischer „C 4“ Olympiasieger wird.

Vor allem im nordischen Bereich ist Fischer die dominierende Marke: erfolgreichste Skimarke im Nordischen Weltcup 2007/2008, neue nordische Rekorde 2008/2009 mit fünf großen Kristallkugeln für die Gesamtweltcupsieger, acht kleinen Weltcupkugeln für die Disziplinenweltcups, dazu 77 Weltmeisterschaftsmedaillen und 273 Podiumsplätze (60 Prozent) in allen vier nordischen Sportarten (Langlauf, Nordische Kombination, Biathlon, Sprunglauf).

2010 bei den Olympischen Spielen in Vancouver werden 51 Prozent aller Medaillen gewonnen. Sowohl in den nordischen als auch in den alpinen Disziplinen kommt es zu einer „Wiederbelebung“ des sogenannten „Lochskis“, und es werden auch bei den Alpinen wieder die ersten Siege und Medaillen eingefahren.

Fischer Schleifstraße

Fischer Firmenansicht

HTM – Head – Tyrolia – Mares

Head gehört zum HTM-Konzern, welcher u. a. die Marken Head-Ski, Tyrolia-Bindungen, Mares-Tauchgeräte und Penn-Tennisbälle umfasst. Gegründet wurde Head im Jahre 1947 durch Howard Head, einem Flugzeugpionier. Im gleichen Jahr entwickelt man bei Head den ersten beschichteten Metallski. 1955 liegt das Produktionsvolumen bei 8.000 Paar Ski. Die Gründung der Head International AG in Zug, Schweiz, erfolgt 1968, im gleichen Jahr wird die Head-Ski-Produktion in Kennelbach, Vorarlberg, aufgenommen. 1970 übernimmt der amerikanische AMF-Konzern die Firma Head. Zehn Jahre später wird Kennelbach der alleinige Standort für die weltweite Skiproduktion. Die Head-Gruppe wird 1989 von Investoren unter Freeman Spogli übernommen und in die HTM Sports Holding B.V. umbenannt. Vier Jahre später erfolgt neuerlich ein Eigentümer-Wechsel: Die Gruppe wird von der Austria Tabak (ATW) übernommen. Die Head-Sport AG hat zehn 100 %ige Vertriebstocherfirmen weltweit.

Als letzter und derzeitiger Eigentümer tritt der schwedische Investmentbanker Johan Eliasch auf. Nach einem Rekordjahr 2005/2006 wird Head in der darauffolgenden Saison ebenso vom „Nichtwinter“ erreicht wie alle anderen Skierzeuger.

2008 kann als Konsolidierungsjahr angesehen werden. Seit 2009 arbeitet Head wieder im operativ positiven Bereich. Auch 2010 wird es eine Steigerung von Umsatz und Gewinn geben.

Vom Geschäftsführer der Head-Tyrolia-Gruppe, Ing. Klaus Hotter, wurden mir folgende Zahlen zur Verfügung gestellt:

Im Jahr 2009 wurden ca. 450.000 Paar Ski erzeugt und verkauft, davon wurden ca. 125.000 Paar im Werk Kennelbach in Österreich erzeugt, der Rest im Werk in Budweis.

Die Verkaufszahl von Head-Skischuhen lag im gleichen Zeitraum bei ca. 500.000 Paar, die alle in Litovel erzeugt werden. Bei Tyrolia-Skibindungen (damaliger Geschäftsführer Ing. Edgar Pöllmann, ein hervorragender Arbeiter, Vordenker und Motivator zugleich) erreichte die Verkaufszahl mehr als eine Million Bindungsgarnituren. Der Sitz der Tyrolia-Werke ist in Schwechat/Niederösterreich. Man geht bei Head von einem weltweiten Marktanteil von 15 % aus (Österreich: 18 %, Deutschland: 20 %, Schweiz: ebenfalls 20 % , in Italien 14 % und in Frankreich 7 %, was angesichts der französischen Konkurrenz beachtlich ist. Die Entwicklung des Alpinskimarktes sieht man bei Head bei rund 3,2 Millionen Paar auf einem stagnierenden Niveau. Obwohl der Rennsport von einigen Firmen nicht mehr als sehr entscheidend angesehen wird, setzt man bei Head auf ein starkes Team mit Läufern wie Didier Cuche, Bode Miller und der überlegenen Weltcup-Siegerin 2010, Lindsey Vonn.

Weltcupsiegern 2010 - Lindsey Vonn

Maria Riesch, Deutschland

Bode M.
Franconia, New Hampshire, USA
«YES, I'M A SPEEDOHOLIC»
head-helps.com
HEAD
LENGTH 184 RADIUS 17.0 DIMENSIONS 118 69 101
coolearth
BIST DU AUCH EIN SPEEDOHOLIC?
Bekenne dich auf head-helps.com und gib Deinem Leben neuen Schwung!
THE POWER OF YOU

Man hat im Rennsport bei Head sehr gute Erfahrungen gemacht und mit den ausgezeichneten Erfolgen auch die Nachfrage und somit Marktanteile in fast allen Märkten erzielen können. Bob Koch, Geschäftsführer von Head Österreich sieht der kommenden Saison 2010/2011 optimistisch entgegen, die Lager beim Fachhandel sind weitgehend leer und sorgen dafür, dass die Vorordersituation um rund sieben Prozent über den Ziffern des Vorjahres liegen.

Kästle

1924 wird in der Wagnerei-Werkstätte von Anton Kästle am Standort Hohenems das erste Paar Volleschen-Ski hergestellt.
1929 erfolgt der Start der Serienproduktion – zunächst werden Volleschen-Ski in Kleinserie gefertigt.
1937 – 1939 wird der hochwertige Arlberg-Ski entwickelt, der bei Spitzensportlern hohen Anklang findet. Während des Zweiten Weltkrieges kann der Arlbergski wegen Rohstoffmangels nicht mehr produziert werden. 1946 kommt es zur Beschlagnahme des Betriebes durch die Besatzungsmacht.
Ab 1947 kommt es dann zur Wiederaufnahme der Produktionszweige. 1956 gibt es bei den Olympischen Spielen in Cortina einen wahren Medaillen-Regen (2 x Gold für Toni Sailer –weitere 18 Medaillen auf Kästle-Ski).
1966 entwickelt Kästle ein Skibauprinzip, das unter dem Kürzel CPM (Compound-Plastic-Metal) bekannt wird.
1968 übernehmen Josef Fischer und seine Schwester Selma Sturmberger die Vorarlberger Skifabrik Anton Kästle.
1970 siegt Kästle den Abfahrtsweltcup durch Karl Cordin. Zwei Jahre später wird die Skifabrik Kästle in eine GmbH umgewandelt. Das neue Kästle-Logo wird 1976 eingeführt.
1978 ist Kästle mit sieben Medaillen die erfolgreichste Skimarke der alpinen Weltmeisterschaften in Garmisch-Partenkirchen. Im darauffolgenden Jahr wird mit dem „Tour-Randonnée" der leichteste Ski der Welt präsentiert – speziell entwickelt für Hochalpinisten.
1980 gewinnt Kästle den ersten Gesamtweltcup der Herren durch den Liechtensteiner Andreas Wenzel.
1984 folgt der zweite Sieg durch Pirmin Zurbriggen, der sich 1985 und 1987 auch zum Doppelweltmeister bei den Weltmeisterschaften in Bormio und Crans Montana krönt. Bei den Olympischen Spielen 1988 in Calgary erringt Kästle vier Gold- sowie sechs Silber- und Bronzemedaillen. Zudem gewinnt Pirmin Zurbriggen in diesem Jahr

zum dritten Mal den Gesamtweltcup. In den frühen 90er Jahren erwirbt Benetton die Marke Kästle.

1997 holen Kjetil-Andre Aamodt und Tom Stiansen zweimal Gold bei den Skiweltmeisterschaften in Sestriere.

2007 kehrt Kästle zurück nach Österreich. Kästle ist ein rein österreichisches Unternehmen mit Sitz in den Alpen und produziert alle Ski in Österreich. Die „Comeback"-Kollektion von vier Skimodellen besticht durch hochwertiges, modernes und zeitloses Design. Innovation und Technologie stehen an erster Stelle. Die neuen Ski räumen einen wahren Medaillensegen bei internationalen Skitests ab (siehe auch Kapitel „Über Sinn und Unsinn von Skitests"). Kästle-Athlet Chris Davenport fährt innerhalb von zehn Tagen die vier klassischen Alpengipfel Eiger, Matterhorn, Mt. Blanc und Monte Rosa ab. Athleten und Mitarbeiter aus der erfolgreichen Kästle-Vergangenheit kehren mit neuen Aufgaben in das Unternehmen zurück. Warum ich die ganzen Erfolge von Kästle aufzähle, liegt auch darin, dass die heutige Firmenphilosophie nicht mehr auf den Rennsport ausgerichtet ist. 2007/2008 wurden 1.500 Paar Ski verkauft.

In den Jahren 2008/2009 wurden 4.500 Paar verkauft (+200 %), die Produktrange wird auf sechs Modelle erweitert, mittlerweile befinden sich 13 Modelle im Skisortiment von Kästle. Meiner Meinung nach ein kluger Schachzug, eine Kollektion mit möglichst wenigen und überschaubaren Modellen anzubieten. Auch der wahre Aufstieg von Atomic zu Beginn der 70er Jahre war durch eine kleine Kollektion mit allen Vorteilen der besseren Produktionsplanung geprägt. Im Spitzensport konzentriert sich Kästle mittlerweile vor allem auf die Bereiche Allmountain, Freeski und Freeski-Mountaineering.

Im Geschäftsjahr 09/10 wurden 7.300 Paar (+62%) verkauft. Im laufenden Geschäftsjahr werden 10.000 Paar verkauft (+36 %). Mittelfristig wird der Absatz auf 20.000 bis 25.000 Paar steigen.

Die Kästle GmbH ist zu 72 Prozent im Eigentum der Pierer GmbH und der Künz GmbH (über deren Beteiligungsgesellschaft KP Beteiligungs GmbH). Die übrigen 28 Prozent sind im Eigentum der BLR GmbH des Kästle-Managementteams Oliver Binder, Alexander Lotschak und Siegfried Rumpfhuber.

Die Vision der neuen Eigentümer ist die Schaffung einer perfekten Symbiose von Mensch und Natur. Diese Schnittstelle zu perfektionieren, bildet das oberste Unternehmensziel, und dabei gilt die Devise „Qualität vor Quantität“

Anmerkung: Die abgebildeten Texte und Fotos bzw. Zeichnungen sind dem Internet und den Kästle-Katalogen 2010/2011 entnommen (Fotos: Peter Mathis und Hansueli Spitznagel).

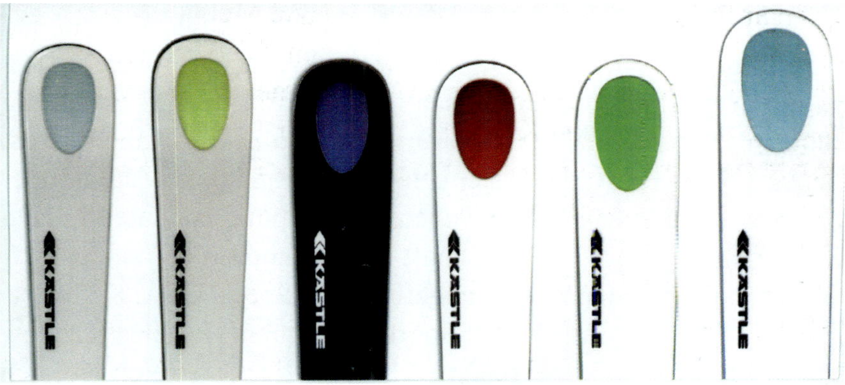

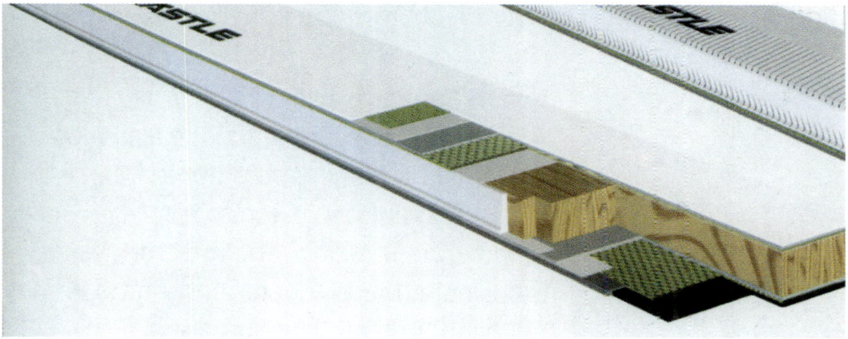

K2 – Sports

Über K2 konnte ich im Internet leider keine umfangreicheren Angaben finden. Daher hier die deutsche Übersetzung mit kurzem Kommentar: K2 wurde vor 45 Jahren als amerikanische Skifirma auf Vashon Islands im Staate Washington gegründet. Ich habe an anderer Stelle schon geschrieben, dass sich die Firma auf einer Insel vor Seattle befindet und nur mit einer Fähre erreichbar ist – und dass K2 bald durch Atomic gekauft worden wäre, letztlich durch Herrn Rohrmoser aber entschieden wurde, in Altenmarkt ein Langlaufwerk zu bauen. Die Umbenennung in K2 Sports erfolgte 2003. Die Firma verfügt heute über ein internationales Portfolio von 16 weltbekannten Marken und mehr als 40 Produktlinien. Marken und Geschäftstätigkeit sind weltbekannt als führend in Design, Produktion und Verkauf und Marketing. K2 ist für Innovationen und Leidenschaft für Sport-Enthusiasten bekannt, welche authentischen Lifestyle und Erfahrung schätzen. K2 produziert und verkauft Alpinskis, Snowboards, Schneeschuhe, Fahrräder, Telemark- und Langlaufskis (die norwegische Marke Madshus) und Zubehör. K2 Sports bedeutet einfach das Treffen von Spaß, Wissenschaft und Technologie. Als Kontaktadressen und Firmensitze sind angeführt: K2 Sports USA, K2 Sports Europa, K2 Sports Canada, K2 Sports Japan und Madshus/K2 Norwegen. Verkaufs- und Marketing-Manager für Österreich ist nach langjährigen Atomic-Diensten Hubert Steiner.

Hubert Steiner is back: Nach langjährigen Atomic-Diensten bringt er jetzt als Sales & Marketing Manager die bunte Palette der K2-Ski auf den österreichischen Markt zurück. Seine renommierten Vertriebsleute, Mario Riepler und Andreas Sobocan, unterstützen ihn dabei.

Kneissl

Dr. Gerhard Seicht

Ein österreichisches Unternehmerschicksal

Universitätsprofessor Dr. Gerhard Seicht ist der Autor des folgenden Berichtes, welcher allerdings erst zehn Jahre nach der Insolvenz veröffentlicht werden durfte. Dr. Seicht ist Verfasser unzähliger Bücher aus der Betriebswirtschaftslehre. Als Student an der „Hochschule für Welthandel in Wien" hatte ich noch das Glück, ihn als Professor zu haben. Mit seiner Genehmigung darf ich auszugsweise zitieren. Ich habe den Bericht teilweise ergänzt bzw. kommentiert.

Die Geschichte der Firma Kneissl

Im Jahre 1861 war in Kufstein eine Landwagnerei gegründet worden. 1921 wurde der Kneissl-Ski zur Marke angemeldet und schon 1924 erfolgte der erste Skiexport. Im Jahre 1932 nahm man die Umbenennung in „Erste österreichische Schifabrik" vor. Ab 1947 übernahmen die Söhne Franz und Walter Kneissl die Führung der Kufsteiner Skifabrik und bauten diese mit beachtlichem Tempo zu einer großen und modernen Fertigungsstätte aus.
Nachdem im Jahre 1957 ein Großfeuer das gesamte Werk vernichtet hatte, wurde es im selben Jahr wieder aufgebaut und zwei Jahre später erweitert. Im Jahre 1960 ging mit dem „White Star" von Kufstein aus der erste Kunststoffski auf den Weltmarkt. Am nördlichen Stadtrand von Kufstein errichtete Kneissl 1962 und 1969 zwei weitere

Werke. Die einstige Einzelunternehmung von Franz Kneissl I war von dessen Söhnen in eine Kommanditgesellschaft umgegründet worden. 1972 war der Skierzeugungsbetrieb aus der KG ausgegliedert und in eine neu gegründete Gesellschaft m.b.H eingebracht worden, aus der sich Walter Kneissl unter Zurücklegung eines Gesellschafterdarlehens 1975 zurückzog. Die Stammanteile an der Franz Kneissl Ski-Fabrik Ges.m.b.H. hielten ab diesem Zeitpunkt Franz Kneissl mit 95 Prozent und seine Gattin Gertrude mit fünf Prozent. In den Folgejahren wurden bei Olympischen Spielen und Weltmeisterschaften unzählige Medaillen im alpinen und nordischen Bereich errungen. Mit der Eröffnung von Werk 3 war die Jahresproduktion auf 300.000 Paar gewachsen. Im Jahr 1974 wurde die gesamte Skiproduktion auf Kunststoff umgestellt. Die Folgen sind zunächst große Qualitätsprobleme/Reklamationen, die zu hohen Verlusten in den Jahrsabschlüssen 1975 und 1976 führten.

Wieder eine Parallele zu Atomic: Rund 35.000 Paar der von Atomic produzierten Ski der US-Marke „Olin“ mussten in Japan auf Qualitätsprobleme überprüft werden. Aus ursprünglich geforderten ATS 24 Millionen Schadenersatzansprüchen sind es nach zähen Verhandlungen ATS 11 Millionen geworden. Wer die Japaner mit ihrer „Quality-Craziness“ kennt, weiß, dass man unter normalen Umständen bei einer Reklamationsquote von mehr als drei Prozent die gesamte Ware zurückbekommt.

1979 wurde die Skiproduktion auf 600.000 Paar gesteigert. Die Unternehmensorganisation wird umgestaltet, und die Herren Franz Kneissl III und Ing. Erich Obermeier wurden in die Geschäftsführung aufgenommen.

In diesem Jahr 1979 hat die Hausbank Maßnahmen zu setzen begonnen, die nach Meinung von Dr. Gerhard Seicht ein Jahr später zum Konkurs der Skifabrik geführt haben.

Wirtschaftsblatt, 26/9/2002

BRIEFKASTEN

Kneissl fährt sein letztes Rennen

beigestellt

Fritz Schrempf: „Leider ist letzter Sanierungsversuch gescheitert"

Ski-Industrie und Sportartikelhandel (WB 2002/09/04)

Kneissl war die österreichische Skimarke schlechthin, als junger Bub war man schon sehr stolz, vom „Populär" bis zum Karl Schranz-Modell „White Star" diese Marke unter den Füssen zu haben.

Grössere Schwierigkeiten haben sich 1980 durch eine zu radikal durchgeführte Produktionsumstellung ergeben, welche schliesslich zum Konkurs geführt haben. Trotz Olympiagold durch Leonhard Stock in Lake Placid und einem darauf erfolgten Gespräch zwischen KR Franz Kneissl und dem da-

Kästle). F&E können ohne Produktion nicht betrieben werden. Die in einer Zeitung angekündigte Version, dass man wieder in den Rennsport einsteigen will und die Rennski selbst produziere, entbehrt ebenfalls jeglicher Realität. Die Führung eines „Kompetenz-Zentrums" ist ebenfalls durch eine fehlende Produktion nicht möglich, die Entwicklungskosten etc. wären zu hoch.

Generelle Probleme für die Ski-Industrie sind:

Produktionskapazitäten zu hoch (die „Break Even"-Menge liegt bei rund 400.000 Einheiten Ski und Snowboards, je maligen Kredit-Chef der CA, Kanzler a.D. Dr. Vranitzky, in Wien erfolgte der „Todesstoss“. Zwei grosse „Brocken“ mit finanziellen Schwierigkeiten (Fischer und Kneissl) waren auch der CA zu viel.

Die Bestätigung dafür erfolgte durch Dr. Vranitzky selbst während eines Abendessens für Salzburger Wirtschaftstreibende im Haubenlokal der Brüder Obauer in Werfen. Der Bericht von Universitätsprofessor Dr. Gerhard Seicht, WU, durfte erst zehn Jahre nach dem Konkurs veröffentlicht werden – immerhin lag die Eigenkapitalquote von Kneissl damals noch bei annähernd 30 Prozent. Die nachfolgende Konstruktion von Tristar (Kneissl, Olin, Trak) hat auch nicht zum gewünschten Erfolg geführt, die Unternehmensphilosophien waren zu unterschiedlich. Leider ist nun auch der letzte Versuch der „Sanierung“ durch Dr. Grossnigg und „Bau-Tycoon“ Haselsteiner gescheitert.

Die Produktion auszulagern und nur F&E, Vertrieb und Marketing zu behalten, kann keine Lösung sein (siehe nach Produkt-Mix).

Modell-Vielfalt (Produktion von Grossserien nur bedingt möglich).

Zu kurzfristiger Modellwechsel (manchmal hält die technische Entwicklung mit den Farben nicht Schritt).

Druck des Handels auf die Preissituation und andere Konditionen (Rabatte, Werbekostenbeiträge, Garantiebonus, Skitests mit Material und Personal usw.).

Anstieg des Anteils an „Rental-Ski“ (Vorteile der Lagerung, Schneerisiko, Skiträger, immer die neuesten Modelle zur Verfügung, nach Möglichkeit jeden Urlaubstag ein anderes etc.).

Fritz Schrempf
8972 Ramsau
am Dachstein

Anregungen, Kritik, Meinungen zu veröffentlichten Themen im gesamten WirtschaftsBlatt schicken Sie bitte an die WirtschaftsBlatt Verlag AG, Leserbriefe, A-1100 Wien, Davidgasse 79. Das WirtschaftsBlatt behält sich vor, Leserbriefe zu kürzen.

Prolog

Mit Urteil des Straflandesgerichts Innsbruck wurden Franz Kneissl und Diplom-Volkswirt Helmut Achhorner von der gegen sie erhobenen Anklage der fahrlässigen Krida freigesprochen. Franz Kneissl hatte 1980 seine weltbekannte, von ihm hochgebrachte Unternehmung durch einen – in sichtbaren und objektiven Umständen – nicht begründbaren Konkurs verloren. Kneissl ist an seinen Erfolgen, nicht an seinen Misserfolgen gescheitert. Als er finanzielle Überbrückungshilfe – keineswegs verlorene Subventionen – benötigt hätte, um eine von der Hausbank verursachte Liquiditätsenge zu überwinden, wurde sie ihm von allen – hinauf bis zum sonst stets so gebefreudigen damaligen Bundeskanzler – verwehrt.

Anmerkung des Autors: Die Parallelen zum Konkurs von Atomic sind frappant. Wie bei Kneissl ging es um Liquiditätsschwierigkeiten: 1988 hatte man die deutsche Bindungsfirma Ess gekauft, 1989 die steirische Ski- und Bergschuhfirma Koflach (damals vor dem als sicher geltenden Konkurs gerettet) und knapp vorher den Vertrieb von Asics Sportschuhen übernommen. Man war nach Einführung der „Cap"-Ski wieder steil auf dem Weg nach oben. „Parade-Sanierer" Dr. Erhart Grossnig hat mir in einem Vieraugengespräch 2001 erklärt, dass es für ihn und den Bawag-Direktor Elsner keine andere Lösung gegeben hätte, als Atomic und Rohrmoser „in den Konkurs zu schicken". Dazu muss man wissen, dass die Bawag laut Medienberichten Dr. Grossnig als Geschäftsführer einsetzen wollte und dies von Rohrmoser nicht akzeptiert wurde und schließlich zur bekannten „Nacht- und Nebelaktion" führte. Rohrmoser verfiel dem Irrtum, dass es sich die „rote" Bawag im Wahljahr 1994 nicht leisten könne, Atomic fallen zu lassen. Ein Irrtum, aber laut Aussagen von Rohrmoser auch mit Versprechungen von Altbundeskanzler Dr. Franz Vranitzky bei einer Wanderung im Salzburger Lungau verbunden. Bei Kneissl war es offensichtlich ähnlich. Dr. Vranitzky bestätigte bei einem Abendessen für Salzburger Wirtschaftstreibende in einem Restaurant in Werfen, dass er Kneissl die Kredite gekündigt hatte. Es war dies 1980 nach dem Olympiasieg von Leonhard Stock auf Kneissl-Ski, als Franz Kneissl nach Wien fuhr und erklärte, dass es nun wieder bergauf gehe, vor allem in den USA durch die Olympia-Goldmedaille von Stock in Lake Placid. Dr. Vranitzky darauf: „Das ändert aber nicht ihre Bilanz, Herr Kommerzialrat". Wenige Wochen später war Kneissl in Konkurs. Dazu muss ebenfalls erklärt werden, dass die damalige CA zwei „schwere Brocken“ aus der Skiindustrie hatte: Kneissl und Fischer. Ersatzarbeitsplätze gab es in Kufstein mehr als in Ried im Innkreis.

Der Prozess

Die Staatsanwaltschaft Innsbruck erhob – offenbar veranlasst durch eine Anzeige – im November 1983 Strafantrag gegen Kneissl und Achhorner wegen fahrlässiger Krida. Die Begründung lautete: Kneissl und Achhorner haben in der Zeit von Anfang 1975 bis Oktober 1980 fahrlässig die Zahlungsunfähigkeit herbeigeführt, insbesondere durch Führung des Unternehmens mit mangelndem Eigenkapital (das Eigenkapital lag bei annähernd 30 Prozent – eine Zahl, die sich viele Unternehmen heute wünschen würden), unverhältnismäßige Kreditbenutzung, verfehlte Betriebspolitik durch Gründung unrentabler und mit Verlust arbeitender Tochterfirmen, zu hohen Personalkosten und übermäßigem Privataufwand.

Zum Kapitel „Tochterfirmen“: Der Autor kann nur bestätigen, dass Tochterfirmen für die in die Kategorie „KMU's“ gehörenden Skifirmen ein Luxus sind. Ich kenne die Bilanzen vieler Tochterfirmen österreichischer Skiunternehmen – ein einziges Desaster. Fischer war die erste Skifabrik, die das erkannte. Trotz spöttischer Bemerkungen der Mitbewerber hat Fischer die unrentablen Unternehmen im Ausland rechtzeitig geschlossen.

Kneissl und Achhorner wurden in allen inkriminierten Punkten freigesprochen. Die Kosten des Strafprozesses hatte die Republik Österreich zu bezahlen. Nachfolgend seien aus der Urteilsbegründung jene Passagen zitiert, die aus betriebswirtschaftlicher und rechtlicher Sicht besonderes Interesse verdienen. An Stelle des darin oftmals genannten Namens der Hausbank wird jedoch der Ausdruck „Hausbank“ verwendet: „Die wichtigsten und größten Entscheidungen traf der Erstbeschuldigte selbst, wobei aber sein Generalbevollmächtigter, der Zweitbeschuldigte, an der Entscheidungsbildung teilweise wesentlich mitgearbeitet hatte. Bis zum Wirtschaftsjahr 1972/1973 befand sich die Firma Kneissl in einer äußerst günstigen finanziellen Situation. Das Unternehmen erzielte damals jährlich etwa 45 bis 50 Millionen Schilling Gewinn. Es war zu jener Zeit mit ca. 33 Prozent an Eigenkapital ausgestattet. In dieser Situation erwog der Erstbeschuldigte, der ein sehr dynamischer und guter Geschäftsmann ist, die Umstellung der Produktion von Holzskiern auf die Anfertigung von Kunststoff-Skiern. Damit war natürlich zwingend auch eine Umstellung auf neue Technologien verbunden (wiederum eine Parallele zu Atomic: Umstellung von Sandwich-Skiern auf die „Cap"-Technologie). Dem Erstbeschuldigten war klar, dass eine solche Innovation einen größeren Kapitalbedarf erfordern werde, und er wandte sich daher an seine Hausbank, um abzuklären, ob diese den Weg in die Zukunft mit ihm zu gehen bereit sei. Die daraufhin von der Hausbank angestellten Erhebungen und Überprüfungen ergaben, dass die Firma Kneissl gut geführt und die Geschäftsführung in der Lage war, Gewinne zu erzielen. Ein zur Entscheidungsbildung herangezogener unabhängiger Sachverständiger, und zwar ein Fachmann sowohl in wirtschaftlicher als auch in technischer Hinsicht, gelangt zu dem Ergebnis, dass das neue Verfahren dem entspreche, was sich die Geschäftsführung vorgestellt hatte, nämlich durch eine rationellere Fertigung eine kostensparende Erzeugung am Markt gut absetzbarer Ski zu ermöglichen. Die Hausbank erklärte sich daher zur Finanzierung der beabsichtigten Innovationen bereit. Es wurde der Firma Kneissl ein bestimmter Kreditrahmen als Sockelrahmen während des ganzen Jahres gleichbleibend eingeräumt, darüber hinaus wurde von Geschäftsjahr zu Geschäftsjahr entschieden, welches Budget für das kommende Jahr in den Zeiten des erhöhten Kapitalbedarfes zur Verfügung gestellt werden musste. Dabei wurde auch jährlich neu überprüft und entschieden, welche Besicherungen zur Verfügung stehen müssen.

Und nochmals Parallelen zu Atomic: Die Umstellung auf „Cap"-Skis bedeutete eine wesentliche Einsparung, allerdings verbunden mit hohen Investitionen und Anlaufkosten.
Im Zusammenhang mit der Innovation musste der Kreditrahmen erhöht werden. Die Beschuldigten bedachten hierbei nicht, dass die Innovationen und die damit verbundene Produktionsausweitung sowie die im Zusammenhang damit erforderlich gewordene erhöhte Inanspruchnahme von Krediten für das Unternehmen nicht tragbar seien. Sie hatten auch keinen Grund zu einer solchen Annahme, weil die Ausgangssituation zum Zeitpunkt der zugrunde liegenden Entscheidung so günstig war und damit zu rechnen war, dass nach der schwierigen Anlaufphase eine wesentlich erhöhte, aber in der Produktion verbilligte Anzahl von Paar Skiern für den Absatz im In- und insbesondere auch im Ausland zur Verfügung stehe. Tatsächlich wiesen auch bereits die Wirtschaftsjahre 1976/1977 und 1977/1978 Gewinne von rund 340.000,-- und 5,7 Millionen Schilling auf. In diesen Jahren der wirtschaftlichen Erholung traten allerdings unerwartete und nicht voraussehbare Ursachen für neuerliche wirtschaftliche Rückschläge auf. Nachdem etwa im Jahre 1976 die Innovation abgeschlossen war, gab es aufeinanderfolgend drei besonders schneearme Winter. Diese hatten einen bedeutenden Marktrückgang zur Folge. Außerdem wurde Kneissl besonders betroffen von dem in diesen Zeitraum fallenden Dollarkurs.

Weitere Ähnlichkeiten zu Atomic: Schneearme Winter gab es auch in den 80er und 90er Jahren. Ich habe zwei prall gefüllte Ordner über die „Skikrisen-Jahre 1980 und 1990". Der Dollar war für Atomic durch die Kurshöhe ein besonderer Glücksfall und hat zum Bilanz-Gewinn von ca. 75 Millionen Schilling mit rund 28 Millionen Schilling beigetragen. In weiterer Folge jedoch sank der Dollarkurs überdimensional auf unter 14,- – später sogar auf unter 10,- Schilling. „Berater" in Sachen Dollar war neben der Bawag auch der Rohrmoser-Intimus und Koflach-Geschäftsführer Walter Wittmann. Ich erspare mir weitere Kommentare.

Die Tochtergesellschaften in den USA und Kanada erzielten am Anfang die zu erwartenden Verluste. (Es ist eine Tatsache, dass Tochterfirmen im Normalfall erst nach fünf Jahren den „Break-even-Punkt“ erreichen). Im Hinblick darauf, dass die örtliche Lage von Kneissl ungünstig war, war der Personalaufwand nicht höher als branchenüblich. Zusätzlich wurde das Unternehmen von der in jenem Zeitraum unerwartet auftretenden Steigerung der Ölpreise ganz wesentlich getroffen. Eine andere Problematik der Firma Kneissl bzw. der ganzen Branche scheint eher im Marktbereich (Absatz und Preisgestaltung) zu liegen. Auch dazu erkläre ich im Kapitel „Sportfachhandel“ Einzelheiten.

Dr. Seicht hat in seinem Bericht über die Skifabrik Kneissl im Dezember 1979 im Kapitel „Schlussfolgerungen und Empfehlungen“ ausgeführt:

Das Unternehmen hat eine große Umstellungsphase hinter sich. Die technische Innovation ist nach Bewältigung von Umstellungsproblemen voll geglückt. Verfahrenstechnologie, maschinelle Ausstattung, Organisation und Fertigung, Qualität der Produkte, Produktivität und Arbeitsmoral sind hervorragend. Eine sinnvolle Diversifizierung wurde durchgeführt. Es besteht gute und berechtigte Hoffnung, dass die technischen, verkaufpolitischen und organisatorischen Innovationen zu einer erheblichen Verbesserung der Rentabilität führen werden.
Das größte Problem der Unternehmung ist zur Zeit (1980), das Vertrauen der Hausbank nicht zu verlieren, mit der man seit Jahrzehnten zum Vorteil beider Partner zusammen gearbeitet hat. Nachdem die Hausbank die schweren Jahre der Umstellungen mit ihren großen bilanztechnischen Verlusten hingenommen hat, und nachdem die Innovationen ganz offensichtlich erfolgreich waren und Weichen für eine erfolgreich Zukunft gestellt haben, wäre es auch unverständlich, wenn der wichtigste Fremdkapitalgeber nun plötzlich überstürzte und rigorose Konsequenzen ziehen würde.

Der Vergleich zu Atomic/Bawag: Rohrmoser trug dem Finanzchef immer wieder auf, bei Gleichheit der Konditionen der Bawag den Vorzug zu geben.

Bei Kneissl (auch bei Atomic 1994) waren die neuen Technologien richtungweisend, die Produkte Spitzenklasse, die Entwicklungsarbeiten und Investitionen gerade gelaufen, die Marketingpolitik (Sortimentspolitik, Vertriebswege etc.), waren auf die Erfordernisse umgestellt, das Management erwies sich als fachlich kompetent, innovations- und entscheidungsfreudig und persönlich integer.
Trotzdem stellten beide Hausbanken (Kneissl- und Atomic-Bank) die Finanzierung ein. Die Hausbank von Kneissl wollte den angebotenen Ausgleich nicht finanzieren und aus dem Ausgleich wurde der Konkurs, aus dem die Hausbanken ob ihrer guten Besicherungen mit nur geringfügigen Verlusten herauskamen. Man weiß, wie bei Konkursen die Werte „in den Keller sausen“, und das Vermögen zu Niedrigstpreisen an den Mann gebracht zu werden pflegt.

Begonnen hat der Untergang von Kneissl 1979 mit einer Kampagne in gewissen Medien. Spitzenreiter war das deutsche „Manager-Magazin” (Nr. 11/1979) mit einem Skandal-Report unter dem Titel „Missmanagement“, in dem man unter anderem die – längst überwundenen – Schwierigkeiten aus der Mitte der 70er Jahre als aktuelle ungelöste darstellte. In „Die Welt“ vom 8. August 1985 schreibt man einen Kommentar unter dem Titel „Konkurs-Poker“: „Einer der kostbarsten ‚Produktionsfaktoren’ eines Unternehmens ist sein guter Ruf. Es muss Vertrauen und Verlässlichkeit gegenüber Kunden, Lieferanten und Mitarbeitern ausstrahlen. Wer es jedoch mit der Drohung eines Konkurses ständig durch Schlagzeilen zerrt, hilft eben diesen Konkurs herbeizuführen, den er zu vermeiden vorgibt (wie wahr in beiden Fällen!).

Dem Verfasser, Dr. Gerhard Seicht, ist noch gut erinnerlich – wenn auch in schlechter Erinnerung –, dass sein im Bericht über Kneissl ausgesprochenes, sehr positives Urteil von der Hausbank sehr unfreundlich (!) aufgenommen worden war. Jedenfalls ein eigenartiges Verhalten eines Gläubigers, der um sein Geld zittert. Die Besicherungsmöglichkeiten für die Firma Kneissl wurden aufgrund verschärfter Anforderungen der Hausbank immer enger, zumal man vor der Wintersaison stand, und die großen Absätze ja erst bevorstanden. (wieder mit Atomic vergleichbar!).

Auf der Suche nach einem Mitgesellschafter oder Käufer hatte KR Franz Kneissl einen Betrag von 150 Millionen Schilling angedacht. Rohrmoser hätte angeblich noch 700 Millionen Schilling bekommen, wobei er mir gegenüber in einem persönlichen Gespräch im September 2004 sagte, es hätte sich um ATS 1,5 Milliarden gehandelt (zuzüglich Tilgung aller Verbindlichkeiten). Eine Aussage, die ich nicht beurteilen kann. Nach dem Konkurs von Kneissl gab es ständig wechselnde „Eigentümer“ und „Firmenchefs“, unter anderem auch „Paradesanierer“ Dr. E. Grossnig (u. a. auch Sanierer der Skischuh-Firma Dachstein, von Stiefelkönig, Augarten, Forstinger) etabliert, bevor er an ein Tiroler Konsortium verkaufte. 2002 wurde bekannt, dass sich Kneissl von der Skiproduktion weitgehend zurückzieht, und die Produktion zum Großteil bei Fischer erfolgen soll. Zu diesem gesamten Fragenkomplex siehe auch „Briefkasten“ im Wirtschaftsblatt vom 26. September 2002. Ende August 2003 findet sich ein Tiroler Investitions-Konsortium. In der Kronenzeitung vom 30. Oktober 2004 wird von der Geschäftleitung die Aussage getroffen „dass man zum Überleben auf rund 35.000 bis 100.000 Paar kommen müsse“. 2003 wird der Skischuh-Bereich (Dachstein, Raichle) verkauft. 2008 kommt es zu einer Mehrheitsbeteiligung der „JJW Hotels & Resort-Gruppe“.

Ob und in welcher Höhe sich der Scheich Mohammed Bin Issa Al Jaber an Kneissl beteiligt oder überhaupt die Firma gekauft hat, entzieht sich meiner Kenntnis. Auf jeden Fall gibt es in der Kronenzeitung vom 8. Oktober ein Bild des Scheichs zusammen mit Hansi

Hinterseer. Der neue Kneissl-Katalog 2010/2011 ist modern gestaltet, und, was ich für sehr vernünftig finde, umfasst die Kollektion nur eine begrenzte Anzahl von Modellen.

Kneissl war vielen wohl zu lang zu selbstbewusst aufgetreten. Dann sah man ihn endlich straucheln. Wie war es zu diesem finanziellen „Aus“ für diesen weltbekannten, erfolgreichen österreichischen Unternehmer gekommen, dem auch das Strafgericht im Urteil bestätigte, „ein sehr dynamischer und guter Geschäftsmann“ zu sein.

Dieser Frage nachzugehen, drängt sich aus wirtschaftsgeschichtlichem und betriebswirtschaftlichem Interesse geradezu auf.

Leonhard Stock auf der Fahrt zu seiner olympischen Abfahrtsgoldmedaille 1980 in Lake Placid.

Leonhard Stock holt 1980 in Lake Placid Olympia-Gold

Dies zu tun, ist auch ein Gebot der Fairness Franz Kneissl gegenüber, den eine die wahren Zusammenhänge und Abläufe nicht kennende Öffentlichkeit wohl allzu leicht und zu Unrecht als (einen an eigener Schuld) gescheiterten Unternehmer und nicht als Pionier des Skibaues und als Unternehmerpersönlichkeit in Erinnerung behalten würde.

Anmerkung: die aus dem Katalog entnommenen Fotos stammen von der „Kneissl Tirol GmbH".

Nordica

Der große Skischuh-Hersteller Nordica gehört so wie Blizzard-Ski zur Tecnica-Gruppe. Ursprünglich nur auf die Produktion von Skischuhen spezialisiert, werden seit der Übernahme durch die Tecnica-Gruppe auch Ski erzeugt. Man ist mit Nordica-Skiern in diversen Skipools vertreten und mischt dadurch auch im Weltcup mit.

Rossignol

Rossignol wurde 1907 von Abel Rossignol, einem Textil- und Skihersteller gegründet. Rossignol war gelernter Wagnermeister und nutzte seine handwerklichen Fähigkeiten zur Herstellung von Holzskiern. 1911 machte der Firmengründer eine Reise nach Skandinavien, wo man damals führend in der Skiproduktion war. Nach der Rückkehr erweiterte er seine Fabrik von einer Wagnerei auf eine Skifabrik. 1936 war dann ein bedeutendes Jahr für Rossignol. Man engagierte sich zum ersten Mal im Rennsport und gewann den Rennläufer Emile Allais zur Zusammenarbeit. Dieser wurde gleich darauf Weltmeister. Im Zeitraum 1954 bis 1956 war man in finanziellen Schwierigkeiten, verbunden mit technischen Problemen bei der Produktion von ersten Metallski. 1956 übernahm Laurent Boix-Vives die Firma um damals 25 Millionen Francs. Zu diesem Zeitpunkt wurden 8.000 Paar Ski im Jahr produziert. Die Produktion stieg bis 1990 kontinuierlich auf rund 1,5 Millionen Paar (zusammen mit der Marke Dynastar).

Ich hatte die Gelegenheit, Herrn Boix-Vives mehrmals zu treffen. Er war der echte „Sir" unter den Skifabrikanten, wie auch der Großteil seiner Geschäftspartner immer wieder betonte. Wir hatten zwischen Atomic und Rossignol bei aller Konkurrenz immer eine faire und gute Zusammenarbeit. Im Rennsport spielte Rossignol eigentlich immer eine dominante Rolle. Aber auch auf anderen Gebieten entwickelte sich Rossignol weiter, von einer schneesportspezifischen Marke zu einer Lifestyle-Marke für die Berge. Die neue Phase von Rossignol schließt Produktdesign und Entwicklung für alle ganzjährigen Bergsportarten und den damit zusammenhängenden Lifestyle ein. Ein „neues" Rossignol, stark im Streben nach einer Pure Mountain Company. Das ist eine starke und universale Nachricht, die einen klaren Ehrgeiz ausdrückt: Die Marke für jeden zu werden, der die Leidenschaft für den Sport in den Bergen teilt. Der Zusammen-

schluss von Rossignol mit Quiksilver Inc. erfolgte 2005. Vorgesehen war zudem ein öffentliches Übernahmeangebot für sämtliche Rossignol-Aktien. Der bisherige Hauptgesellschafter von Rossignol, Laurent Boix-Vives, wird Aufsichtsratsmitglied bei Quiksilver und Präsident von Roger Cleveland Golf Company, Inc., einer auf Golf spezialisierten Tochterfirma von Rossignol.

Durch den Zusammenschluss beider Unternehmen mit ihren weltbekannten Marken und komplementären Aktivitäten entsteht ein großer Anbieter im Bereich Outdoor. Quiksilver deckt überwiegend die Outdoor-Aktivitäten am Meer ab, wohingegen Rossignol in erster Linie für die Berge steht.

Die Rossignol-Gruppe produziert heute mit rund 1.250 Mitarbeitern 850.000 Paar Ski, 850.000 Garnituren Skibindungen und 650.000 Paar Skischuhe (unter den Marken Rossignol und Lange). Der Umsatz beläuft sich auf 200 Millionen Euro, davon entfallen 60 Prozent auf Europa und 25 Prozent auf Nordamerika. Das Geschäftergebnis liegt im positiven Bereich.

Laurent Boix-Vives
1, boulevard Joffre
38000 Grenoble

Cannes le 6 juillet 85.

Cher Monsieur Schrempf.

Votre lettre du 28 juin m'informant que vous quittez la Société Atomic m'est bien parvenue et c'est de Cannes où je viens d'arriver pour quelques jours de vacances que je vous adresse la présente.

J'ai beaucoup apprécié les contacts que nous avons eus au cours des nombreuses années où nos deux Sociétés Atomic et Rossignol ont su écrire de belles pages de l'histoire du ski mondial.

Je sais le rôle éminent que vous avez joué et je me félicite des relations professionnelles et cordiales que nous avons eues.

Je vous souhaite le plus grand succès dans vos nouvelles activités et vous assure que j'aurai toujours plaisir à vous revoir.

Avec mon très fidèle et amical souvenir.

Bien cordialement à vous.

L-B-V

Laurent Boix-Vives

Nachstehend die Übersetzung eines Schreibens des damaligen Firmenchefs der Rossignol-Gruppe (Rossignol, Dynastar, Look, Lange), Laurent Boix-Vives. Auf diesen Brief bin ich wirklich sehr stolz, da jede Zeile über die gegenseitige Wertschätzung stimmt.

Laurent Boix-Vives
1, boulevard Jaffre
F-38000 Grenoble

Cannes, am 6. Juli 1995

Lieber Herr Schrempf,

ich habe Ihren Brief vom 28. Juni, mit welchem Sie mich informieren, dass Sie die Firma Atomic verlassen, dankend erhalten. Ich schreibe Ihnen diesen Brief aus Cannes, wo ich einige Urlaubstage verbringe.

Ich habe unsere Kontakte, welche unsere beiden Firmen im Laufe vieler Jahre hatten sehr geschätzt. Atomic und Rossignol haben schöne Kapitel in der weltweiten Skigeschichte geschrieben.

Ich weiß über die eminent wichtige Rolle, welche Sie bei Atomic gespielt haben und freue mich über die professionellen und herzlichen Treffen, welche wir hatten.

Für Ihre neuen Aktivitäten wünsche ich Ihnen den allergrößten Erfolg und versichere Ihnen, dass es immer ein Vergnügen sein wird, Sie wieder zu treffen.

Mit ehrlichen und freundlichen Grüßen verbleibe ich herzlich

Laurent Boix-Vives

Salomon

Salomon war ursprünglich im Wintersportbereich Produzent von Skibindungen und entschloss sich 1980, in den Skischuhbereich einzusteigen. An anderer Stelle wird von seinem Erfolg mit den sogenannten „Heckeinsteiger-Skischuhen“ berichtet. Durch den Erfolg auf den Geschmack gekommen, wollte Salomon erster Komplettanbieter im Skisportsektor werden und entschloss sich mit einem langfristigen Vorbereitungsprogramm zur Entwicklung und Produktion von Ski. Anfangs wieder belächelt, wurde Salomon auch in diesem Bereich bald einer der großen Anbieter. Ich verweise in diesem Zusammenhang auf das Kapitel „Monocoque“. Ab 1977 gehörte Salomon zum Sportartikelkonzern Adidas. Dieser Zusammenschluss war eine der größten Firmenfusionen in der Sportartikelwelt. Im ersten Jahrzehnt der 2000er Jahre wurde Salomon vom finnischen Amer-Konzern gekauft und ist somit unter dem gleichen Firmendach wie Atomic. Produziert werden neben Alpinskis, Skischuhen und Bindungen im Alpinbereich auch Skis, Bindungen, Langlaufschuhe und Langlaufstöcke. Genaue Produktions- und Umsatzziffern liegen mir nicht vor, da in der Amer-Bilanz nur Wintersport- und Sommersportartikel aufscheinen, nicht jedoch getrennt nach den dazugehörenden Marken.

STÖCKLI

Die Firma Stöckli ist heute praktisch der einzige Skierzeuger von Bedeutung in der Schweiz. Gegründet wurde das Unternehmen 1935 von Josef Stöckli, der – so wie alle früheren Wagnermeister – in der elterlichen Zimmerei mit der Herstellung von massiven Eschenski beginnt. Produktion und Verkauf sind ebenso Neben- wie Freizeitbeschäftigung. 1951 erfolgte der Bau einer kleinen Werkstatt am heutigen Firmensitz in Wolhusen. So wie zur damaligen Zeit einige Skipioniere erzeugt man bei Stöckli ab 1957 Metall-Ski. Compound- und Kunststoffski folgen 1965. 1986 erfolgt die Inbetriebnahme der neuen Produktion in Malters, eine zweite Filiale wird in Heimberg eröffnet. Weitere Filialen folgten in den darauffolgenden Jahren. In den Rennsport steigt man durch die Mitgliedschaft beim „Liechtensteinischen Skipool" ein.
Mit dem 2010 abgetretenen Rennfahrer Marco Büchel fährt erstmals ein international sehr erfolgreicher Läufer auf Stöckli. In den „Swiss Ski Pool" wird man dann 1994 aufgenommen. Den ersten Weltcupsieg feiert man mit Urs Kälin 1996. Kälin eroberte bei den Skiweltmeisterschaften im gleichen Jahr die Silbermedaille in Sierra Nevada. 1999 wird Marco Büchel Riesenslalom-Vizeweltmeister in Vail/Colorado. Im selben Jahr wird die Produktion in Malters erweitert, ein weiterer Zubau erfolgt 2002. Die Entwicklung ging rasch voran, bereits 2004 wurde der Neu- und Anbau des Zentrallagers in Wolhusen durchgeführt. Auch im Rennsport wird weiter investiert: Andrej Jerman gewinnt 2007 in Garmsich-Partenkirchen das erste Weltcup-Abfahrtsrennen auf Stöckli.
Stöckli erneuert den Markenauftritt und passt seine Firmenbezeichnung auf „Stöckli Swiss Sports AG" an. Ein neues Firmenlogo wird lanciert. 2008 und 2009 feiert man zahlreiche Erfolge im Alpinen Weltcup durch Andrej Jerman und Fabienne Suter. Der bekannte Schweizer Abfahrer Bruno Kernen wird Stöckli-Botschafter. Zusammen mit Dani Mahrer hat Stöckli nun zwei ehemalige Weltcup-Topathleten, die nach der Karriere für Stöckli unterwegs sind. Im

heurigen Jahr 2010 feiert Stöckli das 75-Jahr-Jubiläum. An den Olympischen Spielen in Vancouver gewinnt Stöckli fünf Medaillen. Erfolge im Weltcup runden das positive Rennimage ab.

Der Absatz von Stöckli-Ski liegt bei 45.000 bis 50.000 Paar, der Umsatz beträgt heute 55 Millionen Euro, davon 1/3 mit Ski. Der Marktanteil in der Schweiz wird mit 11 Prozent beziffert. Insgesamt verfügt man über acht Filialen. Die Zahl der Mitarbeiter beträgt 230, wovon rund 40 Personen in der Produktion arbeiten. Geschäftsführer ist mit Beni Stöckli ein direkter Nachfolger des Firmengründers.

Volant

Die Nobelmarke Volant wird von der Atomic-Austria GmbH vertrieben. Ein Produkt, das in Technik, ausgefeilter Technologie und Bauart, aber auch im Design nicht zu überbieten ist. Für „Feinschmecker“!

Völkl – Marker

Geschichte

1923: Völkl ist für Straubing das, was der Schnee für den Winter ist. Die Familie hat ihre Heimat seit 1875 in dieser niederbayrischen Stadt. Georg Völkl begann als Wagnermeister Pferdeschlitten zu bauen. Sein Sohn Franz diversifizierte die Produktpalette auf Boote und Rodeln. Mit der Skierzeugung hat man offiziell 1923 begonnen. Die Marke hieß damals „Vöstra". 1952 übernahm Sohn Franz Völkl Jr. die Geschäfte von seinem Vater. Der in dritter Generation stehende Franz Völkl modernisierte das Geschäft auf aufsehenerregende Weise. 40 Jahre später verkaufte er die Firma Völkl an die Schweizer Gruppe Furrer & Partner Holding AG. Dazwischen – 1967 – revolutionierte der als solid und konservativ bekannte Unternehmer die Skiwelt mit einem neuen Design: Dem legendären „Zebra"-Muster. Dieser Ski wurde weltweit zu einem Verkaufsschla ger. 1970 unternimmt Völkl die ersten Schritte bei internationalen alpinen Skirennen und setzte gleichzeitig neue Maßstäbe in der Innovation neuer Produkte. Eine imposante Rennerfolgsserie beginnt mit Siegen im Weltcup, bei Weltmeisterschaften und Medaillen bei Olympischen Spielen. Zur damaligen Zeit hatte Völkl Läuferinnen wie Hanni Wenzel, Maria Walliser, Anita Wachter, Katja Seitzinger, Martina Ertl, Christa Kinshofer, Hilde Gerg und Alexandra Meissnitzer unter Vertrag. Heute vertrauen Tanja Poutiainen und Nicole Hosp der Marke Völkl.

Technologie

Aus dem „Zebra" wurde in den 70er Jahren der „Renntiger". Es handelt sich dabei um einen Vollmetall-Ski. Später verwendet man Carbonfasern. Das Modell „Renntiger" wird 2005 zu neuem Leben erweckt. Diesem Erfolgsmodell folgte 1985 die sogenannte „P-Serie. Das „P“ steht aus technologischer Hinsicht für Professional Skinetik Powerline. Der Ski soll sich den biomechanischen Eigenschaften der Skiläufer anpassen. Etwa 20 Jahre später wurde daraus der „P 9“. Völkl bezeichnet sich als einen der ersten Skierzeuger, welcher sich dem Carving Trend widmete. Völkl soll in Europa die Markenrechte für „Carver“ halten.

Der Carver ist die wichtigste Skientwicklung der letzten Jahrzehnte. Die Erzeugung von Snowboards wird 1993 aufgenommen. Man produziert für die bekannten Snowboard-Marken Santa Cruz, Sims, Nitro und RadAir. 1997 kommt man mit einer eigenen Snowboard-Linie auf den Markt. Im gleichen Jahr beginnt man in Straubing-Sand mit dem Bau einer ultramodernen neuen Fabrik. Man ist der Meinung, damit eine der modernsten und auf höchstem technologischen Stand stehende Fabrik zu haben. Neben Skiern und Snowboards erweitert Völkl 2000 das Sortiment um Wintersport-Bekleidung.

Völkl und die Bindungsfirma Marker vereinen ihre Kräfte in ein revolutionäres, voll integriertes Ski-Bindungs-System mit dem Namen „Motion“. Die Bindung wird einfach in zwei Schienen gesteckt, welche einen in den Ski integrierten Bestandteil bilden, ohne dass man eine Schraube benötigt. Die Biegelinie des Skis ist damit harmonisch abgestimmt. Eine der letzten Völkl-Innovationen ist die „Power Switch-Technologie“. Der Skiläufer ist damit in der Lage, mit einem einfachen Handgriff die Biegelinie des Skis der Schneebeschaffenheit oder der jeweiligen Fitness anzupassen.

Markt

Völkl hat seine Marktposition im Geschäftsjahr 2009 weiter gefestigt. Mit positiven Vorzeichen starten Völkl und Marker in ein neues Geschäftsjahr. Beide Wintersport-Weltmarken haben 2009 ihre Positionen unter den Top-Produzenten gefestigt und in Teilmärkten ausgebaut. Völkl behauptete seinen weltweiten Marktanteil von gut 13 Prozent und rangiert damit im internationalen Vergleich der Skihersteller wertmäßig auf Platz vier. Unter den Bindungsproduzenten nimmt Marker weltweit mit einem leicht angestiegenen Marktanteil von 29 Prozent den zweiten Rang ein. Mit Zuversicht blickt daher die Geschäftsführung auf die Saison 2010/2011. Dr. Christoph Bonder, Präsident der Marker-Völkl-Gruppe: „Wir gehen von einer Fortsetzung des positiven Trends aus. Vergangenes Jahr haben wir hierzu einige wichtige Weichen gestellt: Eine aussichtsreiche neue Allianz mit Dalbello, verstärktes Umwelt-Management, noch mehr Premium-Innovationen ‚Made in Germany’ – diese Wege gehen wir konsequent weiter. Wir werden 2010 unsere Investitionen in neue Produkte, Technologien und in das Marketing um über 10 Prozent ausweiten“. Seit dem 1. Jänner 2010 kooperiert die Marker-Völkl-Gruppe auf internationaler Ebene mit Dalbello. Das italienische Unternehmen ist der weltweit größte unabhängige Skischuh-Spezialist. Die Zusammenarbeit umfasst im ersten Schritt die gemeinsame Distribution in einigen Kernmärkten. Weitere Synergie-Effekte beabsichtigen die Unternehmen durch einen engen Austausch bei der Produktentwicklung, sowie im Marketing- und Promotion-Bereich.

Zai

Der ungewöhnliche Name „Zai“ ist im Besitz der schweizerischen Zai AG. Zai schreibt über sich selbst:
Die Idee, beim Skibau Stein zu verwenden, tönt unglaublich. Doch Stein verfügt über ideale Eigenschaften, vor allem über eine enorme Druckbelastbarkeit, und das bei gleichem spezifischem Gewicht wie Aluminium. Seine große Elastizität und Dynamik, verbunden mit hoher Formstabilität, sind fantastisch, und – ganz wichtig – Stein dämpft Schwingungen. Um all diese Stärken überhaupt nutzen zu können, muss man Stein biegbar machen. Geschafft hat das die Firma TechnoCarbon Technologies durch die Ummantelung mit Carbon. Zai hat die Vorteile des neuen Werkstoffs Carbon Fibre Stone (CFS) erkannt und den ersten Ski mit einem Kernstück aus Bündner Granit gebaut. Das Resultat ist ein spritziger, drehfreudiger Ski mit einer unvergleichlichen Griffigkeit und Laufruhe. Sein Name: SPADA, das Schwert.

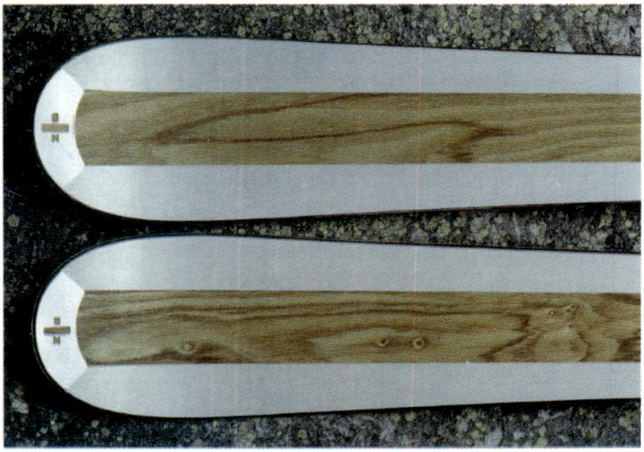

Die Herren der Ringe

Die „Herren der Ringe“ gibt es nicht erst seit dem berühmten Film. Bereits 1980 titelte, zeichnete und berichtete das Extrablatt von den Olympischen Spielen in Salt Lake City umfangreich über die damals „vier Großen“ im österreichischen Skigeschäft: Toni Arnsteiner, Pepi Fischer, Franz Kneissl, Alois Rohrmoser. Die folgenden Bilder zeigen die Fabrikanten mit ihren Aushängeschildern als stolze Repräsentanten der österreichischen Skiindustrie und viele Jahre später in Pension.

Die Gründer- und Patriarchen-Generation (v. l. n. r.):
Toni Arnsteiner (Blizzard),
Toni Lintner (Dachstein),
Pepi Fischer,
Alois Rohrmoser (Atomic)

Nochmals Arnsteiner und Fischer, rechts Franz Kneissl

Die Ski-Patriarchen und ihre Siegerinnen und Sieger.

Fabrikantenstolz
Franz Kneissl und Karl Schranz
Anton Kästle mit Ernst Oberaigner, Christian Pravda
und Martin Strolz
Alois Rohrmoser mit Olga
und Liesl Pall
Josef Fischer mit Franz und
„Mama" Klammer
Anton Arnsteiner und
Monika Kaserer

Der industrielle Skicluster

Die „Österreichische Skilösung“, Studie von Universitätsprofessor DDr. Werner Clement – Wirtschaftsuniversität Wien

Prof. Dr. W. Clement, Wirtschaftsuniv. Wien

Der österreichische „Cluster-Papst“ DDr. Werner Clement, Leiter des Industriewissenschaftlichen Instituts an der Wirtschaftsuniversität Wien, hat in den 80er Jahren über die Gründung eines „Skiclusters“ geschrieben. Im Mittelpunkt standen Ski/Wintersport, rundherum die davon abhängigen Wirtschaftssparten: Holzwirtschaft, Holzbearbeitungsmaschinen, Kunststoff, Kunststoffmaschinen, Skibekleidung, Metalle (Aluminium), Pistenpräpariergeräte, Seilbahn- und Liftanlagen, Kartenautomaten, Skischuhe, Skibindungen, Skistöcke, Après-Skischuhe, Wintertourismus.

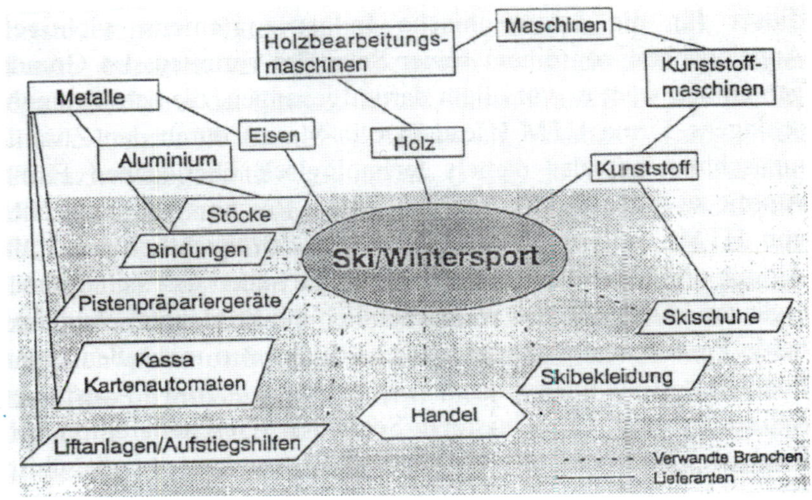

Millionen Euro hätten gespart werden können. Millionen Euro wären den Cluster-Firmen zugute gekommen. Vor allem der österreichische Tourismus hätte enorm profitiert. Nur ein Beispiel: Als in den 60er Jahren die französischen Läuferinnen und Läufer fast alles auf französischen Skimarken (Rossignol, Dynastar, Dynamic) gewannen, wurden in aufstrebenden Skiländern wie Japan, USA und Canada die österreichischen Skilehrer gegen Franzosen mit der französischen Skilehrschule „ausgetauscht". Davon profitierte natürlich auch der Wintertourismus in Frankreichs Skistationen.
Leider kam es aufgrund des Verhaltens der Firmeneigentümer und Patriarchen nie zur Gründung eines österreichischen „Ski-Clusters". Österreichs Skiindustrie wäre österreichisch geblieben und nicht zum Großteil an ausländische Investoren verkauft worden.

Firma	**Land/Besitzer**
Atomic/Dynamic	Finnland (Amer-Konzern)
Blizzard	Italien (Tecnica)
Fischer	Österreich (wieder österreichisch durch den Rückkauf der Gesellschafteranteile von Kanematsu und Goldwin)
Kästle	Italien (Benetton)
Kneissl	Österreich (siehe „Kneissl-Story")
Head	Schweden (ging an den schwedischen „Investor" Johan Eliasch um kolportierte ATS zehn Millionen (frag nach bei Dr. Hannes Androsch, er hat mir seine Meinung darüber einmal anlässlich eines Vortrages in der Ramsau am Dachstein gesagt).

Die „Österreichische Skilösung"

Die sogenannte „österreichische Skilösung" wurde in diesem Buch schon mehrfach erwähnt. Diese Frage wurde in einigen Anläufen zwischen den Firmen öfters andiskutiert. Die Chancen wären gegeben gewesen, die Pläne scheiterten aber an verschiedenen Standpunkten, denn eigentlich wollte jeder selbständig bleiben und nicht dem Beispiel der deutschen, französischen, italienischen, tschechischen und japanischen Autoindustrie oder anderen Sparten folgen.

Nach dem Atomic-Konkurs am 16. September 1994 gab es am 19. Oktober im Wirtschaftsministerium in Wien eine Sitzung der wichtigsten österreichischen Skifirmen, der BAWAG, des Konkursrichters und des Masseverwalters. Nicht zu dieser Sitzung erschienen ist der damalige Wirtschaftsminister und Ex-Bundeskanzler Dr. Wolfgang Schüssel. Er ließ sich in dieser für die österreichische Industrie und Exportwirtschaft äußerst wichtigen Sitzung von einem seiner Sekretäre vertreten. Bei diesem Meeting wäre es in erster Linie darum gegangen, die schwer angeschlagene Firma HTM (Head/Tyrolia/Mares) durch den Zusammenschluss mit der damals technisch überlegenen Firma Atomic zu retten.

Rechts von mir saß Dr. Reichmayer, Finanzchef von HTM, welcher anfangs noch sehr zuversichtlich war, „da Atomic und Head die gleiche Technologie hätten und sich optimal ergänzen könnten" (was wahrscheinlich nur er glaubte, ohne aber die beiden Produktionsstätten zu kennen). Links von mir saßen Franz Schenner, Schwiegersohn von Blizzard-Chef Toni Arnsteiner und Dr. Christoph Schindler, Geschäftsführer von Fischer. Franz Schenner erkannte als Erster, dass es der Politik in erster Linie um einen Zusammenschluss Atomic/Head gegangen wäre und sagte daraufhin logischerweise eine Zusammenarbeit ab, regte dafür aber eine Zusammenarbeit der Salzburger Firmen Atomic und Blizzard an. Auch von mir wurde ein Zusammenschluss Atomic/Head abgelehnt. Statt einer „Österreich-Lösung" oder einer „Salzburg-Lösung“ erhielt Head später laut Zeitungsmeldungen rund ATS 3.600.000.000,- (3,6 Milliarden) von Beppo Mauhart, Geschäftsführer der damals noch in staatlichem Besitz befindlichen Austria Tabak Werke, damit handelte es sich um Steuergelder. Atomic und Blizzard hätten mit maximal der Hälfte dieses Betrages aus den Liquiditätsschwierigkeiten herauskommen und damit vorm Konkurs gerettet werden können. Der Versuch einer „Politischen Mausefalle“!

Es gab aber schon früher und auch noch später Gespräche über eine österreichische Lösung:
Wie mir bekannt ist, gibt es ein Schreiben von November 1993 an die Raiffeisen Zentralbank Österreich (RZB) betreffend Überlegungen zur Neustrukturierung der österreichischen Skiindustrie durch die Zusammenlegung Atomic – Blizzard. Diesem Schreiben vorausgegangen ist ein Brief der RZB mit Inhalt dieser Überlegungen. Details des Zusammenschlusses von Atomic und Blizzard, Gründung eines international konkurrenzfähigen Sportartikelherstellers, aktiv bilanzierenden Unternehmens, Börseneinführung, usw. wurden angeführt. Diese Punkte beruhten auf einem Gespräch zwischen dem damaligen Geschäftsführer von Blizzard, Franz Schenner und Ex-Bundeskanzler Dr. Franz Vranitzky. Seitens Dr. Vranitzky erging an die Finanzierungsgarantie-Gesellschaft (FGG) in Wien der Auftrag, die Möglichkeiten einer Neustrukturierung der österreichischen Skiindustrie zu prüfen. Zu meinem Bedauern wurde es von Atomic-Firmenchef Rohrmoser verabsäumt, mich über diese Gespräche zu informieren. Die Vertrauensbasis mir gegenüber war offensichtlich nicht mehr gegeben. Direktor Elsner, BAWAG, wurde ebenfalls im November 1993 über diese Intentionen schriftlich in Kenntnis gesetzt. Rohrmoser wäre angeblich der Idee einer „Salzburger Lösung“ grundsätzlich positiv gegenüber gestanden, ging aber davon aus, dass früher oder später die Skiproduktion bei Blizzard eingestellt und beide Marken im Werk Altenmarkt produziert würden.

Am 21. Juli 1994, also noch vor dem Konkurs, titelt der Standard auf der Wirtschaftsseite: Atomic-Chef für Österreich-Lösung". Die FGG solle die Haftung übernehmen. Angeblich habe die Hausbank Rohrmoser überzeugt, dass es mit einem Partner künftig besser laufe. Am gleichen Tag dementiert Rohrmoser, welcher längst die PR-Arbeit übernommen hatte (auch die „Krisen-PR) Finanznöte von Atomic. Man suche dennoch einen Partner und einen neuen Manager (siehe dazu Kapitel „Das Schrempf-Nachfolge-Spiel").

Im Kurier vom 22. Juli 1994 ist zu lesen, „dass der Bundeskanzler für eine österreichische Lösung für die früher marktbeherrschende heimische Skiindustrie eintritt, welche derzeit von der FGG geprüft wird". Eine Anmerkung dazu: Es wurde der FGG im Juni ein umfangreiches Sanierungskonzept vom Autor übergeben, ebenso der BAWAG. Anscheinend war es entweder nicht gut genug, oder es wurde in den Sommerferien gar nicht gelesen. Dem Vernehmen nach sollte Atomic auch den Austria Tabak Werken angeboten werden. ATW-Chef Mauhart meinte dazu: „Wir wollen dort weiterwachsen und das geht nur über den Kauf von Marktanteilen". Am 13. September 1994 äußert Mauhart in den Salzburger Nachrichten die Meinung, „dass die Austria Tabak-Tochter HTM für eine österreichische Lösung unverzichtbar sei".
Ein Monat später stand zu lesen, dass das ‚heimische Skikartell' noch heuer abfahren soll, nur fehle laut FGG halt noch das gemeinsame Konzept". Meiner Meinung nach war zu diesem Zeitpunkt längst klar, dass man seitens der Politik Atomic „über die Klinge springen" lassen wollte.
Am 14. September war die „Skilösung aus dem Rennen". Die BAWAG wolle bald einen Finanzpartner für Atomic präsentieren. Der Fall wird immer mehr zum Politikum.
Noch am 15. September 1994, also dem Tag der Konkurseröffnung, zitieren die Salzburger Nachrichten Atomic-„Sanierer" Pierer: „Große Skilösung auch mit Head derzeit am wahrscheinlichsten", die BAWAG stelle die kurzfristige Liquidität sicher.

Am 14. Oktober 1994 stimmt die BAWAG einer österreichischen Skilösung zu. Ausländer müssten ein höheres Angebot sowie Standort- und Arbeitsplatzgarantie abgeben. Das „Konzept“ von Austria Tabak-Chef Mauhart sei nun laut BAWAG-Direktor Elsner „mit Geld unterlegt“. Mauhart hofft in NEWS zur gleichen Zeit auf eine Österreich-Lösung nach der Wahl (in Österreich sind in der Politik scheinbar alle Entscheidungen nach Wahlterminen ausgerichtet!). „Am Ende des Tages“ – um mit der modernen Politikersprache mitzuhalten – sieht man, was dabei heraus gekommen ist.

Kooperationen im Skisportbereich

SKI RACING SUPPLIER ASSOCIATION

SRS-Ski Racing Suppliers Association –
die Rolle und die Mission von SRS

Nachfolgend handelt es sich um die Übersetzung der mir vom SRS-Generalsekretär, Herrn Jean-Pierre Morand, zur Verfügung gestellten Informationen:

SRS wurde eine gebräuchliche Bezeichnung im Zusammenhang mit dem Skirennsport. Im SRS sind mehr als 40 Firmen und Firmengruppen von A (Adidas, Alpina, Atomic) bis Z (Zanier) vertreten, welche aktiv im Rennsport engagiert sind (Atomic-Salomon, Elan, Head, Fischer, Nordica-Blizzard, Marker-Völkl, Rossignol-Dynastar, Stöckli). Weitere Mitglieder sind die Produzenten von Brillen und Skihelmen, Skiwachs, Ausstatter für den Nordischen Rennsport und seit kurzem auch Produzenten von Skibekleidung.

Die SRS-Mitglieder und vor allem die Skiindustrie spielen eine bedeutende und wichtige Rolle im Skirennsport. Es kann gesagt werden, dass sie die wichtigsten Beiträge zum Skirennsport liefern. Die Unterstützung besteht in der Zurverfügung-Stellung des Ausrüstungsmaterials und der damit zusammenhängenden technischen Entwicklung, im Service und in Geldbeträgen, welche an die Rennläufer und Teams geleistet werden. Diese Unterstützung passiert natürlich auf allerhöchstem Niveau. Dazu kommt, dass die SRS-Mitglieder auch die Basis der Pyramide für Skiclubs und lokale und regionale Aktivitäten bilden.

Eine der Funktionen von SRS ist es, als Stimme der Skiindustrie im Zusammenhang mit dem Rennsport aufzutreten. In dieser Hinsicht ist natürlich die FIS (Internationaler Skiverband) der erste Ansprechpartner. SRS führt die Diskussionen mit der FIS in verschiedenen Richtungen und Punkten wie zum Beispiel:

- O Beratung im Hinblick auf die Entwicklung des Skirennsportes
- O Beratung im Zusammenhang mit den Regeln für die Ausrüstungsgegenstände
- O Logistische Punkte: Arbeitsbedingungen für die Vertreter der Industrie (Akkreditierung, Logistik, usw.)

Neben der FIS kooperiert SRS bezüglich der gleichen Punkte mit den nationalen Skiverbänden (z. B. Service- und Trainingsbedingungen) und im Hinblick auf die Logistik mit den Organisatoren/Organisationskomitees, beginnend mit den Organisatoren von Weltcup-Veranstaltungen und intensiv mit den Organisatoren von Weltmeisterschaften und Olympischen Spielen, dies unter der Aufsicht und mit der Unterstützung des IOC's (Internationales Olympisches Komitee).

Hinsichtlich der Organisation des Sportes anerkennt SRS, dass der Rennsport in der derzeitigen Organisation unter der Oberaufsicht der Sportorganisationen (FIS und Nationale Verbänden) steht. SRS unterstreicht jedoch die Wichtigkeit der involvierten Industrie und die Tatsache, dass die Unterstützung von außerordentlicher Wichtigkeit ist, besonders was die Athleten und Teams betrifft. SRS muss auch dafür stehen, dass der Level dieser Unterstützung keine selbstverständliche Grundlage und Voraussetzung für den Sport ist. Der dafür aufgewendete Betrag beläuft sich immerhin auf schätzungsweise rund 100 Millionen Euro.

Das letzte Jahrzehnt war in der Tat sehr herausfordernd für die Industrie. Die globale Entwicklung ihrer traditionell starken Märkte Europa und USA war nicht gerade ermutigend, und Japan, einst das Eldorado für den Skisport, ist nahezu kollabiert. Die Bemühungen auf neuen Märkten (Osteuropa und Asien) sind ermutigend, reichen aber bisher nicht aus, das in den Kernmärkten verlorene Volumen zu kompensieren. Dazu kommt eine strukturell bedingte Entwicklung hin zum Rental-(Verleih-)Skimarkt. Generell nimmt man an, dass ein Paar Verleihski zwei bis drei Paar verkaufte Ski ersetzt.

In diesem Zusammenhang ist es nur logisch, dass das investierte Geld berücksichtigt werden muss und jedes weitere Investment unter verstärkten Vorsichtsmaßnahmen zu treffen ist. Wie jede andere Investition auch, müssen die Rennsportaufwendungen deshalb klar gerechtfertigt werden und eine entsprechende Gegenleistung erbringen. Die FIS und die nationalen Verbände haben die Ernsthaftigkeit der Situation erkannt und eine gemeinsame Berücksichtigung wurde letztes Jahr mit dem SRS diskutiert, wie gemeinsame Vorschläge zu einer Kostenreduzierung führen können und andererseits – noch wichtiger – die Auswirkungen des Skirennsportes potenziell verbessert werden können.

Es gibt darauf keine befriedigenden Antworten, und eine Lösung ist eventuell nur unter Einbeziehung der nationalen Regierungen möglich. Wichtig ist aber die von der Skiindustrie angekündigte Botschaft, dass die Unterstützung auf einem hohen Niveau erhalten wird, und dies speziell im Hinblick auf die kommenden Generationen zu berücksichtigen ist. Das Ziel der Skiindustrie ist es, Ausrüstungsmaterial zu verkaufen, aber die Botschaft der Skiindustrie ist nicht nur aus einem engen kaufmännischen Blickwinkel aus zu sehen, sondern von der viel breiteren Erkenntnis, dass die Attraktivität der Schlüssel für die weitere Entwicklung auf allen Ebenen ist. Eine höhere Aufmerksamkeit zu erreichen ist daher ein gemeinsames Ziel und eine Herausforderung, welche von allen geteilt wird – unter der Leitung der FIS und dem Investment der Industrie in die Zukunft, um ein Meilenstein in der erfolgreichen Umsetzung zu sein.

ABSICHTSERKLAERUNG

Die unterzeichneten Vertreter der nachstehend angeführten Skifirmen erklären ihre Absicht zur Gründung des

"INTERNATIONAL RACING TEAMS" ("IRT")

Zusätzlich sollen folgende Firmen zur Mitgliedschaft eingeladen werden:

K 2, Lange, Head (erst nach interner Klärung im Austria Racing Team), Salomon(Einladung nur zu spezifischen Problemen im nordischen Bereich).

Die Ausarbeitung der Statuten erfolgt bis 24. Oktober 86. Die Statuten werden jedem Mitglied zur Begutachtung und Stellungnahme zugesandt.

Eine Stellungnahme und eventuell erforderliche Umarbeitung erfolgt bis 7. Nov 86 bzw. I4. Nov. 86. Diese Statuten sollen sodann anlässlich des nächsten Meetings am I8. November 86 in Zürich unterzeichnet werden.

FIRMA	NAME	UNTERSCHRIFT
ATCMIC	Ewald Fritz Schrempf	
Blizzard	Dir. Sepp Maier	
Fischer	Dr. Josef Hörmandinger	
Kästle	Ing. Wolfgang Nussbaumer	
Kneissl	Prok. Friedl Moser	
Rossignol	Jan Larsson	
Dynastar	Michel Vion	
Dynamic	Dr. Gerhardt Oberlechner	
Völkl	Herr Haider	
Elan	Blaz Jakopic	
Karhu	Matti Vanhanen	

Zürich, 29. September 86

In Bezug auf die Ausrüstung ist die interessanteste jüngste Diskussion das Kapitel Sicherheit beim Skilauf. Diese muss unter Berücksichtigung verschiedener Parameter (Vorbereitung der Läufer, Schneekonditionen, Kurssetzung und Ausrüstung) geführt werden. Die Skiindustrie hat ein essentielles Interesse an der Sicherheit der Rennläufer, und die besten Köpfe und Experten der Skiindustrie nehmen aktiv Anteil an weiteren möglichen Verbesserungen. Unterstrichen werden muss auch die Rolle der SRS-Miglieder, welche Material für den verbesserten Schutz herstellen (Helme und andere Körperteile schützende Materialien).

Von logistischer Seite her gesehen ist das Engagement der SRS ein Element jeder Großveranstaltung. Positiv sowohl für die Firmen, welche nun unter verbesserten Arbeitsbedingungen tätig sein können, wie auch für die Organisatoren, welche nun in einer geordneten Art und Weise mit einem einzigen Ansprechpartner anstatt einer Vielzahl von verschiedenen Firmen arbeiten können. Letzten Winter waren natürlich die Olympischen Spiele in Vancouver die Hauptveranstaltung in dieser Richtung. Und die Art der Zusammenarbeit war positiv. Die Arbeit geht aber weiter und man kann hoffen, dass im Hinblick auf die Weltmeisterschaften Alpin (Garmisch-Partenkirchen) und Nordisch (Oslo) erfahrene Organisatoren parat stehen.

Einige persönliche Anmerkungen zum SRS: Die SRS ist die Nachfolgeorganisation zum sogenannten IRT (International Racing Team), welches 1986 (!) installiert wurde. Zwischen den Zeilen lese ich, dass sich nicht sehr viele Änderungen ergeben haben, außer dass die Wirtschaftslage und die Lage der Skiindustrie noch schlechter geworden sind. Ein Beispiel: Bei den Olympischen Spielen 1988 – also vor 22 Jahren – hätte die Skiindustrie Gelegenheit gehabt, geschlossen aufzutreten: Das Internationale Olympische Komitee verbot den Vertretern der Skiindustrie, im Zielraum oder im Schwenkbereich von TV-Kameras mit Firmenanzügen, Anoraks usw. mit Firmenaufschriften aufzutreten. Wir mussten die Firmenlogos mit

Klebebändern abdecken. Logische Konsequenz der Ausrüsterfirmen wäre es gewesen, Funksprüche (oder heute mit Handys zu arbeiten) an den Start zu geben, die Ski einzuziehen und einen Boykott der Rennen anzusagen. Dazu kam es leider nicht. Ich weiß nicht, ob diese Situation auch heute noch gegeben ist. Die Olympischen Spiele dagegen sind für das IOC zum Mega-Geschäft geworden. Allein die Summen für die TV-Rechte erreichen astronomische Höhen! Ein Rat an die Skiindustrie: Stark und geschlossen im eigenen Interesse auftreten!

Die Komplett-Anbieter in der Sportartikelindustrie

Der heutige Stand der bedeutendsten Anbieter sieht in etwa wie folgt aus (ohne Anspruch auf Vollständigkeit zu erheben:

Firma	Ski	Bindungen	Skischuhe	Skistöcke
Amer	Atomic	Atomic	Atomic	Atomic
	Salomon	Salomon	Salomon	Salomon
	Dynamic	Atomic	Atomic	Dynamic
	Volant			
Tecnica	Blizzard	Marker	Tecnica	Blizzard
	Nordica		Nordica	
	Dynafit		Dolomite	
Elan	Elan		Lowa	
Fischer	Fischer	Fischer	Fischer	Fischer
HTM	Head	Tyrolia	Head	Head
Cross/Knünz	Kästle	Kästle		Kästle
Kneissl	Kneissl	Kneissl		Kneissl
K2 Sports	K2	Marker		K2
Rossignol	Rossignol	Rossignol	Rossignol	Rossignol
Rossignol	Dynastar	Look	Lange	Dynastar
Stöckli	Stöckli			
Völkl	Völkl	Marker		Völkl
Zai	Zai			Zai

Als Mitte der 80er Jahre Salomon ankündigte, nach Skibindungen und Skischuhen auch in den Skibereich einzusteigen, herrschte bei fast allen Skiproduzenten Aufregung und Aufbruchstimmung zugleich, sei es in Form von Eigenproduktion, Aufkäufen anderer Firmen oder Zukäufen bei anderen Firmen unter der eigenen Marke.
Bedingt durch den Kauf der deutschen Bindungsfirma Ess und der steirischen Skischuhfirma Koflach war Atomic im Herbst 1989 der erste sogenannte „Komplettanbieter“ im Wintersportbereich und kam damit der französischen Firma Salomon knapp zuvor. Tyrolia folgte ebenfalls mit Skischuhen und Ski (wurde in der Zwischenzeit wieder eingestellt, man konzentriert sich innerhalb der Gruppe HTM bei Ski und Skischuhen auf die Marke Head).

Man erzielt durch die Zusammenlegung eine Kostendegression durch gemeinsamen Vertrieb, gemeinsame Werbung, gemeinsame Forschung und Entwicklung usw.

Vor fünf Jahren schrieb ich im Buch „Mausefalle" noch, dass es vielleicht besser gewesen wäre dem Sprichwort ‚Schuster bleib' bei deinem Leisten' zu folgen, mittlerweile hat sich die Komplett-Palette bzw. eine Kooperation mit anderen Marken durchaus als sinnvoll erwiesen.

Über Sinn und Unsinn von Skitests

Seit mehr als 30 Jahren ist es modern, Skitests durchzuführen. „Erfinderin“ in Österreich war in den frühen 70er Jahren Frau Helen Dichtl (†) für das Wochenmagazin Profil. Damals machten diese Tests noch Sinn, da sie neutral und durch alle Könnensstufen der Skiläuferinnen und Skiläufer durchgeführt wurden. Mit der Zeit hatte sich allerdings auch der „Profil-Skitest“ als überholt erwiesen und wurde von einem anderen Magazin und vielen Tageszeitungen aufgegriffen. Die Qualität nahm eher ab, oft waren Tests nur noch „Urlaub“ für gewisse „Stammgäste“ und VIP's – Après-Ski war oft wichtiger. Kästle verweigerte in einem Jahr die Beistellung von Ski. Die Kästle-Modelle wurden daraufhin in einem Sportgeschäft für die Testzwecke gekauft und erhielten prompt schlechteste Benotungen. Ein Jahr später waren die Noten wieder „sehr gut“, da man die Ski wieder direkt von der Fabrik zur Verfügung gestellt hatte. Der Umfang der Tests wurde unübersichtlich. Die Ski wurden normalerweise aus dem Lager „blind“ ausgesucht, jeder Produzent wusste jedoch, um welche Modelle es sich handelte und hatte diese im Lager entsprechend präpariert zu Entnahme positioniert.

Dem Autor liegen fast alle Ausgaben von Profil und anderen Magazinen (Ski Austria, NEWS, Diners Club usw.) von 1978 bis 2010 vor. Mit Ausnahme von einigen Außenseitern, sprich kleineren oder für den österreichischen Markt nicht so wichtigen Anbietern, bekommen fast alle Marken und Modelle nur fünf Sterne oder das Prädikat „VIP“ etc. Meiner Meinung nach müssten sich diese Tests auf einige wenige Modelle pro Hersteller konzentrieren und diese dafür wirklich profund getestet werden. Kaum ein Konsument macht sich die Mühe, stundenlang Testergebnisse zu studieren, um nachher im Sportfachgeschäft ohnedies anders beraten zu werden (je nach eingekauften Marken, Modellen, Sondermodellen, Margen, Verkäuferprovisionen). Außerdem bin ich der Meinung, dass jede Skifirma genügend Kapazität und Spezialisten aus allen Bereichen und Könnensstufen hat, um die Tests selbst durchzuführen, bevor sie ein Modell in den Verkauf bringt.

Trotzdem muss man auch die positive Seite der Tests in den Magazinen und Zeitungen sehen, denn sie animieren zum Skikauf. Der oben genannte Vorschlag nach Reduzierung der Modelle und besserer Übersichtlichkeit wäre dennoch zu überdenken.
Vorbildlich waren in früheren Jahren die verbalen Kurzbeschreibungen ausgewählter Modelle (ab Oktober/November durch Professor Karl Heinz Schmid, einmal pro Woche) in der Kronenzeitung.

Ein anderes Kapitel im Bereich Skitests sind die sogenannten „Ski-Openings", welche von Skiorten, Händlern und Industrie gemeinsam durchgeführt werden. Meiner Meinung nach gute, aber kostspielige Einrichtungen – vor allem für die Industrie, welche insgesamt bis zu 500 Paar und mehr „Testski" zu einem reduzierten Preis zur Verfügung stellt oder aber die nicht verkauften (aber verschlissenen) Ski zurücknehmen muss. Außerdem muss Ausgabe- und Servicepersonal mit allen anlaufenden Kosten zur Verfügung gestellt werden. Diese Veranstaltungen machen nur dann Sinn, wenn eine gerechte Kostenaufteilung unter den beteiligten Partnern stattfindet.

Außerdem ist darauf hinzuweisen, dass durch die stark zunehmende Inanspruchnahme von Verleih-Skiern („Rental") der Skifahrer ohnedies die Gelegenheit hat, im Urlaub praktisch jeden Tag eine andere Marke/ein anderes Modell selbst zu „testen".

TEIL 3 – Wirtschaft – Sportartikelhandel

Der Sportartikelhandel in Österreich

Insgesamt beläuft sich der Sportartikelhandel in Österreich auf rund 2,4 Milliarden Euro. Davon entfallen auf den Fachhandel rund 1,4 Milliarden Euro. Der Rest entfällt auf Filialisten, Diskonter usw. (siehe Grafik). Gab es vor Gründung der Einkaufsgenossenschaften noch mehr als 1.000 Sporthändler in Österreich, so hat sich diese Zahl deutlich reduziert. Dies ist vor allem darauf zurück zurückzuführen, dass es heute kaum noch „echte, freie Eigentümer-Händler" gibt, welche nicht Einkaufsgenossenschaften oder Filialisten zuzurechnen sind. Dies heißt jedoch nicht, dass die anderen Sportfachhändler nicht „frei" wären, aber vor allem bei Intersport werden Empfehlungen und Vorgaben an die Mitglieder ausgegeben. Sport 2000 dagegen ist noch im Besitz der Eigentümer, d. h. Sport 2000 ist weiterhin eine Genossenschaft (siehe dazu „Sport 2000"). Beherrscht wird der Sportartikelmarkt von fünf großen Firmen: Intersport mit Intersport XL-Geschäften, Intersport Eybl mit Sports Experts (EAG), Hervis und Kastner & Öhler/Gigasport.

Gemäß WKO (Wirtschaftskammer Österreich) teilt sich der Umsatz wie folgt auf: Intersport Eybl und Sports Experts (EAG): 30 %, Intersport und Intersport XL: 15 %, Sport 2000: 22 %, Hervis 16 %, Giga-Sport: 6 %, Sonstiger Fachhandel: 11. %.
Das „Wirtschaftsblatt" hat diverse Rangordnungen der einzelnen Firmen veröffentlicht (Image-Index, Smart Shopper-Index und Bekanntheitsgrad. Die Wertungen sehen Sie in nachfolgenden Grafiken aus diversen Zeitschriften etc. Der Bekanntheitswert von „Sport 2000" dürfte unterbewertet sein, da sich der frühere Name der Genossenschaft, „Zentrasport" noch immer im Hinterkopf der Konsumenten hält.

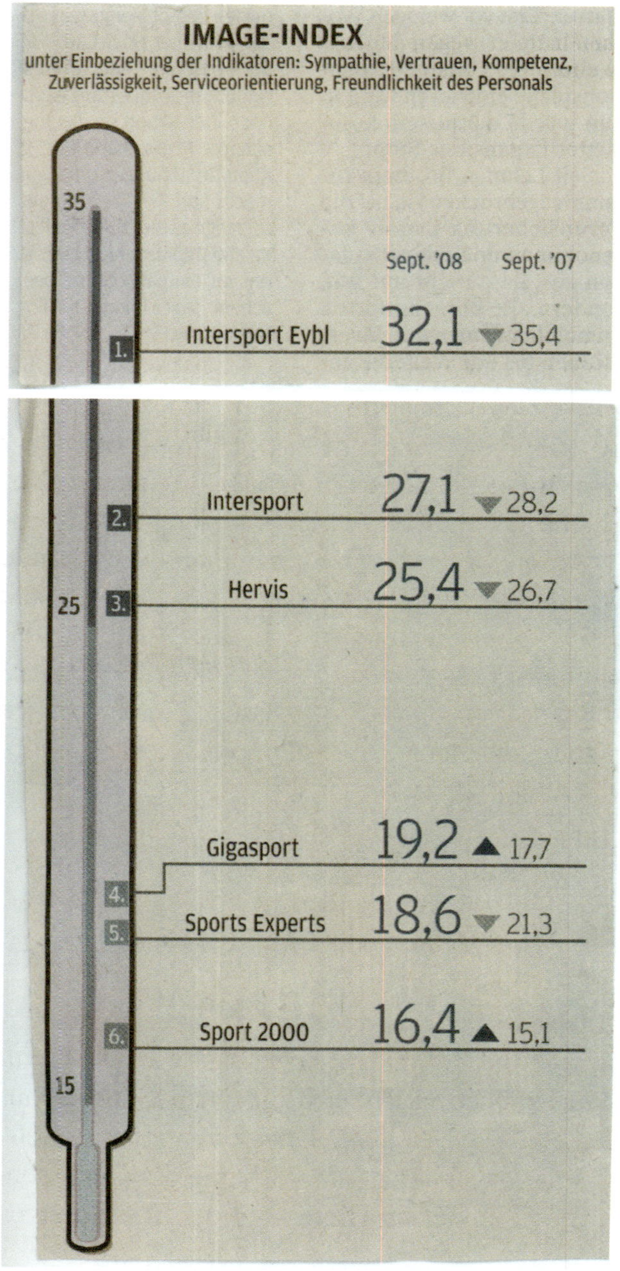
IMAGE-INDEX
unter Einbeziehung der Indikatoren: Sympathie, Vertrauen, Kompetenz, Zuverlässigkeit, Serviceorientierung, Freundlichkeit des Personals
35
25
15
Sept. '08
Sept. '07
1. Intersport Eybl 32,1 ▼ 35,4
2. Intersport 27,1 ▼ 28,2
3. Hervis 25,4 ▼ 26,7
4. Gigasport 19,2 ▲ 17,7
5. Sports Experts 18,6 ▼ 21,3
6. Sport 2000 16,4 ▲ 15,1

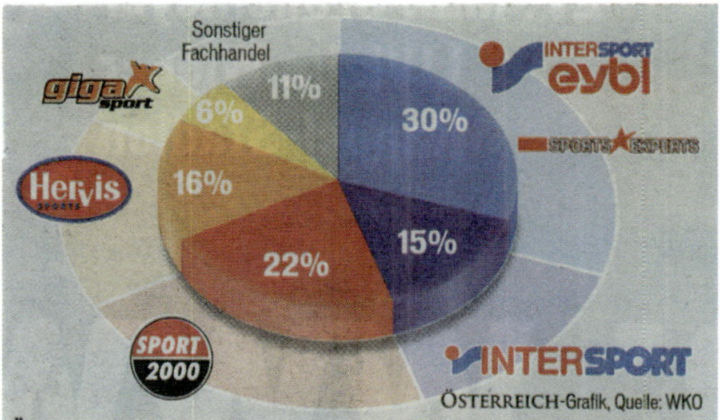

Österreichs größter Sportartikelhändler ist Intersport Eybl.

BEKANNTHEITSGRAD

„Welche dieser Unternehmen sind Ihnen zumindest namentlich bekannt?" (ungestützt, Angaben in %)

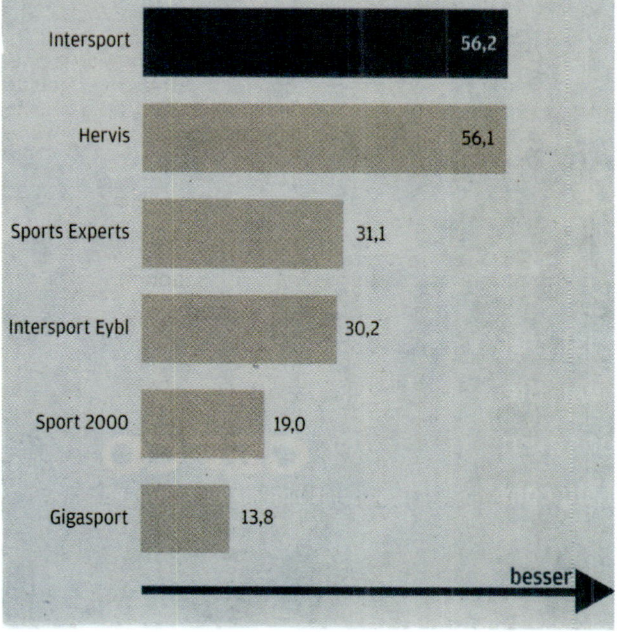

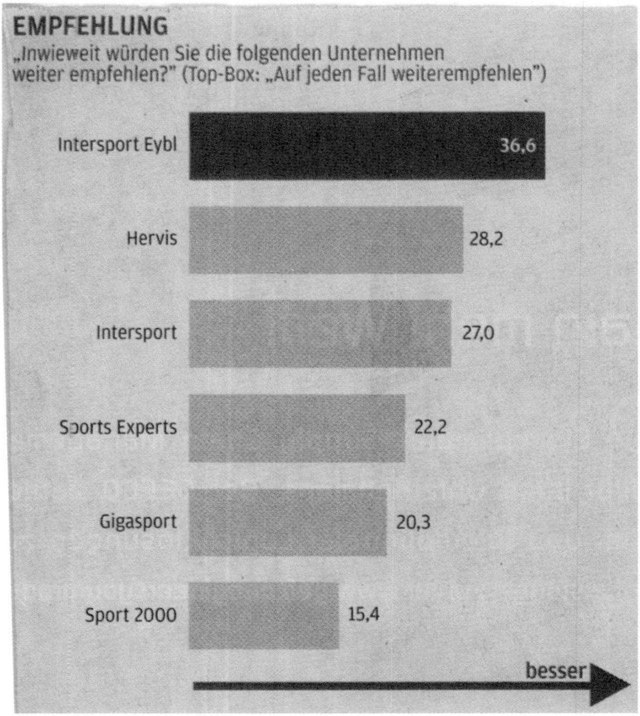
EMPFEHLUNG
„Inwieweit würden Sie die folgenden Unternehmen weiter empfehlen?" (Top-Box: „Auf jeden Fall weiterempfehlen")
Intersport Eybl 36,6
Hervis 28,2
Intersport 27,0
Sports Experts 22,2
Gigasport 20,3
Sport 2000 15,4
besser

SMART SHOPPER-INDEX
Top-Box-Werte der Umfragewerte von Preis-/Leistungsverhältnis, häufige Preisaktionen, günstige Preise
Hervis 18,4
Sports Experts 13,4
Intersport 12,6
Intersport Eybl 11,9
Gigasport 9,8
Sport 2000 7,5
WirtschaftsBlatt Grafik

Die Presse, 8. November 1972

Kopien an: Dr. Köck, Scherübl Josef, Moser Herbert, Karl Pimiskern

Skimarkt steckt in der Preisklemme

Fachhandel bangt um die Gewinnspanne — „Rabattunwesen" angeprangert

Eigenbericht der „Presse" von Dieter P. Friedl

WIEN. Die Sporthändler Wiens stöhnen unter den neuen Skinettopreisen, die, wie man hört, teilweise so niedrig sein sollen, daß nicht einmal mehr die Kosten hereingebracht werden können. Schuld daran sind zum Teil die Händler selbst, da sie im Sommer aus Liquiditätsgründen zu schleudern begannen, zum Teil schlugen einige Diskonter Breschen in die Preisfront. Das Fazit der zur Zeit herrschenden Situation könnte für einige kleinere Händler, die vor allem vom Skiverkauf abhängen, ein finanzieller Zusammenbruch sein. Ein Hinaufschnellen der Preise ist jedoch nicht vor der nächsten Saison zu erwarten.

Dabei glaubte man schon im vergangenen Winter mit dem vom Sporthandel an die Skiproduzenten gerichteten „Sieben-Punkte-Programm", über das weitgehende Einigung erzielt werden konnte, eine wichtige Hürde genommen zu haben. Dem war jedoch nicht so. Der den Fabriken als negativ angekreidete ständige Wechsel der Modellpolitik konnte nicht mehr geändert werden, da bereits die Vorarbeiten abgeschlossen waren. Als Kompensation hatte man sich jedoch Zugeständnisse eingehandelt. Blizzard und Fischer erklärten sich bereit, alte Modelle gegen neue kostenlos umzutauschen, Kästle hatte seine Modelle in den letzten drei Jahren nicht wesentlich verändert, so daß hier keine Forderungen gestellt werden konnten. Und Atomic-Skier verkauften sich so gut, daß nur geringe Lagerbestände vorhanden waren. Für die nächste Saison hofft der Fachhandel jedoch, daß die Skifabriken auf einen zweijährigen Modellwechsel einschwenken werden. Überdies wurde verlangt, daß hochwertige Markenskier nur im Fachhandel und nicht etwa in Selbstbedienungsgeschäften verkauft werden sollten. Auf einen Sommerschlußverkauf wollte der Fachhandel damals verzichten und so das Preisniveau hochhalten.

Durch den schneearmen Winter hatten die Händler jedoch derartig hohe Lagerbestände, daß aus Liquiditätsgründen einer nach dem anderen aus der geschlossenen Front ausbrach und zu schleudern begann. Die gegenwärtige Situation zeigt sich folgendermaßen: In Wien und Niederösterreich werden die Skier um 10 bis 15 Prozent unter dem Preisniveau des Vorjahres angeboten. In den westlichen Bundesländern liegen die Preise etwas höher. Bei einer üblichen Handelsspanne von etwa 40 Prozent können bei derartigen Preisnachlässen oft nicht mehr die Selbstkosten gedeckt werden.

Für die großen Sportgeschäfte öffnet sich jedoch ein Fluchtweg, der von den Kleinen als „Rabattunwesen" angeprangert wird. Die Skifabriken gewähren großzügige Mengenrabatte (über 5 Prozent), die der kleine Sporthändler nicht lukrieren kann. Die Startbedingungen sind also ungleich, finanzschwache Händler werden unter Umständen auf der Strecke bleiben. Als Ausweg könnten sie nur die Sparte „Skiverkauf" aufgeben, wobei die freiwerdenden Marktanteile nur zu gerne von den Mitkonkurrenten geschluckt würden.

Genossenschaft für alle

Als rettendes finanzielles Floß bietet sich für die kleineren Sporthändler der Zusammenschluß in einer Genossenschaft an. In dieser Richtung existiert zwar bereits die Intersport Europa, eine Einkaufs- [...] Aktion beteiligt, die anderen Konkurrenten bezeichneten den „Storecheck" als „unseriös". Eine Skifabrik hat sogar in einem Rundschreiben an die Sporthändler Maßnahmen für den Fall angekündigt

Genossenschaft für alle

Als rettendes finanzielles Floß bietet sich für die kleineren Sporthändler der Zusammenschluß in einer Genossenschaft an. In dieser Richtung existiert zwar bereits die Intersport Europa, eine Einkaufsorganisation, in der etwa 70 Fachgeschäfte zusammengeschlossen sind, die Intersport huldigt jedoch einem gewissen „Numerus clausus", es kann nur jemand Mitglied werden, der mindestens über einen Umsatz von 2 Mill. S verfügt. Es bedarf also einer Genossenschaft, die für alle offen ist.

Einige Unruhe hat in die Branche auch der von der Skifabrik Fischer ins Leben gerufene „Store-check" gebracht, der bei einigen Konkurrenten auf heftigen Widerstand gestoßen ist. Fischer verschickt an die einzelnen Händler Listen, in welche die jeweiligen Lagerbestände sämtlicher Skimarken eingetragen werden sollen, um so einen besseren Überblick über die Verkaufsentwicklung zu haben. Als Gegenleistung wird ein „Rabattzuckerl" gewährt, das für die meisten Händler jedoch zu sauer war, sie lehnten eine Bekanntgabe ihrer Vorräte ab.

Wie so oft im Kleinkrieg der Skiproduzenten, kann hier keine einheitliche Linie gefunden werden. Arnsteiner hätte sich zwar an der Aktion beteiligt, die anderen Konkurrenten bezeichneten den „Storecheck" als „unseriös". Eine Skifabrik hat sogar in einem Rundschreiben an die Sporthändler Maßnahmen für den Fall angekündigt, daß Zahlen hergegeben werden. Da kein gemeinsamer Nenner gefunden werden konnte, lehnte auch die Bundeskammer eine positive Empfehlung an ihre Mitglieder ab. Als Kompromiß soll nun ein neutrales Institut mit einer Bestandsaufnahme beauftragt werden. Der springende Punkt wird dabei vor allem die Kostenfrage sein.

Welches Bild wird der Skimarkt in der heurigen Saison zeigen? Wird es ein ähnliches Desaster wie im Vorjahr geben? Im Sommer konnte der Handel die teils beträchtlich hohen Lager dank der überaus günstigen Preise abverkaufen. Das Weihnachtsgeschäft ist jedoch noch nicht angelaufen. Viel wird davon abhängen, ob es das Wetter mit der Skibranche heuer gut meint. Eine Wachstumsspritze könnten die Verkaufszahlen auch durch den Nachholbedarf des Vorjahres bekommen, da das Skivolk, bedingt durch den schneearmen Winter, den Skikauf auf nächste Weihnachten verschob. Die Sporthändler jedenfalls hoffen und bangen der anlaufenden Saison entgegen.

Die Superstars
der Eröffnungsfeier.
Oberwart eröffnet und wir feiern mit lauter Superstar-Angeboten.
SETANGEBOT
Ski & Bindung &
Stöcke & Sack
ATOMIC
ATOMIC
statt 569,97
229,-
Solange der Vorrat reicht.
ALLMOUNTAIN SKI DRIVE ST INKL. XTO 10
BINDUNG, SKISTOCK UND SKISACK IM SET
Sportlicher, leichtgewichtiger, multivariabler Ski für dynamischer Drehen und Steuern in jedem Gelände;
Ski: Längen 150 - 178 cm; 1017140747 nur 529,99*
Stock: 1017310637 nur 19,99*
Sack: 1019110150 nur 19,99*
Länge: 164 cm
74 mm
125 mm
Radius: 12,5 m
Top Eisgriffigkeit
Bewährte Beta Technologie
Breites Einsatzgebiet

Intersport

Der Text ist großteils den Webseiten von INTERSPORT Österreich und Intersport International entnommen.
INTERSPORT Österreich ist eine Erfolgsgeschichte: Über zwei Millionen eingetragene Stammkunden machen INTERSPORT zur Nr. 1 im österreichischen Sporthandel – und das seit mehr als 45 Jahren. Das Unternehmen ist auch für die Märkte in den Nachbarländern Tschechien, der Slowakei und Ungarn verantwortlich.
Im Jahr 1964 schlossen sich einige mittelständische österreichische Sporthändler zu einer Einkaufsgenossenschaft – der INTERSPORT Österreich – zusammen, die auch Shareholder der internationalen Dachorganisation INTERSPORT INTERNATIONAL CORPOTATION (IIC – vertreten in 38 Ländern) seit deren Gründung ist. Österreichs größtes und erfolgreichstes Sporthandelsunternehmen umfasst 150 Mitglieder und Partner an über 320 Standorten in Österreich, Tschechien, der Slowakei und Ungarn. Die Unternehmensgruppe bietet rund 5.700 Mitarbeitern einen Arbeitsplatz und gilt durch ihre Wachstumspolitik als wichtiger Wirtschaftsfaktor in den Regionen. Im Geschäftsjahr 2008/2009 ist der Umsatz der INTERSPORT-Österreich-Gruppe um 4,5 Prozent auf 621.9 Millionen Euro angestiegen. In der abgelaufenen Wintersaison 2009/2010 verzeichnen die Händler mit Intersport-Auftritt in Österreich sogar ein Umsatz-Plus von 10 Prozent. Die vor allem in Europa und Kanada tätige INTERSPORT-Gruppe steigerte 2009 erneut den Einzelhandelsumsatz und erzielte mit über 9,3 Milliarden Euro ein Plus von 5 Prozent gegenüber dem Vorjahr. In Österreich betreiben die 115 INTERPORT-Händler 266 Sportfachgeschäfte. Die INTERSPORT Händler profitieren von Leistungen wie professioneller Standortanalyse, Unterstützung bei der Shop-Planung und Einrichtung, gemeinsamem Marketing und bewährten Vertriebskonzepten bis zu IT/Warenwirtschafts- und Kassenlösungen.
Vorstandsvorsitzende von INTERSPORT Österreich ist Gabriele

Fenninger, die ihren beruflichen Werdegang bei der Intersport-Gruppe im Jahr 1978 begann.

Im Jahr 2003 wurde sie Geschäftsführerin der INTERSPORT Austria, operative Tochter der Genossenschaft und in Folge zum Vorstand der INTERSPORT Österreich bestellt, 2010 wurde die Bestellung für weitere drei Jahre fixiert. Alois Grüblinger, Vorstandsmitglied der Intersport Österreich, begann im Jahr 1976 eine Lehre bei INTERSPORT und ist seit dem Jahr 2006 mit Gabriele Fenninger Geschäftsführer der INTERSPORT Austria. 2010 wurde er in den Vorstand gewählt. Dem Aufsichtsrat der INTERSPORT Österreich kommt im Rahmen seiner Kontroll- und Beratertätigkeit eine enorme Bedeutung innerhalb der Genossenschaft zu. Mitglieder sind Harald Zink, Roman Winninger, Harald Tscherne, Bernhard Pilz, Hannes Pichler und Dr. Karl Ibscher. Mit Jahresende 2009 umfasst INTERSPORT Österreich 150 INTERSPORT-Händler an 332 Stanorten in Österreich, Tschechien, der Slowakei und Ungarn. Auf der INTERSPORT-Webseite werden die Marktanteile in Österreich wie folgt gesehen (Quelle: RegioPlan 2009):

INTERSPORT	36,7 %
Sport 2000	22,3 %
Hervis	15,6 %
Sonstiger Einzelhandel	10,5 %
Sports Experts	7,6 %
Gigasport	6,7 %
Northland	0,6 %.

Ergänzend sei noch festgehalten, dass unter der Dachmarke Intersport in Österreich folgende Unternehmen firmieren:

Intersport Eybl (25 in Großstädten),
Intersport Stadtgeschäfte (77 in Kleinstädten) und
Intersport Rent (170 in Tourismusregionen)

Intersport Sport Eybl & Sports Experts GmbH

Am 27. August 2008 schreibt die Kronenzeitung: „Eybl steigt bei Intersport aus. ‚Scheidung' in der Sportbranche: Die Sport Eybl/ Sports Experts-Gruppe, Österreichs größter Einzelhändler (43 Standorte), scheidet als Genossenschafter bei Intersport aus. Damit ‚werde ein Dauerkonflikt bereinigt', so Intersport-Chefin Fenninger. Denn die Ziele der 114 mittelständischen Intersport-Händler sind andere als die einer Filialkette. Eybl bleibt ‚Lizenznehmer', darf also den Namen Intersport weiter führen, ansonsten wird alles getrennt. Eybl (ohne den Diskonter Sports Experts) hat 17,5 Prozent Marktanteil in Österreich, gleich viel wie alle anderen Intersporthändler zusammen". Der Lizenzvertrag soll gemäß Wirtschaftsblatt vom 6. Oktober 2008 eine Gültigkeit von fünf Jahren haben. Intersport Eybl sieht sich als „das größte Erlebnissporthaus Österreichs". Der Marktanteil wird mit 18 Prozent beziffert, der Umsatz der Sport Eybl & Sport Experts-Gruppe betrug im Geschäftsjahr 2008/2009 378 Millionen Euro. Man beschäftigt 1.400 Mitarbeiter und 200 Lehrlinge. Sport Experts verfügt über 23 Outlets (22 in Österreich, eines in Deutschland und führt über 400 führende Marken aus der Welt des Sports. Die 2007 bestehenden 13 Intersport-XL-Shops werden Ende März offiziell zu Eybl-Stores. Bereits Anfang Oktober 2007 berichten die Salzburger Nachrichten unter anderem: „Zwei sind sich zu nahe gekommen: Deshalb zieht die Eybl-Gruppe nun eine Trennlinie zwischen ihre beiden Vertriebslinien Intersport Eybl auf der einen Seite und Sports Experts auf der anderen. Die Billigschiene wird zum echten Diskonter umgekrempelt … Der Sportartikelmarkt stagniere, da könne man nur mehr entweder über das Mehrwertthema oder über den Preis wachsen, erklärte Peter Wahle, Vorstand der Intersport Eybl und Sports AG … Vor allem branchenfremden Anbietern von Sportartikeln und Sportmode wie Kaffeegeschäften und Lebensmitteldiskontern will Wahle Geschäft abluchsen. Dieses Ziel solle über Preise erreicht werden, die ‚20 bis 25 Prozent unter den durchschnittlichen Marktpreisen liegen', erklärte Wahle". Im Wirtschaftsblatt vom 4. Oktober 2007 wird Handelsexperte Peter Schnedlitz von der Wirtschaftsuniversität Wien zitiert: „Das Risiko ist schon groß. Allerdings ist der Diskont als Begriff nach wie vor ein positives Signal". Schnedlitz sieht die Neuausrichtung vor allem als Antwort auf die Factory Outlet-Center, wo Sportlabels stark vertreten sind. Sports Experts müsse künftig Sortimentskompetenz beweisen, dem Kunden schnell drehende Kollektionen bieten, wie es die Textilketten tun. Und das bei akzeptablen Preisen.

Peter Schnedlitz:

Sport 2000

Hervorgegangen ist SPORT 2000 Österreich aus der Zentrasport Österreich e.gen., die sich im Mai 1972 konstituiert hat. Angefangen hat die Erfolgsstory mit lediglich 10 Sporthändlern, die eine Einkaufsgemeinschaft bildeten. Das

Konzept ging rasch auf. 1974 wuchs der Mitgliederstand auf 107 Sporthändler. Heute besteht Sport 2000 Österreich aus bereits 225 Sportfachhändlern mit 342 Geschäften im ganzen Bundesgebiet. Die Länder Tschechien, Slowakei und Ungarn miteinbezogen, werden von Österreich aus insgesamt 272 Sportfachhändler mit 424 Geschäften betreut. Damit ist die Gruppe Arbeitgeber für insgesamt 2.300 Mitarbeiterinnen und Mitarbeiter. Rund 40 % der SPORT 2000-Shops befinden sich in Österreichs Tourismusgebieten.
Der erste Standort der Zentrasport Österreich befand sich im Arkadenhof in Gmunden/Oberösterreich. 1976 übersiedelte die Verwaltung aus Platzgründen in die Druckereistraße, seit 1990 befindet sich SPORT 2000 im neu gebauten 5.000 m2 großen Gebäude in Ohlsdorf, am Rande von Gmunden. Neben dem Sportartikelverkauf bildet der Skiverleih, der von Beginn an bei den SPORT 2000-Händlern in den Tourismusgebieten einen wesentlichen Stellenwert einnahm, ein zweites Standbein. In der Wintersaison 2000/2001 wurde das Skiverleihgeschäft unter einem einheitlichen Auftritt in Verbindung mit der internationalen Marke „SPORT 2000" zusammengeführt und das qualitätsorientierte Konzept „SPORT 2000 rent" gestartet. Dafür wurde SPORT 2000 mit dem Österreichischen Staatspreis Marketing ausgezeichnet.

Händlerentwicklung SPORT 2000
Stand Juni 2010

	Händler	Shops	Händler	Shops	Händler	Shops	Händler	Shops
	2007		2008		2009		2010	
Österreich	**231**	**351**	**225**	**342**	**224**	**342**	**210**	**317**
CZ	23	47	27	50	30	57	32	62
SK	5	13	12	23	13	24	13	27
HU	13	14	14	15	14	15	17	18
Ost ges.	**41**	**74**	**53**	**88**	**57**	**96**	**62**	**107**
ZSP gees.	**272**	**425**	**278**	**430**	**281**	**438**	**272**	**424**

Das Konzept wurde mittlerweile über die SPORT 2000-Partner in Frankreich und Italien internationalisiert, sodass SPORT 2000 rent heute mit über 500 Verleihstationen eine der größten Skiverleihorganisationen in den Skigebieten Europas darstellt. Alleine 150 Stationen davon befinden sich Österreich.

Anmerkung: SPORT 2000 International ist eine der weltweit größten Einkaufskooperationen selbständiger Sporthändler und ist in mehr als 15 Staaten vertreten. Insgesamt erzielt SPORT 2000 International derzeit einen Umsatz von ca. fünf Milliarden Euro.

Das Leitbild von SPORT 2000:
SPORT 2000 Österreich ist eine Kooperation unabhängiger Sportartikelhändler in ganz Österreich sowohl beim Einkauf hochwertiger Sportprodukte, aber auch beim Austausch von Know-how, branchenübergreifendem Monitoring der wesentlichen Zielgruppen. Besonders werden Kundennähe und Beratungsstärke hervorgestrichen.
Die Geschäftsführung obliegt Dr. Gerhard Schwab. Der Außenumsatz beträgt 2009/2010 368 Millionen Euro.

Sport 2000-Händler-Ehepaar Juss aus Bischofshofen

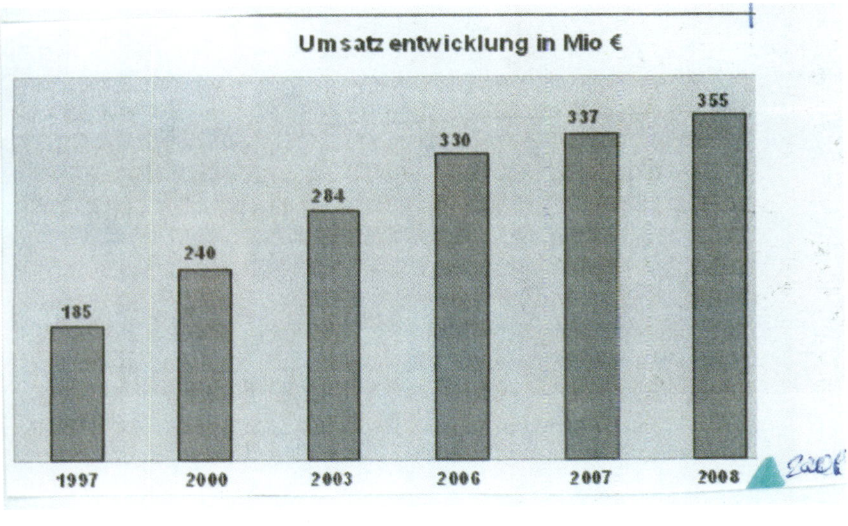

Hervis

Die Hervis Sport- und Modegesellschaft m.b.H. ist eine 100-%ige Tochter der SPAR Österreichische Warenhandels-AG. Nach eigenen Feststellungen symbolisiert die Marke Hervis frei nach dem Motto Get Movin' Freude an der Bewegung und ein besseres Lebensgefühl. Hervis Sports setzt voll auf Markenorientierung und vertraut auf Ware der führenden Hersteller aus dem In- und Ausland. 2008 betrug der Umsatz rund 410 Millionen Euro, die Anzahl der Filialen liegt bei 141, die Anzahl der Mitarbeiterinnen und Mitarbeiter liegt bei 2.500. Alle Daten umfassen Hervis Österreich und Hervis International. Geschäftsführer von Hervis ist schon seit vielen Jahren Alfred Eichblatt.

Kastner & Öhler – Gigasport

Kastner & Öhler ist eine Aktiengesellschaft in Familienbesitz. Den Vorstand bilden Mag. Thomas Böck und Mag. Martin Wäg.

Beide sind Nachkommen von den Firmengründern Carl Kastner und Hermann Öhler in der fünften Generation. Der Aufsichtsrat ist aus Familienmitgliedern zusammengesetzt. In Österreich verfügt Kastner & Öhler über zwölf Standorte mit Hauptsitz in Graz und zehn weiteren in der Steiermark, Kärnten, Burgenland und Oberösterreich und einem Kastner & Öhler-Standort in Ljubljana/Slowenien. Gigasport ist an 19 Standorten vertreten. Kastner & Öhler gehört zu den zehn größten Modeanbietern, Gigasport zu den fünf größten Sportanbietern in Österreich. In Slowenien hat Gigasport drei Standorte in Marburg, Cilli und Laibach. In Tschechien und der Slowakei gibt es zwölf Standorte.

Die Gründung von Kastner & Öhler geht auf das Jahr 1873 zurück Carl Kastner versäumt auf der Durchreise von Tschechien nach Zagreb in Graz einen Anschlusszug und entdeckt bei einem Spaziergang durch die Stadt ein Geschäft in der Sackstraße, das er sofort anmietet. Damit ist der Grundstein für den späteren Hauptsitz gelegt, der in den Folgejahren kontinuierlich ausgeweitet wurde. 1973 ist der große Umbau in Graz abgeschlossen und der „Löwe" wird als Logo eingeführt. Der 1930 aufgenommene Versandhandel wird 1994 an Neckermann verkauft. Seit dem Jahr 2000 konzentriert sich Kastner & Öhler auf eine Zwei-Marken-Strategie. Kastner & Öhler steht für Mode für Damen, Herren und Kinder. Gigasport bietet alles für und rund um den Sport.

Der Gesamtumsatz betrug 2009/2010 268 Millionen Euro. Man beschäftigt 1.120 Mitarbeiterinnen und Mitarbeiter in Österreich, im Ausland sind es 300. Geschäftsführer von Kastener&Öhler ist Alois Loidl.

Preispolitik und Werbung

Der Autor hat so ziemlich alle Arten der Preisgestaltung für Sportartikel, insbesondere für Ski, mitgemacht. 1971 gab es die sogenannte „Brutto-Verkaufspreis-Empfehlung“, das heißt, die Produzenten/Lieferanten durften noch Verkaufspreise vorgeben bzw. empfehlen. Danach, bedingt durch ausufernde Preisschleudereien, kam die „Nettopeisverordnung“: Jeder Händler musste die Preise selbst kalkulieren. Empfehlungen seitens der Industrie waren verboten. Bis auf Atomic gab es damals gegen alle Skifabriken Untersuchungen und Klagen. Atomic ließ sich von jedem einzelnen Händler einen Druckauftrag für die Konsumentenprospekte unter Anführung der gewünschten Preiseindrucke geben. Damit war dem Gesetz Genüge getan. Allerdings vergaß eine Druckerei in Italien bei den von Atomic in Österreich vertriebenen Munari-Skischuhen in den Prospekten den Unverbindlichkeitshinweis anzuführen. Dies führte zu einer Verurteilung des Autors. Zeuge war unter anderem Alois Rohrmoser. Befragt nach seinem Beruf sagte er aus: „Wagnermeister“. Großes Raunen im Gerichtssaal. Rohrmoser: „Jo, es stimmt jo, oba bitte, ma kunnt' a sog'n Skifabrikant“. Mit der Verurteilung des Autors gehörte somit auch Atomic zum erlauchten Kreis der „Missetäter“.

Wieder später, am 19. September 1979, trat dann das meines Wissens nach bis heute letzte österreichische Kartell („Marktregelungsvertrag Ski, vertikale Bruttopreisbindung Markenski“) in Kraft. Durch zu viele Testkäufe, Kartellverstöße (ich glaube, es waren an die 550) und damit verbundenen hohen Geldstrafen für die Händler, zerfiel dieses Kartell Mitte der 80er Jahre. Ausgewichen wurde den Kartellbestimmungen durch Produktion und Verkauf sogenannter „Sondermodelle“. Dazu eine Erklärung: Sondermodelle sind vom Aufbau her meist gleich wie die Katalogmodelle, haben aber eine andere Farbgestaltung, eine andere Grafik und einen anderen Namen. Sondermodelle wurden von Handel und Industrie deshalb „erfunden“, um preismäßige Vorteile zu erzielen (zum Nachteil der Lieferanten,

da die Abgabepreise für Sondermodelle in fast allen Fällen unter jenen der Katalogmodelle lagen). Meine Empfehlung an Handel und Industrie: Weg mit diesem Unsinn! Das reguläre Angebot ist groß genug (bei den meisten Firmen viel zu groß), die Rabatte sind zu hoch, die Abgabepreis zu niedrig. Noch vor einigen Jahren lag die Zahl der im Sporthandel insgesamt angebotenen Modelle (inklusive Sondermodellen und Auslaufmodellen) bei rund 1.100 verschiedenen Alpinski, die Anzahl der durchschnittlich vom Handel angebotenen Modelle betrug rund 70 pro Geschäft. Bei Langlaufski lag das Verhältnis 200 zu 25, bei Skischuhen 1.100 zu 70. Verschiedene Modelle für verschiedene Märkte: JA – da der Geschmack in den USA oder in Japan eben anders ist als in Europa. Aber eine Vielzahl von Sondermodellen für den jeweiligen Binnenmarkt? NEIN!
Die Preispolitik von heute: Rabatte, Rabatte, Rabatte. Preisabschläge von bis zu 50 % und mehr. Zum Vertrauen der Konsumenten führt eine derartige Politik sicher nicht. Die Einkaufsgenossenschaften und Filialisten üben einen entsprechenden Preisdruck auf die Hersteller aus. Dies führte zur Abwanderung von Skiproduzenten in osteuropäische Länder oder nach China. Aber: Auch in diesen Ländern werden die Kosten relativ bald steigen.
Die Kalkulationen stimmen in keiner Weise mehr und sind nicht seriös. Weder für die Industrie noch für den Sportartikelhandel.

Anfang der 70er Jahre gab es die sogenannte „Wiener Mafia“ der Sporthändler. Ich kann mich noch an ein Meeting mit 13 Wiener Sporthändlern in Wagrain erinnern. Von Atomic wurde gefordert, die „Preisschleuderer“ Sport Schuh und Sport Vyhnalek nicht oder nur mit bestimmten Modellen zu beliefern. Von diesen 13 Sporthändlern gibt es heute praktisch keinen mehr. Walter Schuh in Wien-Ottakring war ein Pionier des österreichischen Sporthandels. Ende der 60er Jahre wurde er nur von Atomic offiziell beliefert, und er hat dafür der Marke immer Vertrauen geschenkt. Auch wegen des mittlerweile verstorbenen Sporthändlers Walter Löwe mussten Rohrmoser, Dr. Eugen Köck und der Autor oftmals nach Wien fahren, um Besprechungen mit der „Mafia“ im Wiener Hotel „Regina“ neben der Votivkirche abzuhalten. Später gab es noch die „Wiener Sport-Mafia II“, und die versuchte, bei den Lieferanten zusätzliche Vorteile und Rabatte auszuhandeln. Im nachhinein gesehen sinnlose Kilometer.

Teil 4 – Technologie

Grundkonstruktionen

Vom Holzski zum High-Tech-Produkt

Es kann unter diesem Titel nur eine unvollständige Anführung von Beispielen erfolgen, da es im Lauf der Zeit immer wieder zu vielfältigen Veränderungen, Verbesserungen, Innovationen und Einsatz neuer Materialien gekommen ist. Innovationen der einzelnen Firmen 2010/2011 sind bei den jeweiligen Firmen textlich und bildlich dargestellt.

Holzski:
Aus allen möglichen Holzarten, in unseren Breiten vor allem aus Buche und Esche, hergestellt bzw. von unzähligen Wagnereien handwerklich gefertigt. „Mein“ erster Skierzeuger war der Wagnermeister und „Nebenerwerbs-Sporthändler“ Hermann Tritscher. Er wurde aus Konkurrenzgründen lange nicht von den renommierten Skiherstellern beliefert und besorgte sich die Ski bei einem Händlerkollegen auf Umwegen. Anlässlich einer Sportartikelmesse erzählte er dies KR Josef „Pepi“ Fischer. Dieser ließ sofort seine Schwester Selma Sturmberger kommen und diktierte ihr: „Selma, der Herr Tritscher wird ab sofort direkt von uns beliefert“. Ein vorzügliches Beispiel von gutem Charakter.

Später wurden die verschiedenen Holzarten mehrfach verleimt (berühmt war der „22fach verleimte“/“laminated“ Ski von Kneissl, „Marke Inntal“). Heute würde man sagen, dass der Ski damals schon gewisse „features“ aufgewiesen hat: gekehlter Vorder- und Hinterski, stärker und höher ausgebildete Skimitte (Vorläufer der heutigen, meist integrierten Bindungsplatten), geschweiftes Skiende, usw.

Metallski:
Ober- und Untergurt bestanden aus Aluminium, als Füllstoff (Skikern) diente aber immer Holz bzw. später Polyurethan-Schaum oder ein anderer Kunststoff.

Kunststoffski:
Holzski, an der Oberfläche und/oder Unterfläche des Skis armiert mit Glasfasern. Es hat einmal einen deutschen "Erfinder" gegeben, welcher glaubte, man schüttet oben bei einer Produktionsmaschine Kunststoff hinein und hinten kommt der fertige Ski heraus. Die Marke hieß „Rebell". Die Produktionsstätte stand in Berlin. Die Idee des „Erfinders" hat allerdings nie funktioniert, und sie wurde bis heute nicht realisiert.

Compoundski:
Erstmals erfolgte der Einsatz von verschiedenen Trägermaterialien: Glasfaserverstärkter Kunststoff (GFK), Metall (Aluminium) in Sandwich-Bauweise. Der berühmteste Vertreter dieser Bauart war in den 60er Jahren der „Kästle CPM" (Compound-Plastic-Metall).

Torsionskasten-Bauweise:
Im Gegensatz zu den Sandwich-Skis werden die einzelnen Werkstoffe nicht vertikal angebracht, sondern der Skikern wird mit Glasfasern (als Versuch auch mit Leichtmetall) ummantelt. Pionier dieser Bauart war die französische Firma Dynamic. Als Dynamic 1977 von Atomic übernommen wurde, und Rohrmoser auch die Rennskiproduktion auf die herkömmliche Sandwichkonstruktion umrüsten ließ, herrschte tiefes Entsetzen bei den Technikern von Dynamic. Man kehrte aber auch bald wieder zum Torsionskasten zurück, vor allem für Slalom-Rennski.

Nass-Laminier-Verfahren:
Dieses Verfahren hat man bei Atomic von Dynamic übernommen. Dabei wurden nicht bereits ausgehärtete Kunststoff-Laminate ver-

presst, sondern Kunststoffgewebe mit einem Kleber bestrichen und erst dann verpresst. Atomic war die erste Fabrik, welche in Österreich dieses Verfahren angewendet und dafür in eine eigene, moderne Fertigungsanlage investiert hat. Das Verfahren brachte deutliche Kosteneinsparungen und trotzdem eine bessere Qualität. Der Name dafür war „Hy-Vitronic („HV"). Der „HV 3" war der beste Slalomski seiner Zeit.

Bionic-Bauweise:
Es handelt sich um eine patentierte, vom technischen Leiter Franz Scherübl erfundene Bauweise. Das Konstruktionsprinzip war ein in einem gewissen Skibereich (Formel 23/17) geteilter Skikern mit einem Zwischenteil aus Aluminium oder Kunststoff. Der „Bionic" war lange Jahre hindurch der überlegene Rennski, vor allem in den technischen Disziplinen. Der heutige „Doppeldecker" von Atomic stellt praktisch eine technische Weiterentwicklung dieses Konstruktionsverfahrens dar (siehe unter „Atomic").

Monocoque (Salomon) oder **Cap**-Bauweise:
Es handelt sich dabei um eine über die Seitenwangen des Skis heruntergezogene Oberfläche. Die Oberfläche des Skis wird nicht mehr mit Siebdruck versehen, sondern „hinterdruckt". Heute die gebräuchlichste Form des Skibaus. Nachteil für die Erzeuger ist, dass eine sogenannte „Umlackierung" (Abschleifen der Oberfläche und Neulackierung mit einer anderen Grafik) von überschüssigen auf Lager befindlichen Modellen, oder aber auch die Herstellung von sogenannten „Rohlingen", welche erst im letzten Moment mit Farbe und Grafik versehen werden (ähnlich wie in der Textilindustrie) nicht mehr möglich ist. Zu erwähnen ist ebenfalls, dass die „Speedskis" für Abfahrt, Super-G und Riesenslalom von fast allen Rennski produzierenden Firmen nach wie vor in Sandwich-Bauweise hergestellt werden, da sich diese Bauart als geeigneter und schneller für den Rennsport erwiesen hat.

Einige Beispiele von Sonderkonstruktionen und -materialien:

Diese wurden zwar teilweise gar nicht, nur für kurze Zeit oder aus marketingmäßigen Gründen „erfunden“ und eingesetzt. Eine lückenlose Aufzählung würde den Rahmen dieser Kurzdarstellung sprengen. Daher seien hier nur einige Beispiele genannt:
Zusätzlich an der Oberfläche angebrachte Elemente (z. B. früher „V.A.S.“ von Rossignol) oder im Ski eingebaute Materialien (z. B. die „Module“-Technik von Atomic).

Thermoski von Blizzard: eine für die damalige Zeit einmalige Erfindung des Firmengründers von Blizzard, Toni Arnsteiner. Dabei veränderte sich das Spannungsverhalten des Skis je nach Schneetemperatur.

Lochski von Fischer/Kästle und später auch Head: Diese Ski mit einem Loch in der Skispitze wurden etwa um 1973/74 von den damaligen Topläufern Franz Klammer, Sepp Walcher, Harti Weirather, Steve Podborsky, Ken Read und anderen verwendet. Es sollte ein besseres Strömungsverhalten bringen. 2008 wurde dieses Prinzip erstmals auch für Langlaufski von Fischer eingesetzt, in diesem Fall sicher vor allem auch aus Gewichtsgründen.

„Draht-Ski“ von Fischer: Zu dieser Erfindung fand der Autor im Skimuseum von Dynamic einen bereits im Jahr 1946 nach dem gleichen Prinzip gebauten Ski (siehe Ausschnitt und Fotos aus der Kronenzeitung 1981). Später bauten andere Firmen Ski mit ähnlichen Vorrichtungen. Man sieht, dass nicht nur in der Mode, im Autobau, usw. , sondern auch im Skibau sich die Zeiten wiederholen.

Golfball-Effekt: In meinem persönlichen Kollektionsordner 1988 fand sich ein Artikel über einen neuartigen Helm eines deutschen Herstellers. Eigentlich hätte mir schon damals die Realisierung oder wenigstens Tests mit einer derartigen Oberfläche der Ski gut gefallen. Dies wurde aber leider nicht realisiert. 2002, also 14 Jahre später, steht dann in den Salzburger Nachrichten zu lesen: „Dr. Schineis von Atomic verkauft Ski mit einer Oberfläche, die wie die eines Golfballes nicht glatt, sondern uneben gedippelt ist. Die unebene Oberfläche sorge dafür, dass Luftwirbel minimiert würden. Was den Golfball weiter fliegen und den Ski ruhiger laufen lässt".

Super-G-Ski: Am 4. November 1981 berichtete der Sportreporter Charly Pointner in der Kronenzeitung über den für die Saison 1981/1982 erstmals vorgesehenen Bewerb „Super-G", einem Mitteldung zwischen Abfahrt und Riesenslalom. Zusammen mit dem kaufmännischen Leiter, Dr. Eugen Köck (†) und dem technischen Leiter Franz Scherübl kam mir die Idee, kurzfristig noch für die bevorstehende Saison und für die Messen einen Spezialski für diese Disziplin zu bauen. Scherübl hatte sofort die Idee zur Realisierung parat (normalerweise hat man bei Neuentwicklungen eine Vorlaufzeit von mindestens einem Jahr!): Flachere Schaufel als ein RS-Ski, aber etwas höher als beim AF-Ski, veränderte Taillierung, geschweiftes Skiende. Im Februar 1982 wurde auf der ISPO in München, der größten Sportartikelmesse der Welt, der „Super-G" vorgestellt: Bereits im ersten Jahr konnten an die 15.000 Paar Ski dieses Modells verkauft werden. Heute setzt man im Super-G je nach Strecke und Kurssetzung wieder entweder längere Riesentorlaufski oder kürzere Abfahrtsski ein.

Compact-Ski von Atomic: Es handelt sich dabei um eine der Firma Atomic 1974 zum Durchbruch verhelfende Konstruktion. Der Ski war wesentlich kürzer als die damals „normalen" Skis, nämlich nur 150 cm bis maximal 190 cm lang. Die Tests verliefen so erfolgreich, dass Scherübl als Techniker vorschlug, nicht nur ein Modell, sondern eine ganze Modellserie in die neue Kollektion einzubauen. Eine Idee mit durchschlagendem Erfolg. Für die enormen Verkaufserfolge kam Atomic die Tatsache zugute, dass sich Fischer gegen die Bezeichnung „Compactski" wehrte. Gleichzeitig wurde von Fischer der berühmte „C4“ (Franz Klammer-Siegerski) auf die Bezeichnung „Cut“ umgestellt, was wiederum dem „ARC“-Rennski von Atomic im Verkauf half. Eigentlich waren Compactski die Vorläufer der heutigen Carving-Skis, wobei bei Carving-Skis zu Beginn die Taillierung zu extrem gewählt wurde. Dies führte zu zahlreichen Stürzen mit Verletzungsfolgen, vor allem im Kniebereich. Später sind die Erzeuger wieder auf normale Maße zurück gegangen, der Carving entsprach damit wieder dem Compact Ski. Für die Erzeuger stellten und stellen die Compact- bzw. Carvingskis wesentliche Einsparungen bei den Materialkosten dar.

Mid-Ski: Für einige Jahre war dann der Mid-Ski in Mode, ein Sktyp, welcher in Länge und Taillierung ein Mittelding zwischen Compactski und Ski in Normallänge darstellte.

„Tieflader“ von Atomic: Firmeninterner Spitzname für eine Konstruktion, welche in der Skimitte dünner ausgebildet war als vor und hinter der Bindung. Damals galt eine Zeitlang die Maxime, je näher der Schuhkontakt mit dem Schnee sei, umso mehr Fahrgefühl habe man. Dies wurde bekanntlich später durch die Bindungsplatten (welche teilweise ein unsicheres Maximum an Höhe erreichten und in der Folge von der FIS in der Höhe reduziert wurden) widerlegt.

Derbyflex: Die erste bedeutende Bindungsplatte am Markt war die sogenannte „Derbyflex“. Franz Kneissl senior hatte die Vertriebsrechte, welche er Ende der 80er Jahre an Atomic angeboten hat (siehe diesbezügliches Schreiben von Kneissl an Rohrmoser). Rohrmoser, Kneissl und der Autor trafen sich am Flughafen in Salzburg. Leider waren wir damals nicht von dieser Erfindung überzeugt, wir haben uns einfach nicht „drübergetraut“. Die bedeutendsten im Skirennsport engagierten Firmen trafen in Altenmarkt eine Vereinbarung, die Platte nicht im Rennsport einzusetzen. Einen Tag später gewann Franck Piccard auf einem mit Derbyflex versehenen Rossignol-Ski den Super-G auf der Hochwurzen bei Schladming. Dies sorgte für eine ziemliche Unstimmigkeit unter den Skifabrikanten. Heute wird kaum mehr ein Ski ohne Platte – teilweise integriert oder vormontiert – angeboten. Am erfolgreichsten auf dem Gebiet der Platten ist meines Wissens Tyrolia gewesen.

Twintip-Skis: Seit 2003 und bis heute ein Modewort für vorne und hinten aufgebogene Skis. Unter den Bezeichnungen Atomic „Trick" und Atomic „Ballet" hat es derartige Modelle schon 1977 gegeben. Auch andere Skifabrikanten hatten in der Folge gleichartige Modelle anzubieten.

Big Foot: Der gute alte „Firngleiter" mit einer Länge von 63 cm, marketingmäßig hervorragend aufgearbeitet von Kneissl.

Ergo: Die erste Bezeichnung für Ski mit stärkerer Taillierung („Einzug"), entwickelt von Kneissl – offensichtlich aber zu früh, der Markt war noch nicht bereit dafür. Hier ist einzufügen, dass der eigentliche Erfinder des **Carving**-Skis Reinhard Fischer war, ein pensionierter Gärtner aus der Hinterbrühl im Wienerwald. Leider musste er ein typisch österreichisches Erfinderschicksal erfahren. Keiner der großen Skifabrikanten war bereit, seine Idee aufzugreifen (siehe eigener Bericht).

Head war dann die erste Skimarke, welche mit dem Carving-Ski große Erfolge auf dem Markt erzielte. Die anderen Marken folgten mit Verspätung. Auf diesem Sektor gaben über mehrere Jahre hinweg die österreichischen Firmen den Ton an und überflügelten in Rossignol und Salomon. Heute steht es wieder remis. Es ist noch einmal anzumerken, dass für eine gewisse Zeit die Taillierungen zu extrem und die Skilängen zu kurz angeboten wurden. Dies führte vor allem bei Geradeausfahrten (z.B. auf „Skiwegen") zum Verkanten und Verschneiden und damit zu einer Anhäufung von Verletzungen. Auch im Rennsport wurde die Taillierung und die Skilänge (besser Skikürze) teilweise übertrieben. Folge waren die immer häufiger werdenden Stürze mit schweren Verletzungen, vor allem in den Geschwindigkeitsbewerben, aber auch in den technischen Disziplinen. Eine genaue Statistik über die Skiverletzungen gibt es in einer Studie des ÖSV, welche unter dem Kapitel „Sicherheit im Skilauf" auszugsweise abgedruckt ist.

„Damen-Ski" wie der **„Twintip"** werden in den letzten Jahren wieder von allen Skifabrikanten Damen-Skis angeboten. Dieser Versuch wurde schon vor 20 Jahren öfters gestartet, auch damals schon in leichterer Bauweise, anderen Taillierungen, anderem Bindungsmontage-Punkt. Der Erfolg ist jedoch immer ausgeblieben, einzig Kästle war mit dem Modell „Vogue" über Jahre hindurch erfolgreich.

Kollektionen, technische Ausdrücke und Bezeichnungen

Am Beginn der industriellen Fertigung beschränkten sich die Firmen auf wenige Typen und Modelle. Von den sogenannten „Sondermodellen" war noch kaum die Rede. Im Verlauf der Zeit, vor allem in den letzten 30 Jahren, wurden die Kollektionen immer umfangreicher und unübersichtlicher. 40 und mehr verschiedene Modelle werden von den führenden Herstellern offeriert – überdies noch mit immer unübersichtlicheren Tabellen, Texten und meist in Englisch gehaltenen Fachausdrücken, welche weder Händler noch Konsumenten anschauen oder verstehen. Diese Vielfalt an Marken, Modellen, Ausdrücken usw. von jeder Firma (im Schnitt führt der Fachhandel vier bis fünf Skimarken, drei bis vier Bindungsmarken und vier bis fünf Skischuhmarken im Sortiment) kann sich auch der beste Sportartikelverkäufer nicht – geschweige denn ein Konsument merken. Eine kleine Auswahl: Skill Level, World Cup Edge, OCF, MAC, AFD, Air Channel Titanium, Hyper Carbon, Pilot System, ITF-System, Spaceframe, Streetracer, Twinpulsion Integral, IPS, Dualtec, Twindeck, Active Power Extension, Intelligent Power Response, Densolite Core. Diese Liste könnte endlos fortgesetzt werden.

Dazu kommen Hunderte Modellbezeichnungen mit Fantasienamen, Buchstaben-Kombinationen, Zahlen-Kombinationen, Buchstaben-Zahlen-Kombinationen.
Manche Kataloge erreichen das Volumen von Neckermann-, Karstadt-, TUI-Katalogen. Man kann sich vorstellen, zu welchen Schwierigkeiten diese Vielfalt in Produktionsplanung und Logistik führt, ganz zu schweigen von den geringen Produktionszahlen pro Modell, abgesehen vielleicht einmal von den sogenannten „Rennern“. Die theoretischen Kostensenkungen („Economies of scale“) bei möglichst hoher Produktionsziffer des gleichen Modells führen sich ad absurdum. Bestellt werden vom Handel bei den Katalogmodellen nur die absoluten „Musts“ und – auch bedingt durch die immer geringer werdende, ja fast schon verschwindende Zahl von eigenständigen Händlern (siehe Kapitel „Sportartikelfachhandel“) – die Sondermodelle für die Einkaufsgenossenschaften und Filialketten.

Noch ein Kommentar zu einem Artikel von Dr. Gerhard Schwischei in den Salzburger Nachrichten vom 20 November 2004:

Er hält darin den früheren Technikern und Kaufleuten der Skifirmen vor, dass man mit „handgeschnitzten Methoden“ gearbeitet habe. Dies entbehrt jeglicher Grundlage und stellt eine Herabwürdigung nicht nur der österreichischen, französischen und skandinavischen (Langlauf) Skipioniere dar, sondern auch der Generationen, welche die Vorherrschaft der österreichischen Skiindustrie weltweit bis heute abgesichert haben. Die Tests erfolgten nicht, wie im Artikel behauptet, hauptsächlich mit Rennläufern, sondern mit Skiläufern aller Zielgruppen und aller Könnensstufen. Wie im Artikel geschrieben, erhält Atomic für die Zusammenarbeit mit wissenschaftlichen Instituten Förderungsmittel in Höhe von Euro 350.000,--. Ich freue mich für Atomic, darf aber gleichzeitig festhalten, dass z. B. Fischer bereits 1973/1974 mit dem Forschungszentrum Seibersdorf zusammengearbeitet und Skitests mit einem ganzen Arsenal technischer Mess-

geräte auf der hauseigenen Teststrecke auf der Tauplitz durchgeführt hat – und damit vor allem auch Franz Klammer & Co zu den herausragenden Erfolgen im Weltcup, bei Weltmeisterschaften und Olympischen Spielen verholfen hat. Das in diesem Artikel abgebildete Foto erinnert mich stark an diese Tests von Fischer, auch damals, vor 35 Jahren, waren die Läufer „verkabelt". Eigene Testmannschaften mit silbernen, an Weltraumanzüge erinnernden Anzügen mit der Aufschrift „Fischer C4" wurden mit dem Helikopter eingeflogen. Wir anderen Firmen waren damals ganz schön neidisch. Außerdem ist festzuhalten, dass gerade Fischer eng mit Universitäten, Technologiezentren der Flugzeugforschung (im Rahmen der weltweit erfolgreichen Firma FACC) zusammenarbeitet und wertvolle Schlüsse daraus zieht. Es ist weiters auf Erfindungen wie „Quattro", „Thermo" von Blizzard, „Bionic", „Module Technik" von Atomic, „Ergo" von Kneissl, usw. hinzuweisen. Dr. Schwischei greift auch das Thema Carving-Ski auf und schreibt, „dass nur eine kleine Minderheit von drei Prozent der Skifahrer ‚auf der Kante' fährt". Das stimmt mit Sicherheit nicht, aber vielleicht gibt es ja Marktforschungen und Untersuchungen darüber.
Mein Credo war immer, dass Alter und damit Erfahrung mit Jugend/Jungmanagern und damit Enthusiasmus und eigenen brauchbaren Ideen gepaart gehören. Es ist ein Fehler, alles „Alte" zu verdammen, umgekehrt ist aber auch anzuerkennen, dass jüngere Leute wieder neue Ideen einbringen.

Franz Scherübl,
genialer technischer Leiter bei Atomic

Innovationen

Am Markt erfolgreich sein

„Wann wirst du endlich was Nützliches tun?“

Die Einleitung zum Kapitel „Innovationen“ habe ich zum Teil dem Buch „Bezahlt, um zu entscheiden“ von John Foden entnommen. Einige Sätze stammen auch von einer Serie von Frank Stronach in der Kronenzeitung: „Wie Innovationen entstehen…“.

„Das Problem bei Innovationen ist, dass ‚alles fließt‘. Das ‚Etwas‘ von heute ist morgen alltäglich und übermorgen überholt. Es muss daher enorme Dynamik aufgewendet werden für eine endlose Suche nach neuen und besseren Wegen, den Konsumenten diese besonderen

Werte anzubieten. Unaufhörliche Produktverbesserungen, Vorausblick bei der Nachfrage sind eine Selbstverständlichkeit. Das Credo des Erfolges ist ein ganz neues Produkt, das noch niemand kennt. Die besten Produkte werden dadurch entdeckt, dass man sich konkrete alltägliche Situationen vorstellt und sich den Kopf darüber zerbricht, wie diese erleichtert oder verbessert werden könnten. Die Sünde im marktorientierten Unternehmen ist, einen Konkurrenten zu verschlafen; das geschieht nicht nur auf dem rauen Computermarkt. Denken Sie an Tennis. Slazenger und Dunlop, jahrelang Marktleader, übersahen die Nachfrage nach größeren Rackets, und schon ging das Match an Prince. Um auf dem Marktsektor zu dominieren, muss eine Firma natürlich am letzten technologischen Stand sein. Noch wichtiger – und das darf man nie aus den Augen verlieren – ist es jedoch, dem Konsumenten einen gesteigerten Wert anzubieten".

„In jedem Wirtschaftszweig wird von der Bedeutung von Innovationen gesprochen. Oft sind dies aber Schlagworte, denn kein Unternehmen würde heute mehr von sich behaupten, nicht innovativ zu sein. Aber was zeichnet ein innovatives Unternehmen aus? Und wie entstehen Innovationen? Drei Dinge sind wichtig. Erstens: Innovationen kommen immer von Menschen, niemals von Maschinen oder Anlagen. Es braucht daher eine Kultur, die innovatives Denken fördert. Zweitens: Innovationen werden nicht nur von Managern hervorgebracht. Viele der besten neuen Produktideen entstehen von unten nach oben, von Ingenieuren oder aus dem Produktionsbereich, wo jene Menschen arbeiten, die am nächsten am Produkt und den Kundenbedürfnissen sind. Und drittens: Ein Unternehmen, das nicht in Forschung und Produktentwicklung investiert, wird im globalen Wettbewerb auf Dauer keine Chance haben. Bei Magna setzt man stark auf die Einbeziehung aller Mitarbeiter, weil diese oft sehr wertvolle Ideen und Vorschläge haben. Wer das geistige Potenzial seiner Mitarbeiter nicht schätzt und nützt, macht einen großen Fehler. Bei Magna hat man daher verschiedene Programme eingeführt, die die Mitarbeiter anregen und ermutigen sollen, ihre eigenen Ideen vorzubringen. Die besten werden ausgewählt, die Einreicher erhalten Geldprämien, und ihre Ideen werden dann in den Innovationszentren, wie etwa auch am ‚Frank Stronach-Institute' an der Technischen Universität Graz, weiterentwickelt. Stronach hat den Eindruck, dass es heute an Personen mangelt, die beides beherrschen, nämlich den Produktionsprozess zu verstehen und die Fähigkeit zu besitzen, neue Technologien und Produkte zu entwickeln".

Der Intersport-Händler Christoph Bründl aus Kaprun hat diese Punkte auch in einem Interview in den Salzburger Nachrichten an der Skiindustrie festgestellt: „Viele positive Entwicklungen im Tourismus (Stichwort „Ostöffnung") haben darüber hinweggetäuscht, dass der Skimarkt stagniert. Innovationen passieren nicht, die Skiindustrie schläft". Das ganze Interview ist gleich nach dem Vorwort abgedruckt. In ihrem Buch „Produktinnovationen" verweisen die Autoren Brusatti und Hofstätter auf 99 österreichische Erfolgsprodukte mit Weltgeltung. Dabei ist auch Atomic mit dem damaligen Modell „Trionic" angeführt. Für die Skiindustrie könnten folgende – zum Markenschutz angemeldete – und teilweise noch aufrechte Schlagworte angeführt werden: „Intelligent Systems" (Rentalskis), „Smart Materials" (neue Materialien müssen gefunden und eingesetzt werden), „All Terrain Systems" (Ski mit einem möglichst breiten Anwendungsbereich), „Adaptive Systems" (wiederum Rentalskis hinsichtlich der optimalen Bindungseinstellung – Verschiebbarkeit des Vorder- und Hinterbackens der Bindung in mehreren Stufen, je nach Geländebeschaffenheit).

Vor rund einem Jahr wurden Ski aus Holz und Bambus-Stiefel als „Öko-Winterhits" angedacht: „Big Foot, Carver, Schneeschuhe – jeden Winter versuchen sich die Sportartikelhersteller mit neuen Top-Modellen zu übertrumpfen. In der heurigen Saison geht der Trend erstmals in eine völlig neue Richtung – alles wird öko! ‚Der Hit des neuen Jahres dürften Ski aus Holz und Stiefel aus biologisch abbaubaren Materialien wie Bambus, Hanf oder sogar Tee werden' sagt ein Experte zur „Krone". In Deutschland fänden die Latten aus Eichen oder Fichte bereits reißenden Absatz. Auch renommierte Anbieter wie Rossignol oder Atomic setzten immer mehr auf die Materialien, mit denen schon zu Großvaters Zeiten über die Pisten gewedelt wurde“. Zu diesem Punkt verweise ich auf die Schweizer Firma Zai-Ski unter dem Kapitel über die einzelnen Skifirmen von A bis Z. Die frühere Nationalteam-Läuferin Nicola Werdenigg-Spieß führt in Wien ein Unternehmen, in welche sie Ski nach dem individuellen Geschmack des Käufers mit besonderen Oberflächen versieht. Der Name des Unternehmens ist „Edelwiser“.

2008 schreiben die Salzburger Nachrichten: „Die Skiindustrie bringt mit neuen Technologien Schwung in den Markt, Durch Fortschritte bei Ski und Schuhen soll man nicht so rasch ermüden und damit sicherer unterwegs sein. Unter diesem Motto stehen auch viele Studien im Christian-Doppler-Labor Biomechanics in Skiing an der Universität Salzburg. In enger Zusammenarbeit mit der Skiindustrie, und hier vor allem mit Atomic, wird unter der Leitung von Universitätsprofessor Erich Müller Grundlagenforschung im besten Sinn betrieben. Atomic hat eine Weiterentwicklung des „Doppeldecker“-Skis angekündigt, bei dem zwei Ski freigleitend miteinander verschraubt sind und sich optimal der Piste anpassen sollen. Bei Fischer, bei dem aus Gewichtsgründen der Lochski eingesetzt wird (auch im Nordischen Bereich), setzt man auf Torsionskontrolle. Bei Salomon soll maximaler Ski-Schnee-Kontakt durch eine verlängerte Bindungsplatte erzielt werden. Auch bei Skischuhen gehen die Bemühungen in Richtung mehr Komfort. Die Schuhe geben durch ein zusätzliches Gelenk auch im Vorfußbereich etwas nach und verhindern damit die großen Zugbelastungen beim Sprunggelenk. Technologisch ausgereift, aber von der Kostenseite noch nicht im Griff, sind neue Bindungssysteme. Dabei geht es darum, dass der Auslösemechanismus elektronisch gesteuert wird“. (Bereits an anderer Stelle habe ich darauf hingewiesen, dass man zwar schon seit Jahrzehnten von den elektronischen Bindungen spricht, realisiert wurde sie bis heute nicht).

Bei einem Workshop in Wien diskutierten internationale Biologen und Techniker über die Strategien und Anwendungen von bioinspi-

rierten Materialien. Jeder, der sich schon mal in dem Netzwerk einer Seidenspinne verfangen hat, weiß um die Klebrigkeit, Zug- und Reißfestigkeit dieser Fäden. Heute lässt sich das Dehnungsverhalten von Spinnenfäden kontrolliert modulieren. Spanische Forscher haben herausgefunden, dass sich die Seidenfasern der Spinnenfäden bei Wasserkontakt extrem zusammenziehen. Diese Erkenntnis eröffnet Materialforschern eine technische Spielwiese für ganz neue Stoffe mit modulierbaren Dehnungseigenschaften. Initiiert und organisiert wurde das Treffen in Wien von der Universität für Bodenkultur – konkret von der Physikerin Stefanie Tschegg.
Die „Bionikforschung" präsentierte drei Tage lang ihre Entdeckungen im großen Struktur- und Materialfundus der Natur und man diskutierte mit Technikern und Ingenieuren über die Potenziale zur Entwicklung „intelligenter" Materialien. Die meisten biologischen Strukturen sind „Komposite", also Verbundstoffe aus Polymeren oder manchmal auch Mineralien. Die Prinzipien dieser Strukturen sind der Schlüssel zu völlig neuen Werkstoffen.
Man diskutierte beispielsweise auch den Aufbau von Schalenschichten in Weichtieren. Diese neuen Werkstoffe haben mechanische Eigenschaften, die denen von Metalllegierungen entsprechen und zu den härtesten keramischen Materialien gehören, die jemals hergestellt wurden. Die Schale kombiniert einzelne Platten von starkem, aber sprödem Kalziumkarbonat mit einem weichen Proteinklebstoff in einer Stein- und Mörtelstruktur, die 3.000 Mal härter als ihre Einzelbestandteile sind. Diese optimale Kombination macht Perlmutt zu einer idealen Vorlage für keramische Komposite, die unter anderem zur Herstellung von Fahrgestellen oder als Struktur- und Dämmelemente im Hausbau einsetzbar sein können. (Warum nicht auch im Skibau?)
An der technischen Universität Eindhoven beschäftigt man sich mit der Oberfläche der Himbeere: Ähnlich dem Lotusblatt weist diese stark wasserabweisende Eigenschaften auf. Es wurden Oberflächen mit himbeerähnlichen anorganischen Siliziumpartikeln entwickelt, die stark wasserabweisend und selbstreinigend sind. Zur Anwendung

könnte diese Innovation beispielsweise bei Glasscheiben kommen (warum nicht auch bei Skioberflächen?).
Friedrich Barth, österreichischer Pionier der Bionikforschung beschäftigt sich bereits seit Jahrzehnten mit den Sinnesorganen in Spinnenhärchen, die den Tieren die exakte Wahrnehmung von Bewegungen in der Umgebung oder feinsten Berührungsreizen ermöglichen. Es wurden mathematische Modelle entwickelt und damit eine ausgezeichnete Basis für die Innovation bioinspirierter technischer Sensoren geschaffen (vielleicht ein neuer Ansatz für die elektronische Skibindung?). Spionage à la „Spyderman"? Klingt zwar noch wie Science Fiction, könnte aber bald schon Realität sein.

Äußerst interessant sind erst vor kurzem bekanntgewordene Forschungsergebnisse von den Maschinenbaustudenten Andreas Flanschger und Peter Leitl von der Technischen Universität Graz. Auch dabei geht es um eine Anlehnung an die Natur bzw. an die Tierwelt: Sie erforschten die Oberflächenbeschaffenheit eines aus dem Haus der Natur ausgeliehenen Haifisches, um feststellen zu können, warum Haie so schnell und effizient sind. Sie stellten erste Berechnungen an. Mit dem Ziel, eine perfekte Oberfläche zu schaffen, welche Flugzeuge schneller, aber auch energieeffizienter, sprich sparsamer, macht. Die Idee, den Reibungswiderstand zu verringern, ist nicht neu. Neu und weltweit einzigartig ist aber das Knowhow um die Berechnungen. „Während unserer Zusammenarbeit im TU Racing-Team sind wir mit allen möglichen Technologien in Berührung gekommen und haben uns gefragt, warum man spezielle Strukturen nicht schon längst beim Racing einsetzt", erinnert sich Tüftler Peter Leitl. Strukturen, die so fein sind, dass man sie mit freiem Auge nicht erkennen kann, die aber den Luftwiderstand verringern sollen. Monatelange Recherchen folgten. Die Suche nach einem passenden Verfahren für die Umsetzung gestaltete sich schwierig. „Die größten Schwierigkeiten lagen in der Präszision der Struktur und der Berechnung", sagt Peter Leitl. Mit mechanischen Werkzeugen war die Umsetzung unmöglich.

Als Peter Leitl die Diplomarbeit einreichte, war es soweit – die erste Struktur wurde in Auftrag gegeben. Der Partner, ein deutsches Unternehmen, kam aus der Fotooptik. Zusammen entwickelten sie ein Produkt, das Flugzeugen insgesamt etwa vier Prozent Kraftstoffersparnis bringen kann. Das Produkt ist, vereinfacht gesagt, eine selbstklebende Folie die an die jeweiligen Gegebenheiten angepasst werden kann. Sie wird auf die Tragflächen eines Flugzeugs oder auch auf die Rotorblätter eines Windkraftwerks aufgeklebt und optimiert so die Strömungsverhältnisse. „Wir sind besser als der Hai", fasst Andreas Flanschger zusammen. „Unsere Oberfläche ist noch effizienter".

Aber auch andere skirelevante Neuerungen gibt es: Materialwissenschafter haben Nanofasern entwickelt, die Körperbewegung in Strom umwandeln: Der erste Schritt zum E-Shirt (oder E-Skianzug) – Textilien, die Handy und MP3-Player laden. Forscher des Georgia Institute of Technology haben Fasern entwickelt, die Körperbewegung in elektrische Energie verwandeln können. Die Strom produzierenden Fasern sind dünner als Haare mit einem Kern aus biegsamem und stabilem Kunststoff. In drei Jahren hoffen die Wissenschafter aus Atlanta, die ersten Strom produzierenden Kleidungsstücke auf den Markt bringen zu können. Prototypen gibt es bereits. Die intelligenten Textilien sind nur ein Beispiel dafür, wie textile Innovationen unser tägliches Leben verändern können. Es gibt dazu eine eigene Broschüre „Textile ®Evolution", Untertitel: „vom Nylonstrumpf zum Flugzeugrumpf".
Lilo Bennegger von der Firma Besson redet über Rennanzüge der heimischen Skistars. Die Maßanzüge aus dem Windkanal sind echte Hightech-Produkte. Gesucht wird ein Anzug, der möglichst luftabweisend ist und dennoch die FIS-Normen erfüllt. Der Weltskiverband schreibt nämlich eine Mindestdurchlässigkeit von 30 Liter pro Quadratmeter Stoff in der Sekunde vor. Die Luftdurchlässigkeit prüft die FIS mit dem sogenannten „Porosimeter". Entspricht der Anzug, wird er plombiert und damit für den Renneinsatz freigegeben.

Descente, der Ausrüster der Schweizer Rennläufer, schneidert die Anzüge aus fünf Teilen, Österreichs früherer Exklusivausrüster Besson aus 16 Teilen. „Damit kann man jedem Fahrer die optimale Passform auf den Leib schneidern", sagt Bennegger. Die Stoffe werden von Besson zusammen mit der alpinen Forschungsabteilung an der Uni Innsbruck entwickelt und in Italien produziert. Das war auch der Grund, warum der ÖSV von Spyder zu Besson gewechselt hat. Das Material besteht aus zwei Membranen, die übereinander geklebt sind. Genäht wird altmodisch per Hand. 2009/2010 wurde der Bekleidungsausstatter allerdings wieder gewechselt – zur Firma Schöffel. Der Neo-Ausrüster hat freilich das Know-how für die hauchdünnen Race-Overalls weiterentwickeln können. Im Gegenwind von 120 km/h checken die Athleten im Windkanal von Audi Anzüge, Helm, Rückenschutz (vergleichbar mit „Hans"-Nackenschutz der Formel 1 Piloten), Nähte – und die ideale Abfahrtsposition. Bald wird es zum „gläsernen" Skirennfahrer kommen, so wie das im deutschen Fußball unter Trainer Jogi Löw schon der Fall ist.

Im Skisprungbereich hat der Schweizer Simon Ammann mit einer neuen Bindung eine Zeit lang die Konkurrenz beherrscht. Bei der mittlerweile legendären Bindung ist der Zapfen, der den Schuh mit dem Ski an der Ferse verbindet, gebogen. Der Springer kann so den Ski in der Luft besser lenken.

Die Salzburger Firma Skidata bietet erstmals persönliche Videos von der Piste und im Funpark an. Skigebiete fahren darauf ab. Man wird aber erst sehen, ob dies wirklich ein echter „Renner" wird.

Bei der in vierter Generation im Familienbesitz befindlichen Vorarlberger Firma Doppelmayr ist man besonders stolz auf den weltweit ersten Achter-Sessellift mit Wetterhaube, dessen Sessel nebenbei auch unterkühlte Skifahrer-Hinterteile beheizen. Weiteres Aufsehen gab es in der Branche über den ersten Kombi-Lift, der in Maria Alm in Salzburg errichtet wurde: Nach Bedarf kann der dortige Liftbetreiber Kabinen und Sessel wechselweise über dasselbe Seil laufen lassen. Bereits 2005 wurde die welterste Gondelseilbahn mit drehbaren Kabinen im Kanton Schwyz in der Schweiz installiert. Die welterste Kabinenbahn mit Einstiegs-Riesenrad errichtete man 2007 in St. Anton am Arlberg – erhöht den Komfort der Skifahrer beim Einsteigen.

Lift-Bergstation, Doppelmayr

Für den „Normalskifahrer" wurden beheizbare Jacken, ein Handy am Ärmel, beheizbare Handschuhe, mobile GPS-Geräte und Hi-Fi im Skihelm entwickelt. Persönlich halte ich nicht viel von dieser „Übertechnisierung", die Ablenkung beim Skifahren ist zu groß. Besser ist es immer noch, sich auf die Piste zu konzentrieren.

Seit rund drei Jahren kann man Rennfahrer, Schanzen-Weitenjäger, Langläufer und Biathleten auch am Computer „spielen". Eberhard Dürrschmid ist Chef von Greentube in Österreich und holt mit kostenlosen Sportspielen wie der Ski-Challenge Millionen vor die PC-Monitore. Eine neue Art von Spielerei, ob sinnvoll oder nicht, wird sich erweisen.

Passt zwar nicht zum Thema, aber für weniger sinnvoll habe ich in der Saison 2009/2010 die ORF-Serie „Das Rennen“ mit Armin Assinger gehalten. Obwohl am Dachstein und in Schladming, also meiner Heimat, veranstaltet und gedreht, war es eher ein ORF-„Langweiler“. So schreiben auch die Salzburger Nachrichten: „Kein übermäßiger Triumph für das Finale von ‚Das Rennen' in Schladming. Wenn die Tribünen nur schütter besetzt sind, mutieren auch ORF-Mitarbeiter zur Jubelstatisterie, die mit Lärmtröte und Ratsche Begeisterung mimt. Fadesse, perfekt aufgemotzt. 664.000 Zuseher (Marktanteil: 27 Prozent) sahen die von Armin Assinger konzipierte Sportshow. Prominente und Skilegenden als Showstars auf der steilen Planai: Ein an sich für die Alpenrepublik aufgelegtes Thema, doch die erhoffte Schussfahrt zu Quotenrekorden blieb aus. Grundsätzlich glaubt Assinger aber an die Verknüpfung von Sportevents und Show. „Vielleicht", so Assinger, „gibt es ja bald schon eine Sendung ‚Swimming Stars'?“. (Oder vielleicht ein Radrennen „Rund um den Wörthersee“ mit holländischer Beteiligung?).

Ski heil: Petra Frey, Verena Scheitz, Vera Russwurm, Diana Lueger, Elke Lichtenegger, Bernie Rieder, Onka Takats, Missy May, Oliver Wimmer, Armin Assinger.

Monocoque

Wörtlich: „Aus einer Schale“ hat sich als Bauweise für Formel 1-Chassis endgültig und ohne Ausnahme gegenüber Rohr-Rahmenkonstruktionen durchgesetzt.

Monocoque

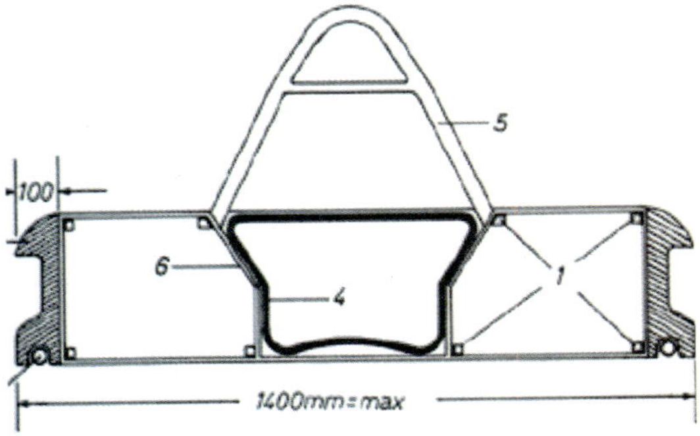

(wörtl. „,... aus einer Schale" hat sich als Bauweise für Formel-I-Chassis endgültig und ohne Ausnahme gegenüber Rohrrahmenkonstruktionen durchgesetzt. Im Monocoque sind dünne Bleche (und nicht einzelne Rohre) die tragenden Teile des Fahrgestells, die Bleche sind meist über Winkel miteinander vernietet.

1985 las ich das Buch „Niki Lauda – Die Formel 1“. Bei der Darstellung des Querschnittes von einem Formel 1 Monocoque dachte ich sofort an einen etwas futuristisch anmutenden Skiquerschnitt. Außerdem gefiel mir das Wort „Monocoque“ – „Aus einer Schale“. Die Markenanmeldung und Markenregistrierung erfolgte weltweit für Atomic. Verwendet wurde die Marke leider nicht. 1986 erhielt der Autor anonym von Genf aus Unterlagen über ein Skiprojekt der Firma Salomon zugesandt. Der Markenname „Monocoque“ war darin zwar noch nicht erwähnt, wohl aber das gesamte Skiprojekt auf mehr als 200 Seiten dargestellt. Die wichtigsten Passagen wurden von mir für Rohrmoser übersetzt, fanden jedoch kein Echo. Die Verkaufsmannschaft hielt unter dem Titel „ASC-Anti-Salomon-Concept“ die ersten Sitzungen am 26. Mai und am 30. Juni 1986 ab, leider wieder ohne Erfolg, damit beim Firmeninhaber durchzukommen. 1989 starteten wir einen weiteren Anlauf, wieder ohne Erfolg.

In der Zwischenzeit begann Salomon mit der Produktion von Ski und hatte bereits Tausende Paare mit der Bezeichnung „Monocoque“ auf Lager. Auch das Werbematerial für die Messen war fertig gedruckt. Erst zu diesem Zeitpunkt bemerkte man bei Salomon, dass die Bezeichnung weltweit für Atomic geschützt war. Daraufhin flog der damalige Firmeninhaber Georges Salomon begleitet von fünf Beratern und Anwälten nach Salzburg. Von Atomic nahmen Rohrmoser und Schrempf teil. Nach mehrstündigen Verhandlungen einigten sich die beiden Firmenchefs Rohrmoser und Salomon schließlich darauf, einen vernünftigen Tausch vorzunehmen: Nachdem Atomic ein Jahr vorher die deutsche Bindungsmarke Ess (siehe eigenes Kapitel) erworben hatte, gab es aufgrund der technischen Entwicklung keine hundertprozentige Klarheit über das eine oder andere Patent der Firma Salomon. Im Sinne der wirtschaftlich besten Lösung für beide Firmen tauschte man die Marke Monocoque gegen sechs Salomon-Patent-Familien. Sicher hätte Atomic den Markteintritt von Salomon-Ski um ein Jahr hinauszögern können, andererseits aber jahrelange Patent-Prozesse riskiert. Es war daher eine „salomonische“ Entscheidung.

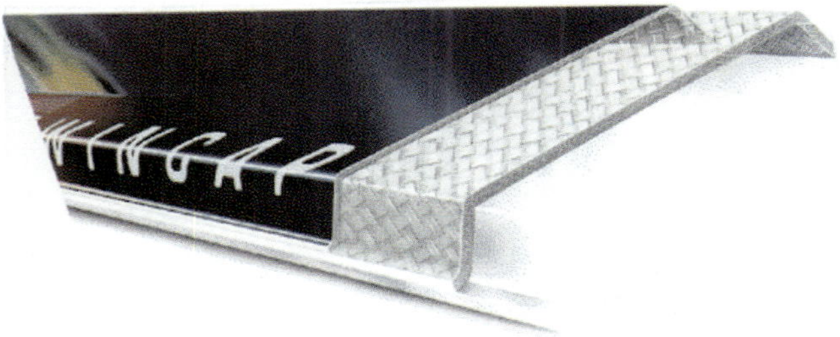

Zwei Jahre später (1991) sah dann auch Rohrmoser als erster österreichischer Skifabrikant die zumindest optische Überlegenheit der neuen Bauweise ein. Der Atomic „Cap“-Ski war geboren. Allerdings hatte man wertvolle Zeit, nämlich fast fünf Jahre, verstreichen lassen. Zu seinem 60. Geburtstag erhielt Rohrmoser 1992 die ersten 60 Paar Cap-Ski überreicht. Der „Twin-Cap“, die „Zwillingsschale“ folgte ein Jahr später. Mit dieser Konstruktion wäre man wieder auf dem Weg nach ganz oben gewesen.

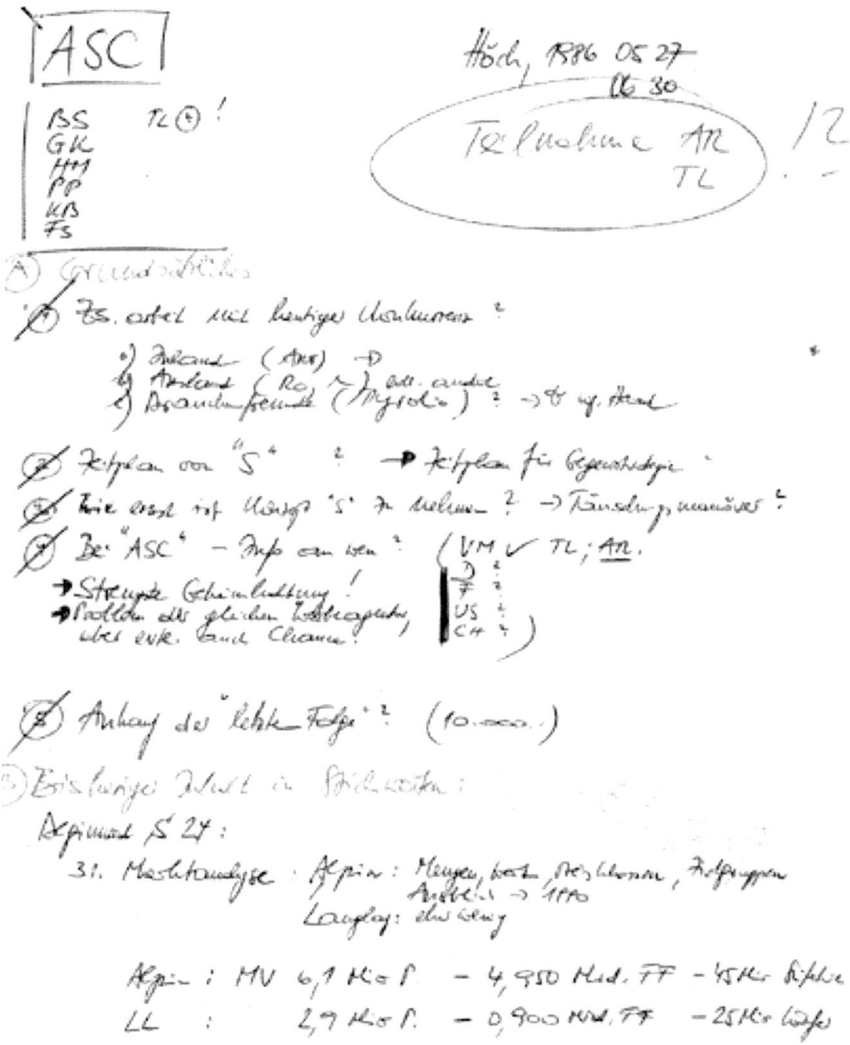

Die Orderzahlen zwei Jahre später waren auf einen Rekord gestiegen. Liquiditätsschwierigkeiten und das Verhalten der BAWAG nach einem Alleingang Rohrmosers mit dem „Vierer-Konsortium" im September 1994 führten dann allerdings zum Konkurs (siehe dazu das entsprechende Kapitel).

1 juillet 1986 **20 ans** **505 736**

ATOMIC SKIFABRIK ALOIS ROHRMOSER
44, Markt, A-5602 WAGRAIN
(Autriche)

ATOMIC

MONOCOQUE

Produits et/ou services groupés par classes:
28 Appareils de sport; skis, bâtons de skis; étuis et housses pour skis, bâtons de skis et fixations.

Origine: Autriche, 25 avril 1986, AM 1306/86 / 1 juillet 1986, 113 108.

Premier dépôt au sens de l'article 4 de la Convention de Paris, selon déclaration du déposant: Autriche, 25 avril 1986, AM 1306/86.

Pays intéressés: Allemagne (République fédérale d'), Benelux, Espagne, France, Italie, Suisse.

Date d'inscription selon la règle 13.1) du Règlement d'exécution du 21 juin 1974: 20 octobre 1986.

Alois Rohrmoser mit den Rennläufern Enn und Zoller und Georges Salomon

Ausgewählte Materialien

Die sogenannten Trägermaterialien haben sich im Skibau laufend verändert. Waren es bis ca. 1955 vor allem Holzski in allen Varianten und Längen, Einzügen usw., so begann danach die Ära der Metall-, Kunststoff- und Compoundski. Meiner Erinnerung nach war der erste „Glasski“ (Kunststoffski) von der Firma Ober in Kitzbühel hergestellt worden. Als junger Bub konnte man sich darunter gar nichts vorstellen, war man doch froh, wenn man Holzski mit Kanten hatte. Kneissl gelang dann der Durchbruch mit dem Kunststoffski, als Höhepunkt das Modell „White Star“ (das auch in der Kollektion 2010/2011 mit dem gleichen Namen, natürlich in anderer Konstruktion wieder auflebt), dem Weltmeisterski von Karl Schranz in Chamonix 1962. In etwa zur gleichen Zeit entwickelte Howard Head, aus dem Flugzeugbau kommend, den Metallski.

Ein kleiner österreichischer Betrieb, die Firma Riha aus Steyr, brachte den Hari-Ski und Skibob, ebenfalls aus Metall gefertigt, auf den Markt. Richtig bekannt wurde der Metallski aber erst durch die Firmen Head und Fischer. Ich glaube, die ersten Metallski von Fischer trugen den Modellnamen „Kompakt“ (hatten nichts mit der späteren Compactski-Welle zu tun) und es folgten die Modelle „Fischer Alu Steel“ und „Fischer President“. Zu jener Zeit kam es auch zur Werbeschlacht zwischen Kneissl und Fischer, zwischen Kunststoff- und Metallski (Slogan:“ Metall hat seine Grenzen“ mit Abbildung einer zerbeulten Blechdose). Blizzard und Kästle mischten für die die damalige Zeit ebenfalls bereits groß mit. Atomic brachte den „Blue Gigant“. Mehr darüber steht im Kapitel „Konstruktionen“.

Natürlich waren auch die französischen Hersteller Rossignol, Dynastar und Dynamic bei allen Materialien vertreten. Dynamic-Eigentümer Paul Michal war überhaupt der „Skitüftler“ par excellence mit Erfindungen wie der Gliederkante, dem Kunststoffbelag, der Torsionsbox-Konstruktion.

Mit fortlaufender Verbesserung der Konstruktionen wurden auch immer neue Materialien eingesetzt. Da ich neben meinem Beruf als Kaufmann auch immer Hobby-Sammler neuer technischer Entwicklungen war, las ich 1980 über die erste Formel 1-Chassis aus Carbon, entwickelt von Collin Chapman, Team „Lotus-Gold-Leaf". Carbon, Keramik und Kevlar wurden auch im Skibau die neuen Modefasern, wobei festzuhalten ist, dass oft schon ein kleiner, dünner Faden irgendwo im Ski placiert genügte, um die entsprechenden Bezeichnungen und Namen auf den Ski zu drucken. Persönlich bin ich der Meinung, dass man vor allem mit Keramik noch viel mehr experimentieren müsste, vor allem hinsichtlich der Kanten bei Rennski. Stahl bremst bekanntlich, und es gibt mittlerweile Keramik mit 100 Prozent Duktilität (= Dehnbarkeit, Formbarkeit). Auch einen Artikel über den Einsatz von Titan im Magazin „Capital 80/81" hätte man schon früher in die Realität umsetzen können.

Er viel später hieß das Material statt Aluminium auf einmal Titanal. Werkstoffe der Zukunft werden höchstwahrscheinlich Bolfur (ein Metallfaserwerkstoff), Iridium, Biokeramik und andere „Smart Materials" und „Smart Fibres" sein. So wurde im September 2004 über Forschungs- und Entwicklungsarbeiten an Verbundwerkstoffen mit einem 70 Prozent-Anteil von Sägespänen an der Hochschule für Bodenkultur in Wien berichtet. Auch zu diesem Kapitel würde sich eine viel intensivere Zusammenarbeit mit Universitäten und Forschungsstätten anbieten.

Gestaltungsmöglichkeiten am Ski

Meiner Meinung nach und aus langjähriger Erfahrung bestätigt, muss ich leider feststellen, dass der Fantasie und den Visionen bei der Gestaltung Grenzen gesetzt werden sollen. Bedingt durch die Möglichkeiten der Arbeit am PC werden oft Grafiken entwickelt, die übertrieben sind (die Amerikaner sagten zu solchen Modellen immer „too busy"). Wirklich gute Grafiker sind im Skibereich praktisch arbeitslos geworden. Für Design und Formgebung wäre eine verstärkte Zusammenarbeit mit anderen Industriezweigen (z.B. Auto- und Flugzeugindustrie) und den Universitäten (Leoben, TU Wien, TU Graz), mit Fachhochschulen und internationalen Instituten sicher nicht von Nachteil. Fischer zeigt es mit FACC vor, Atomic mit der Doppler-Universität in Salzburg.
Wo gibt es mögliche Ansatzpunkte für technische, grafische und designmäßige Innovationen?

- O Oberfläche: Material, Farbe, Grafik, Formgebung, Qualität, Haltbarkeit
- O Lauffläche: Material, Farbe, Grafik, Formgebung, Qualität, Laufeigenschaften, Schliff, Splitbase
- O Seitenwangen: Material, Farbe, Grafik, Formgebung, Qualität, Seitenwinkel
- O Skischaufel/Skispitze: Material, Farbe, Grafik, Formgebung
- O Skiende: Material, Farbe, Grafik, Formgebung
- O Vorderski: Farbe, Grafik, Formgebung, Funktion. Man kann heute im Rennsport bei TV-Übertragungen kaum ein Modell als typischen Ski für die Firma XY erkennen (Ausnahme: Fischer mit den typischen gelben Skiern, gelben Bindungen und gelben Skischuhen). In den frühen 70ern gab es eine hervorstechende Grundfarbe mit großem Firmenschriftzug, und jeder Seher wusste, welche Marke der jeweilige Läufer, die Läuferin unter den Füßen hatte. Hinsichtlich der Größe der Schriftzüge/Firmennamen hat man wieder gelernt, sie sind groß, in den meisten Fällen lesbar

(sofern sie nicht künstlich verunstaltet werden). Zu beachten sind hier aber die jeweils gültigen Bestimmungen der FIS.

- O Hinterski: Es gilt grundsätzlich das gleiche wie für den Vorderski, außer dass auch hier die Anbringung des Markennamens wichtiger ist als eine Modellbezeichnung. Man denke hier auch an die Erkennbarkeit der Marke für den Hintermann/die Hinterfrau beim Anstellen am Skilift (das mag zwar überspitzt klingen, hat aber im Unterbewusstsein sicher seine Wirkung).
- O Mittelbereich/Bindungsanschlussbereich: Material, Farbe, Formgebung für die Platte, Integration der Bindungsplatte. Man muss anerkennen, dass auf diesem Gebiet von allen Firmen intensiv und erfolgreich gearbeitet wird.
- O Skianten: Material (Stahl durch dehnbares Keramikmaterial ersetzen, andere, neue Materialien), Härte, Haltbarkeit, Bearbeitungsmöglichkeit (schleifen), andere Farbe (falls technisch möglich – würde sehr auffallen).

Die "verrückten Kanadier" Ken Read und Todd Brooker mit Head.
Ein Beispiel von Kontinuität im Markenzeichen.

Oben: Ein interessantes Bild für Techniker, Skifahrerinnen und Skifahrer: Man sieht an allen fertig produzierten Skiern von Fischer die aus integriertem Holz bestehenden Bindungsplatten und die gekehlte Skiform am Vorder- und Hinterski (fast wie heute „Beta"

Die Skiorgel von Fischer, 1947

Schon früh auf Draht...

. . . war die heute in österreichischem Eigentum befindliche französische Skifirma Dynamic, die bereits 1946, also vor 36 (!) Jahren, einen „Drahtski" entwickelte. Damals (Bild rechts und unten) wie heute (Bild links mit Steve Podborski und Abfahrtsweltmeister Weirather) diente die Drahtvorrichtung dazu, Schwingungen, die bei hohen Geschwindigkeiten auf dem Ski entstehen, zu dämpfen. Von der Idee her zweimal dasselbe, unterscheiden sich die beiden Skimodelle ganz wesentlich: War 1946 Holz noch das alleinige im Skibau verwendete Material, so verdienen die „Brettln" heute diesen Namen eigentlich gar nicht mehr – sie sind aus Metall oder Kunststoff. Trotzdem: Selbst bei den revolutionärsten Erfindungen ist kaum etwas dabei, was nicht schon einmal dagewesen ist . . .

Krone 1982

KOMM.-RAT FRANZ KNEISSL, 6330 KUFSTEIN, AUGUST-SCHERL-STRASSE 12, TEL. 05372-3735

ATOMIC 11. DEZ. 1988 EINGANG

An die
Skifabrik Alois Rohrmoser

A - 56o2 Wagrein

z. Hd. Herrn Rohrmoser

Lieber Alois Rohrmoser,

verständlicherweise hat mich das Thema Ski auch nach meinem Ausscheiden aus der Unternehmung nicht losgelassen.

Die beigeschlossenen Unterlagen zeigen Dir das Sachthema auf, das ich Dir nahebringen möchte und von dem ich überzeugt bin, daß Du damit der Skiwelt neue Impulse gibst.

Dein derzeitiger Führungsanspruch würde mit dieser Lizenzübernahme von Derbyflex nicht nur einen neuen Markstein für die Skiindustrie setzen, sondern ATOMIC einmal mehr als Leitfigur in der Skiproduktion bestätigen.

Mich würde es freuen, wenn ich im Suchen nach geeigneten Interessenten Deine Unternehmung dafür gewinnen könnte.

In Anerkennung Deiner hervorragenden Leistung

grüße ich Dich freundlich

BIONIC – die skitechnische Revolution von ATOMIC
Die von ATOMIC wissenschaftlich erarbeitete und in zahlreichen Fahrtests praktisch erprobte Neukonstruktion weist einen geteilten Skikern auf. Er besteht aus Werkstoffen unterschiedlicher Festigkeit.
Auch das Trägermaterial wird im wichtigsten Bereich des Skis geteilt. Dadurch können die von der Skischaufel ausgehenden Schwingungen in der programmierten Skizone stark reduziert werden. Die unterschiedlichen spezifischen Gewichte der beiden Kerne zentrieren das Gewicht in Richtung Drehpunkt. Dies bei optimalem Skigesamtgewicht und ausgewogener Elastizität.
Das bringt doppelten Vorteil: Dieser Aufbau dämpft die Schwingungen des Skis im Mittelbereich hervorragend. Der neue ATOMIC Bionic erreicht auch auf harter und ruppiger Piste eine vorher nie gekannte Laufruhe. Wichtig dabei ist, daß das Temperament und die Spritzigkeit des Skis voll gegeben sind.
Den zweigeteilten Kern des Bionic kann man an seiner zweifarbigen Seitenwange

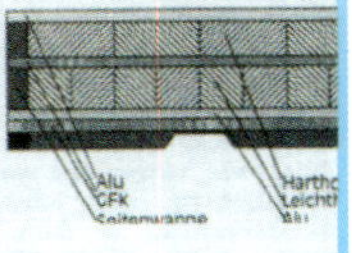

FIG. 1

FIG. 2

NOV. '81!

Mittwoch, 4. November 1981 SPORT

Sport STOPPLICHT

VON MICHAEL KUHN

Der Sture

Bruno Pezzey ist nicht nur ein Weltklassesportler, er ist auch ein eigenwilliger Mensch ohne Kompromißbereitschaft, was seinen Beruf Fußball betrifft, ohne Hang zu Liebdienerei, eigenwillig – bis an die Grenze der (alemannischen) Sturheit.

Diese Grenze streifte er, als er vor dem Deutschlandspiel als einziger den Mut hatte, dem ÖFB-Präsidenten dessen Brief ungeöffnet und daher ungelesen zurückzuschicken.

Zur Zeit opponiert Pezzey gegen das verlängerte Trainingslager der Nationalmannschaft vor dem Abflug nach Sofia. Nicht, weil er, wie andere, lieber zu Hause herumsitzt, sondern weil er die Maßnahme für falsch hält: „Es ist besser, wenn ich meinen Jahresrhythmus einhalte und am Samstag Meisterschaft spiele." Schluß, aus.

Dazu kommt natürlich noch ein zweites Argument des vertragstreuen Arbeitnehmers Pezzey: Er will Arbeitgeber Eintracht Frankfurt nicht vor den Kopf stoßen.

Da also diesem großartigen Fußballer ein gewisses Maß an Sturheit zuzutrauen ist: Was bitte, geschieht, wenn Bruno Pezzey nicht am Freitag anreist, sondern erst am Samstagabend nach dem Bundesligamatch in Darmstadt nach Wien fliegt? Läßt Stotz seinen stärksten Spieler sperren? Schickt er ihn wieder nach Hause? Diese selbstzerfleischende Härte müßte Stotz erst vorexerzieren.

▲ Muß wieder den Sturzhelm aufsetzen – Ingemar Stenmark bei seinem Abfahrtsversuch auf

Der Riesentorlauf soll jetzt „super" we
Zwei Minuten lang, Tempo, Sprünge, Sturzt

Der Skiweltcup hat ein neues Kind geboren: Den „Superriesentorlauf", ein Mittelding zwischen Riesenslalom und Abfahrt! Heuer gibt's drei Versuchsrennen (Madonna, Crans, San Sicario). Im Winter 82/83 scheint der „Superriesentorlauf" bereits im Weltcupkalender auf. Was ist nun dieses neue Superding?

Der Riesenslalom, für den TV-Zuschauer die unattraktivste Art des Skirennlaufs, soll dramatischer werden – mit einem Wort „super". „Eine echte Prüfung", umreißt Weltcupboß Serge Lang den neuen Bewerb, „mit Sprüngen, mit Tempo und ein Konditionsrennen." Der Höhenunterschied muß zumindest 600 Meter betragen, die Fahrzeit soll um die 2 Minuten liegen und nur ein Lauf wird ausgetragen. Die Rennläufer müssen wegen des hohen Tempos (bis zu 100 km/h) einen Sturzhelm tragen, auch wird auf dem ausgeflaggten Kurs ein Trainingslauf ausgetragen.

Heuer also noch ein Versuch, 1982/83 schon Weltcup: In Garmisch (statt der Abfahrt), in Madonna, Whistler Mountain, Aspen, Anchorage. „Noch nicht geklärt ist", so Serge Lang, „ob der neue Superriesentorlauf den bisher üblichen Riesenslalom ersetzt oder als vierter Bewerb aufgenommen wird." Stenmark hat schon zugesagt, bei der ersten Probe in Madonna zu starten. Karl Pointner

Profil

Deutschlands größter Helmhersteller ist nun auch in Österreich präsent: Anläßlich der Wiener Frühjahrsmesse »Zweirad« wurde ein technisch völlig neu konzipierter Motorradhelm vorgestellt. Modell »Profil«. Die profilierte Helmoberfläche ist das Er-

gebnis umfangreicher Entwicklungsarbeiten im hauseigenen Windkanal. Abrißkanten an der Helmoberfläche und am Kinnspoiler vermindern den Luftwiderstand sogar bei Seitenwind.

AEROSPEED

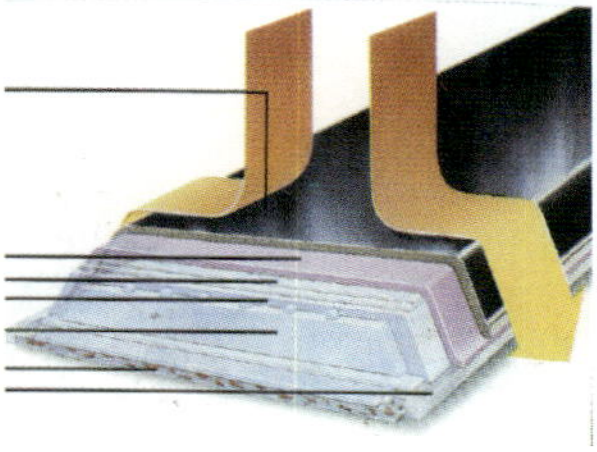

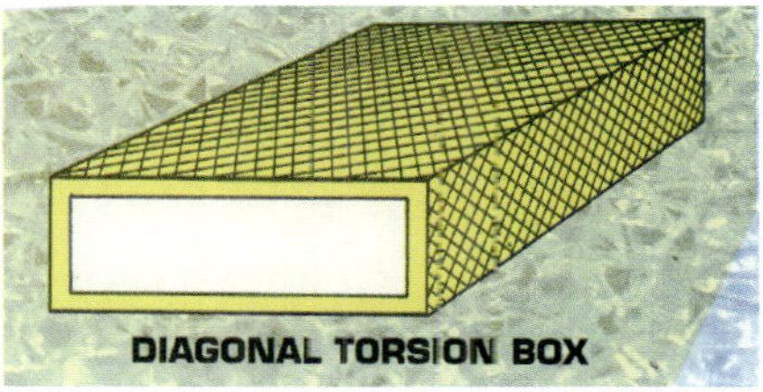

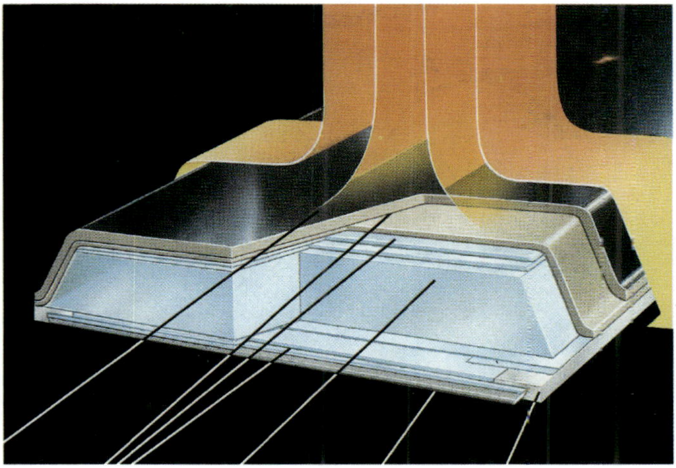

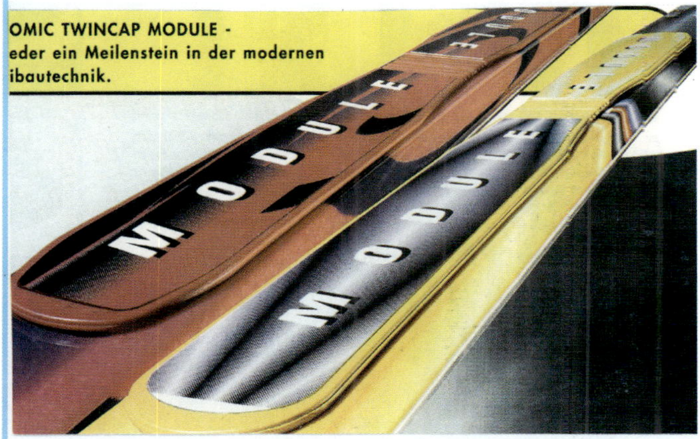

Beispiele innovativer Alpinski-Technologie

Beispiele innovativer und erfolgreicher Langlauf-Konstruktionen

Hermann Tritscher, einer der ersten Wagnermeister Österreichs, der sich mit der Skiherstellung beschäftigt hat. Zum jährlichen Schüler-Skirennen spendete er immer acht Paar Ski für die Siegerinnen und Sieger in jeder Altersklasse. Das würde heute einem Wert von 3.000,- Euro entsprechen!

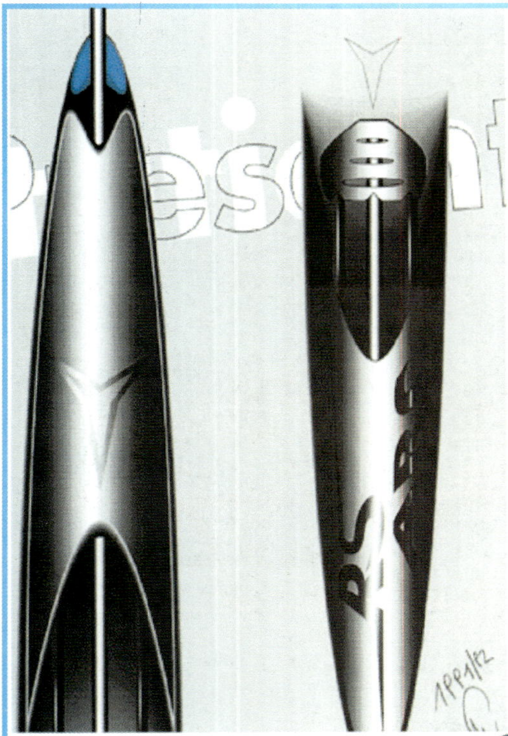

RACE

SALOMON

Spinnenfäden ziehen sich bei Feuchtigkeit zusammen,
das Prinzip will man in der Materialwissenschaft nutzen.

realitätsnahe Online-Skirennen von Greentube

Wir unterscheiden am Zeichentisch vier verschiedene Möglichkeiten, einen Ski zu konstruieren: Die simpelste von allen ist die **Injektions-Methode**, bei der der Skikörper mit Kunststoff ausgeschäumt wird. Beim **Sandwich-Verfahren** (Grafik rechts oben) wird hingegen eine Vielzahl von verschiedenen Materialien übereinandergelegt und miteinander verschmolzen. Die **Torsionskasten-Konstruktion** (Skizze rechts unten) ergibt sich aus einem im Profil rechteckigen, hohlen Träger, der über die gesamte Länge des Skis verläuft. Um diesen Träger, werden dann die restlichen Ingredienzen eingearbeitet. Neben diesen traditionellen Methoden kennen wir seit zwei Jahren die **Monocoque-Konstruktion** (Bild links). Skier dieser Bauart bestehen aus einem schalenförmigen Körper, dessen seitliche Ränder direkt auf den Kanten sitzen.

Würde man die 26 getesteten Skier auseinanderschneiden und deren Aufbau analysieren, so würden wir immer wieder, unabhängig von der Konstruktion, auf ein Metall stoßen, das **Titanal** heißt und mittlerweile für den Skibau so wichtig ist wie der Schnee zum Skifahren. Titanal ist eine besonders schlaue Alu-Legierung aus Ranshofen, einerseits leicht wie Pulverschnee und andererseits fest wie Stahl, was für die Skikonstrukteure ein echtes Geschenk darstellt.

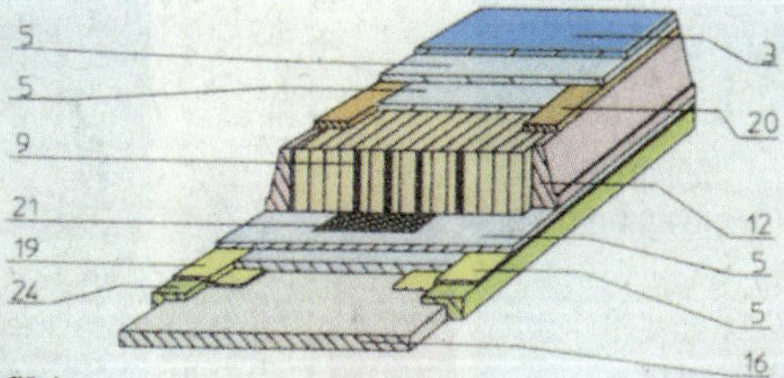

3 ABS-Oberfläche
5 Prepreg
9 Compound-Kern
12 ABS-Seitenwange
16 UHM-Sintered Racing Base
19 Elastomer-Dämpfung
20 Polyurethan-Oberkante
21 C-Faser-Verstärkung (GRAPHITE/CARBON)
24 Profilstahlkante

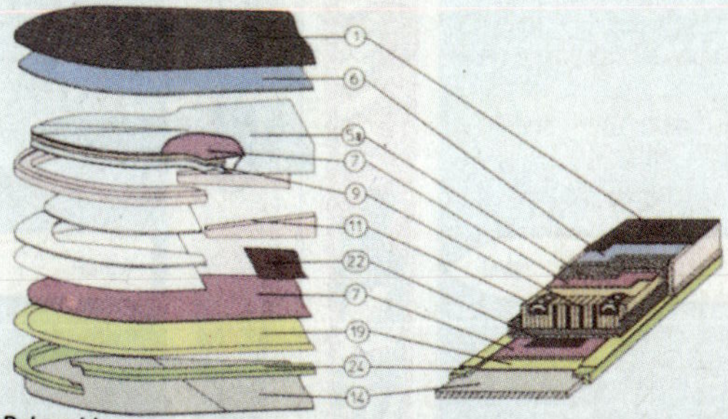

1 ABS-Polyamid-Blend-Oberfläche
5a Prepreg TORSION BOX
6 GFK-Laminat
7 Titanal
9 Compound-Kern
11 Blend-Seitenwange
14 Multisint-2-Way-Racing Base
19 Elastomer-Dämpfung
22 Kevlar-Verstärkung
24 Profilstahlkante

Deutschlands Teamchef Jogi Löw zerlegt Spiele in ihre Einzelteile, so wird Michael Balack durchsichtig.

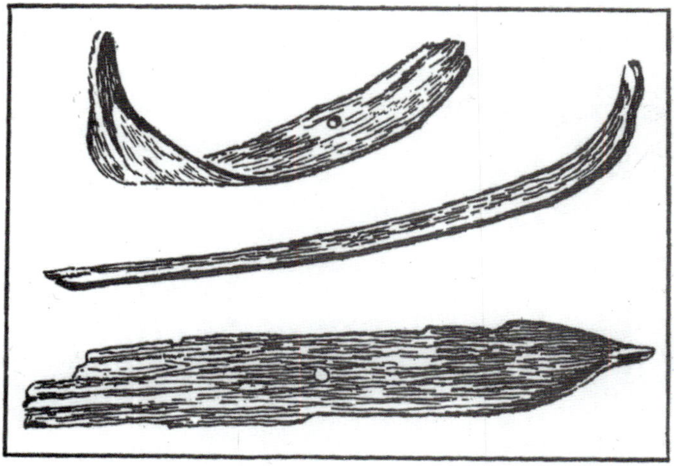

SKI JUMP
09
CHALLENGE
THOMAS MORGENSTERN.COM
JUMP FLY AND WIN!
VOLKSBANK
KULM SKIFLUG 2009
SportWoche
VOLKSBANK
1.at

FORMEL-1-WM – NEUES REGLEMENT AB 2009

Viele neue Regeln sollen in der nächsten Saison eine spannendere Formel 1 garantieren, das Überholen durch eine Reduzierung der aerodynamischen Hilfsmittel erleichtern. Durch das Energie-Rückgewinnungssystem (KERS) wird Bremskraft gespeichert und steht über einen Knopf als zusätzliche Leistung kurzfristig zur Verfügung.

PS: Japanische Firmen arbeiten nach dem Prinzip:

NOW	Also heute, jetzt modern.
NEW	Neu, echte Neuheiten bringen, keinen Abklatsch.
NEXT	Was kann als nächstes kommen, Visionen, heute schon die Produkte von morgen bringen.

Technischer Ausflug
in andere Wintersportprodukte der Komplett-Anbieter

Skibindungen

Nachdem ich bei Atomic/Ess von 1988 bis 1995 und bei Head/Tyrolia rund zweieinhalb Jahre auch mit Skibindungen beschäftigt war und die weitere Entwicklung laufend verfolgt habe, traue ich mir ein aktuelles Urteil zu.

Atomic hat 1988 die deutsche Bindungsfirma Ess vom damaligen Eigentümer von „Big Pack“ (eine hervorragende Outdoor-Marke) Knut Jäger gekauft. Das Design schien zwar etwas veraltet (würde aber auch heute noch einem Formel 1-Rennwagen gleichsehen), die Funktion war jeder damals auf dem Markt befindlichen Bindung weit überlegen. „Promoter“ und starker Befürworter des Kaufs war Weltcupsieger Andy Wenzel. Vor dem Kauf wurden umfangreiche Ski- und Bindungstests durchgeführt. Dabei wurden jeweils die gleichen Ski verwendet und nur die Bindungen ausgewechselt. Auf einer Riesentorlauf-Teststrecke in Obertauern mit einer Fahrzeit von rund 20 Sekunden betrugen die Zeitunterschiede zwischen 0,2 und 0,5 Sekunden zugunsten der Ess-Bindung (umfangreiche Testprotokolle liegen dem Autor vor). Meiner Meinung nach ist die heutige nach dem Ess-Funktionsprinzip gebaute Atomic-Bindung bzw. die Abstimmung mit dem Ski ein wesentlicher Faktor für die Erfolge im Rennsport.

Bereits bei den Alpinen Weltmeisterschaften 1989 in Vail/Colorado verwendeten die Goldmedaillen-Gewinnerinnen und Gewinner Ulrike Maier (†), Rudi Nierlich (†) und Marc Girardelli die Ess-Bin-

dung. Ein „Bauchgefühl“ des Werbeverantwortlichen Mag. Peter Pallwein ermöglichte es, dass wir zwei Monate vorher auf dem allerersten improvisierten Ess-Prospekt genau diese drei Menschen auf der Titelseite abgebildet hatten.
Tyrolia versuchte, mit der „Freeflex“-Bindung ähnliche Effekte zu erzielen. Es gab zwischen Atomic und Tyrolia einen lange dauernden Patentstreit, welcher auf der Autobahn-Raststätte Mondsee schließlich mit einem Vergleich endete, aber nicht, ohne dass vorher ca. zwei Millionen ATS „verpulvert“ worden waren. Tyrolia kam in der Funktion der Ess-Bindung am nächsten.

Zu meiner Zeit bei Head/Tyrolia fallen mir viele positive Namen ein, wobei ich folgende stellvertretend nennen möchte: Kommerzialrat Walter Schwarzinger, welcher über Jahrzehnte hindurch Verkaufsleiter war und Tyrolia zur heutigen Größe und Nr. 1 in Österreich geführt hat; Ernst Franz, jahrzehntelang erfolgreicher Rennchef; und der später als Sanierer (zurück)geholte Ing. Edgar Pöllmann, welcher es im Gegensatz zu anderen „Sanierern“ vorzieht, im Hintergrund zu bleiben und erfolgreich zu arbeiten. Ein hervorragender Techniker, Kaufmann und Motivator zugleich.
Elektronische Bindung: Diese ist seit Jahrzehnten im Gespräch, wurde aber nie realisiert, da einfach zu kompliziert und daher bis heute nicht funktionsfähig.

Auch beim Thema Bindungen gibt es eine Parallele zum Autorennsport. Die Platten werden in absehbarer Zukunft vielleicht durch eine ähnliche Konstruktion ersetzt wie sie die Formel 1-Autos heute bei der Frontgestaltung aufweisen (siehe Abbildung). Dies würde wahrscheinlich auch andere technische Lösungen erlauben (Stoßdämpfung, Federung, Torsion im Zusammenhag mit den Eigenschaften des Skis).

Skischuhe

Zu Beginn des Skilaufes verwendete man einfache Bergschuhe, welche in ebenso einfache Riemenbindungen eingeschnallt wurden. Erst viel später kam es zu eigenen Skischuhen, zuerst einfach, später „doppelt" geschnürt (siehe Toni Sailer 1956 in Cortina, Egon Zimmermann 1964 in Innsbruck). Die ersten Schnallen-Skischuhe wurden Ende der 60er Jahre gefertigt. Top-Erzeuger waren damals die Franzosen (Lange), Italiener (San Marco, San Giorgio, Munari, Tecnica, Nordica), aber auch die Österreicher (Kastinger, Dachstein, Koflach). Es folgte der „Heckeinsteiger" von Salomon. Dieser Schuh wurde zwar aufgrund technischer und komfortmäßiger Mängel zweimal von der SIG (Salon International de Grenoble – Sportartikelmesse) zurückgezogen, wurde jedoch später über Jahre hinweg zum großen Verkaufshit.
Erst mit dem Kauf von Koflach durch Atomic begann die Rückkehr zum so genannten „4- oder 5-Schnaller", da man draufkam, dass Skischuhe mit nur einer oder zwei Schnallen zu wenig Halt und damit zu wenig Sicherheit geben (Bänderverletzungen im Kniebereich). Heute gibt es eigentlich nur mehr das Mehrschnallen-System. Der erste „Heckeinsteiger" war übrigens das aufwendig hergestellte Modell „Pantera" von Munari. Der Erfinder war Domenico Caporicci, ein Italo-Kanadier und eine Zeit lang Importeur von Atomic in den USA und Canada.
Die eminente Bedeutung des Skischuhs für oft entscheidende Sekundenbruchteile im Rennsport ist längst erkannt worden. Ein zwar

altes, aber immer noch gültiges Beispiel: Bei einem FIS-Rennen in Wagrain lag David Zwilling nach einem Markenwechsel von Lange zu Kastinger nach dem ersten (fehlerlosen) Lauf rund drei Sekunden hinter dem führenden Erik Haker. In seiner Verzweiflung wechselte er zwischen den beiden Läufen die Schuhe zurück zum „alten" Lange und erzielte prompt überlegene Bestzeit.

Skistöcke

Nach einer Doppelzahlung in der Höhe von mehreren hunderttausend Schilling, bedingt durch die Abtretung der Forderung des Skistock-Lieferanten für Atomic an die CA und vorheriger Bezahlung direkt an die damals finanziell angeschlagene Firma Komperdell, beschloss Rohrmoser, mit einer eigenen Skistockproduktion nach modernsten Methoden zu beginnen. Der Markenname war „Colt". Innerhalb weniger Jahre wurde eine Produktion von rund 1,2 Millionen Paar erzielt.

Auch in diesem Bereich gibt es einige noch nicht genutzte Potenziale und Patente. Eines davon stammt vom Ramsauer Skilehrer Gerhard Bachler. Er hatte sich Gedanken darüber gemacht, dass vor allem Slalom-und Riesenslalom-Fahrer immer wieder einen Skistock verlieren, oft schon am Start. Handverletzungen sind oft die Folge. Sein Patent sieht vor, dass dieses Verlieren des Stockes verhindert werden kann, und, wenn es dennoch passiert, zumindest zu keinen Verletzungen führt (siehe Zeichnung).

Ansonsten bestehen bei Skistöcken wenige Möglichkeiten einer technischen Veränderung. So ist eigentlich außer der Verwendung anderer Materialien (von Holz über Bambus, Stahlrohr, Aluminium, Carbon…) und des Stockumfanges sowie der Verkleinerung der Skiteller wenig passiert.

Die technologischen Vorteile der heutigen Atomic-Bindung (beim Kauf noch als Ess-Bindung bekannt) drückte sich bereits bei den ersten Tests (siehe eigenes Kapitel) in Obertauern aus. Der Zufall wollte es, dass man am ersten Katalog auf der Titelseite mit Uli Maier, Marc Girardelli und Rudi Nierlich 3 Menschen abbildete, welche 2 Monate später in Vail Weltmeisterschafts-Gold holten. Rudi Nierlich gleich zweimal.

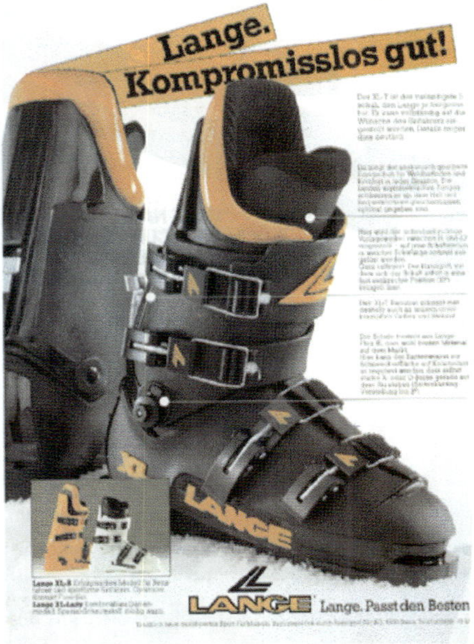

Der erste sogenannte „Heckeinsteiger"-Skischuh der Welt, entwickelt von Domenico Caporicci, Italien. Salomon setzte das damals erfolgreiche System in Verkaufserfolge um. Mit Koflach kam die Trendwende zum „4/5 Schnallen-Schuh"

Es gibt zwar auch heute noch sogenannte „Heck-Einsteiger", diese sind jedoch in der Minderheit. Die Rückkehr zum Schnallen-Skischuh wurde durch Koflach/Atomic eingeleitet. Head hat perfekte Systeme für Steh- und Gehmechanismus sowie für Damen-Skischuhe entwickelt.

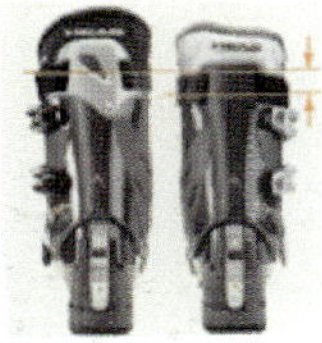

Seitenansicht: Griff mit Daumenschutzfunktion durch ergonomisch vorteilhaftere Führung der Hand und aufgelegtem Daumen. Der Greifbereich ist im Idealfall mit Softkautschuk (profiliert, genoppt etc.) ausgelegt. Asymmetrisches Konstruktionsprinzip.

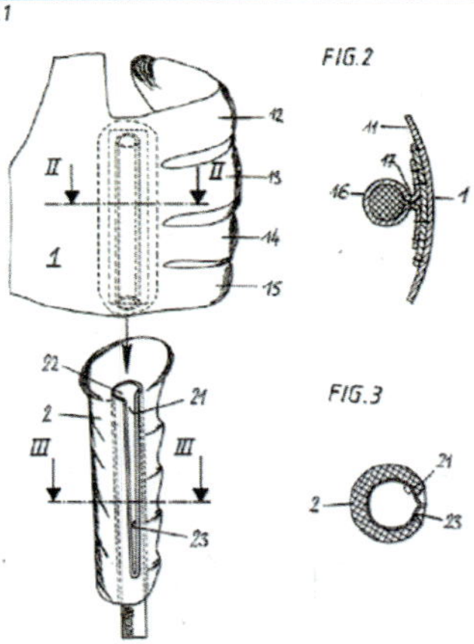

Asymmetrischer Griff mit Daumenschutzfunktion, schließt durch seine Konstruktion die Hand zu einer Kugel (keine Draftangriffsflächen). Stützt die Hand sehr gut ab. Die Handauflagefläche ist mit Softkautschuk ausgelegt. Der nicht geschlossene Schutz des Daumens verhindert ev. Hängenbleiben.

Test : Atomic - Ess (24.05.88)
= 1. Testtag

Originaldaten (Am Gletscher gemessene Zeiten)

Fahrt	Nindl	Hangl (S)	Tritsch (E)	Knauss (M)	Mittel	St.abw.
1	22,29	20,16			21,23	1,51
2	22,79		19,61	19,35	20,58	1,92
3		19,79	19,66	19,27	19,57	0,27
4		19,87	19,64	19,24	19,58	0,32
5	21,47	19,96		20,01	20,48	0,86

Fahrt	Nindl	Hangl (E)	Tritsch (M)	Knauss (E)	Mittel	St.abw.
1	22,31	19,66	19,57		20,51	1,56
2	21,77	19,93	19,87	19,58	20,29	1,00
3	21,57	19,74		19,52	20,28	1,13
4	21,72	19,93	19,71	19,57	20,23	1,00
5	21,70		19,49	19,71	20,30	1,22

Nach Tagesverlauf korrigierte Daten (Zeit, Temperatur)

Fahrt	Nindl	Hangl (S)	Tritsch (E)	Knauss (M)	Mittel
1,00	22,29	20,16			21,23
2,00	22,79		19,61	19,35	20,58
3,00		19,79	19,66	19,27	19,57
4,00		19,87	19,64	19,24	19,58
5,00	21,47	19,96		20,01	20,48
Mi.we.	22,18	19,95	19,64	19,47	20,29
St.abw.	0,67	0,16	0,03	0,36	0,71

Fahrt	Nindl	Hangl (E)	Tritsch (M)	Knauss (E)	Mittel	Kor.Fa.
1,00	23,08	20,34	20,25		21,23	1,03
2,00	22,09	20,22	20,16	19,87	20,58	1,01
3,00	20,82	19,06		18,84	19,57	0,97
4,00	21,02	19,29	19,08	18,94	19,58	0,97
5,00	21,89		19,66	19,88	20,48	1,01
Mi.we.	21,78	19,73	19,79	19,38	20,29	
St.abw.	0,91	0,65	0,54	0,57	0,71	

Vergleich: Ess-Bindung - Eigene Bindung

	Hangl	Tritscher	Knauss
Ess-Bin	19,73	19,64	19,38
Eigene	19,95	19,79	19,47

Santander
Santander

Marlboro
brembo

Skirennsport-"Mechaniker" am Start,
mit Dutzenden verschiedener einsetzbarer Skier

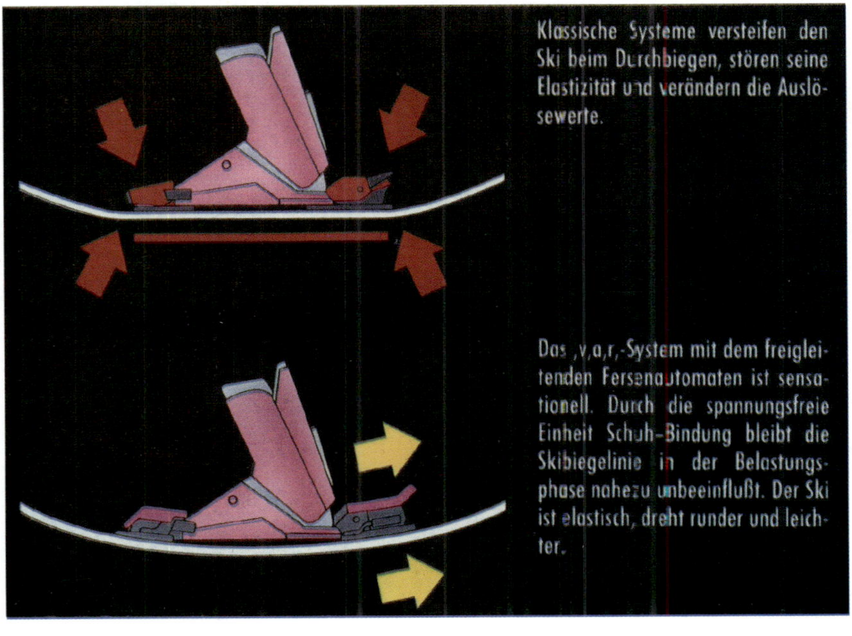

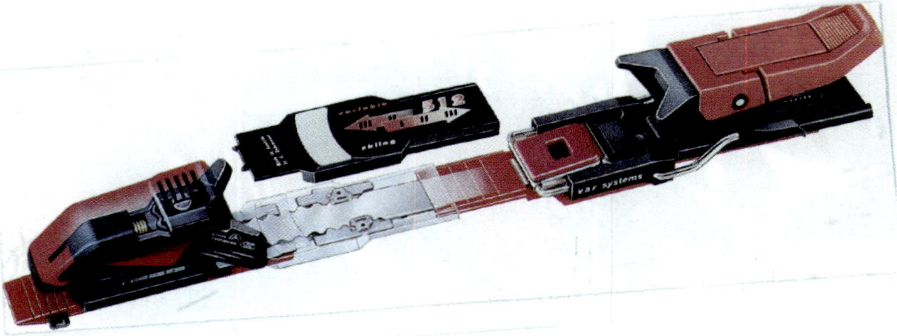

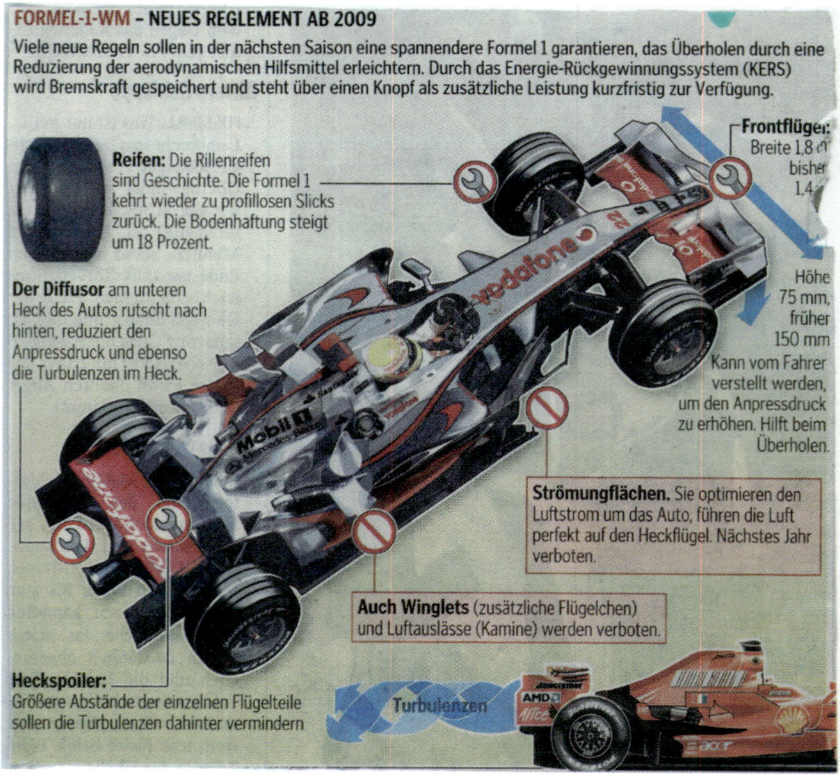

FORMEL-1-WM – NEUES REGLEMENT AB 2009

Viele neue Regeln sollen in der nächsten Saison eine spannendere Formel 1 garantieren, das Überholen durch eine Reduzierung der aerodynamischen Hilfsmittel erleichtern. Durch das Energie-Rückgewinnungssystem (KERS) wird Bremskraft gespeichert und steht über einen Knopf als zusätzliche Leistung kurzfristig zur Verfügung.

Reifen: Die Rillenreifen sind Geschichte. Die Formel 1 kehrt wieder zu profillosen Slicks zurück. Die Bodenhaftung steigt um 18 Prozent.

Frontflügel: Breite 1,8 m bisher 1,4

Höhe 75 mm, früher 150 mm

Kann vom Fahrer verstellt werden, um den Anpressdruck zu erhöhen. Hilft beim Überholen.

Der Diffusor am unteren Heck des Autos rutscht nach hinten, reduziert den Anpressdruck und ebenso die Turbulenzen im Heck.

Strömungflächen. Sie optimieren den Luftstrom um das Auto, führen die Luft perfekt auf den Heckflügel. Nächstes Jahr verboten.

Auch Winglets (zusätzliche Flügelchen) und Luftauslässe (Kamine) werden verboten.

Heckspoiler: Größere Abstände der einzelnen Flügelteile sollen die Turbulenzen dahinter vermindern

Turbulenzen

Mit dem FREE SYSTEM

Sie WÄHLEN Ihre Position auf dem Ski für optimale Balance, je nach Anwendung.

FREESTYLE

SAS

- **0** → Stance Backcountry Modern
- **+3** → Addicted Halfpipe
- **+6** → Mid cord park

Free SYSTEM

Teil 5 - Sport

Sportwissenschaft

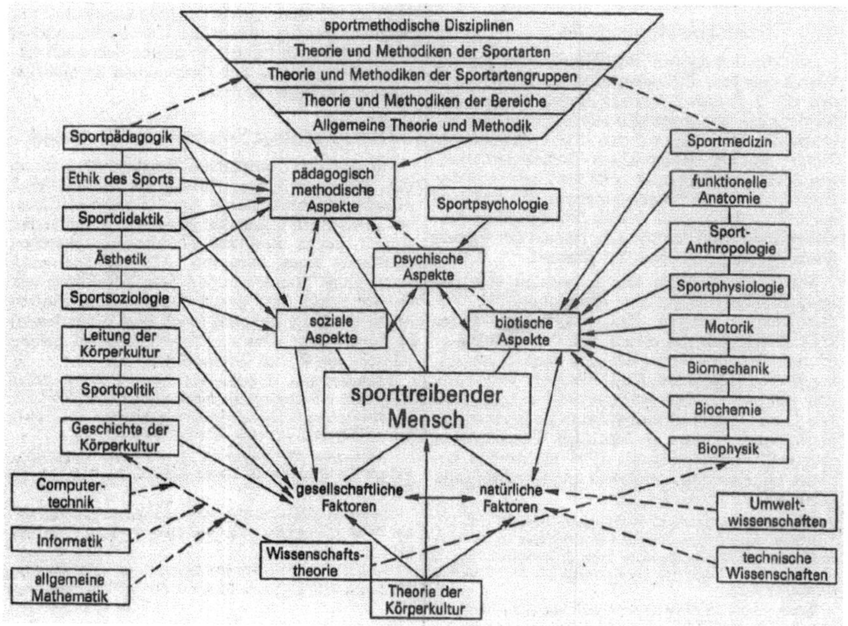

Der folgende Artikel wurde von Prof. Heidi Kunath-Bierstedt verfasst und vor 20 Jahren in der Schweizer Zeitung „Neue Zürcher Zeitung" abgedruckt. Wenn man nicht den Hinweis auf das Erscheinungsjahr gebracht hätte, könnte man glauben, er stammt von heute. Der Artikel wird nicht vollständig, sondern nur auszugsweise zitiert.

„Ein Sieg bei Olympischen Spielen oder Weltmeisterschaften wäre undenkbar ohne die Umsetzung wissenschaftlicher Erkenntnisse im Training, in der Wettkampfvorbereitung und Wettkampfgestaltung. Empfehlungen für die gezielte Nutzung von Körperübungen in der Rehabilitation stützen sich ebenfalls darauf. Überall, wo sich Menschen verschiedenen Alters und Geschlechts mit unterschiedlichen

Leistungen und Interessen an den Sport heranwagen und sich die positiven Wirkungen regelmäßiger sportlicher und körperlicher Betätigung erschließen wollen, brauchen sie die Hilfe der Sportwissenschaft. Ziele und Absichten, die ein Sportverband bzw. einzelne Menschen mit dem Sport verwirklichen möchten, bedürfen neben der praktischen Erfahrung auch wissenschaftliche Erkenntnisse über das ,Wie' und ,Warum'.

In den letzten 20 Jahren gab es in vielen Regionen der Welt einen außerordentlich starken Aufschwung der Sportwissenschaft, der sich in der Durchführung nationaler und internationaler Kongresse, der Publikation von Büchern, der Institutionalisierung der Sportwissenschaft an Hochschulen, Universitäten und Forschungseinrichtungen sowie der wachsenden Zahl von Forschern und Hochschullehrern spiegelt. Die Ursachen für diese stürmische Entwicklung liegen in der enormen Leistungsentwicklung und gesellschaftlichen Aufwertung des Spitzensports, in der zunehmenden Erschließung sportlicher Betätigung als Ausgleich für Bewegungsarmut im Alltag und im Streben nach einem interessanten und entwicklungsfördernden Sportunterricht. Inwieweit sich die Sportwissenschaft entwickeln konnte und wird, hängt von der Wertschätzung der Wissenschaft generell, von der Anerkennung der wissenschaftlichen Aufhellung der ,Geheimnisse' des Sporttreibens und den personellen, finanziellen und materiellen Ressourcen ab.

Die Sportwissenschaft wendet sich Fragen der inhaltlichen und methodischen Gestaltung sportlichen Unterrichtens, Übens und Trainierens, die pädagogische Führung durch Sportlehrer, Übungsleiter, Trainer oder auch indirekt durch Massenmedien zu. Das umfasst Fragen der angestrebten und möglichen Wirkungen auf den Menschen. Das schließt Untersuchungen zu gesellschaftlichen Zielen, Funktionen und Strukturen der Körperkultur und des Sports ein. Die Sportwissenschaft stellt ein System von naturwissenschaftlichen, sportmedizinischen sozial- und geistswissenschaftlichen sowie sportmethodischen Disziplinen dar. Im abgebildeten Strukturmodell wird die Komplexität deutlich, die vom Objektbereich ‚sporttreibender Mensch', verstanden als Prozesse der sportlichen Tätigkeit und Wirkungen auf den ganzen Menschen in seiner Beziehung zur Natur und zur Gesellschaft, ausgeht.

Abschließend soll unterstrichen werden, dass die Sportwissenschaft und ihre Disziplinen wesentlich dazu beitragen können, die Potenzen sportlicher Betätigung für die menschliche Selbstverwirklichung aufzudecken, die Möglichkeiten sportlicher Leistungsentwicklung in verschiedenen Sportarten und Disziplinen sowie die Wege zur Erreichung sportlicher Höchstleistungen aufzudecken (von Eignungsurteilen bis zu langfristigem Leistungsaufbau und effektiver Wettkampfgestaltung) und den Trainern, Sportmedizinern und entsprechende trainingsmethodische Empfehlungen zur Verfügung zu stellen, damit sie diese Prozesse bewusst und zielgerichtet planen und gestalten können".

Nur acht statt neun auf dem „Siegerbild": Schifferer, Eberharter, Franz, Maier, Wirth, Mayer, Knauß, Salzgeber. Und dann kam noch Fritz Strobl – und kein Fotograf durfte hin.

Der Autor erlaubt sich die Anmerkung, dass im Österreichischen Skiverband seit der Führung durch Prof. Peter Schröcksnadel all diese Punkte entsprechend erkannt wurden und schließlich zur jahrelangen Überlegenheit der österreichischen Läuferinnen und Läufer beigetragen haben.

Ski Alpin

Wenn man in Österreich von „Skilauf" spricht, meint man meist nur den alpinen Skilauf. Es wäre ein zu umfangreiches Kapitel, wenn ich hier allzu viel berichten würde. Ich beschränke mich daher auf:

- O Definierung der verschiedenen Disziplinen, so wie sie auf der Webseite des ÖSV beschrieben werden.
- O Diverse Fotos, wobei ich an den Beginn ein Siegerbild des historischen Neunfachtriumphes österreichischer Läufer auf dem Patscherkofel am 21. Dezember 1998 stelle. Ein wohl einmaliger und historischer Tag in der Skigeschichte. Vergleichbar vielleicht mit dem österreichischen Fußball-Wunderteam. Daher auch das berühmte Bild von der damaligen Nationalelf unter Führung des legendären Hugo Meisl.

Die alpinen Bewerbe bestehen heute aus fünf Disziplinen:

Abfahrt

Die Abfahrt gilt für viele als „Königsdisziplin", da sie nicht nur anspruchsvolle Kurven, Sprünge und Gleitphasen beinhaltet, sondern auch die höchsten Geschwindigkeiten (bis zu 150 km/h) aufweist und deshalb neben einer exzellenten Skitechnik auch jede Menge Mut von den Läufern und Läuferinnen verlangt. Die Abfahrt weist die längste Strecke aller Disziplinen auf und ist nach dem Slalom der zweitälteste alpine Skiwettbewerb. Vor einem Rennen finden zusätzlich ein bis drei Trainingsläufe statt, damit sich die FahrerInnen den Streckenverlauf möglichst genau einprägen können. Bei der Abfahrt absolvieren alle SkiläuferInnen einen Lauf. Wer die schnellste Zeit erzielt, ist der Sieger.

Super-G

Der Name „Super-G“ steht eigentlich für Super-Riesenslalom (Super Giant Slalom). Der Super-G wurde 1982 in den Weltcup-Kalender aufgenommen und ist nach der Abfahrt die zweitschnellste Disziplin im alpinen Skisport. Die Strecke beim Super-G ist zwar kürzer als bei der Abfahrt, aber technisch anspruchsvoller, da es wesentlich mehr Richtungstore gibt, die zudem enger gesetzt sind. Gemeinsam mit der Abfahrt zählt der Super-G zu den sogenannten „Speed-Bewerben“, die von den Sportlern und Sportlerinnen vor allem Kraft, Ausdauer und Mut verlangen. Wie bei der Abfahrt entscheidet eine Laufzeit über das Resultat.

Riesenslalom

Wird auch als GS (Giant Slalom) oder Riesentorlauf (RTL) bezeichnet. Die zu umfahrenden Tore sind so gesetzt, dass ständige Richtungswechsel erfolgen. Da ein Riesenslalom-Kurs weniger Tore aufweist als ein Slalom und diese auch in einem größeren Abstand zueinander stehen, sind bedeutend weniger Schwünge erforderlich, wodurch die Rennläufer mehr beschleunigen können. Gemeinsam mit dem Slalom zählt der Riesenslalom zu den sogenannten „Technik-Bewerben“. Beim Riesenslalom werden zwei verschiedene Läufe auf der gleichen Piste absolviert. Beide Läufe finden am selben Tag statt und die beiden Laufzeiten werden addiert. Die schnellste Gesamtzeit ergibt den Sieger.

Slalom

Der Slalom, oft auch als Torlauf bezeichnet, ist der älteste Wettbewerb im alpinen Skisport und gleichzeitig der technisch anspruchvollste. Er weist sehr kurze Torabstände auf, die extrem kurze Schwünge und schnelle Richtungswechsel erfordern. Die Läufer und Läuferinnen kommen beim Slalom sehr nah an die Stangen heran, weshalb sie diese mit den Händen weg schlagen müssen, um den Schwerpunkt möglichst nahe an der Falllinie zu halten. Wie beim Riesenslalom werden zwei verschiedene Läufe auf der gleichen Piste absolviert. Die Zeiten der beiden Läufe werden addiert. Der Rennläufer und die Rennläuferin mit der schnellsten Gesamtzeit haben gewonnen.

Super-Kombination

Die Super-Kombination ist eine neue Variante der früheren Alpinen Kombination und besteht aus nur einem Slalomlauf sowie einer verkürzten Abfahrt oder einem Super-G-Lauf. Beide Läufe werden am selben Tag mit einem kurzen zeitlichen Abstand durchgeführt. 2005 wurde die erste Super-Kombination als Weltcup-Bewerb ausgetragen. 2007, bei der Alpinen Ski-WM in Aare (SWE) wurde die Super-Kombination erstmals bei einem Großereignis durchgeführt. Die Klassische Alpine Kombination wurde aus dem Programm gestrichen.

Neben den Olympischen Winterspielen zählen die Alpinen Ski-Weltmeisterschaften zu den wichtigsten Meisterschaften im alpinen Rennsport. Die Alpinen Ski-Weltmeisterschaften sind ein alle zwei Jahre stattfindendes Großereignis, bei dem die Weltmeister in den alpinen Ski-Disziplinen ermittelt werden. Die erste WM wurde 1931 abgehalten. Seit 1985 finden die Alpinen Weltmeisterschaften in ungeraden Jahren statt. Neben Abfahrt, Super-G, Riesenslalom, Slalom und der Super-Kombination wird bei den Weltmeisterschaften auch ein Team-Bewerb (seit 2005) ausgetragen. Während der Saison ist für die Sportler der Weltcup – ein seit der Wintersaison 1966/1967 vom Internationalen Skiverband (FIS) durchgeführter internationaler

Wettbewerb, der auf verschiedenen Pisten in aller Welt ausgetragen wird – die bedeutsamste Meisterschaft. Der Weltcup ist aufgeteilt in vier oder fünf Einzelweltcupwertungen und einen Gesamtweltcup. Die Einzelweltcups werden in den Disziplinen Abfahrt, Super-G, Riesenslalom, Slalom und fallweise auch in der Kombination vergeben. Wer am Ende einer Saison die meisten Punkte in einer Disziplin gesammelt hat, gewinnt die kleine Kristallkugel. Im Gesamtweltcup werden alle Punkte, die ein Sportler in allen Disziplinen sammelt, zusammengezählt.

Für die meisten Punkte am Saisonende gibt es die große Kristallkugel. Der Gewinn des Gesamtweltcups ist für viele Sportler das größte Ziel, da er eine konstant starke Leistung über die gesamte Saison hinweg widerspiegelt und sozusagen immer an den besten Skifahrer eines Jahres geht. Im Nationencup werden dann noch alle Punkte aller Herren und Damen einer Nation zusammengezählt. Somit gibt es pro Saison zehn kleine und zwei große Kristallkugeln sowie eine Nationenwertung zu gewinnen.

Neben dem Nor-Am-Cup stellt der Europacup den wichtigsten Teil des Unterbaus des Weltcups dar. Er soll jungen europäischen Fahrern die Möglichkeit bieten, Erfahrungen auf internationaler Ebene zu sammeln. Der erste – von Patrick Lang und Serge Lang ins Leben gerufene – Europacup wurde in der Wintersaison 1972/1973 ausgetragen. Im Gegensatz zum Weltcup finden alle Rennen in Europa statt. Wie im Weltcup (auch hier gilt das FIS-Punktesystem) können die Rennfahrer in fünf verschiedenen Disziplinen Punkte sammeln.

Unsere erfolgreichsten Sportler bei Winterspielen

	Gold	Silber	Bronze	insgesamt
1. Felix Gottwald (Nordische Kombi)	3	1	3	7
2. Toni Sailer (Ski alpin)	3	-	-	3
Thomas Morgenstern (Skispringen)	3	-	-	3
4. Hermann Maier (Ski alpin)	2	1	1	4
5. Trude Jochum-Beiser (Ski alpin)	2	1	-	3
Michaela Dorfmeister (Ski alpin)	2	1	-	3
Andreas Kofler (Skispringen)	2	1	-	3
8. Benjamin Raich (Ski alpin)	2	-	2	4
9. Mario Stecher (Nordische Kombi)	2	-	1	3

Österreichs Alpin-Medaillen bei Olympia

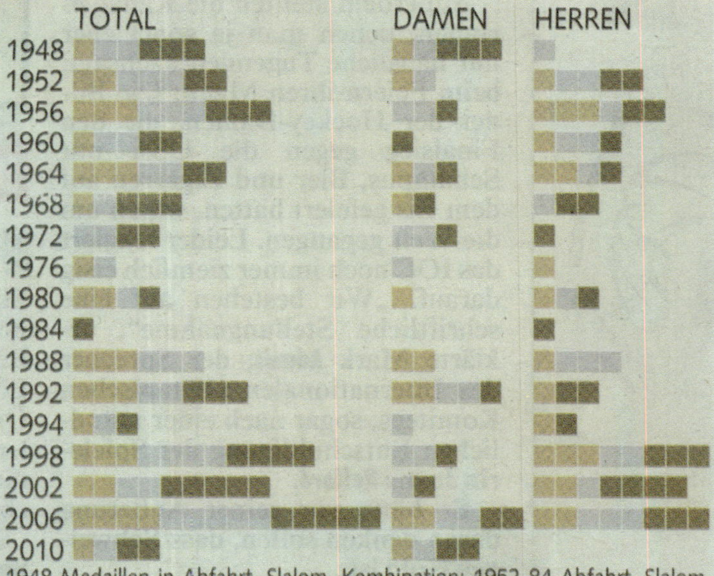

1948 Medaillen in Abfahrt, Slalom, Kombination; 1952-84 Abfahrt, Slalom, Riesentorlauf; seit 1988 heutige fünf Bewerbe.

Alle Weltcup-Sieger

	HERREN
Gesamt	Carlo Janka (Schweiz)
Abfahrt	Didier Cuche (Schweiz)
Super-G	Erik Guay (Kanada)
Riesenslalom	Ted Ligety (USA)
Slalom	**Reinfried Herbst**
Kombination	**Benjamin Raich**
	DAMEN
Gesamt	Lindsey Vonn (USA)
Abfahrt	Lindsey Vonn (USA)
Super-G	Lindsey Vonn (USA)
Riesenslalom	Kathrin Hölzl (Deutschland)
Slalom	Maria Riesch (Deutschland)
Kombination	Lindsey Vonn (USA)

Nationencup

1. **Österreich**	8967
2. Schweiz	6943
3. Italien	5093
4. Frankreich	4428
5. Deutschland	4131
HERREN	
1. **Österreich**	5347
2. Schweiz	4342
3. Italien	2903
DAMEN	
1. **Österreich**	3620
2. Deutschland	3561
3. Schweiz	2601

Österreichs Weltcup-Kugeln seit 1995

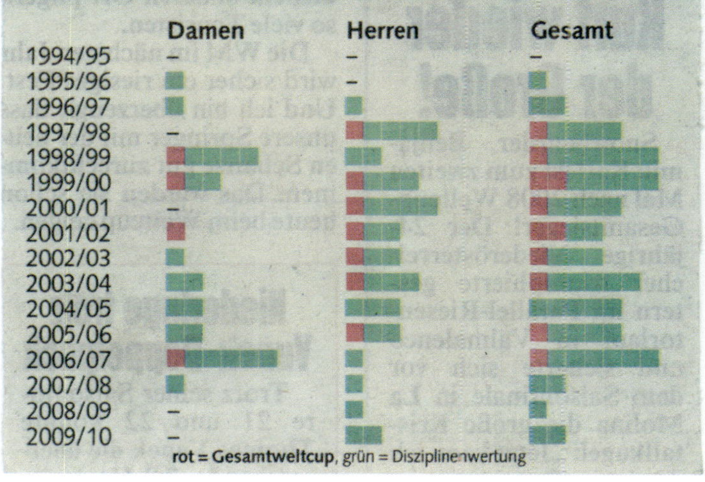

Klaus Kröll – erfolgreicher Abfahrer aus Öblarn

Ausrüsterlisten

AUSRÜSTUNGSLISTE

2010/11 ALPIN
NATIONALMANNSCHAFT HERREN

NAME	VORNAME	SKI	SCHUHE	BINDUNG	BRILLE/HELM	STÖCKE
Baumann	Romed	Salomon	Salomon	Salomon	Carrera	Leki
Buder	Andreas	Head	Head	Head	Uvex	Leki
Grugger	Hans	Head	Head	Head	Carrera	Komperdell
Herbst	Reinfried	Blizzard	Tecnica	Marker	Uvex	Leki
Hirscher	Marcel	Atomic	Atomic	Atomic	Atomic	Komperdell
Kröll	Klaus	Salomon	Salomon	Salomon	Uvex	Komperdell
Pranger	Manfred	Völkl	Tecnica	Marker	Uvex	Leki
Raich	Benjamin	Atomic	Atomic	Atomic	Atomic	Leki
Reichelt	Hannes	Salomon	Salomon	Salomon	Uvex	Komperdell
Scheiber	Mario	Atomic	Atomic	Atomic	Carrera	Leki
Schönfelder	Rainer	Head	Head	Head	Carrera	Komperdell
Schörghofer	Philipp	Atomic	Atomic	Atomic	Carrera	Leki
Walchhofer	Michael	Atomic	Atomic	Atomic	Carrera	Komperdell

AUSRÜSTUNGSLISTE

2010/11- ALPIN
A – KADER HERREN

NAME	VORNAME	SKI	SCHUHE	BINDUNG	BRILLE/HELM	STÖCKE
Franz	Max	Atomic	Atomic	Atomic	Uvex	Komperdell
Görgl	Stephan	Fischer	Fischer	Fischer	Carrera	Komperdell
Hörl	Wolfgang	Völkl	Fischer	Marker	Uvex	Leki
Matt	Mario	Blizzard	Tecnica	Marker	Carrera	Leki
Nösig	Christoph	Blizzard	Tecnica	Marker	Uvex	Komperdell
Pucher	Joachim	Atomic	Atomic	Atomic	Uvex	Leki
Scheiber	Florian	Salomon	Salomon	Salomon	Uvex	Leki
Sieber	Björn	Atomic	Atomic	Atomic	Carrera	Komperdell
Streitberger	Georg	Fischer	Fischer	Fischer	Carrera	Leki

AUSRÜSTUNGSLISTE

2010/11- ALPIN NATIONALMANNSCHAFT DAMEN

NAME	VORNAME	SKI	SCHUHE	BINDUNG	BRILLE/HELM	STÖCKE
Brem	Eva Maria	Atomic	Atomic	Atomc	Uvex	Komperdell
Fenninger	Anna	Head	Head	Head	Uvex	Leki
Fischbacher	Andrea	Atomic	Atomic	Atomic	Carrera	Komperdell
Görgl	Elisabeth	Head	Head	Head	Carrera	Komperdell
Hosp	Nicole	Völkl	Tecnica	Marker	Uvex	Komperdell
Kirchgasser	Michaela	Atomic	Atomic	Atomic	Uvex	Leki
Schild	Marlles	Atomic	Atomic	Atomic	Uvex	Leki
Zettel	Kathrin	Atomic	Atomic	Atomic	Uvex	Komperdell

AUSRÜSTUNGSLISTE

2010/11-ALPIN
A – KADER DAMEN

NAME	VORNAME	SKI	SCHUHE	BINDUNG	BRILLE/HELM	STÖCKE
Altacher	Margret	Head	Head	Head	Uvex	Leki
Köhle	Stafanie	Völkl	Tecnica	Marker	Uvex	Leki
Mader	Regina	Völkl	Tecnica	Marker	Uvex	Komperdell
Moser	Stefanie	Head	Head	Head	Uvex	Komperdell
Schild	Bernadette	Atomic	Atomc	Atomic	Uvex	Leki
Schmidhofer	Nicole	Atomic	Atomic	Atomic	Carrera	Leki
Siebenhofer	Romana	Head	Head	Head	Carrera	Leki
Thalmann	Carmen	Head	Head	Head	Uvex	Leki
Voglreiter	Manuela	Fischer	Fischer	Fischer	Uvex	Leki

Telemark Skiing

Der Name „Telemark“ steht für eine Kurventechnik, entwickelt um ca. 1870 in Südnorwegen, in der Landschaft TELEMARKEN. Hauptmerkmale sind, dass ähnlich der Langlaufbindung die Ferse frei vertikal beweglich ist, man kann wie beim Gehen abheben. Damit ist es möglich, einen Hang gleichsam in Gleitschritten bergab zu laufen ---→SKILAUFEN.
Telemark ist eine alternative Möglichkeit für Spaß im Schnee. Die Technik ist einfach, weil sie der Geh- bzw. Laufbewegung ähnlich ist. Es ist eine natürliche Technik, weil jedermann den Schrittwechsel kann. Es ist auch eine gesunde Technik, weil die Gelenke nicht so stark verdreht und zumeist in jenen Achsen verwendet werden, für die sie hauptsächlich gebaut sind. Es geschehen weniger Unfälle, weil die „freie“ Ferse mehr Beweglichkeit zulässt. Weiters erspart man sich kalte Füße, weil durch die Biegezone im Schuh sich der Fuß fußgerecht bewegen kann. Telemark ist jene Technik, die über die meisten Freiheitsgrade verfügt und daher alpines Skilaufen ebenso ermöglicht wie Langlaufen, Springen, und Tourengehen. Das alpine Gelände in eleganten, federleichten Schwüngen zu befahren, ist eine schöne Herausforderung. Zugleich ist es die zeitloseste Skitechnik, heute unterstützt von modernster Ausrüstung. Telemarken ist etwas für Individualisten, Nonkonformisten und Leute, die eine Herausforderung suchen.
Aus dem einstigen Jagd- und Nutzgerät der steinzeitlichen Menschen ist im Laufe der Jahre nicht nur ein Kriegsgerät, sondern auch ein Sport- und Freizeitgerät entstanden. Wesentlichen Anteil an der jüngeren Entwicklung hatte Sondre A. Norheim aus der norwegischen Landschaft „Telemarken“, nordwestlich von Oslo. Er verkürzte die damals gebräuchlichen Ski auf 2,43 m und erfand durch die Tiefersetzung der Weidenzweige, die er durch ein Stemmloch im Ski führte, den Diagonalzug. Die bedeutsamste Erneuerung jedoch bestand darin, dass er seinen Ski einen Seiteneinzug von 15 mm (84-69-76) verpasste, was einem Radius von 74 m entspricht. Damit war

es möglich, beim Fahren und Springen über die Schanzen unten abzuschwingen bzw. später „ab-zu-kristeln“ und eventuell gleich den Hang wieder ein Stück rauf zu fahren: der Urcarver war geboren! Die vorangeführten Einzelheiten habe ich einer Studie von Oberstudienrat Mag. Arno Klien aus Hollabrunn, entnommen. Weitere Einzelheiten findet der interessierte Leser auf www.telemark-austria.at.

Hans Peter Plut

Behinderten-Skilauf

Der Behinderten-Sport mit der Sparte Skilauf nimmt nicht zuletzt dank des Österreichischen Skiverbandes eine wichtige Stellung ein. Präsident des Gemeinnützigen Behindertensportvereins ist der Schladminger Langzeitbürgermeister und frühere Nationalrats-Abgeordnete Hermann Kröll.
Der bis zu seiner schweren Verletzung Weltklasseläufer Matthias Lanzinger schreibt nach den Olympischen Spielen 2010 in der Kronenzeitung: „Rein sportlich betrachtet kann man die Leistungen des österreichischen Teams bei den Paralympics gar nicht hoch genug einschätzen. Allen voran natürlich jene von Claudia Lösch, die mit insgesamt vier Medaillen, davon zwei in Gold, zum großen Star dieser Spiele wurde. Aber es geht in diesem Fall um sehr viel mehr als um Hundertstel. Als um Sieg oder Niederlage. Es geht darum, Menschen, die Schicksalsschläge zu verkraften haben, neuen Mut, neue Hoffnung und neue Freude zu geben. Einfach die Gewissheit, dass das Leben immer noch lebenswert ist: Selbst dann, wenn wie etwa bei mir nach einem schweren Unfall eine Gliedmaße fehlt. Vielen Menschen, das spüre ich immer wieder, ist gar nicht bewusst, was man mit – oder besser: trotz – gewisser Behinderungen alles tun kann. Die Sportler demonstrieren auf eindrucksvolle Art und Weise, was wirklich möglich ist. Dass man seine Behinderung in der Öffentlichkeit herzeigen kann. Dass sie kein Tabuthema sein muss, wie das früher der Fall war. So gesehen haben mit den Medaillen von Claudia Lösch alle 600.000 Österreicher, die mit einer schweren Behinderung leben müssen, Gold gewonnen".
Elf Medaillen (3x Gold, 4x Silber, 4x Bronze) konnte Österreich bei den Paralympics gewinnen. Eine angesichts der immer härter werdenden internationalen Konkurrenz sehr erfreuliche Bilanz! Im Medaillenspiegel belegt Österreich damit Rang sechs.

Claudia Lösch peilt bei den Paralympics eindeutig eine Medaille an.

Mannschaftssiege bei Damen und Herren und Gewinn des Nationencups

Hermann Kröll (Schladming), Präsident des Behinderten-Sports Österreich

Snowboard und Freestyle

Zum Thema Snowboard und Freestyle fällt mir in erster Linie ein, dass die Weltmeisterschaften 2015 nach Kreischberg/Steiermark vergeben wurden. Eine Weltpremiere. Schließlich trägt erstmals in der Geschichte ein Ort eine „Doppel-WM" aus. „Die Kombination der beiden Veranstaltungen war die große Chance – und die wurde genutzt. Es ist schön, eine weitere WM in der Steiermark zu haben", so ÖSV-Präsident Prof. Peter Schröcksnadel.

Für ÖSV-Snowboard-Koordinator Christian Galler ist der Zuschlag für die WM 2015 einfach eine Super-Sache. Speziell im Hinblick auf die Großveranstaltungen der kommenden Jahre – sprich Jugend-Olympiade 2012, Olympische Spiele 2014 und Heim – WM 2015 – wird es uns gelingen, viele junge Leute anzusprechen. Von unserem Team, welches in den letzten beiden Jahren enorm erfolgreich war, wird sicher noch ein Gros am Kreischberg am Start sein. Wir werden ein starkes Team haben. Davon bin ich überzeugt".

Freeriding und Speedriding

Nachdem meine skifahrerischen Fähigkeiten und mein Mut für das „Freeriden“ nicht unbedingt ausreichen, zitiere ich auch in diesem Kapitel zum einen Brigitta Schörghofer/Salzburger Nachrichten und zum anderen Wolfgang Winheim/Kurier.

„Freerider und Tourengeher haben eines gemeinsam: Sie lieben den Berg und den Tiefschnee abseits der Skipisten. Dennoch gehören sie zwei verschiedenen ‚Religionen’ an. Während eingefleischte Tourengeher stundenlang den Berg hinaufmarschieren, sucht der Freerider den kürzesten Weg zum optimalen Hang. Das Ziel lautet: So viel wie möglich im Tiefschnee zu fahren, anstatt zu viel Zeit ans Gehen zu verschwenden. Die Szene abseits der Pisten hat durch die Freerider Pepp erhalten. Viele ehemalige Snowboarder sind aufgrund besserer Wendigkeit auf die neuen, breiten Freeride-Skier umgestiegen, auf denen sich – dank erhöhtem Auftrieb – fast genauso perfekt über den Tiefschnee ‚surfen' lässt wie auf dem Board. Nicht nur für die Skiindustrie, auch für den Tourismus sind die Freerider eine wichtige Zielgruppe geworden. Eines der beliebtesten Gebiete für möglichst lange Abfahrten im Gelände ist der Arlberg. Als Kompetenzzentrum für Freerider hat sich das kleine Warth-Schröcken etabliert". Benützt werden bis zu 1,95 Meter lange Skier, die auf Bindungshöhe breiter sind als herkömmliche. Weite Sprünge über Felsen sind keine Seltenheit. Oft trennen Freerider mehr als zehn Meter vom Boden. Zum Vergleich: Der inoffizielle Abfahrts-Weltrekordler Michael Walchhofer erreichte über den Grödener Kamelbuckeln einen Luftstand von 6,50 Metern, Skispringer befinden sich gar nur maximal dreieinhalb Meter über der Erde".

Speedriding ist eine neue Form von Skifahren plus Paragliding. Der erste Bewerb in Österreich fand am Arlberg statt. Verwendet werden relativ kleine Fallschirme die sich bald nach dem Wegfahren öffnen.

Im Herbst 2009 präsentierte sich die Crème de la Crème der Freestyle-Szene auf dem alten Flughafen Tempelhof in Berlin: Snowboarder, Freeskier und Skateboarder. 190 Tonnen Schnee wurden dafür produziert.

Speed – Ski - Fahren

Was ist denn das? Außen glänzender Lack und sündteures Kevlar. Innen künstlicher Sauerstoff, Schweiß und ein ängstlicher Amateur. Voraus ein Hohlweg als Messstrecke. Speed-Ski Fahren gehört seit Jahrzehnten zum abenteuerlichsten Sport auf zwei Skiern.

Es gibt eine eigene Weltmeisterschaft. Gewertet wird in zwei Kategorien: Classic und Downhill. In der Kategorie Classic wird mit 2,38 Meter langen Skis, mit Aero-Helm und allen möglichen Spoilern an Rücken und Schuhen gefahren. Beim Downhill mit normalen Abfahrtsbrettern (2,17 Meter), Helm und Rennanzug.

Der Österreicher Harry Egger war zwanzig Jahre lang aktiver Speedski-Fahrer. Er fraß alle Berichte über Speedski in sich hinein, war Fan der Ex-Rekordhalter Steve Mc Kinney, USA und Franz Weber, in den USA lebender Österreicher aus Innsbruck. Egger erlernte den speziellen Fahrstil (auf den Innenkanten bleiben), der Tempi über 200 km/h erst möglich macht. Sein Weltrekord aus 1999 liegt bei 248,105 km/h. Bald nach der Bestmarke reglementierte die FIS die Ausrüstung der Speedski-Piloten. Spezielle aerodynamische Hilfsmittel wurden verboten.

Skicross

Mittlerweile ist Skicross ein Begriff geworden. Dass wir Weltmeister und Weltcupsieger aus Österreich beheimaten, wissen aber die Wenigsten.

Skicross ist keine neue Sportart, jedoch definiert sich diese Wintersportart gerade neu. Durch die erstmalige Austragung bei Olympischen Winterspielen 2010 in Vancouver wurde einmal mehr gezeigt, dass es sich hier um eine Sportart handelt, die vielseitige skifahrerische Fähigkeiten erfordert. Auf einem im Schnee gebauten Kurs mit Sprüngen, Wellen und Kurven starten je vier Skifahrer gleichzeitig.

Der Gewinner wird durch ein einfaches und für jeden verständliches System ermittelt – der Erste im Ziel ist der Sieger. Skicross ist schnell, spektakulär und hat sich in den letzten Jahren zu einer hochprofessionellen Sportart entwickelt. Der Erfolg im Skicross führt neben einer breiten skifahrerischen Basis in Technik, Koordination und Kondition über spezifisches Training der einzelnen Elemente wie Start- oder Sprungtraining. Ab dem Schuljahr 2010/2011 bietet die Skihandelsschule Schladming als erste Alpin-Schwerpunktschule einen eigenen Schulzweig Skicross an.

Skibergsteigen

Die folgenden Ausführungen stützen sich zum großen Teil auf einen Bericht von Georg Renöckl in der Tageszeitung „Die Presse“ vom 12./13. Dezember 2009.

„Hinaus ins Gelände – je tiefer, desto lieber“ Die Wiederentdeckung der Langsamkeit macht vor dem Skifahren nicht halt – Tourengehen und Freeriden, seit Jahren im Trend, sind heute ein Breitensport. Die Entschleuniger haben die Skipisten erobert. Wo man vor Kurzem nur talwärts carvte, keuchen immer mehr sogenannte Pistentourengeher die Hänge hinauf. Auch richtige Tourengeher im freien Gelände gelten nicht mehr als Draufgänger. Tourengehen ist zum Lifestyle-Phänomen geworden. Die Faszination für den neuen Breitensport hat viele Facetten. Der Wunsch, die Berge ohne Massenbetrieb zu erleben, lässt Menschen genauso zu Steigfellen greifen wie der Hauch von Abenteuer. Die Fitnesswelle trägt zum Boom bei, die Sportartikelindustrie macht den Einstieg unkomplizierter, attraktiver. Vielleicht ist die neue Anziehungskraft ja ein Erbe der Snowboarder, denen das normale Pistenfahren zu spießig war. Eine sichere Skitechnik im Tiefschnee und am Steilhang ist Voraussetzung für jeden Tourengeher. 650.000 Anhänger sind inzwischen in heimischen Bergen unterwegs, schätzt der Österreichische Alpenverein – mindestens dreimal so viele wie noch vor zehn Jahren“.

Der Sport ist aber nicht nur Männern vorbehalten. Die Ramsauerin Lydia Prugger zählt derzeit zu den besten Skibergsteigerinnen Österreichs. Das Tourenskigehen hat sie allerdings erst sehr spät als liebste Freizeitbeschäftigung gefunden und irgendwie ist sie „nebenbei“ ins Nationalteam gerutscht, dessen Trainer Alexander Lugger, Zollbeamter und Bergretter, ist. Der Name der gelernten Schneidermeisterin schien immer öfter auf den Ergebnislisten der regionalen, nationalen und internationalen Torenbewerbe an erster Stelle oder zumindest sehr weit oben auf.

Steckbrief: Lydia Prugger
Geburtsdatum: 22. Januar 1969
Beruf: Büroangestellte, Appartement-Vermietung
Familie: verheiratet mit Hans Prugger, 3 Söhne
Erfolge:
Österreichische Meisterin Vertikal 2009 und 2008
4. Platz bei der Weltmeisterschaft Vertical Race 2008
10. Platz bei der Weltmeisterschaft Skibergsteigen Einzel 2008
1. Platz und Rekordzeit auf der neuen Strecke beim Hochwurzen-Berglauf

Ortler Gebirge, Im Aufstieg zur Cima Di Peio, 3549 m

Schneeschuh-Wandern

Das Schneeschuhwandern hat eine große Tradition und wird heute gerne in Wintersportorten als Zusatz und Alternative zum Skifahren angeboten.
Auch hier hat die technische Entwicklung vor den Schneeschuhen nicht halt gemacht, wie die nachstehenden Bilder beweisen.

Gurte fixieren den festen Bergschuh vorne, die Ferse bleibt beweglich. Und los geht's: die Beine höher heben als gewohnt, im Tiefschnee ganz besonders.
[BC/Jeff Alexander]

Synchro Ski

Was ist Synchro?

Auszug aus dem Reglement: „Jeweils zwei Teams treten gegeneinander im Parallelmodus auf einer rund 300 m langen Strecke an. Neben einer Höhendifferenz von mindestens 80 Metern gilt es auch eine Sprungschanze zu überwinden. Gefahren wird in einer Hin- und Rückrunde (Kurstausch), wobei das Team mit der höheren Punkteanzahl im K.o.-Modus die nächste Runde erreicht. Die Synchronität der beiden Rennläufer wird zu 50 % bewertet, die Skitechnik zu 25 %, und ebenfalls zu einem Viertel fließt die Zeit in die Beurteilung ein. Schnellfahren allein genügt nicht! Beim Synchro Ski World Cup geht es auch um den Teamgedanken, um den Gleichklang der Bewegungen und die Ästhetik“.
Seit Jahren sind die beiden Ramsauer Hans-Peter Steiner und Horst Simonlehner international kaum zu schlagen und wurden Weltcup-Gesamtsieger und Weltmeister 2009.

Heliskiing

Zum Thema „Heliskiing“ zitiere ich Dieter Friedl aus „Die Presse“ vom 15. November 2008: „Der Flug hoch hinauf in die einsamen Schneeregionen, in den gipfelnahen unberührten Pulverschnee, ist für viele Skibegeisterte der ultimative Traum: Kanada, USA, der Kaukasus, Neuseeland, der Himalaya, Kamtschatka. Oder ‚nur' auf den Arlberg. Die großen Anbieter für Heliskiing sind oft noch unter europäischer Führung. Der größte ist die Gmoser-Gründung CMH mit einer Vielzahl von Lodges. Viel Luxus bietet Mike Wiegele um rund 6.800,- Euro. Der Österreicher Leo Steiner (Klondike Heliskiing) sitzt weit im Norden und verlangt 4.600,- Euro. Für Gudauri im Kaukasus zahlt man 3.900,- Euro (ohne Flug und“ nur“ 20.000 Höhenmeter). Eine Woche Monte Rosa: etwa 1.200,- Euro, exklusive Anreise und Flüge“.

Firngleiten/Shortcarving

Siehe kurze Beschreibung auch unter dem Kapitel „Grundkonstruktionen“ (Big Foot von Kneissl).
In gemütlicher Atmosphäre analysierten die Referenten aus Österreich, Deutschland und Liechtenstein noch einmal den vergangenen Winter und legten die Planung für die kommende Saison fest. Die Shortcarver-Europameisterschaft 2011 wurde an den SC Fürstenfeldbruck vergeben, sodass nach einer längeren Pause wieder einmal in Deutschland um die Medaillen gekämpft wird. Auch eine Firngleiter-Europameisterschaft wird im kommenden März wieder ausgetragen. Der ÖAV Attergau (OÖ) setzt damit seine Tradition als internationaler Veranstalter weiter fort. Die österreichischen Meisterschaften wurden erstmals vom WSV Schruns (V/Figl) und vom SV Scharnitz (T/Shorty) übernommen. Insgesamt acht Bewerbe stehen im Rahmen des internationalen Austria-Shortcarving-Cups auf dem Programm. Es erfolgt eine Anpassung an die neue Klasseneinteilung der alpinen Wettkampfordnung (Kinder/Schüler). Die ÖSV-Wertungsliste gilt weiterhin für die Klassen Jugend 1 bis Altersklasse 1.

Firngleiter-StaatsmeisterInnen 2010: Andrea Winderle, Reinhard Hohenwarter, Simon Höllermann, Ossi Seisl und Elena Stecher mit Thomas Woldrich (ÖSV) und Referent Arnold Steiner

Skibob – Snowbikes

Erfunden wurde der Skibob 1923 vom Österreicher Brenter aus Oberndorf. Damals hieß das Sportgerät noch „Sitzski", später erst wurde es „Skibob" genannt. „Dieser Name war eine Katastrophe" sagt Brenter-Enkel Bernd, „Da hätten die meisten Sportler immer einen Skifahrer im Eiskanal vor Augen gehabt". Heute heißt das Gerät „Snowbike" und wurde von der englischen Tageszeitung „Daily Telegraph" zur „besten Alternative zum Skifahren" gekürt. Die beiden Brenter-Brüder Bernd und Harald wussten damit von ihrem nächsten PR-Coup. Denn die Designer von Armani sind bereits im August 2008 in Oberndorf vorstellig geworden. Die Modeprofis wollten nämlich nicht nur Snowbikes ausleihen. Sie wollten vor allem ein „Armani-Snowbike" designen. Was in Zusammenarbeit dann auch geschah. Später erhielten die Oberndorfer Unternehmer wieder einen überraschenden Besuch. Diesmal waren es Vertreter der Firma Land Rover, die sich für Snowbikes interessierten. Das Resultat: Das Wintersportgerät aus Oberndorf ist seit einiger Zeit millionenfach in den USA zu sehen. Und zwar in Prospekten von Land Rover. Die Spezialisten für Geländewagen benutzten das Snowbike als Werbeunterstützung für ihr neues Modell „Land Rover Gear". Gleich auf mehreren Seiten wird der Abenteuergeist der Automarke beschworen. Im Blattinneren sind hauptsächlich waghalsige Snowbike-Piloten auf tief verschneiten Hängen zu sehen.
Auch innerhalb des ÖSV gibt es eine Abteilung „Skibob-Verband". Der unbestrittene „Kaiser" dieser Sportart ist Markus Moser vom PSV Salzburg: 31 (!) Weltmeistertitel, 65 Mal Weltcupsieger, sechs Mal Weltcup-Gesamtsieger. Bei den Weltmeisterschaften errang Moser die Titel in Super-G, Riesenslalom, Slalom und Kombination. Sein weibliches Pendant Petra Mörtenhuber errang ebenfalls die Goldmedaille.

Giorgio Armani

Giorgio Armanis Models gingen mit Snowbikes aus Oberndorf über den Laufsteg

Grasskilauf

Der Grasskilauf ist eine noch relativ junge Sportart. Josef Kaiser aus Geislingen/Steige bei Stuttgart war der Erfinder des Grasskis. Vorerst wurde es als Trainingsgerät für Skifahrer verwendet. Danach wurde das Grasskifahren als eigene Sportart anerkannt und erhielt 1978 ein eigenes Referat im Österreichischen Skiverband.

Aufgrund der positiven Entwicklung in einer Vielzahl von Ländern wurde der Grasskilauf 1985 in die FIS integriert. Das Sportgerät mutet auf den ersten Blick etwas eigenartig an. Aber Hightech-Teile aus Chrom und Nickel mit 19 hochsensiblen Geleitelementen mit jeweils vier Rollen aus Spezialkunststoff, 16 mm dünn, dazu ein Bindungsträger aus Aluminium sorgen für Geschwindigkeiten bis zu 70 km/h. Die mit Abstand erfolgreichste Grasskiläuferin ist Ingrid Hirschhofer mit 22 WM-Titeln und 19 Europameistertiteln. Bei den Herren ist Michael Stocker, Absolvent der Skihaupt- und Handelsschule Schladming der erfolgreichste österreichische Athlet bei den Herren. Bei den letzten Weltmeisterschaften nahmen Teams aus Österreich, Deutschland, Tschechien, Italien, der Slowakei und der Schweiz sowie auch aus Japan und dem Iran teil.

Erste iranische Olympiateilnehmerin beim Grasskitraining nahe Teheran

Rollerski

Rollerski werden als Trainingsgerät für den Langlauf verwendet. Die Benutzung auf öffentlichen Straßen ist verboten, sofern die Strecke nicht extra dafür gesperrt ist. Es gibt in der Zwischenzeit mehrere Orte, die eigene Rollerski-Strecken gebaut haben.

Langlauf

Noch vor 11 Jahren gewann Österreichs Langlaufstaffel die Weltmeisterschaft (1999 in Ramsau am Dachstein). Heute ist Österreich aber – hoffentlich nur vorübergehend – am Tiefpunkt angelangt. Es fehlt eine ganze Generation, das hinterließ natürlich ein Loch. Vom Gold-Quartett war bis 2009 nur noch Christian Hofmann aktiv. Laut Weltmeister Alois Stadlober stelle Biathlon heute bereits einen größeren Anreiz für Jugendliche dar. Der Langlauf-Jahrgang 1988/1989 sei zwar aussichtsreich, aber noch nicht bereit. Das Loch mit ambitionierten und aussichtsreichen Talenten zu stopfen dauert also noch Jahre. In Ramsau, beteuert Stadlober, treffe sich jedoch weiterhin die Loipenszene aus aller Welt. Vor allem im Sommer tummeln sich die Weltklasseläufer aus 20 Nationen und mehr auf dem für das Langlauftraining idealen Dachstein-Gletscher. In Stams, Schladming und Saalfelden gibt es ebenfalls Leistungszentren, auch in Hochfilzen wachsen neben den Biathleten wieder Langläufer heran.
Als Breitensport hat sich der Langlauf weiterhin stark gehalten und stellt einen bedeutenden Wirtschaftsfaktor im Tourismus dar. Neben vielen anderen Orten sind dabei die Ramsau am Dachstein und Seefeld, beides WM- bzw. Olympia-Orte, führend.

Langlauf auf Kufen (Holland)

Markenwertung (FIS)

Ähnlich wie sich bei der Fußball-Weltmeisterschaften drei Hersteller (Adidas, Puma und Nike) fast den ganzen weltweiten Markt teilen (nicht nach Erfolgen, sondern marktanteilsmäßig gesehen), sind es auch im Skirennsport relativ wenige Marken, welche sich die Erfolge in Punkten ausgedrückt ausmachen.

Alpin-Ski:

World Cup Brand Ranking Season 2010

OverAll

Ladies: Rank	Brand	Points	Ladies and Men: Rank	Brand	Points	Men: Rank	Brand	Points
1	Head	4830.00	1	Atomic	6905.00	1	Atomic	5070.00
2	Atomic	1835.00	2	Head	6315.00	2	Rossignol	2140.00
3	Rossignol	1205.00	3	Rossignol	3345.00	3	Head	1485.00
4	Stoeckli	1155.00	4	Fischer	2115.00	4	Fischer	1115.00
5	Voelkl	1085.00	5	Salomon	1525.00	5	Salomon	1015.00
6	Fischer	1000.00	6	Stoeckli	1450.00	6	Blizzard	505.00
7	Salomon	510.00	7	Voelkl	1285.00	7	Dynastar	490.00
8	Dynastar	380.00	8	Dynastar	870.00	8	Nordica	435.00
9	Nordica	220.00	9	Nordica	655.00	9	Stoeckli	295.00
			10	Blizzard	505.00	10	Voelkl	200.00
			11	Elan	175.00	11	Elan	175.00

Ladies

Downhill: Rank	Brand	Points	Slalom: Rank	Brand	Points	Giant Slalom: Rank	Brand	Points	Super G: Rank	Brand	Points	Combined: Rank	Brand	Points
1	Head	1730.00	1	Head	1150.00	1	Rossignol	580.00	1	Head	1130.00	1	Head	540.00
2	Voelkl	485.00	2	Atomic	995.00	2	Atomic	540.00	2	Stoeckli	475.00	2	Atomic	130.00
3	Salomon	365.00	3	Fischer	415.00	3	Fischer	535.00	3	Voelkl	290.00	3	Stoeckli	45.00
4	Rossignol	180.00	4	Stoeckli	210.00	4	Stoeckli	320.00	4	Dynastar	245.00	4	Rossignol	40.00
5	Dynastar	135.00	5	Rossignol	165.00	5	Head	280.00	5	Rossignol	240.00			
6	Stoeckli	105.00	6	Voelkl	110.00	6	Voelkl	200.00	6	Atomic	170.00			
7	Fischer	50.00				7	Nordica	175.00	7	Salomon	145.00			
8	Nordica	45.00												

Men

Downhill: Rank	Brand	Points	Slalom: Rank	Brand	Points	Giant Slalom: Rank	Brand	Points	Super G: Rank	Brand	Points	Combined: Rank	Brand	Points
1	Atomic	1095.00	1	Atomic	730.00	1	Atomic	1335.00	1	Atomic	1255.00	1	Atomic	655.00
2	Head	900.00	2	Fischer	535.00	2	Salomon	610.00	2	Rossignol	365.00	2	Rossignol	315.00
3	Rossignol	590.00	3	Rossignol	520.00	3	Rossignol	350.00	3	Head	255.00	3	Fischer	200.00
4	Salomon	170.00	4	Blizzard	505.00	4	Fischer	195.00	4	Fischer	185.00	4	Head	185.00
5	Stoeckli	145.00	5	Dynastar	440.00	5	Head	145.00	5	Stoeckli	150.00	5	Salomon	105.00
6	Elan	125.00	6	Nordica	435.00				6	Salomon	130.00	6	Dynastar	50.00
			7	Voelkl	200.00									
			8	Elan	50.00									

Alpin, Damen und Herren-Gesamtwertung: Es führt Atomic knapp vor Head. Dann folgen mit etwas Abstand Rossignol und Fischer. Langlauf, Damen und Herren-Gesamtwertung: Hier gibt es eine absolute Dominanz von Fischer mit einem Abstand von fast 7.500 (!!!) Punkten auf den Zweiten, Madshus aus Norwegen, Rossignol und Atomic. Für „Statistiker" sind die Details gegliedert nach Bewerben den Tabellen zu entnehmen.

Langlauf:

World Cup Brand Ranking Season 2010

OverAll

Ladies

Rank	Brand	Points
1	Fischer	4915.00
2	Atomic	1035.00
3	Rossignol	805.00
4	Madshus	705.00
5	not assigned	40.00

Ladies and Men

Rank	Brand	Points
1	Fischer	9565.00
2	Madshus	2090.00
3	Rossignol	1895.00
4	Atomic	1270.00
5	not assigned	180.00

Men

Rank	Brand	Points
1	Fischer	4650.00
2	Madshus	1385.00
3	Rossignol	1090.00
4	Atomic	235.00
5	not assigned	140.00

Ladies

Distance

Rank	Brand	Points
1	Fischer	2790.00
2	Madshus	525.00
3	Atomic	520.00
4	Rossignol	250.00
5	not assigned	40.00

Sprint

Rank	Brand	Points
1	Fischer	2125.00
2	Rossignol	555.00
3	Atomic	515.00
4	Madshus	180.00

Men

Distance

Rank	Brand	Points
1	Fischer	2720.00
2	Madshus	595.00
3	Rossignol	520.00
4	Atomic	190.00
5	not assigned	100.00

Sprint

Rank	Brand	Points
1	Fischer	1930.00
2	Madshus	790.00
3	Rossignol	570.00
4	Atomic	45.00
5	not assigned	40.00

Sprunglauf – Skifliegen

Auch wenn im Langlauf derzeit nicht von großen Erfolgen der Österreicher berichtet werden kann, so trifft dies umso mehr für das Skispringen und Skifliegen zu. Seit Jahren zählt das von Alexander Pointner („Pointex“) trainierte Team seit Jahren zur Weltspitze. Die österreichischen Athleten dominieren – neben dem Schweizer Überflieger Simon Amann – fast auf allen Schanzen der Welt. Als Wolfgang Loitzl bei der Vierschanzen-Tournee in Bischofshofen gleich fünfmal die Traumnote 20,0 erhielt, schrieb die deutsche Bildzeitung sogar “Der beste Ösi seit Mozart“.

Buchautor Anton Innauer (2010)

Fotos aus älterer Zeit zeigen die Entwicklung des Sprungstils. Heute kann man sich kaum mehr vorstellen, dass ÖSV-Sportdirektor Toni Innauer den „parallelen“ Skisprung beherrschte (siehe untenstehendes Bild von 1976) wie einst die alpinen „Wedelkünstler“, als auch dort das möglichst parallele Fahren mit enger Skiführung „in“ war.

Die Revolution zum heutigen sogenannten „V-Stil“ erfolgte eher per Zufall durch den Schweden Jan Böklov: „Ich bin bei einem Trainingssprung in den Wind gekommen und habe mich nach vorne gebeugt, um einen Sturz zu vermeiden. Da haben die Ski ein V gebildet". Er blieb fortan bei diesem Stil. Am 10. Dezember 1988 flog er der Konkurrenz in Lake Placid auf und davon und gewann sein erstes von insgesamt fünf Weltcupspringen. Später holte er trotz gewaltiger Punkteabzüge bei den Haltungsnoten sogar den Gesamtweltcup. Eine Änderung in der Notenbewertung bezieht heute Wind und Absprunggeschwindigkeit (jenseits der 100-km/h-Marke) neben der Weite mit ein und sorgt so dafür, dass lange Unterbrechungen und Neuanfang bei wechselnden Bedingungen auf der Schanze vermieden werden.

Bubi Bradl durchbrach als erster die 100-m-Schallmauer

Eine besondere Art des Skispringens ist das Skifliegen. Offizieller Weltrekordhalter bei den Weitenjägern ist der Norweger Björn-Einar Romören. Neben Planica und anderen Orten mit Flugschanzen ist der „Kulm" bei Bad Mitterndorf absoluter Höhepunkt. Der Zielraum ist in leuchtendes Rot-Weiss-Rot verwandelt.

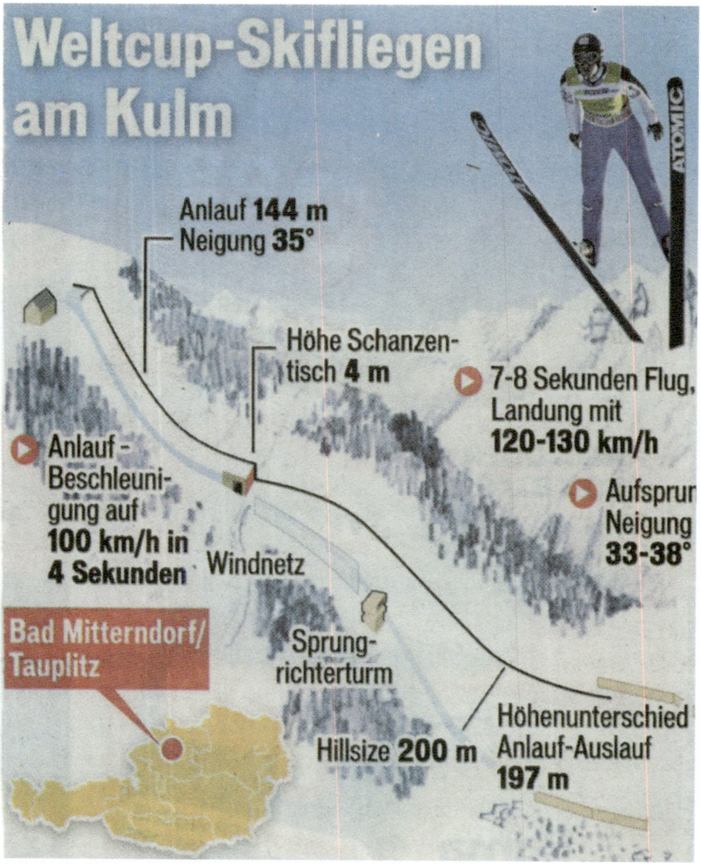

Weltcup-Skifliegen am Kulm
Anlauf 144 m
Neigung 35°
Höhe Schanzentisch 4 m
7-8 Sekunden Flug, Landung mit 120-130 km/h
Anlauf-Beschleunigung auf 100 km/h in 4 Sekunden
Aufsprun
Neigung
33-38°
Windnetz
Bad Mitterndorf/
Tauplitz
Sprungrichterturm
Hillsize 200 m
Höhenunterschied Anlauf-Auslauf 197 m
ATOMIC

Organisator und Tausendsassa mit hohem Showfaktor ist der frühere Weltklassespringer und Weltcupsieger Hubert Neuper. So hat er Visionen, dass nach Aus- und Umbau der Kulmschanze Weiten bis 250 Meter möglich sein müssten.

Alex Pointner – „Pointex"

Holmenkolm (nahe Oslo), das modernste Skisprung-Stadion der Welt

Hier sieht man die gewaltigen Kräfte beim Aufsprung.
Leider ist Atomic aus dem Sprungsport ausgestiegen.

OBERSTDORF NEU 2010

Flugschanze am Kulm

Der Kulm
Anlauf: 148 Meter
Neigung: 35 Grad
Beschleunigung: auf 100 km/h in 4 Sekunden
Aufsprung: Neigung 33 bis 38 Grad
Landung: mit 120 bis 130 km/h
Starthaus
Sprungschanze
Schanzentisch: Höhe 4 m
Sprungrichterturm: Jeder Sprungrichter kann bis zu 20 Punkte für die Haltung vergeben
Aufsprung-hang
K-Punkt: Punkt, an dem das Gefälle des Aufsprunghangs flacher wird. Ein Sprung auf den K-Punkt zählt 120 Weitenpunkte. Für jeden Meter darüber oder darunter werden Punkte addiert oder subtrahiert
Hillsize: 200 Meter. Die Hillsize steht für den Punkt, an dem der Schanzenauslauf noch ein Gefälle von 32 Grad aufweist
Auslauf: Flacher Bereich im Zielgebiet, in dem die Athleten abbremsen können
schematische Darstellung
Die Technik
1
Start: Der Springer setzt sich auf den Balken im Anlauf der Schanze
2
Anlauf: Eine tiefe Hocke reduziert den Luftwiderstand. So wird die größtmögliche Geschwindigkeit erreicht
3
Absprung: Der Schispringer richtet sich mit einem kräftigen Schwung auf und hebt die Schispitzen an, um Auftrieb zu erzeugen
4
Flug: Jetzt lehnt er sich nach vorne, die Schi bilden ein V. Der Flug auf dem Kulm dauert sieben bis acht Sekunden
5
Landung: „Telemark"-Position. Aufrechte Haltung, Beine in Schrittstellung, Knie angewinkelt, um die Stoßkraft beim Aufprall zu absorbieren

Highlight: Die WM-Show

Skifliegen Die Skiflug-Bewerbe haben längst einen Stammplatz im Weltcup-Kalender. In diesem Winter waren die Springer bereits auf der Flugschanze im tschechischen Harrachov im Einsatz. Erstmals seit acht Jahren fanden heuer in Villach wieder zwei Bewerbe auf der Normalschanze statt.

WM-Programm: Am Freitag (16.30 Uhr) und Samstag (16) wird um die Einzel-Medaillen geflogen, am Sonntag (13.45) steht der Teambewert am WM-Programm. ORF1 überträgt alle Bewerbe live.

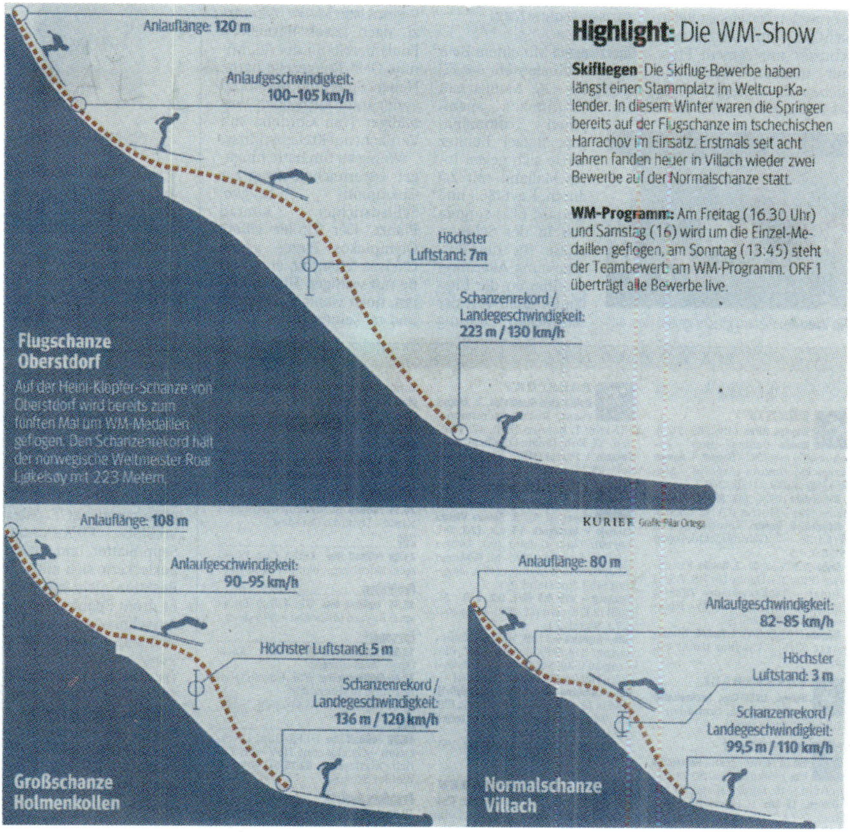

Nordische Kombination

Der Kitzbüheler Klaus Sulzenbacher – eigentlich aus der Alpin-Hauptstadt Österreichs kommend – erweckte 1990 die österreichischen Kombinierer aus ihrem jahrzehntelangen Dornröschenschlaf und sorgte für die ersten Olympia- und Weltmeisterschaftsmedaillen. Er war überdies zweifacher Weltcup-Gesamtsieger. Mit seinem Stern begann in den Jahren seither eine unglaublich große Erfolgsserie der Österreicher in dieser Disziplin. Der letzte Höhepunkt war die Goldmedaille bei den Olympischen Spielen 2010 in Vancouver im Mannschaftsbewerb. Das Sieger-Quartett: Bernhard Gruber, David Kreiner, Felix Gottwald und Mario Stecher. Eine Premiere in dieser Sportart gab es vor einigen Jahren mit einem Flutlicht-Bewerb in der Ramsau am Dachstein.

Felix Gottwald, Olympiasieger in Vancouver 2010, Sportler des Jahres 2010

Biathlon

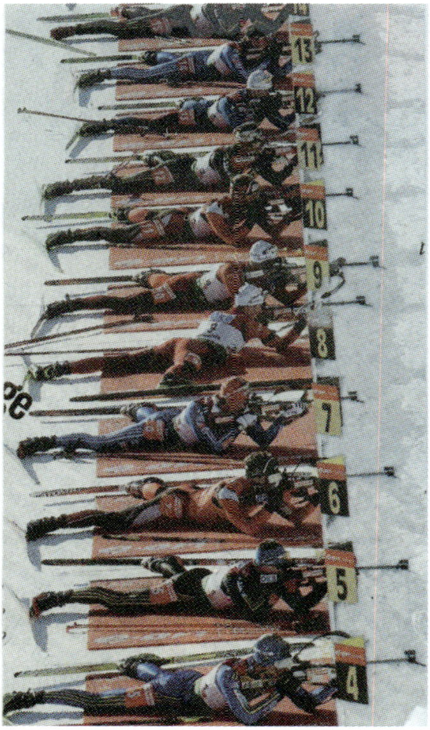

2006 in Turin wurden Österreichs Biathleten nach der Doping-Razzia als Buhmänner der Nation abgestempelt. 2009 bei der Weltmeisterschaft gab es dann dafür ein „Schützenfest" in Rot-Weiß-Rot. WM-Gold durch Dominik Landertinger und WM-Silber durch Christoph Sumann. Und 2010 bei den Olympischen Spielen in Vancouver holte das Quartett Simon Eder, Christoph Sumann, Dominik Landertinger und Daniel Mesotitsch die Silbermedaille. Österreich ist eine Biathlon-Großmacht! Die Erfolge der ÖSV-Biathleten schlagen sich nicht nur in den Ergebnislisten nieder. Sie haben auch in der österreichischen Sportöffentlichkeit nachhaltigen Eindruck hinterlassen, die sich im gesteigerten Interesse für diese nervenzermürbende Sportart und in den TV-Einschaltziffern zeigen. In der Werbebranche sind sie sehr gefragt. Und die Printmedien haben in der Berichterstattung über den Biathlonsport umfangmäßig gewaltig „nachgelegt". Ein Umstand, der vor wenigen Jahren geradezu undenkbar gewesen wäre. Der erfolgreichste Biathlet bleibt aber nach wie vor der Norweger Ole Einar Björndalen mit rund 90 Weltcupsiegen und unzähligen Goldmedaillen bei Weltmeisterschaften und Olympischen Spielen.

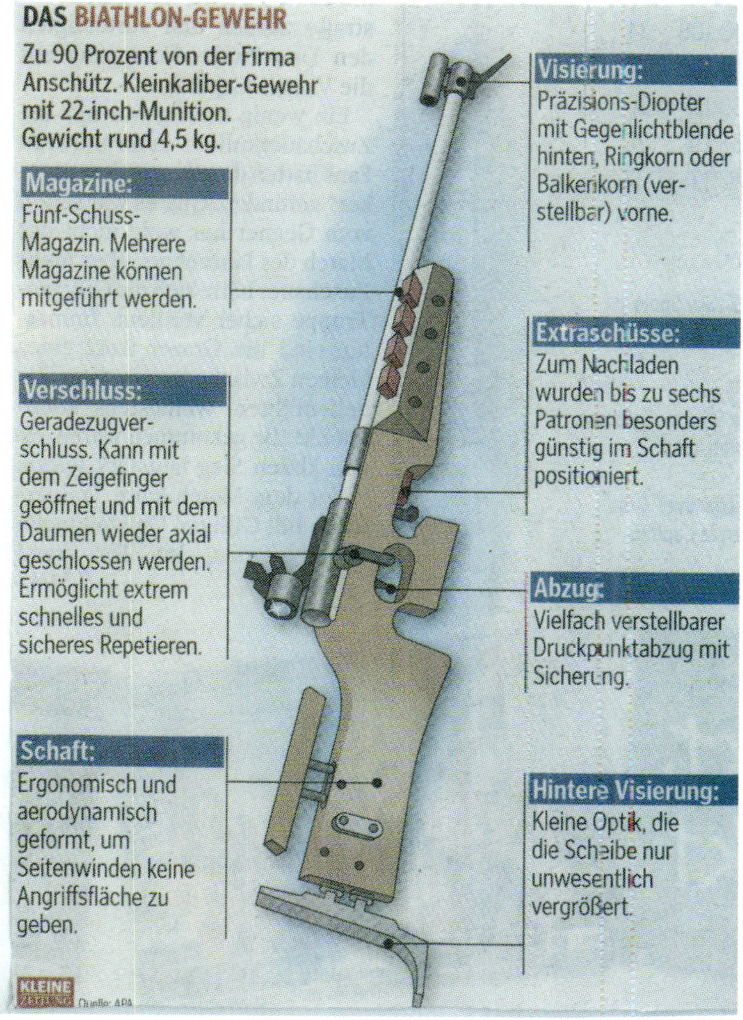
DAS BIATHLON-GEWEHR
Zu 90 Prozent von der Firma Anschütz. Kleinkaliber-Gewehr mit 22-inch-Munition. Gewicht rund 4,5 kg.
Magazine:
Fünf-Schuss-Magazin. Mehrere Magazine können mitgeführt werden.
Verschluss:
Geradezugverschluss. Kann mit dem Zeigefinger geöffnet und mit dem Daumen wieder axial geschlossen werden. Ermöglicht extrem schnelles und sicheres Repetieren.
Schaft:
Ergonomisch und aerodynamisch geformt, um Seitenwinden keine Angriffsfläche zu geben.
Visierung:
Präzisions-Diopter mit Gegenlichtblende hinten, Ringkorn oder Balkenkorn (verstellbar) vorne.
Extraschüsse:
Zum Nachladen wurden bis zu sechs Patronen besonders günstig im Schaft positioniert.
Abzug:
Vielfach verstellbarer Druckpunktabzug mit Sicherung.
Hintere Visierung:
Kleine Optik, die die Scheibe nur unwesentlich vergrößert.
Quelle: APA

Annemarie Moser-Pröll

Insgesamt sechs Mal nahm Annemarie Moser-Pröll die begehrte Trophäe des Gesamtweltcup-Siegers in Empfang

Bei Annemarie Moser-Pröll geht es mir ähnlich wie bei Hermann Maier: Was soll man über die größte Skiläuferin aller Zeiten noch schreiben? Annemarie wuchs mit sieben Geschwistern auf einem Bergbauernhof in Kleinarl auf. Dort hat sie sich sicher auch ihre Grundkondition für die überragenden Erfolge geholt: Mit Skiern hinab ins Dorf zur Schule, hinauf dann zu Fuß (Parallelen zu Hansi Hinterseer). Bei ihrem ersten Weltcupsieg war sie gerade einmal siebzehn Jahre jung. Ihr Café in Kleinarl hat sie verkauft und ein neues Haus in ihrer Heimat gebaut. Ihr Mann, Herbert Moser, ist leider viel zu früh verstorben. Herbert war einer meiner ersten Außendienstmitarbeiter bei Atomic. Insgesamt gewann Annemarie Moser-Pröll sechs Mal den Gesamtweltcup, holte 62 Einzel-Weltcupsiege, fünf Mal wurde sie Weltmeisterin. Ihre persönliche Krönung war aber der Olympiatitel in der Abfahrt von Lake Placid. Vor einigen Jahren wurde sie zur Weltwintersportlerin des 20. Jahrhunderts gewählt: „Mein größter Augenblick neben Weltklasseleuten wie Toni Sailer, Muhammed Ali, Pele, Carl Lewis und Mark Spitz zu stehen".

Hermann Maier

Was wäre ein „Skibuch“, ohne wenigstens mit Abbildungen auf Hermann Maier hinzuweisen? Also lasse ich Fotos sprechen.

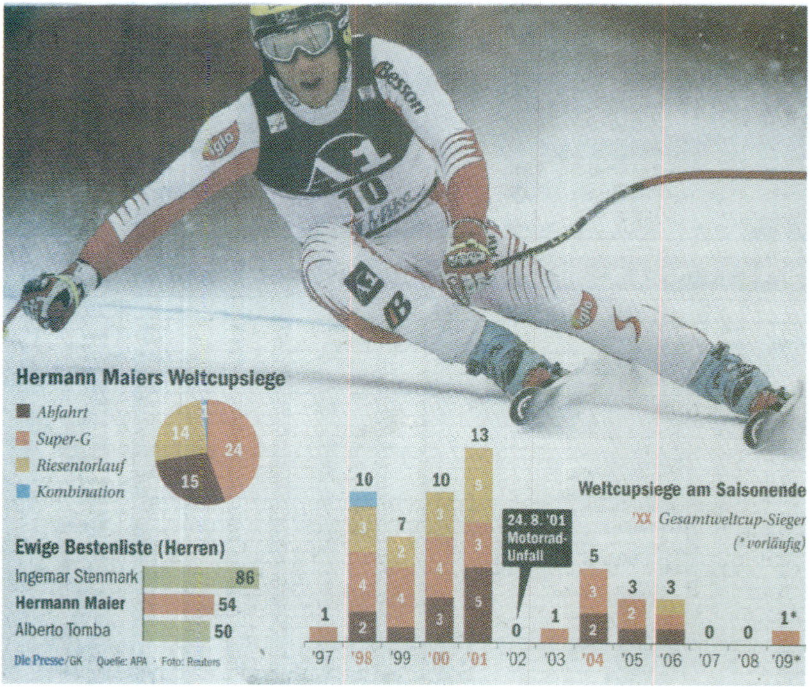

Das Bild, das um die Welt ging: Hermann Maiers Sturz und die Schlagzeile der Kleinen Zeitung
SPORTS ILLUSTRATED/ CARL YARBROUGH

Ausbildungsstätten

(Auszugsweise aus „Austria Ski" 1/20102011):
Prof. Hoppichler und sein Team erkannten das Potenzial, welches sich in unseren Schulen für den Skinachwuchs bot. Insgesamt gibt es in Österreich neun alpine Skihauptschulen: Schruns, Neustift, Bad Gastein, Feistritz, Windischgarsten, Lilienfeld, Eisenerz, Murau und Schladming. Die bekannteste nordische Ausbildungsstätte steht in Stams.
In den Skihauptschulen haben die Schülerinnen und Schüler durch das vermehrte Angebot des Gegenstandes Bewegung und Sport die Möglichkeit, mehr als in anderen Schulen ihrem Hobby, dem Skirennsport, nachzukommen. Der Bildungsauftrag der Skihauptschulen umfasst ein vielseitiges Bewegungskönnen und vielfältige Bewegungserfahrung unter Berücksichtigung der skisportlichen Schwerpunkte. Im Mittelpunkt stehen die Freude an der Bewegung, die Steigerung des allgemeinsportlichen und vor allem des skirennsportlichen Leistungsvermögens und die Weiterentwicklung der konditionellen und koordinativen Grundlagen. Mit der Saison 2010/2011 geht der österreichische Skirennsport neue Wege. Das Nachwuchsreferat des Österreichischen Skiverbandes setzt große Hoffnungen und Erwartungen in diese ausgezeichneten Institutionen, wo die Basis für ihr zukünftiges Konzept klar zu erkennen ist und gelegt wird.
Erfolgreiche Abgänger der Skihauptschulen wie Benjamin Raich, Elisabeth Görgl, Andrea Fischbacher, Michaela Kirchgasser, Michael Walchhofer, Hans Grugger und Reinfried Herbst sind Beweis für eine zielorientierte und erfolgreiche Arbeit an den Skihauptschulen Österreichs. Zu den Absolventen der älteren Jahrgänge in der Skihauptschule Schladming zählten unter anderem viele Weltmeister, Olympiasieger und Weltcup-Sieger wie Lea Sölkner, Petra Kronberger, Sepp Walcher, Peter Wirnsberger, Michael Tritscher, Roswitha Steiner, Alexandra Meissnitzer, Michaela Dorfmeister, Fritz Strobl, Christian Mayer und Klaus Kröll.

CHRONIK: SKI / ALPIN BUNDES und WM ISF - SCHULSPORTVERANSTALTUNGEN 1973 - 2009

Jahr	Bundesmeisterschaften	ISF - WM	Knaben	Mädchen	
1973	?	?			
1975	Bundesmeister Mädchen	1.Rg. Chamonix / France		Mädchen	
1979	Bundesmeister Knaben	1.Rg Kuusamo / FIN	Knaben		
1981	Bundesmeister Knaben	1.Rg Saalfelden / AUT	Knaben		
1983	Bundesmeister Knaben	1.Rg. Cortina / ITAL	Knaben		
1985	Bundesmeister Mädchen	1.Rg. Sune / Schweden		Mädchen	
1991	Bundesmeister Knaben	1.Rg. Val Cenis / FRA	Knaben		
1995	2.Rg. BM Mädchen-Vizemeister			Mädchen	
1997	3.Rg. BM Mädchen		Knaben	Mädchen	
1999	Bundesmeister Knab.+Mädch.	1.Rg. + 2.Rg. Jesenik / Tschech.	Knaben	Mädchen	
2001	Bundesmeister Knaben	3.Rg. Praalognan / FRA	Knaben		
2003	Bundesmeister Knab.+Mädch.	1.Rg. + 1. Rg. Schladming / AUT	Knaben	Mädchen	
2005	Bundesmeister Mädchen	1. Rg. Sune / Schweden		Mädchen	
2007	Bundesmeister Knab.nach ÖSV	2. Rg. Andorra	Knaben		
2007/08	Bundesmeister Knaben Dez.07	1.Rg.Grenoble-Alpe d Huetz/France	Knaben		
2009	2.Rg. BM Knaben-Vizemeister		Knaben		

14x Bundesmeister	11x Mannschaftsweltmeister	2x Silber	1x Bronze
9x Knaben, 5x Mädchen	7x Knaben, 4x Mädchen	Mäd./Bur.	Knaben

Die Bundesmeisterschaften der Schulen, sowie die Weltmeistorschaften finden alle 2 Jahre statt und werden als Mannschaft gewertet, zu Recht darf sich die Steirische Skihauptschule Schladming als die wohl erfolgreichste Schule-weltweit nennen.

Ps: Zur Weltmeisterschaft der Schulen wird nur der Österreichische Bundessieger vom Ministerium entsandt.

Ernst Erlinger, Sportlicher KoordinatorSKI-HS

Weltmeisterschaften:

1978	**Lea Sölkner**	Slalom	Gold	**Weltmeister**
1978	**Sepp Walcher**	Abfahrt	Gold	**Weltmeister**
1980	Peter Wirnsberger	Abfahrt	Silber	
1985	**Karl Wieser**	Skitriathlon	Gold	**Weltmeister**
1990	**Heinz Mühlbacher**	Skitriathlon	Gold	**Weltmeister**
1994	**Ingeborg Gampersberger**	Tiefschneeweltm.	Gold	**Weltmeister**
1995	**Marion Mösselberger**	Tiefscheeweltm.	Gold	**Weltmeister**
1996	**Kurt Aigner**	Tiefscheeweltm.	Gold	**Weltmeister**
1996	**Otto Helfenschneider**	Militärischer 5 Kampf	Gold	**Weltmeister**
2000	**Nico Pracher**	Segeln	Gold	**Weltmeister**
2003	**Michael Walchhofer**	Abfahrt	Gold	**Weltmeister**
2005	Michael Walchhofer	Super G	Silber	
2009	Lizz Görgl	Abfahrt	Bronze	
2009	Lizz Görgl	Super-Kombi	Bronze	
2009	Michael Stocker	Grasschi	Silber	
2009	Andrea Fischbacher	Super G	Bronze	

Gesamt: **16 Medaillen**

Gold	**10 Medaillen**
Silber	**03 Medaillen**
Bronze	**03 Medaillen**

Olympische Spiele:

1980	Peter Wirnsberger	Abfahrt	Silber	
1992	Michael Tritscher	Slalom	Bronze	
2006	Michael Walchhofer	Abfahrt	Silber	
2010	Lizz Görgl	Abfahrt	Bronze	
2010	Lizz Görgl	Riesenslalom	Bronze	
2010	**Andrea Fischbacher**	Super G	Gold	**Olympiasiegerir**

Gesamt: **06 Medaillen**

Gold	**01 Medaille**
Silber	**02 Medaillen**
Bronze	**03 Medaillen**

Dipl. Sptl. Ernst Erlinger
Sportlicher Koordinator der Skihauptschule Schladming

Schladming, 17.10.2010

Die Stundentafel für Schulen mit skirennsportlicher Ausbildung:

PFLICHTGEGENSTÄNDE	1. KL.	2. KL.	3. KL.	4. KL.	RAHMEN
Religion					8
Deutsch					15 - 21
Englisch					12 - 18
Geschichte					5 - 10
Geografie					7 - 12
Mathematik					14 - 20
Geometrisches Zeichnen					2 - 6
Biologie					7 - 12
Physik					5 - 10
Chemie					1,5 - 4
Bewegung und Sport					46 - 48
Musik					3 - 7
Bildnerische Erziehung					2 -8
Werken					2 - 7,5
Ernährung und Haushalt					2 - 6
Gesamtwochenstunden	**30 - 35**	**33 - 37**	**33 - 37**	**35 - 39**	**137 - 144**

jung übt sich ...

Abfahrtsweltmeister 1978 in Garmisch: Josef Walcher

raudl Hecher,
hristl Haas und
dith Zimmermann
von links)
n Innsbruck

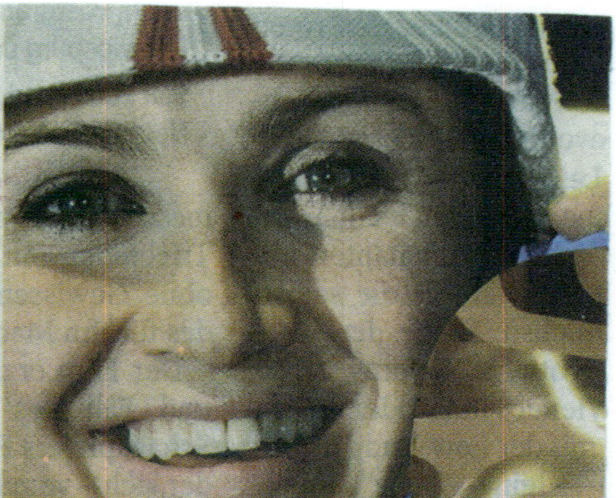

Elisabeth Görgl strahlte mit der Bronzemedaille um die Wette

Schulskikurse – Skinachwuchs

Über den Rennsport-Nachwuchs wurde bereits im Kapitel „Ausbildungsstätten“ berichtet. Es geht aber primär nicht nur über den Rennsport, sondern vielmehr auch um den Breitensport!

„Wintertourismus bangt um den Skinachwuchs“, „Kampf um Nachwuchs auf den Skipisten“, „Der Kampf um den Schulskikurs“, „Skinachwuchs dringend gesucht“, „Österreichs verlorene Skigeneration soll auf die Brettln geholt werden“, „Wintersport muss sein” … so und ähnlich lauten seit Jahren die Schlagzeilen in den Tageszeitungen und Magazinen. Abgesehen von Einzelaktionen einiger engagierter Personen und den Bemühungen einiger Liftbetreiber mit verbilligten oder Gratis-Liftkarten und Tourismusorten sowie einer Salzburger Plattform, welche sich unter Leitung von Franz Schenner, Schwiegersohn von Blizzard-Gründer Toni Arnsteiner, um skisportliche Fragen äußerst bemüht („Allianz Zukunft Wintersport“). Bisher ist nicht sehr viel zur Verbesserung der Situation herausgekommen. Auch der Autor hat sich bei zuständigen Stellen zu diesem Thema zu Wort gemeldet (siehe dazu E-Mails an diverse Bundesministerien, als Beispiel wird ein Schreiben an das Bundesministerium für Wirtschaft und Arbeit angeführt), auch hier gab es trotz nachfolgender Erinnerungen keine Antwort.
Gaben bei einer Befragung im Jahr 1993 noch 15 Prozent an, regelmäßig Ski zu fahren, sind es jetzt nur noch fünf Prozent (!), bei Snowboardern sank der Wert von drei auf ein Prozent. Für diese gewaltige Abnahme an heimischen Wintersportlern gibt es eine Vielzahl von Gründen: Kosten für die Wintersportausrüstung, steigende Preise bei Liftkarten, Kosten der Beherbergung. Der Niedergang bei den Schulskikursen begann in den 1990er Jahren, als die Pflicht zur Teilnahme abgeschafft wurde. Das bewirkte einen massiven Einbruch, der bis heute nachwirkt. Nahmen 1995 noch 240.000 Schüler an Skikursen teil, sind es unterdessen kaum noch 150.000, weshalb immer wieder der Ruf erschallt, die Skikurspflicht wieder einzufüh-

ren, zuletzt aus der Bundeswirtschaftskammer. Hans Schenner, Obmann der Sparte Tourismus, fordert, dass die Schulen wieder verpflichtend Skikurse abhalten müssen. Im Unterrichtsministerium erteilt man der Wiedereinführung dieser Pflicht eine Absage. Seit der Jahrtausendwende wurden in weit mehr als 200 Schulen die Wintersportwochen gestrichen. Beispiel Wien: Nur noch etwa 20.000 Wiener Jugendliche fahren auf Skikurs, etwa 140.000 kämen infrage. Im sogenannten „Wintersportland Nr. 1" müsste es doch möglich sein, dass alle verantwortlichen Stellen an einem Strang ziehen. Gefordert ist hier vor allem die Politik.

Österreichisches Skilehrwesen

„Österreichs Skilehrer sind die besten der Welt“ kann man immer wieder hören und lesen. Der Autor traut sich zu, diese Aussage zu bestätigen. Dank strenger Selektion, großartigem Können und umfangreicher Ausbildung zählen sie schon seit jeher zu den besten der Welt.

Als Beispiel (zusätzlich zur umfangreichen Fachliteratur und den Ausbildungsstellen in den Bundesländern und auf Bundesebene) sei die „Ski Austria Academy“ in St. Christoph am Arlberg angeführt. Das hochprofessionelle 20-köpfige Ausbildungsteam unter Leitung von Professor Werner Wörndle widmet sich im täglichen Training den individuellen Bedürfnissen der Teilnehmer. Ausführliche Informationen finden Sie auf www.skiakademie.at.

Auf eine weitere Ausführung des österreichischen Skilehrwesens wird in diesem Buch verzichtet, da es den Rahmen der Arbeit sprengen würde.

SKI AUSTRIA

Skisport in der Halle und in den Städten

Es ist kaum zu glauben, stimmt aber! Die erste überdachte Skisportmöglichkeit gab es in Wien. Und das bereits 1927 (!). Die Halle des Nordwestbahnhofes am Tabor wurde in den „Schneepalast" umgewandelt. Kein Wunder, dass die Wienerinnen und Wiener auch heute zu den treuesten Gästen in unseren Wintersportorten zählen und Wochenende für Wochenende den „Zauberberg" am Semmering bevölkern. Heute gibt es in Europa bereits an die dreißig Skihallen, zehn weitere sind in Planung. Darunter eine in Wien: Franz Gansrigler schreibt im Wirtschaftsblatt vom 19. Jänner 2009: „Für Städtetouristen in Zeitnot will Unternehmensberater Gerhard Hrebicek bis 2012 in Wien ein Wintersportzentrum errichten. Bauen wird der Burgenländer Josef Unger. Eine hochkarätige Mannschaft des Unternehmens besuchte Bispingen in der Lüneburger Heide, um die dortige, vom Oberwarter Stahlbauer Unger im Auftrag der Söldener Bergbahnen fertiggestellte Skihalle zu besichtigen. Seit drei Jahren arbeitet ein Team von Finanzexperten und Ingenieuren am Plan, einen Winter- und Erlebnispark in Wien zu errichten.

In Deutschland stehen Skihallen in Neuss bei Düsseldorf, in Bottrop im Ruhrgebiet und in Wittenburg, Mecklenburg-Vorpommern, in der Nähe von Hamburg. Die Hallen wurden während der Weihnachtsfeiertage regelrecht gestürmt. Allein in Neuss sollen es an manchen Tagen bis zu 10.000 Besucher gewesen sein, berichtet die Frankfurter Allgemeine Zeitung. Im Jahr davor tummelten sich 400.000 Ski- und Snowboardfahrer auf der 300 Meter langen Piste. In München fand ein von ‚Red Bull' veranstaltetes Rennen vor zig Tausenden Besuchern statt. Die bisher publikumswirksamste Biathlon-Veranstaltung wurde ‚Auf Schalke', dem Stadion von Schalke 04, ausgetragen. Mehr als 50.000 begeisterte Zuschauer wohnten dem Rennen bei. Ebenfalls ein Biathlon-Bewerb wird seit einigen Jahren unter der Organisation von Roland Kurz (ein ehemaliger „Lehrling" in meinem „Magisterrat" bei Atomic) in Hallein mitten durch die Stadt ausgetragen. Ein Langlauftunnel wurde 2009 im deutschen Oberhof eröffnet. Die erste Hallen-Europameisterschaft im französischem Amnéville wurde von der ESF (European Ski Federation - siehe eigenes Kapitel) veranstaltet. Die Skispringer-Gemeinde erwägt ernsthaft, „indoor" zu springen. In der finnischen Stadt Ylitornio soll ein überdachtes nordisches Zentrum in den 242 Meter hohen Aavasaksa-Berg gebaut werden. Drei Schanzen sind geplant, darunter eine 180-Meter-Flugschanze. Man kann gespannt sein, ob es dazu kommen wird.

Der Snowboard-Weltcup wurde im Oktober 2009 in der Halle von Landgraaf/Holland, gestartet. Selbst Hallen-Skifahren in der Wüste ist keine Fata Morgana mehr: Skifahren, Rodeln oder Snowboarden bei 40 Grad im Schatten ist in Dubai kein Problem mehr. Dank einer Kühlanlage herrschen stets perfekte Schneebedingungen für Wintersportler. In Moskau bildete eine Riesenrampe eine beeindruckende Kulisse für ein Einladungsrennen unter Beteiligung von Weltklasse-Slalom-Läufern, um Werbung für den Alpinen Skisport zu machen. In einem der größten Märkte, der zugleich auch auf die Olympischen Winterspiele 2014 in Sotschi eingestimmt werden soll.
ÖSV-Präsident Peter Schröcksnadel denkt beim Hallen-Skifahren nicht nur an den weniger werdenden Schnee: „Auch das Publikum des alpinen Skisports wird in traditionellen Märkten weniger. 40 plus, das ist die Gruppe, die sich noch für uns interessiert. Drunter brechen uns die Leute weg. Wenn wir aber den Sport mithilfe der Hallen in die Städte bringen, können wir neues Publikum gewinnen". (Aussage gegenüber der Salzburger Nachrichten). Dabei betont Schröcksnadel immer wieder, dass es ihm mit dem Europäischen Skiverband nicht um Konkurrenz gegenüber dem Internationalen Skiverband geht, sondern um die Zukunft des alpinen Skisports. Die Europameisterschaft in Amnéville kann da nur ein Anfang gewesen sein. Um sich in Zukunft weiter Publikum und Aufmerksamkeit zu sichern, muss der Skisport zu den Leuten gehen, die ihn sonst nicht live erleben können.

1927: Nordwestbahnhof-Halle
am Tabor wurde zum
Wiener Schneepalast

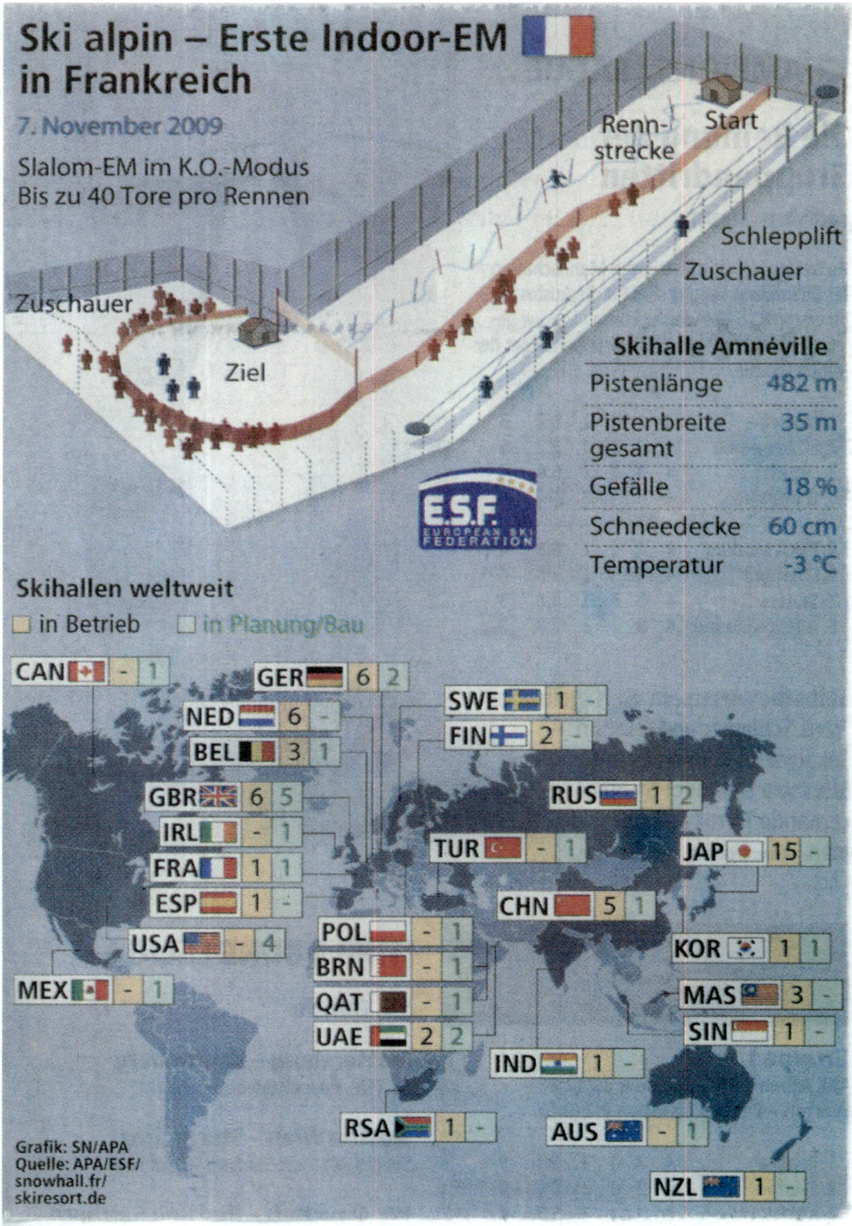
Ski alpin – Erste Indoor-EM in Frankreich
7. November 2009
Slalom-EM im K.O.-Modus
Bis zu 40 Tore pro Rennen
Renn-strecke
Start
Schlepplift
Zuschauer
Zuschauer
Ziel
Skihalle Amnéville
Pistenlänge 482 m
Pistenbreite gesamt 35 m
Gefälle 18 %
Schneedecke 60 cm
Temperatur -3 °C
E.S.F.
EUROPEAN SKI FEDERATION
Skihallen weltweit
in Betrieb
in Planung/Bau
CAN - 1
GER 6 2
NED 6 -
BEL 3 1
SWE 1 -
FIN 2 -
GBR 6 5
IRL - 1
FRA 1 1
ESP 1 -
USA - 4
MEX - 1
RUS 1 2
TUR - 1
JAP 15 -
CHN 5 1
POL - 1
BRN - 1
QAT - 1
UAE 2 2
KOR 1 1
MAS 3 -
SIN 1 -
IND 1 -
RSA 1 -
AUS - 1
NZL 1 -
Grafik: SN/APA
Quelle: APA/ESF/
snowhall.fr/
skiresort.de

Schnee mitten in der Wüste – 22.500 m2 große Halle in Dubai

Von der Schanze in den Schneetunnel zum Langlauftraining. Eine Trainingsmöglichkeit, die von allen Nationen bereits genützt wird.

Halle in Amnéville

51.000 Fans in Gelsenkirchen

Skihalle Neuss

Slalom-Rampe in München

Kunstschnee und Pistenpräparierung

Nach dem schneearmen Winter 2006/2007 gab es eine OECD-Studie, wonach der Klimawandel den Skitourismus in den Alpen bedrohen würde. Rund 70 Prozent der Wintersportregionen in Österreich müssten um Schneesicherheit fürchten. In Deutschland müssten sich nahezu alle Skigebiete darauf einstellen, dass es für den Wintersport nicht mehr reiche. Meiner Meinung nach wird diese Angelegenheit zu schwarz gesehen. Bereits nachfolgende Wintersaisonen haben nämlich das Gegenteil bewiesen. Auch der Klimaforscher und Leiter der Zentralanstalt für Meteorologie und Geodynamik (ZAMG), Herbert Gmoser, gibt Entwarnung: „Dieser Winter stellt eine Ausnahme dar. Es ist laut unseren Analysen kein ablesbarer Trend für weitere Extreme zu erwarten“. Mit anderen Worten: Eine derart lang anhaltende und niederschlagsarme Wärmeperiode von November bis März bleibt eine seltene Ausnahme. Von den 666 Skigebieten in den Alpen können 609 als „natürlich schneesicher“ bezeichnet werden. Das besagt eine Untersuchung der Tourismusforscher Bruno Abegg und Hans Elsasser aus der Schweiz (Details dazu und zur Auswirkung möglicher Erwärmungen siehe Tabelle). Dem Autor liegen Aufzeichnungen der Burg und Pfarre Falkenstein vor, wonach es Wetterkapriolen schon seit Beginn der Aufzeichnungen (1050) gibt. Einige Beispiele daraus: 1289: Ein außergewöhnlich warmer Winter, im Jänner blühen die Reben. 1328: Außergewöhnlich warmer Winter, zu Weihnachten Obstbaumblüte, Ernte schon im Mai. 1403: Ein besonders warmer Winter, schon im April ist das Getreide reif, die Obstbäume tragen zweimal Früchte. 1408: Außergewöhnlich harter Winter, schwer beladene Wagen fahren über die zugefrorene Donau. 1506: Ende Juni schuhhoher Schnee gefallen. 1523: Große Kälte im Juni. 1544: Ein sehr harter Winter. Weinstöcke und Obstbäume sind meist erfroren. 1662: Alle Saaten erfroren. 1675: Am 4. Juni starker Frost; Obst, Wein und Getreide erfroren. Früher Schneefall, vor der Lese müssen die Weinstöcke ausgeschaufelt werden. 1695 bis 1709: sehr harte Winter, Menschen und Vieh kommen durch die Kälte um.

1836 und 1837: Große Kälte im Mai und viel Schnee. 1897: Starker Schneefall am 6. Oktober während der Lese. 1912: Frost am 5. und 6. Oktober, sehr schlechtes Weinjahr. Auch in den Jahrzehnten danach gab es immer wieder sehr harte Winter mit viel Schnee, aber auch schneearme Winter. Aus meiner persönlichen Erinnerung: 1964, im Jahr der Olympischen Winterspiele in Innsbruck kam der Schnee erst im Februar, die Patscherkofel-Abfahrt bildete ein weißes Schneeband durch den Wald. 1988 kam der Winter mit 30 cm Schnee an einem Heiligen Abend – am Tag zuvor war der Himmel blau und wolkenlos, die Wiesen grün. Man konnte von einem echten „Weihnachtswunder" sprechen. Klimaänderungs-Prognosen kann man sicher nur über Jahrhunderte oder über Jahrtausende erstellen. Die Eiszeiten sind auch nicht über einen Zeitraum von zwei oder drei Jahren entstanden!

Und wenn einmal eine Saison der Schnee ausfällt, kommen vorsichtshalber schon ab November die Schneekanonen zum Einsatz. Allein für den Winter 2007/2008 wurden in Österreich 127 Millionen für Schneeaufbereitungsanlagen investiert. In Summe wurden die Skigebiete sogar um mehr als eine halbe Milliarde Euro aufgerüstet. Beispiel Kärnten: Wenn es nördlich der Alpen schneit, bekommt man in Kärnten meist nur einige Flocken ab. Das hat man schon vor 15 Jahren erkannt und kräftig in den Bau von Beschneiungslagen investiert. Heute verfügt Bad Kleinkirchheim über die größte Lanzen-Beschneiungs-Anlage Europas. Alle 100 Pistenkilometer können komplett beschneit werden. 98 Prozent der rund 700 Kärntner Pistenkilometer sind mit Beschneiungsanlagen ausgestattet. Auch in Salzburg geht Schneesicherheit über alles. Salzburg und die Obersteiermark (Raum Schladming-Dachstein) haben die größte Dichte an Speicherteichen. Die Wertschöpfung der Region „Ski amadé" (25 Orte, an die 300 Liftanlagen) liegt pro Winter bei einer Milliarde Euro.

Rupert Baumann, Präsident von „Ski amadé": „Schneesicherheit garantieren in den Pongauer und obersteirischen Orten den Bestand von 22.000 Arbeitsplätzen.

Die Kitzbühler Streif in einem abnormalen Winter

Der Prozentsatz der Beschneiung liegt mittlerweile bei mehr als 80 Prozent, mehr als 4.000 Schneekanonen sind im Einsatz". Weil Wasser das entscheidende „Futter" der Schneekanonen ist, wird es in riesigen Mengen auf Vorrat angelegt. Und zwar in immer größer werdenden Speicherteichen. In Österreich existieren mehr als 200 solcher Teiche, der größte davon in Altenmarkt-Zauchensee. Er fasst über 400.000 Kubikmeter Wasser. Das entspricht zwei Millionen gefüllten Badewannen.

Pistenpräparierung

Natürlich erwarten sich die Skiläufer jeden Tag perfekt präparierte Pisten und Loipen. Die „Heinzelmännchen" der Skisaison verdienen es deshalb, an dieser Stelle lobend erwähnt zu werden. Während der Wintergast schläft oder sich dem Nachtleben widmet, arbeiten die

Männer oft die ganze Nacht durch, um jeden nur möglichen Komfort auf den Pisten zu garantieren. Rund 300.000 Euro kostet ein Pistengerät. Meist kommen sie von der spezialisierten Firma Kässbohrer. Mit der Winde kann der „Bully“ von Kässbohrer Steigungen jenseits der 55 Grad meistern, das Radar verrät, wie viel Schnee liegt. Schneekanonen und Pistenpräparation garantieren in den bedeutenden Skiorten Abfahrten bis ins Tal.

Zahl der schneesicheren Skigebiete in den Alpen

Heute und in der Zukunft (+1 °C = 2025, +2 °C = 2050, +4 °C = gegen Ende dieses Jahrhunderts)

Land	Anzahl der Skigebiete	Heute	+1 °C	+2 °C	+4 °C
Deutschland	39	27	11	5	1
Frankreich	148	143	123	96	55
Italien	87	81	71	59	21
Österreich	228	199	153	115	47
Schweiz	164	159	142	129	78
Total	666	609	500	404	202

Quelle: SN
Grafik: SN/STAUFFER

Risiko – Verdienst – Zeitaufwand
in verschiedenen Sportarten

Wie schon in meinem Buch „Mausefalle“ wollte ich versuchen, verschiedene Sportarten hinsichtlich Verdienst, Risiko, Zeitaufwand für Bewerbe und Training usw. zu vergleichen Es ist mir damals nicht gelungen, und es gelingt mir fünf Jahre später nicht. Transparent sind nur wenige Sportarten, im Skisport gibt es keine Angaben über Fixa oder Prämien der Firmen, nur das Preisgeld pro Rennen ist bekannt, und damit der Gesamtjahres-Verdienst an Preisgeldern, nicht aber die Gesamtsummen (= Fixum der Ausrüster, Prämien der Ausrüster, Preisgelder, Einnahmen aus Werbeverträgen).

Trotzdem ein Versuch zum Vergleich, jedoch ohne Geldbeträge:

Sportart	Risiko	Verdienst	Zeitaufwand
Golf	gering	exorbitant	hoch
Formel 1	hoch, jedoch verringert durch Material	exorbitant	hoch
Tennis	gering	exorbitant	hoch
Fußball	hoch	sehr gut, für die Clubs	hoch exorbitant
Ski alpin	hoch	sehr gut	hoch
Langlauf	gering	gut	hoch
Sprunglauf	mittel	sehr gut	hoch
Radsport	mittel	sehr gut (bei den Klassikern)	hoch
Leichtathletik	mittel	sehr gut (Städte-Meetings)	hoch
Basketball	gering	exorbitant (USA)	hoch
Eishockey	mittel	exorbitant (USA, CDN)	hoch
Boxen	hoch (Spätfolgen)	sehr gut (aber nur bei Titelkämpfen)	hoch

Anmerkungen: alle getroffenen Annahmen entstammen der eigenen Einschätzung. Die rechte Spalte „Zeitaufwand“ hätte ich mir ersparen können, da Training und Wettkampf im Spitzensport einfach hoch sein muss. Es ist mir bewusst, dass derartige Vergleiche immer problematisch sein werden. Man sieht aber trotzdem den Unterschied zwischen den verschiedenen Sportarten. Unter Berücksichtigung von Risiko sind Golf, Tennis, Basketball und Fußball überbezahlt. Abfahrt und Skispringen eher unterbezahlt (zumindest im Vergleich mit den vorgenannten Sportarten). Für alle Sportarten gilt aber eines: es wird wieder mehr gespart als zur „Hochzeit“. Zum „großen Geld“ kommt man wahrscheinlich nur in relativ wenigen Sportarten – und vor allem nur wenige Top-Athleten.

Einige Zahlen liegen mir vor. Diese stammen aber aus dem Jahr 2007 (siehe „Info-Box“ – die Topverdiener in Österreich, die Topverdiener international). Und zusätzlich einige Graphiken, auch wenn diese nicht zum Thema Skisport gehören. Bei der Formel 1 sieht man, dass auch eingespart werden muss, bei den umsatzstärksten Fußballclubs haben sich leichte Verschiebungen in der Rangfolge ergeben, die „Großen Zehn“ sind aber im großen und ganzen die Gleichen geblieben.

Info-Box

Die Topverdiener in Österreich

Vanek (Eishockey)	9 Mio.
Maier (Ski)	5,5 Mio.
Stranzl (Fußball)	3,8 Mio.
Scharner (Fußball)	3,6 Mio.
Brier (Golf)	2,6 Mio.
Rogan (Schwimmen)	2,4 Mio.
Raich (Ski)	2,4 Mio.

*Fixum plus Werbeeinnahmen

Info-Box

Die Topverdiener International

Woods (Golf)	66,1 Mio.
Schumacher (F 1)	42,6 Mio.
M. Ali (Boxen)	40,3 Mio.
Mickelson (Golf)	34,5 Mio.
Beckham (Fußball)	25 Mio.
Bryant (Basketball)	22,7 Mio.
Rossi (Motorrad)	22 Mio.

*Quelle: „Forbes“-Liste

Quelle: "ÖSTERREICH" 2007

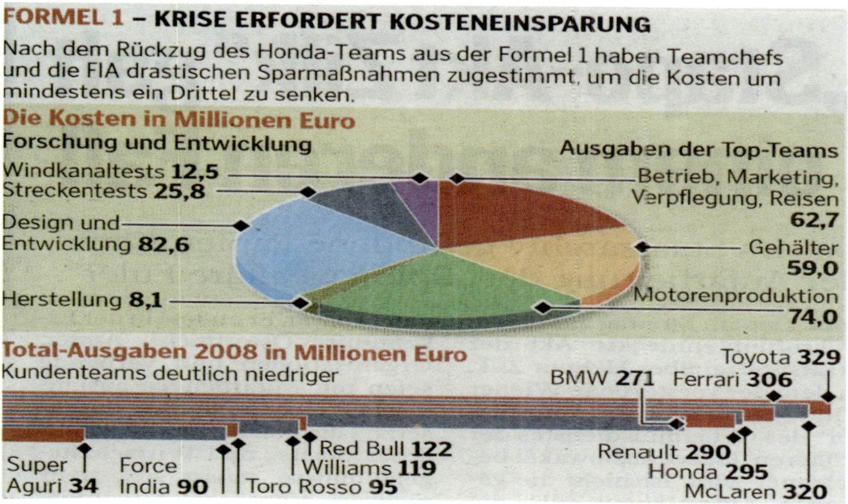
FORMEL 1 – KRISE ERFORDERT KOSTENEINSPARUNG
Nach dem Rückzug des Honda-Teams aus der Formel 1 haben Teamchefs und die FIA drastischen Sparmaßnahmen zugestimmt, um die Kosten um mindestens ein Drittel zu senken.
Die Kosten in Millionen Euro
Forschung und Entwicklung
Windkanaltests 12,5
Streckentests 25,8
Design und Entwicklung 82,6
Herstellung 8,1
Ausgaben der Top-Teams
Betrieb, Marketing, Verpflegung, Reisen 62,7
Gehälter 59,0
Motorenproduktion 74,0
Total-Ausgaben 2008 in Millionen Euro
Kundenteams deutlich niedriger
Toyota 329
BMW 271
Ferrari 306
Super Aguri 34
Force India 90
Red Bull 122
Williams 119
Toro Rosso 95
Renault 290
Honda 295
McLaren 320

Internationaler Skiverband (FIS)

Die Geschichte

Der Internationale Skiverband, International Ski Federation, Fédération Internationale de Ski wird in allen Sprachen „FIS" abgekürzt. Die Organisation wurde am 2. Februar 1924 während der ersten Olympischen Winterspiele in Chamonix, Frankreich, mit 14 Mitgliedernationen gegründet. Heute sind 110 nationale Skiverbände der FIS angeschlossen.

Wie alte skandinavische Legenden belegen, existiert das Skilaufen schon seit unendlich langer Zeit. In einer Höhle in Russland lässt sich die wahrscheinlich weltweit älteste Felszeichnung eines Skiläufers bewundern. In Schweden haben Geologen Reste uralter Ski gefunden, deren Alter auf 4.000 Jahre geschätzt wird. Im Jahr 770 bezeichnete Paulus Diaconus die Bewohner des Lapplands als „Skridfinnen" (gleitende Finnen). Wenngleich also das Skilaufen bereits Jahrtausende alt ist, wird es als Sport erst seit relativ kurzer Zeit betrieben. Die Entwicklung setzte 1850 in Norwegen ein. Dort wurden in Christiania, dem späteren Oslo, die ersten Skirennen ausgetragen. Seinen großen Durchbruch hat das Skilaufen nicht zuletzt auch den Leistungen des Norwegers Fridtjof Nansen in Grönland zu verdanken. Dem berühmten Forscher gelang es 1888, die Insel in 46 Tagen von Küste zu Küste auf Skiern zu durchqueren. Pierre de Coubertin, Initiator der ersten Olympischen Spiele, zollte dieser Großtat zusammen mit seinen Kollegen aus dem IOC Tribut, indem sie Nansen für seine Verdienste eine olympische Auszeichnung verliehen.

Die rasche Entwicklung des Skilaufens hin zu einer Sportdisziplin zeichnete sich ab 1870 auch in den Alpenländern ab. Im Jahr 1879 wurden in Deutschland die ersten Skirennen ausgetragen, und 1893 gründete Christoph Iselin in Glarus den ersten Schweizer Skiverein.

Nationale Skiverbände wurden in Russland (1896), der Tschechoslowakei (1903) und den USA (1904) gegründet. Danach in Österreich und Deutschland (1905) und schließlich in Norwegen, Finnland und Schweden (1908). Die österreichischen Skipioniere zur Jahrtausendwende waren Max Kleinoscheg, Mathias Zdarsky und Toni Schruf. Von 1910 bis 1924 wurde die Entwicklung des weltweiten Wettkampfskilaufs von einer internationalen Skikommission überwacht. 1924 schließlich, dem Jahr der ersten Olympischen Winterspiele, wurde aus dieser Kommission der Internationale Skiverband.

FIS-Präsident Gian Franco Kasper (© FIS)

Das FIS-Hauptquartier hat seinen Sitz in Oberhofen/Thunersee. Über Jahrzehnte hindurch führte Marc Hodler die Geschicke der FIS. Der heutige Präsident ist der Schweizer Gian Franco Kasper. Weitere Hinweise auf die FIS sind unter www.fis-ski.com zu finden. Die Hauptsponsoren des Alpinen Skiweltcups 2010/2011 sind die im Anhang aufgezählten Firmen.

Europäische Ski Federation (E.S.F.)

Leitbild

THE GUARDIAN OF EUROPEAN SKIING

„Eine einheitliche Stimme Europas, die im Interesse des europäischen Skisports handelt, um dessen Weiterbestehen auf allen Ebenen sicherzustellen und die Tradition des Skisportes in Europa zu bewahren.“

„The guardian of European skiing”

Die Vertreter des Europäischen Skiverbandes bei ihrer Informationskampagne am Rettenbachferner, v. l. Urs Lehmann (SUI), Peter Schröcksnadel (AUT), Yves Dimier (Race-Direktor Indoor-SL Amneville) und Gianni Morzendi (ITA)

Die Aufgaben des E.S.F:

Steigerung des allgemeinen Interesses am Skilauf in Europa

Einen Bottom-up-Ansatz im Hinblick auf die sinkende Beteiligung am Skisport in Europa verfolgen.

O Die Skisportleidenschaft der europäischen Jugend revitalisieren. Initiativen wie das Projekt „Schulskikurse“ wieder aufnehmen, dem Skisport wieder einen Platz im Leben europäischer Kinder geben.

- O Die mangelnde Aktivität europäischer Kinder sowie Gesundheitsfragen in Angriff nehmen.
- O Europaweit sinkende Staats-/Landesförderungen für die Entwicklung des Skisports in Angriff nehmen.
- O Wachstum und Entwicklung des Skisports in neuen bzw. aufstrebenden europäischen Skinationen fördern.
- O Die steigenden Kosten für den Skisport (Equipment, Skipässe etc.) in Angriff nehmen, um zu gewährleisten, dass die Europäer den Skisport als Teil ihres Alltags genießen können und ihn nicht als luxuriöse Freizeitbeschäftigung ansehen.
- O Das Profil des Skisports schärfen, indem man Skisportveranstaltungen in dicht besiedelte, städtische Räume Europas bringt.

Förderung und Verbesserung des Hochleistungs-Skisports in Europa

- O Einführung europäischer Rennserien und Turniere, um europäischen Topskisportlern eine Bühne und Entwicklungsmöglichkeiten zu bieten.
- O Angebot einer wettbewerbsfähigen Plattform für aufstrebende und etablierte europäische Skinationen, um Sportler der internationalen Spitzenklasse zu fördern.
- O Gewährleistung guter Arbeitsbeziehungen zwischen den ESF-Mitgliedstaaten und den Sportlern
- O Forum-Funktion im Hinblick auf die enge Zusammenarbeit aller am europäischen Elite-Skisport Beteiligten.

Konzentration auf wirtschaftliche Aspekte des Skilaufs in Europa

- O Lobbying als Kollektiv gegenüber der EU in wichtigen Belangen des europäischen Skilaufs, u. a. Finanzierung, Sponsoring für ESF-Veranstaltungen.

- O Aufbringen zusätzlicher Mittel für aufstrebende und etablierte europäische Skinationen durch Vermarktungsrechte, Sponsoring für ESF-Veranstaltungen.
- O Einrichtung einer Sponsoring-Plattform, die sich voll und ganz auf den Zielmarkt Europa konzentriert.
- O Entwicklung der europäischen Skitourismusbranche
- O Entwicklung und Erhaltung der Ski-Infrastruktur in Europa

Aufbau guter Beziehungen zur FIS, zu Lieferanten und zur europäischen Wintersportindustrie

- O Die ESF wird auf eine enge Zusammenarbeit aller am europäischen Skisport Beteiligten auf allen Ebenen hinarbeiten.
- O In ihrer Funktion als Hüterin des europäischen Skisports wird die ESF versuchen, in Angelegenheiten von gemeinsamem Interesse eng mit der FIS zusammenzuarbeiten.
- O Enge Zusammenarbeit mit den Lieferanten der Skibranche (z. B. SRS) und der gesamten europäischen Wintersportindustrie, um Lösungen für Probleme zu finden, die sowohl die Skiindustrie als auch den Skisport an sich betreffen.

Gründung

Die Gründung des ESF erfolgte Ende April 2009. Gründungsmitglieder sind die großen Skinationen Frankreich, Italien, Schweiz und Österreich, deren Verbandspräsidenten das Spitzenamt als Präsident des ESF bis 2017 auch für jeweils zwei Jahre übernehmen werden. Erster Präsident ist ÖSV-Chef Prof. Peter Schröcksnadel. Der Sitz von ESF ist in Lausanne. Offiziell vorgestellt wurde die neue Organisation am 28. Mai 2009 auf einer großen Pressekonferenz in Zürich.

Österreichischer Skiverband – ÖSV

ÖSTERREICHISCHER SKIVERBAND
AUSTRIAN SKI FEDERATION
FEDERATION AUTRICHIENNE DE SKI

Organigramm des ÖSV

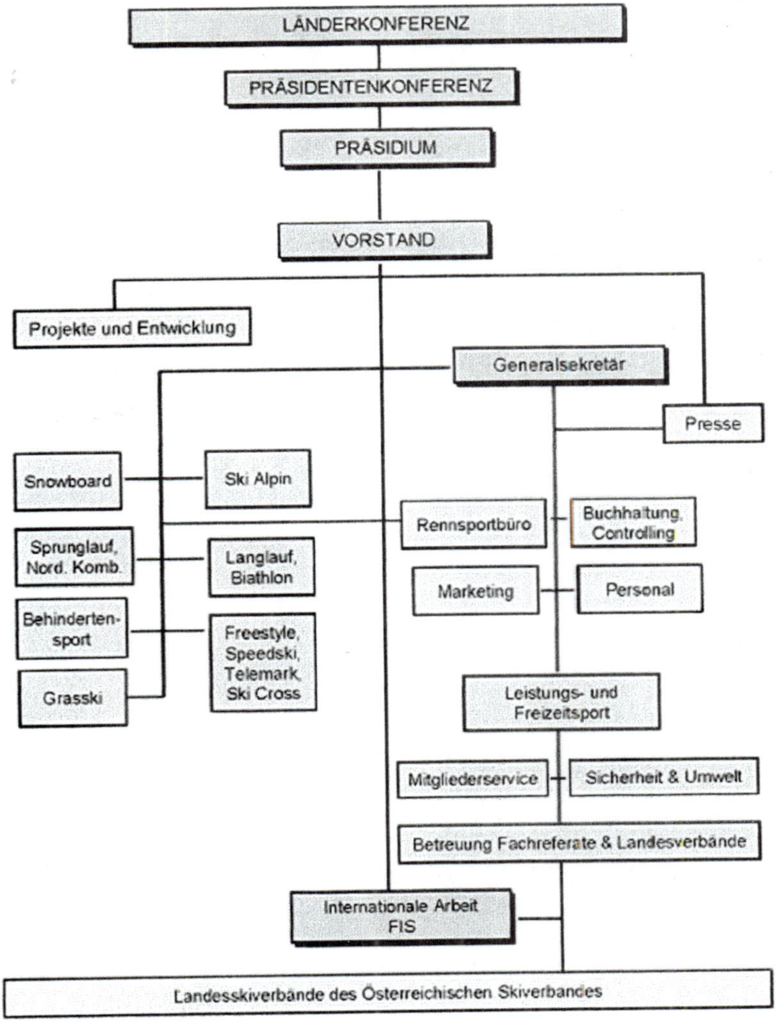

ÖSV-Präsident
Prof. Peter Schröcksnadel

Sportlicher Direktor
Hans Pum

Roberto Brunner - Chef des
italienischen Ski-Verbandes

Presse-"Guru" des ÖSV
Dipl. Vw. Mag. Josef („Jo") Schmid

ÖSV-Präs. Prof. Peter Schröcksnadel, Mathias Berthold,
Sportlicher Dir. Hans Pum

Nordische Kombination und Sprunglauf:
Ernst Vettori übernimmt die Direktions-Funktion von Toni Innauer

Austria Ski Pool
und Ski Pools in einigen anderen Ländern

AUSTRIA SKI POOL

Der Austria Ski Pool ist ein eingetragener Verein, dessen Ziel die Förderung des alpinen und nordischen Skisports in Österreich darstellt. Zu dieser Vereinigung gehören der Österreichische Skiverband, die Bundeswirtschaftskammer Österreich, die Republik Österreich, vertreten durch das Bundeskanzleramt, sowie auserwählte Repräsentanten der Wintersportartikelindustrie. Durch diese Zusammenarbeit sollen bestmögliche Voraussetzungen für sportliche Erfolge geschaffen werden, die aber in gleicher Weise der Wirtschaft eine Möglichkeit für gute Werbung eröffnen. Aufgaben: Bis zum Sprung auf das Siegespodest bedarf es vieler Vorbereitungsschritte. Der Austria Ski Pool ebnet für Österreichs aktive Skisportler diesen Weg zum Erfolg. Finanzen: Durch Vereinbarungen und Vertragsabschlüsse mit Ausrüstern wird ein wesentlicher Teil der finanziellen Basis für Training und Wettkampf gesichert. Aus dem Poolbudget fließen die Mittel zur Rennsportorganisation, damit sich die Sportler voll auf den Wettkampf konzentrieren können. Image: Schlussendlich trägt der Skipool durch Werbung und Öffentlichkeitsarbeit dazu bei, dass das Image aller Poolmitglieder weltweit ständig an Ansehen gewinnt.

Dr. Klaus Leistner, seit beinahe 40 Jahren Generalsekretär des Austria Ski Pools

Die Gründung des Vereines Austria Ski Pool erfolgte 1971 durch Dr. Karl Heinz Klee (ÖSV), Ing. Rudolf Sallinger (BWK), DI Arthur Doppelmayr (Wirtschaft), Bundeskanzler Fred Sinowatz (Republik Österreich) und Vertretern der Industrie.

Die erste Poolsitzung im Jahre 1972 im Parlament v.l. Kammerpräsident Rudolf Sallinger, Minister Sinowatz, Artur Doppelmayr und ÖSV-Präsident Kurt Schlick.

Die Expertentagungen waren Vorläufer für die Gründung des Austria Ski-Pools. Unser Bild zeigt eine Gesprächsrunde im Haus des Sports wenige Monate vor der Gründung des ASP, v. l. Franz Kneissl, Rudolf Sallinger, Ernest Simharl, Dr. Karl-Heinz Klee, Min.-Rat Dr. Schlusche und Franz Hoppichler

Gründungs-Pioniere des Österreichischen Skipools im Jahr 1971/72

Dr. Christian Poley, Präsident des SC Kitzbühel, langjähriger, erfolgreicher Präsident des Austria Ski Pools

Dr. Klaus Leistner, seit 1971 Manager des Austria Ski Pools und des Österreichischen Skiverbandes

Dr. Klaus Leistner wurde zum Generalsekretär des ASP bestellt. Das ASP-Logo „A mit stilisiertem Adler“ wird auf allen Ausrüstungsgegenständen als offizielles Poolzeichen angebracht. Es würde zu weit führen, alle Highlights in diesen 39 Jahren des Bestehens taxativ aufzuzählen.
Es wird daher für Interessierte auf folgende Webseite verwiesen:
www.austria-skipool.at/de/chronik

Der Autor hatte aufgrund des Erfolges des österreichischen Modells die Gelegenheit, die Aufnahmeverhandlungen für Atomic-Ski, Ess-Skibindungen, Colt-Skistöcken und Koflach-Skischuhen in den französischen Skipool erfolgreich zum Abschluss zu führen, was umgekehrt für die „Grande Nation“ eine Sensation darstellte. Der damalige Sturz-Pilot Luc Alphand wurde einige Jahre später mit dem österreichischen Material Weltcup-Sieger.

Auch im Schweizer Skipool spielte Atomic von Anbeginn an eine dominante Rolle (Ernst Good, Engelhard Pargätzi, Urs Räber, Conradin Cathomen, Franz Heinzer, William Besse, Martin Hangl, Michaela Figini u.v.a.). Michi Figini hatte übrigens Ende der 8oer Jahre das gleiche Erlebnis wie Hermann Maier 2004, als sie durch Absage eines Weltcuprennens vorzeitig als Weltcup-Siegerin feststand.

Die Norweger Ole Christian Furuseth und Lasse Kjus, viele Schweden und Finnen trugen dank der dem österreichischem Muster folgenden Skipool-Konstruktionen ebenfalls zu österreichischen Weltcup-Siegen bei.

Unvergessen wird dem Autor aber der US-Amerikaner Bill Johnson mit seinem Olympiasieg in der Abfahrt von Sarajevo bleiben. Durch die wetterbedingt täglichen Verschiebungen der Abfahrt flogen die Österreicher nach Hause um einem befürchteten Lagerkoller zu entgehen. Bill Johnson lud mich jeden Abend auf ein Bier in die Bar des Holiday Inn ein und erklärte mir immer wieder, dass es sowieso nur einen Olympiasieger geben werde, nämlich Bill Johnson, egal, was immer die österreichischen Favoriten auch machen. Er hatte dies übrigens schon sechs Wochen vorher beim „Markterwirt" in Altenmarkt nach seinem überraschenden Abfahrtssieg in Wengen angekündigt: „Chef, don't worry. I'm gonna win the gold medal".

Zurück zum Austria Ski Pool:
Für Atomic war der Austria Ski Pool immer ein fairer Partner. Insbesondere auch, als es um die Aufnahme im Langlaufskibereich ging. Die ersten Läufer waren Walter Mayer und Peter Juric. Beide stiegen innerhalb kurzer Zeit zur Weltspitze auf. Fair und unbürokratisch von Seiten des Skipools erfolgte auch die Aufnahme als Ausrüster für Sprungski. Andreas Felder war der erste Vertragsspringer. Mit Ernst Vettori war der Vertrag ebenfalls schon unterschrieben, wurde aber annulliert, um dem ÖSV Probleme mit der Firma Kneissl zu ersparen. Maßgebend verantwortlich für die gleich zu Beginn der nordischen Bewerbe erzielten Erfolge ist der langjährige technische Leiter von Atomic, Franz Scherübl aus Radstadt, gewesen. Ein mit allen Wassern gewaschener Praktiker und Olympiateilnehmer in der Nordischen Kombination in Innsbruck 1964.

Nicht zu vergessen ist das Engagement im Deutschen Skiverband/ Deutschen Skipool. Mit der Verpflichtung des Riesentorlauf-Weltmeisters von 1985 in Bormio, Markus Wasmeier (vorher Fischer), gelang Atomic für die Olympischen Winterspiele 1994 in Lillehammer ein genialer Schachzug. Der bereits abgeschriebene Markus Wasmeier bedankte sich mit zwei Goldmedaillen im Riesentorlauf und im Super-G.

Sponsoren

Hier geht es zu Iglo

Hier geht es zu Intersport

Hier geht es zur Kronen Zeitung

Hier geht es zu mobilkom austria

Hier geht es zur OMV

Hier geht es zu Stiegl

Hier geht es zur Tirol-Seite

Hier geht es zur Uniqa

http://www.oesv.at/deroesv/sponsoren/index.html

Hier geht es zur Volksbank

Partner & Ausrüster

Hier geht es zum Modehaus Adelsberger

Hier geht es zu Alpina Sport & Optik

Hier geht es zu Audi

Hier geht es zu Bauerfeind

Hier geht es zum Bundesministerium für Finanzen

Hier geht es zu CIBA Vision

Hier geht es zu Citroen
Hier geht es zu Citroen Schöllauf

Hier geht es zu Colgate

Hier geht es zu Eisbär Sportmoden

http://www.oesv.at/deroesv/sponsoren/index.html

Sponsoren & Partner

Hier geht es zur Heat Company

Hier geht es zum Hotel Garden Terme (Montegrotto)

Hier geht es zu Jack Wolfskin

Hier geht es zur Jentschura GmbH

Hier geht es zu JVC Austria

Hier geht es zu KPH

Hier geht es zu Löffler

Hier geht es zu Meingast

Hier geht es zu MFT

http://www.oesv.at/deroesv/sponsoren/index.html

Sponsoren & Partner

Hier geht es zum ÖAMTC

Österreichisches Bundesheer

Hier geht es zu Peeroton

Hier geht es zu Puma

Hier geht es zu Schenker Logistics

Hier geht es zu Schöffel

Hier geht es zu Skins

Hier geht es zu Slackstar

Hier geht es zu Spirig

Hier geht es zu Teekanne

Hier geht es zu Thule

Sponsoren & Partner

Hier geht es zu Triaflex

Hier geht es zu Uvex

Hier geht es zur Vamed Vitality World

Hier geht es zu Weleda

Hier geht es zu Wintersteiger

Hier geht es zur Original Yantra-Matte

Hier geht es zu Zanier

Hier geht es zu Ziener

IOC – ÖOC – ÖSV
Doping und Korruption?

Das folgende Kapitel mag für den Leser etwas verwirrend erscheinen. Und ich muss ehrlich zugeben, der ganze Wust von IOC gegen ÖOC und ÖSV; ÖOC gegen ÖSV (!!!) ist ein Verwirrspiel gewesen und wird wohl nie endgültig geklärt werden können. Ich versuche, chronologisch vorzugehen, nehme mein Wissen aber auch nur aus den Medienberichten. Einige brisante Passagen und Aussagen gewisser Leute werden unter Anführungszeichen gestellt.
Die ganze Diskussion begann mit der überraschenden Dopingkontrolle bei den Olympischen Spielen 2006 in Turin, dem nachfolgenden Ausschluss einiger Athleten und der „Nacht- und Nebelaktion" von ÖSV-Trainer Walter Mayer. Die Fortsetzung – oder der eigentliche Beginn – der ganzen Angelegenheit erfolgte dann ab Mai 2007. Um Einzelheiten und direkte Zitate einer Tageszeitung zu vermeiden, folgt im Anschluss an diesen Teil ein Schreiben des Autors an den betreffenden Sportredakteur. Die Tageszeitung „Österreich" titelt in diesem Zusammenhang: „Wallner rettet Olympia". Angeblich wurde vom IOC an den ÖOC auch ein Ultimatum gestellt und mit einem Ausschluss Österreichs von den Olympischen Spielen für einen Zeitraum von 16 Jahren gedroht, falls man ÖSV-Präsident Peter Schröcksnadel nicht aus dem ÖOC verbanne. Zum Ausschluss von Olympia ist es nicht gekommen, dafür zu einer Geldstrafe von einer Million Dollar, welche vom ÖSV an das ÖOC entrichtet wurde.
Es kommt laut „Österreich" zu einem Streit zwischen ÖOC und ÖSV. Nach der Einvernahme des ÖSV-Sportdirektors Markus Gandler und dessen Aussage stellte ÖOC-Generalsekretär Dr. Jungwirth fest: „Gandler hat gesagt, er weiß von nix, und das haben sie ihm dort nicht abgekauft. Er lügt." Einige weitere Schlagzeilen aus diversen Zeitungen und Magazinen: „Aus für ÖSV-Präsident?", „Österreichs Sport steht am Pranger", „ÖSV-Boss gerät unter Druck", „ÖOC will jetzt Skiverband die Million zahlen lassen", „Gipfeltreffen auf dem Trümmerhaufen", „IOC zwingt Österreichs Sport zum Neubeginn",

„Eskalation nicht zu stoppen“, „Schröcksnadel unter Druck, doch: Er gibt nicht auf“, „Doping-Match auf drei Schauplätzen“, „Wallner rechnete ab“, „Der Tag der Abrechnung“, „ÖOC räumt auf: 14 Sperren in Dopingaffäre“ … usw. Auch zu diesen Punkten findet der Leser ein Schreiben an ein Magazin. Der ÖSV bestätigte im Juli Blutdoping und schloss die Biathleten Wolfgang Perner und Wolfgang Rottmann vom ÖSV aus. In Sachen Doping-Affäre hat die FIS anlässlich des Kongresses 2008 keine Anhaltspunkte gefunden, dass ÖSV-Präsident Peter Schröcksnadel in die Vorfälle in Turin persönlich verwickelt gewesen sei. Auch der Nordische Direktor Markus Gandler wurde mangels Beweisen Ende Februar von jeder Schuld freigesprochen.
Hinsichtlich ÖOC kam aber keine Ruhe in die Sache der angeblichen Bezahlung von 290.000 Euro an den Ex-Trainer Walter Mayer. Kurier-Titel: „Olympische Konto-Bewegung“ und „Die knifflige 300.000-Euro-Frage“. So viel zur Berichterstattung im Jahr 2008. Ab Jänner 2009 ging es aber munter weiter: So schreibt die Kronenzeitung am 6. Jänner 2009: „Was passierte damals in Turin wirklich? In einem Interview mit der ‚Süddeutschen’ nannte Jacques Rogge die Polizei-Aktion gegen österreichische Biathleten bei den Winterspielen 2006 ‘einen der großen Erfolge’ seiner Amtszeit als IOC-Präsident. Aber jetzt vorliegende Unterlagen erneuern den Verdacht, dass es sich um eine gezielte ‚Strafaktion’ gegen unser Land gehandelt hat, dass einige Beweise, die am Abend des 18. Februar zur Razzia führten, ‚getürkt’ waren – und dass es darum ging, ÖSV-Boss Schröcksnadel ‚anzupatzen’ …“. Über die Olympia-Affäre schreibt der Kurier am 25. Jänner 2009: „Die Schein-Eiligen in Erklärungsnot. Die ÖOC-Spitze kann Steuergeld-Verlust nicht erklären – Präsident Wallner wusste vom Mayer-Deal“ .Am 20. Februar 2009 schreibt die gleiche Zeitung: „Unter der Lupe. Das ÖOC spielt Kopf oder Zahlen. Nach Leo Wallners Wiederwahl wird am Sonntag über die Finanzen diskutiert: Ein ehemaliger Rechnungsprüfer behauptet, dass er ‚nie ein Bild über die tatsächlichen Geldflüsse bekommen’ habe. Verdacht der Untreue. Die Staatsanwaltschaft ermittelt. Die

Staatsanwaltschaft hat ihre ursprünglich gegen ‚unbekannte Täter' eingeleiteten Ermittlungen im Zusammenhang mit der Salzburger Olympiabewerbung 2014 mittlerweile konkretisiert …". Wieder der Kurier am 2. August 2009: „Burning Rings of Fire. Netzwerk. Seilschaften in die hohe Politik". Kleine Zeitung am 3. September 2009: „Wallner unter Beschuss. Lobbyist Erwin Roth erklärt, dass Präsident Leo Wallner und Bürgermeister Heinz Schaden über den olympischen Förderverein wussten". Die „Salzburger Nachrichten" am 5. September 2009: „Wallner macht als ÖOC-Präsident Weg frei für Karl Stoss. Neubeginn. ÖOC-Präsident Leo Wallner kündigte am Freitag für die Vorstandssitzung am 23. September seinen Rücktritt an. Topkandidat als Nachfolger ist Karl Stoss". Die gleiche Zeitung am 9. September 2009: „ÖOC gibt klein bei und pardoniert ÖSV-Betreuer" (Markus Gandler). 20. September 2009 im Kurier: „ÖOC-Affäre: Der interne Revisionsbericht des Olympischen Komitees offenbart zahlreiche Ungereimtheiten in der Ära Jungwirth" (Bericht Sonderprüfung Juli 2009). NEWS 36/09: „Chef-Olympier im Korruptionssumpf. ÖOC-Skandal. Horrende Beraterhonorare, verschwundene Millionen bei der Bewerbung für die Winterspiele 2014 – aber keiner will etwas gewusst haben". Der seit 20. November 2009 als Wallner-Nachfolger feststehende Karl Stoss bestätigte gegenüber „Die Presse": „Die von mir dafür im letzten Jahr eingesetzte Kommission hat Hinweise auf Geldflüsse außerhalb der ordentlichen Buchführung entdeckt". Im Olympia-Kurier vom 28. Februar 2010 steht unter anderem zu lesen: „Olympia-Affäre: Schwarze Flagge für die Formel Heinz. Das Gericht beschlagnahmt Jungwirths Luxus-Anwesen, Altfunktionäre des ÖOC geraten ins Visier der Ermittler. Wir schreiben den 20. Oktober, 9.20 Uhr, als Heinz Jungwirth die vorläufig dunkelsten Stunden seiner Karriere erlebt. Neun Kriminalisten aus Salzburg und Niederösterreich durchkämmen sein mondänes Anwesen, durchsuchen Wohnhaus, Sauna, Weinkeller, durchforsten Reitstüberl, Reithalle, Reitstall und Garagen, durchleuchten einen Audi A8, einen Geländewagen Puch G sowie den übrigen Fuhrpark des einst so stolzen Gutsbesitzers". Kurier am

19. März 2010: „Der Sumpf erreicht die Politik". Kurier am 20. März 2010: „Neue Klarheiten im trüben Teich". Krone am 21. März 2010: „Olympia in Flammen. Das ÖOC kommt nicht zur Ruhe: Ein geheimes Verrechnungskonto entlarvt einen Finanzskandal, bei dem Millionen verschoben wurden". „... Sprengstoff ohne Ende". Kurier am 28. März 2010: „Die schmutzigen Details der olympischen Geldwäsche. Affäre. Der streng vertrauliche ÖOC-Bericht enthüllt das System und neue Zahlen: 6,25 Millionen liefen über schwarze Konten". Ich erspare mir, diese Details im Einzelnen anzuführen! Kurier am 5. September 2010: „ÖOC-Affäre: Wie (Ex-)Politiker und Funktionäre in den Genuss von Zuwendungen aus schwarzen Kassen gekommen sein sollen". Der mir vorläufig zum Zeitpunkt des Schreibens dieses Buches vorliegende Bericht stammt ebenfalls aus dem Kurier vom 12. September 2010: „Die olympischen Überflieger. Welche Politiker und Funktionäre auf Kosten des ÖOC zu Olympischen Spielen reisten – und welche nicht".

Nachstehend noch der Inhalt der Homepage des ÖSV zum Thema Anti-Doping:
Der Sport nimmt dank seiner pädagogischen Vorbildfunktion eine zentrale Aufgabe in unserer Gesellschaft ein! Er spielt nicht nur für die Erhaltung der Gesundheit eine wichtige Rolle, sondern vermittelt auch Grundwerte, die für unser gesellschaftliches Zusammenleben von elementarer Bedeutung sind. Werte wie Toleranz, Disziplin, Gesundheit und vor allem der Grundsatz des Fair Play werden nirgendwo anders so konsequent vorgelebt wie im Sport. Durch Doping werden diese Grundwerte in Frage gestellt. Doping widerspricht dem Prinzip des fairen sportlichen Wettkampfs und gefährdet die Gesundheit der Athletinnen und Athleten. Zudem erfüllen Sportler eine nicht zu unterschätzende Vorbildfunktion für die Jugend, die durch Doping ebenso zerstört wird, wie das positive Image des Sports.

Der Österreichische Skiverband spricht sich deshalb vehement gegen jede Art von Doping aus, verpflichtet sich gegenüber dem WADA-

Code und den internationalen Anti-Doping-Bestimmungen und unterstützt alle Initiativen zur Bekämpfung des Dopings. Neben der verstärkten Aufklärung im Jugend- und Breitensport ist es dem Österreichischen Skiverband aber auch ein Anliegen, all seine Sportler und Sportlerinnen bestmöglich zu unterstützen, damit sich diese in den oft sehr komplexen Anti-Doping-Bestimmungen zu Recht finden.

Der Kampf gegen Doping stellt mittlerweile leider eine der großen Herausforderungen im internationalen Sportgeschehen dar. Der Österreichische Skiverband engagiert sich seit Jahren im Kampf gegen Doping und wird weiterhin alles Menschenmögliche unternehmen, um bei der Jugend bereits im Vorfeld das Bewusstsein für die Gefahren und Folgen illegaler Leistungsmanipulation zu schärfen. Es ist einfach notwendig, konsequent und mit aller nötigen Härte gegen Doping vorzugehen, um die Glaubwürdigkeit des Sports und damit verbunden auch seine Vorbildfunktion zu bewahren. Nicht nur im Interesse des Sports, auch im Interesse der kommenden Wintersportgenerationen.

Nicht ganz zum Titel passende Punkte über die Olympischen Spiele aus der „Kleinen Zeitung“ vom 7. Februar 2010, also vor Beginn bzw. während der Olympischen Spiele in Vancouver: „Einst gab es einen relativ kurzen Satz, der sogar Teil der ‚Olympic Charter’, sozusagen der olympischen Verfassung, war: ‚Ohne Erlaubnis durch die Exekutive des IOC ist es jedem Athleten und Teilnehmer an Olympischen Spielen verboten, seine Person, seinen Namen, sein Bild oder seine sportlichen Leistungen für die Dauer der Olympischen Spiele für Werbung zur Verfügung zu stellen’. Mit anderen Worten: Auch wenn die Amateur-Zeiten bei den Spielen schon lange Vergangenheit sind – wenn es um unerlaubte Werbung geht, dann versteht das Internationale Olympische Komitee (IOC) keinen Spaß – und hat eigens eine rund 150 Seiten starke Anleitung gegen ‚Marketing aus dem Hinterhalt’, im Fach-Englisch ’Ambush Marketing’, herausgegeben. Nebst vielen Regeln, die zu beachten sind –

und die bereits neun Tage vor der Eröffnung der Spiele in Kraft treten und bis vier Tage danach andauern. Regeln, die mitunter auch Kopfschütteln auslösen.

The Burning Rings of Fire

Im Brennpunkt: Heinz Jungwirth war knapp drei Jahrzehnte lang mächtiger ÖOC-Generalsekretär. Nun ermittelt die Staatsanwaltschaft gegen ihn und andere

Denn Renn- oder Sprunganzüge, wie man sie die ganze Saison über verwendet, sind bei Olympia tabu: Da dürfen natürlich keine Teamsponsoren zu sehen sein. Und Namen der Hersteller sind ebenfalls streng genormt und dürfen, so steht es in der Olympic Charter, nicht größer als 60 cm2 sein und zehn Prozent der Gesamtfläche nicht übersteigen. Öfter als einmal darf man den Namen auch nicht lesen. Dazu gibt es eigene Regeln für Helme, Brillen, Handschuhe und: richtig, Schuhe. Natürlich dürfen auch die eigenen Sponsoren der Sportler nicht mit den Athleten werben – während der Zeit der Olympischen Spiele. Helme haben neutral zu sein; im Fall eines österreichischen Energy-Drink-Herstellers etwa ist sogar die sonst so typische Farbkombination des Helms ohne den Schriftzug nicht erlaubt – zu bekannt ist das silber-blau…(Didi Mateschitz lässt grüßen). Athleten selbst unterwerfen sich mit der Teilnahme an den Spielen den strengen Regeln – und die betreffen sogar deren eigene Homepages im Internet oder deren Seiten auf social networks wie ‚Facebook' oder

‚Twitter': Streng genommen dürften nämlich auch dort keine Kommentare zu den Olympischen Spielen stehen – doch ganz so schlimm ist es nicht: ‚Ich darf euch doch auf dem Laufenden halten', freute sich etwa Lindsey Vonn, ergänzte aber: ‚auch wenn ich mich an strenge Regeln halten muss'. Der Hintergrund ist klar: Olympische Spiele leben von Exklusivität. Und nur den Partnern des IOC ist es gestattet, während Olympia mit den fünf Ringen zu werben – das lassen sie sich auch eine Menge kosten. Und deswegen werden etwaige ‚Angriffe aus dem Hinterhalt' ebenso strikt überwacht wie der Luftraum über Vancouver…".

F A X
KURIER
Sportredaktion; zu Handen Herrn Jürgen Preusser Ramsau am Dachstein, 2007-05-16

Olympisches Muskelspiel / ÖSV / IOC / ÖOC

Sehr geehrter Herr Jürgen Preusser (oder Preuser ? – wie im KURIER vom 15.5.2007 geschrieben).

Wahrscheinlich wird Ihnen mein Schreiben zu lange ausfallen, um vollständig gelesen zu werden. Aber auch Sie haben am 52. Jahrestag des Österreichischen Staatsvertrages eine ganze Seite dem Ihrer Meinung nach Nr. 1 – Thema gewidmet.

Ich habe Sie ob Ihrer „Zündstoffe" schon manchmal gelobt, manchmal „getadelt". Dieses mal bleibt mir zu Ihrem o.a. Bericht allerdings (fast) nur der Tadel. Aber der Reihe nach (thematisch ungeordnet) zu den einzelnen Vorwürfen in Ihrem Artikel:

- Für das Verhalten einiger Athleten kann man P. Schröcksnadel sicher nicht verantwortlich machen. Damit ebenso wenig die Erlaubnis für den Trainer Markus Gandler, welchen ich selbst seit mehr als 20 Jahren (während meiner führenden Tätigkeiten bei ATOMIC) als ehrlichen Sportler kennen lernen konnte.
- Mit der Bezeichnung der „ach so naturverbundenen ÖSV-Athleten" beleidigen Sie alle Mitglieder der ÖSV-Teams. Diese sind nämlich naturverbunden, harte Arbeiter/Innen und hervorragende Werbeträger für Österreich, und das nicht nur im Sport, sondern besonders auch für den Tourismus, die Industrie und den damit zusammenhängenden Sparten (reden Sie mit Ihren Kolleginnen und Kollegen aus dem Wirtschaftsbereich).
- Ob GS Jungwirth ein „Bösewicht" ist, kann ich nicht beurteilen, ich habe ihn nur einmal kurz anlässlich einer (Ski-)Sportler-Ehrung getroffen.
- Wie hätte der ÖSV schon vor 15 Monaten „bedingungslos" etwas „eingestehen" müssen, wenn überhaupt noch keine Klarheit herrschte???
- Auch das IOC kann keine Ultimaten gegenüber Mitgliedsstaaten stellen, nämlich P. Schröcksnadel als ÖOC-Vizepräsident „zurückzutreten" – welch nette Bezeichnung! Wie könnte das IOC dafür sorgen, dass die FIS den ÖSV ausschließt? Es gilt das vorhin Geschriebene hinsichtlich von Mitgliedsstaaten.
- Ich glaube nicht, dass FIS-Präsident Gianfranco Kasper und P. Schröcksnadel „Feinde" sind; unterschiedliche Auffassungen sind in jedem Geschäft und somit auch in jedem Sport üblich und zulässig. Auch Sie sehen gewisse Dinge unter anderen

Gesichtspunkten als Ihre Kollegen von anderen Medien, ohne damit eine „Feindschaft" zu begründen.

- Der Ausdruck, „Schröcksi" und auch seine alpinen Weltherrscher können sich ihre Fünffachsiege auf den Hut **picken**" sind so unter der Gürtellinie, dass ich sie gar nicht kommentieren möchte. Ich bin schon neugierig, wie euphorisch auch der KURIER im kommenden Winter über österreichische Skierfolge berichten wird!
- Eine vom IOC an die FIS gerichtete „Einschmelzung" von Langlauf- und Biathlon-Bewerben wird mit Sicherheit nicht stattfinden. Weder IOC noch FIS sind ihrem eigenen Geld feind, wenn es um Einschaltquoten und Berichterstattung in den Medien geht, dies vor allem im Hinblick auf die herausragenden Erfolge der deutschen Athletinnen und Athleten gerade in diesen Bewerben (schauen Sie sich die Quoten von ARD und ZDF, die Berichterstattung in BILD während der letzten Wettkampf-Saisonen nur an). Ich schließe daraus, dass Ihr Gesamtbild vom Wintersport eher nicht sehr ausgeprägt ist.
- P. Schröcksnadel braucht keine „versengten Augenbrauen".
- Warum schreiben Sie im Zusammenhang vom Gesamtausschluss des ÖOC von einem „Märchen"? Oder glauben Sie selbst noch an Märchen?
- „Schröcksnadel muss aus dem ÖOC **verschwunden** sein": wieder ein netter Ausdruck. Aber vielleicht trainieren Sie ja selbst schonCurling und hoffen auf einen Olympia-Einsatz.
- Zur „Tiroler Brettl-Lobby": aus Sicht der Industrie: die Skifirmen befinden sich in Vorarlberg (HEAD), Tirol (KNEISSL), Salzburg (ATOMIC, BLIZZARD) und Oberösterreich (FISCHER). Aus Sicht der Athleten: längst sind es nicht nur Tirolerinnen und Tiroler, welche im Weltcup erfolgreich sind, sondern Läufer/Innen aus Vorarlberg, Salzburg, Kärnten, der Steiermark, Oberösterreich, Niederösterreich.
- Schröcksnadel-Liftanlagen am Schwarzen Meer: Schröcksnadel ist kein Lift-Hersteller, sein Bezug zum Wintersport-Geschäft ist die Firma SITOUR mit Tochterfirmen im Bereich der Pistenbeschilderung (und somit der Sicherheit auf den Pisten).
- „Staatsfeind Nr. 1": „Viel Ehr', viel Feind'".

Sehr geehrter Herr Preusser, ich hoffe, dass dieser Artikel in der vorliegenden Form und Diktion ein einmaliger Ausrutscher ist und sich nicht viele Wintersportfreunde eine Zeitung auf den Hut **picken.**

Freundliche Grüße aus der Ramsau am Dachstein (bis zur Berichterstattung im nächsten Winter)

Dkfm. Fritz Schrempf

Wieseneck 117
A-8972 Ramsau am Dachstein
Tel.: 0043/3687/81031^
Fax: 0043/3687/81031-4
E-mail: fes.schrempf@a1.net
www.8ung.at/schrempf (Buch „Mausefalle", Touristik, Unternehmensberatung)

Dkfm. Fritz Schrempf
Wieseneck 117
A-8972 Ramsau am Dachstein
Tel.: 0043/3687/81031
Fax: 0043/3687/81031-4
Mobil: 0043/664/4535198
E-mail: fes.schrempf@a1.net
www.8ung.at/schrempf

F A X

PROFIL
Zu Handen Frau Rosemarie Schwaiger,
Herrn Josef Redl

Ramsau am Dachstein, 2007-06-09

Doping/ÖOC/ÖSV/IOC

Sehr geehrte Frau Schwaiger,
Sehr geehrter Herr Redl,

Ihr Titelbericht über das Doping-Thema ist sehr umfangreich ausgefallen. Daher bitte ich auch um Verständnis, wenn meine persönliche Meinung zu den einzelnen geäußerten Punkten auch nicht kurz ist. Ich gehe dabei nach der Reihenfolge der Berichterstattung vor, daher sind nicht immer unbedingt Zusammenhänge gegeben.

ÖOC-Präsident Leo Wallner wirkte sehr zufrieden, dass Prof. Peter Schröcksnadel sein Amt als ÖOC-Vizepräsident zurück gelegt hat. Meine Meinung dazu ist, dass Schröcksnadel vollkommen richtig gehandelt hat, da er als harter Arbeiter sowohl im Sportbereich als erfolgreichster Präsident eines österreichischen Sportverbandes als auch in seinen internationalen Firmen wahrscheinlich gar nicht in dieses Gremium gepasst hat.

Dass für Schröcksnadel die Vertrauensbasis zur Verwaltung des ÖOC mehr besteht, verwundert nicht. Deshalb in Ihrem Bericht aber von „Krieg" und „Bomben und Granaten" zu schreiben, ist schon bedenklich, wenn man nachdenkt, was diese Worte bedeuten. Politische Rückendeckung braucht Schröcksnadel eigentlich nicht. Er weiß sich selbst zu helfen. Wenn ein Herr Cap die Abberufung von Schröcksnadel fordert, soll er nachdenken, ob für gewisse Kreise in der österreichischen Bevölkerung nicht seine Abberufung vernünftiger wäre. Den Salzburger Sportreferent Raus kannte ich in meiner Funktion bei Atomic und als EU-Manager für den Pinzgau/Zell am See auch relativ gut, vor allem auch seine Einstellung zum Sport. Diese hat sich wie in der Politik halt üblich sehr oft in gemeinsamen Fotos mit siegreichen Sportlern gezeigt.

Verhängte Sperren über diverse Personen, welche nicht im geringsten mit den unterstellten Doping-Fällen zu tun hatten, sind einfach lächerlich. Hätte es sich um ein Land wie USA, Japan, China...gehandelt, wäre alles unter den berühmten Teppich gekehrt worden. Ich bin nicht Mitgliede des „privaten Vereins" ÖOC und kann daher auch bei künftigen Olympischen Spielen nicht von der Akkreditierung ausgeschlossen werden.Ob Wallner durch sein

„diplomatisches Geschick" einen Ausschluss aller Olympischen Sportler in letzter Minute bewirkt hat, wage ich sehr zu bezweifeln.

Toni Innauer, welchen ich sehr schätze, hat in Bezug auf seine im STANDARD getätigten Aussagen im ORF-Interview die Kurve gerade noch zu kratzen versucht.

Peter Schröcksnadel hat seine Funktion nicht dazu genutzt, sich eine große Anzahl von Feinden zu machen. Aber auch mit Erfolg kann man sich Feinde machen („Viel Ehr', viel Feind'").

Über die sportlichen Erfolge, welche unter einer erfolgreich aufgebauten Struktur entstanden sind, möchte ich mich gar nicht mehr äußern; 22 von 23 Medaillen durch den ÖSV sprechen eine eindrucksvolle Sprache. Wallner und vor allem GS Jungwirth hätten ohne ÖSV-Athleten wohl kaum Möglichkeiten, sich im Schatten von erfolgreichen Sportlern ins Bild zu rücken.

Wenn ein von Schröcksnadel „überbezahlter Langzeitfunktionär" wie Jungwirth, Schröcksnadel als „ungehobelten Kraftmeier aus der **Provinz**" bezeichnet, beleidigt er damit wohl alle Österreicher, welche nicht in Wien wohnen und daher bekanntermaßen als „Provinzler" bezeichnet werden. Kommentar überflüssig.

Das ÖOC muss vor der eigenen Türe kehren und für klare Verhältnisse sorgen.

Freundliche Grüße aus der Ramsau am Dachstein

Fritz Schrempf

Olympische Winterspiele 2010 in Vancouver, Canada

Bei den Olympischen Winterspielen 2010 in Vancouver, Canada, errangen Österreichs Athleten insgesamt 16 Medaillen: 4 x Gold, 6 x Silber und 6 x Bronze. Damit belegte Österreich unter allen teilnehmenden Nationen den zehnten Gesamtrang.

Alpin-Gold (Super-G) für Andrea Fischbacher
(Österreichs Sportlerin des Jahres 2010)

Gold im Springen: Wolfgang Leitzl, Andreas Kofler,
Thomas Morgenstern und Gregor Schlierenzauer

Marion Kreiner am Weg zur Bronzemedaille

Österreichs Alpin-Medaillen bei Olympia

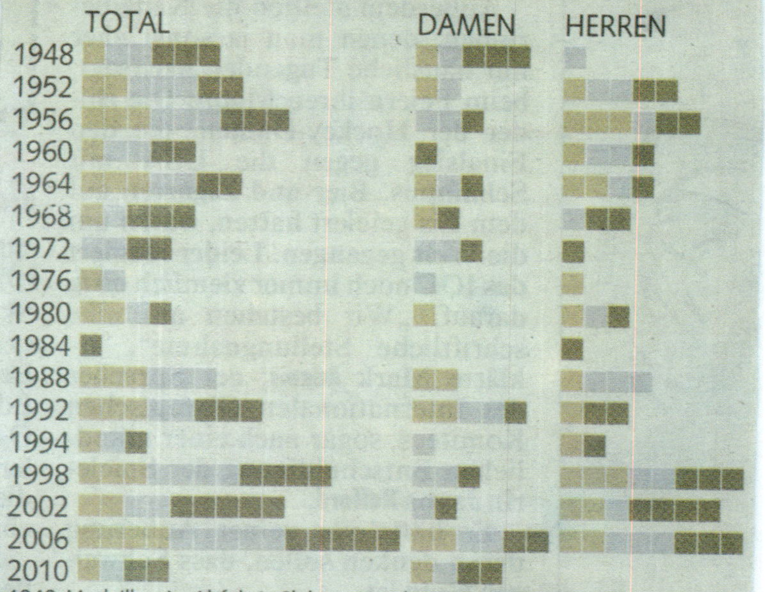

1948 Medaillen in Abfahrt, Slalom, Kombination; 1952-84 Abfahrt, Slalom, Riesentorlauf; seit 1988 heutige fünf Bewerbe.

Unsere erfolgreichsten Sportler bei Winterspielen

	Gold	Silber	Bronze	insgesamt
1. Felix Gottwald (Nordische Kombi)	3	1	3	7
2. Toni Sailer (Ski alpin)	3	-	-	3
Thomas Morgenstern (Skispringen)	3	-	-	3
4. Hermann Maier (Ski alpin)	2	1	1	4
5. Trude Jochum-Beiser (Ski alpin)	2	1	-	3
Michaela Dorfmeister (Ski alpin)	2	1	-	3
Andreas Kofler (Skispringen)	2	1	-	3
8. Benjamin Raich (Ski alpin)	2	-	2	4
9. Mario Stecher (Nordische Kombi)	2	-	1	3

Österreichs 16 Medaillen bei Olympia 2010

Nordische Kombination

Teambewerb
- Österreich (Gruber, Kreiner, Gottwald, Stecher)
- USA
- Deutschland

Einzel, Großschanze
- Bill Demong (USA)
- Johnny Spillane (USA)
- Bernhard Gruber (Ö)

Ski-Cross

Herren
- Michael Schmid (CH)
- Andreas Matt (Ö)
- Audun Gronvold (NOR)

Skispringen

Normalschanze
- Simon Ammann (CH)
- Adam Malysz (Pol)
- Gregor Schlierenzauer (Ö)

Großschanze
- Simon Ammann (CH)
- Adam Malysz (Pol)
- Gregor Schlierenzauer (Ö)

Teambewerb
- Österreich (Loitzl, Kofler, Morgenstern, Schlierenzauer)
- Deutschland
- Norwegen

Ski Alpin

Damen, Super-G
- Andrea Fischbacher (Ö)
- Tina Maze (Slo)
- Lindsey Vonn (USA)

Damen, Slalom
- Maria Riesch (D)
- Marlies Schild (Ö)
- Sarka Zahrobska (Tch)

Damen, Abfahrt
- Lindsey Vonn (USA)
- Julia Mancuso (USA)
- Elisabeth Görgl (Ö)

Damen, Riesentorlauf
- Viktoria Rebensburg (D)
- Tina Maze (Slo)
- Elisabeth Görgl (Ö)

Rodeln

Einsitzer, Damen
- Tatjana Hüfner (D)
- Nina Reithmayer (Ö)
- Natalie Geisenberger (D)

Doppelsitzer, Herren
- Linger/Linger (Ö)
- Sics/Sics (Let)
- Leitner/Resch (D)

Biathlon

Staffel, Herren
- Norwegen
- Österreich (Eder, Mesotitsch, Landertinger, Sumann)
- Russland

Verfolgung
- Björn Ferry (Sd)
- Christoph Sumann (Ö)
- Vincent Jay (F)

Snowboard

Damen, Parallel-Riesentorlauf
- Nicolien Sauerbreij (Nl)
- Ekaterina Iljuchina (Rus)
- Marion Kreiner (Ö)

Herren, Parallel-Riesentorlauf
- Jasey Jay Anderson (Kan)
- Benjamin Karl (Ö)
- Mathieu Bozzetto (F)

mila
FILA

VISA
18

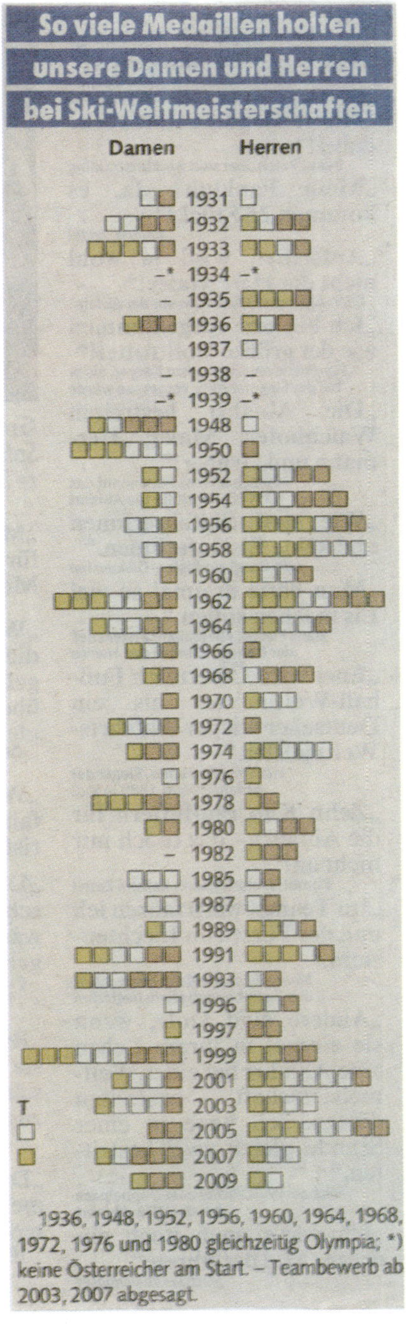
So viele Medaillen holten
unsere Damen und Herren
bei Ski-Weltmeisterschaften
Damen
Herren
1931
1932
1933
–* 1934 –*
– 1935
1936
1937
– 1938 –
–* 1939 –*
1948
1950
1952
1954
1956
1958
1960
1962
1964
1966
1968
1970
1972
1974
1976
1978
1980
– 1982
1985
1987
1989
1991
1993
1996
1997
1999
2001
2003
2005
2007
2009
T
1936, 1948, 1952, 1956, 1960, 1964, 1968, 1972, 1976 und 1980 gleichzeitig Olympia; *) keine Österreicher am Start. – Teambewerb ab 2003, 2007 abgesagt.

SUPERFUND
Audi
VISA
COLMAR
19
GRÖDEN
SÜDTIROL
NATURE VALLEY
Thinsulate

Alpine Ski-WM 2011 in Garmisch – Partenkirchen

Bei Verfassung dieses Kapitels bleiben noch rund 130 Tage bis zur Eröffnung der Alpinen Skiweltmeisterschaften 2011 in Garmisch-Partenkirchen. Am 20. und 21. September 2010 fand die finale Inspektion durch die FIS statt. Dabei wurden an einem Tag die Austragungsstätten inspiziert und am folgenden Tag ausgiebig über die Resultate diskutiert. Die FIS-Delegation war angeführt von FIS-Präsident Gian Franco Kasper, FIS-Profis und Vertretern des TV-Partners European Broadcasting Union (EBU) und deren Marketing-Partner Tridem Sports. Im Namen des Teams „GAP“ wurden die Detail-Diskussionen von den Managing Direktoren Peter Fischer und Walter Vogel geführt Es ging dabei um die gegenwärtige Situation der Vorbereitungen auf allen Gebieten, angefangen von der Sportorganisation, über Marketing und Promotion bis zu Fragen der Sicherheit, des Transportes, der Unterkünfte und der Akkreditierungen.

„Das Organisationskomitee hat eine sehr gute Arbeit geleistet und uns einen exzellenten Überblick des gegenwärtigen Vorbereitungsstandes gegeben. Es freut uns, dass das Team mit vielen neuen Ideen und Initiativen an uns herangetreten ist. Der Bau der Liftanlagen wird bald fertig gestellt sein, man sieht bereits das fertige Starthaus, und es wird bis zur Eröffnung in rund 130 Tagen alles bereit sein“, sagte FIS-Präsident Kasper nach dem Meeting. „Sicher bleiben noch viele Detailfragen zu klären, aber in den verbleibenden vier Monaten wird alles perfekt sein für die Eröffnung der Alpinen Skiweltmeisterschaften 2011. Der Tröglhang-Tunnel und die neuen Damenstrecken wurden für die Weltmeisterschaften fertiggestellt und werden nicht nur für das sportliche Ereignis wichtig sein, sondern auch für die Stadt als solches und für die Entwicklung des alpinen Skisports in der Region und für ganz Deutschland“.

Die Alpinen Skiweltmeisterschaften werden vom 7. bis 20. Februar 2011 abgehalten und 11 Bewerbe umfassen. Die Weltmeisterschaften werden von mindestens 25 TV-Stationen live übertragen und zig Millionen täglich daran teilhaben lassen. Unter dem Motto „Festspiele im Schnee – natürlich bayrisch“ wird das Organisationskomitee Kultur und Sport vereinen.

Region Schladming-Dachstein wieder WM-Ort 2013

31 Jahre nach der Alpinen Skiweltmeisterschaft 1982 erhielt Schladming wieder den WM-Zuschlag. Ein Rückblick: Schladming war noch eine kleine Stadt – allerdings mit langer historischer Geschichte – im oberen Ennstal.

Ramsau am Dachstein,
internationales Trainigsgebiet für mehr als 20 Nationen

Berühmt im Alpinen Weltcup war man zum ersten Male 1973, als Franz Klammer seine erste Weltcup-Abfahrt gewonnen hatte. Auch bei der WM 1982 war Schladming ein „Erfolgsboden" für die österreichischen Abfahrer: Harti Weirather, heute erfolgreicher Geschäftsmann im Event-Bereich, gewann die Goldmedaille – die einzige für Österreich bei dieser Heim-WM. Den großen internationalen Namen hat sich Schladming durch das seit mehr als einem Jahrzehnt durchgeführte „Night-Race", den Nachtslalom, gemacht.

50.000 Zuschauer beim Night-Race in Schladming

An die 50.000 Fans stürmen Jahr für Jahr dieses Rennen, eine Zuschauerzahl, welche das Wiener Ernst-Happel-Stadion füllen würde. Interessant, dass sich auch bei diesem Rennen immer wieder Österreicher durchsetzen, Benni Raich gleich viermal, Mario Matt 2008. ÖSV-Präsident Prof. Peter Schröcksnadel könnte sich sogar vorstellen, dass man auch Abfahrten unter Flutlicht veranstaltet. Wenn das realisiert wird, traue ich mir fast die Wette zu, dass Schladming Organisator ist.

Donnerstag, 29. Mai 2008, Kapstadt – in Mitteleuropa standen die Uhren auf 19.01 Uhr – als FIS-Präsident Marc Hodler im „Grand Ballroom" des „Grand Westin" einen einzigen Satz sagte, welcher die ÖSV-Delegation in Enthusiasmus versetzt: „Die Alpinen Skiweltmeisterschaften 2013 gehen nach … Schladming!" Der Jubel war bei allen groß, ja enthusiastisch.

OK-Chef Hans Grogl

Bei den Schladmingern unter der Führung von OK-Chef Hans Grogl, dem ÖSV, der von Präsident Peter Schröcksnadel angeführt wurde, und bei den Politik-Vertretern, von denen Landeshauptmann Franz Voves offen zugab, bei seiner großartigen 15-minütigen Präsentation „genauso nervös gewesen zu sein wie nach meinen wichtigsten Eishockeyspielen". Die Vergabe durch das FIS-Council wurde bereits im ersten Durchgang entschieden: zehn Stimmen für Schladming, vier für Vail, je eine für Cortina und St. Moritz. Es war also ein „Erdrutsch-Sieg". Man ist sich in der Steiermark der sportlichen, wirtschaftlichen und touristischen Bedeutung voll bewusst.
OK-Chef Hans Grogl unmittelbar nach dem „Sieg": „Mit Hilfe von Peter Schröcksnadel werden wir die beste WM aller Zeiten machen"!

Das obere Ennstal mit seinen Orten Haus im Ennstal und Pichl-Preunegg hat sich überhaupt zu einem Eldorado für den Skisport entwickelt. Haus im Ennstal war bei den Alpinen Skiweltmeisterschaften 1982 Austragungsort der Damenbewerbe und in weiterer Folge wurden auch Europacup- und Weltcup-Rennen am „Hauser Kaibling" durchgeführt.

Pichl-Preunegg wiederum führt neben Europacup-Rennen auch Weltcup-Rennen durch (musste schon manchmal als „Ersatzaustragungsort" einspringen, wenn es in anderen vorgesehenen Orten keinen Schnee gab).

Die „Reiteralm" gehört zu den schneesichersten Gebieten Österreichs. Ab Spätherbst tummeln sich jedes Jahr die Weltcupläufer vieler Nationen auf der Reiteralm zur Vorbereitung auf die Saison. 2010 traut man sich auf der Reiteralm über die größte Investition seit Bestehen des Skiberges. Damit will man sich auch für die WM 2013 „fit" machen. Gebaut werden eine neue Achter-Gondelbahn („Preunegg-Jet"), ausreichend Parkmöglichkeiten und ein modernes Skidepot. Die Gesamtkosten der Investitionen werden sich auf rund 13 Millionen Euro belaufen.

Ramsau am Dachstein

Sind die drei oben genannten Orte Alpinski-orientiert, so liegt das Mekka der Nordischen, die Ramsau am Dachstein, ebenso im Gebiet

Oberes Ennstal, aber 400 m bis 1.000 m höher auf einem 18 km langen Hochplateau, einer echten Sonnenterasse auf drei Etagen. In Ramsau am Dachstein wurden die Nordischen Skiweltmeisterschaften 1999 ausgetragen. Weltcupbewerbe in der Nordischen Kombination finden alljährlich vor Weihnachten statt. Mit rund 700.000 Nächtigungen ist Ramsau die größte Tourismusgemeinde der Steiermark.

Die WM-Abordnung nach Erhalt des Zuschlages für 2013. Im Bild v. l.: Jürgen Winter (Bgm.Schladming), Christian Buchmann (Finanz- LR), Reinhold Lopatka (Sport Staatssekretär), Franz Voves (Landeshauptmann), Hans Grogl (OK.Chef), Wegscheider (Sport-LR), Charly Kahr (WM-Protagonist), Helmut Lexer (Ski-Präsident Stmk), Klaus Leistner und Josef Schmic (beide OSV)

Grogl, Wegscheider, Schützenhöfer und Winter mit dem Grundstein

Talstation Planai – Schladming

Talstation Hauser Kaibling

GF Wolfgang Habersatter

HAUSER Kaibling

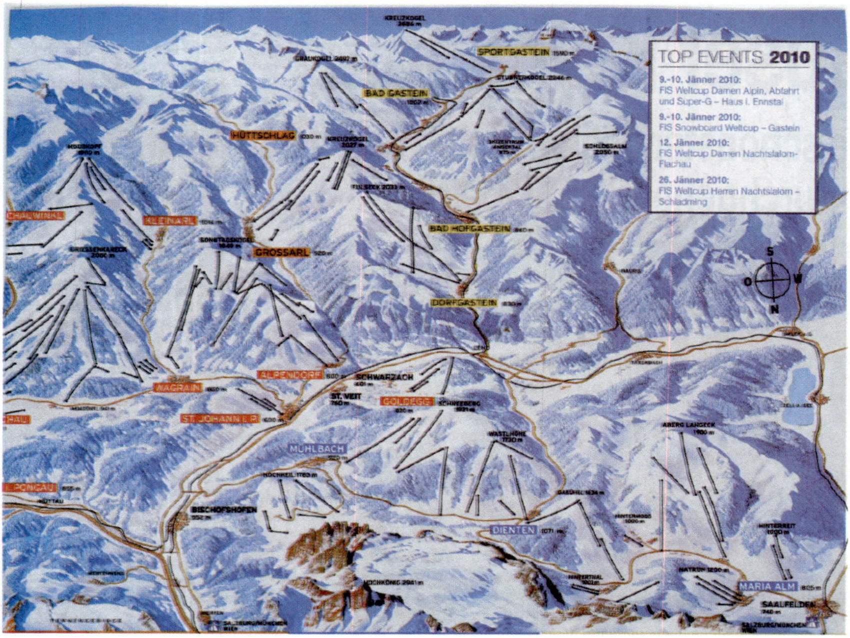

TOP EVENTS 2010
9.-10. Jänner 2010:
FIS Weltcup Damen Alpin, Abfahrt und Super-G – Haus i. Ennstal
9.-10. Jänner 2010:
FIS Snowboard Weltcup – Gastein
12. Jänner 2010:
FIS Weltcup Damen Nachtslalom-Flachau
26. Jänner 2010:
FIS Weltcup Herren Nachtslalom – Schladming
SPORTGASTEIN
BAD GASTEIN
HÜTTSCHLAG
KLEINARL
GROSSARL
BAD HOFGASTEIN
DORFGASTEIN
ALPENDORF
SCHWARZACH
WAGRAIN
ST. JOHANN I. PG.
ST. VEIT
GOLDEGG
MÜHLBACH
BISCHOFSHOFEN
DIENTEN
MARIA ALM
SAALFELDEN
S
O
W
N

Olympische Winterspiele 2014 in Sotschi

2007 erfolgte die Vergabe der Olympischen Winterspiele an die russische Stadt Sotschi. Sotschi ist eine mondäne russische Region am Schwarzen Meer. Bisher allerdings vor allem als Urlaubs-Metropole im Sommer für die reichen Russen bekannt. Mit den Olympischen Spielen soll sich das ändern. Insgesamt sollen 18 Milliarden Euro aufgewendet werden, um „als die besten Olympischen Spiele aller Zeiten" (Originalton auf der offiziellen Homepage) einzugehen. Allein die Zahl der Hotelbetten soll von 44.000 auf 139.000 steigen. Ein Pressezentrum für 12.000 Journalisten ist vorgesehen.

Die Stadt Sotschi ist nur das Zentrum einer ganzen Region, in der die Winterspiele stattfinden werden. Die alpinen Bewerbe sowie Skispringen, Biathlon, Bob und Rodeln werden im Kaukasus-Gebirge ausgetragen. Auch hier lässt man sich nicht lumpen: Ein eigens für die Olympischen Spiele in den Berg gehauener Tunnel soll die schnellstmögliche Verbindung zwischen den Austragungsorten an der Küste und jenen in den Bergen garantieren. Insgesamt soll es elf Wettkampfstätten geben. Freuen kann sich auch die österreichische Wirtschaft: Firmen wie die Strabag, die Alpine, Skidata und andere sollten mit hohen Aufträgen rechnen dürfen. Dazu kommt der Vorarlberger Seilbahnbauer Doppelmayr: Diese Firma wird zu den bereits bestehenden Anlagen eine Vielzahl weiterer Bergbahnen errichten.

Karl Schranz, der bereits erfolgreich die Alpinen Skiweltmeisterschaften 2001 nach St. Anton am Arlberg gebracht hat, ist ein persönlicher Freund und „Skifahrer-Kollege" von Putin. Er wird sicher als kompetenter Berater im Organisations- und rennsportlichen Bereich zur Verfügung stehen.

larkenwechsel wird Karl Schranz immer mit Kneissl vebunden bleiben. Der
r auf der Kitzbüheler „Streif"

FIS ALPINE
SKI WM 2001
St. Anton am Arlberg

BMW presenting sponsor

ORGANISATIONSKOMITEE
AUSTRIA SKI
VERANSTALTUNGS-
GESELLSCHAFT MBH
ALPINE SKI-WM 2001

A-6580 ST. ANTON
AM ARLBERG,
P.O.BOX 100

TEL: 05446/2001
FAX: 05446/3300

E-MAIL: info@skiwm2001.com

www.skiwm2001.com

Herrn
Fritz Schrempf

Wieseneck 117
8972 Ramsau/Dachstein

St.Anton, 2.3.2001

Sehr geehrter Herr Schrempf,
lieber Fritz,

herzlichen Dank für die lieben Zeilen zur Alpinen Ski-WM 2001.
Leider war es mir nicht möglich, während der WM zu antworten. Ich tue dies nun mit grosser Freude, weil uns mit der WM 2001 sicher ein Erfolg für St.Anton, Tirol und Österreich, gelungen ist.

Mit sportlichen Grüßen verbleibe ich,

Dein
Karl Schranz

Weltcup-Ort Semmering mit dem „Zau(ber)g“

Am Semmering stehen 14 Pistenkilometer bei Tag und 13 Pistenkilometer bei Nacht zur Verfügung. Die Damen-Weltcup-Rennen finden am sogenannten „Zau(ber)g“ statt, welche heuer am 28. und 29. Dezember in Form eines Riesentorlaufs sowie des spektakulären Nachtslaloms ausgetragen werden. Die Nähe zur sportbegeisterten Hauptstadt Wien sorgt für zig Tausende Zuschauer und damit für ein echtes „Event“.

Kitzbühel

Mit den Hahnenkamm-Rennen und dem internationalen Flair der Stadt bleibt „Kitz" das Mekka des alpinen Skisports, vergleichbar mit Monaco und der Formel 1.

Die „Streif"-Abfahrt nimmt jedem Normalskifahrer jegliche Illusion. Madeleine Napetschnig hat die Streif in der „Presse" für „Otto Normalverbraucher" beschrieben. Im Folgenden einige Auszüge daraus:

„Man startet auf der Streif nicht, man stürzt sich auf ihr hinab. Nur einige Meter nach dem Starthäuschen wartet die ‚Mausefalle'. Die Rennfahrer springen wie ins Nichts – gefühlter freier Fall! Die ‚Mausefalle' hat ein Gefälle von 85 Prozent. Vom Hinunterspringen kann selbst beim trainierten Skilaien auf der vorgeblich berühmtesten Piste auf dem ganzen Skiplanet keine Rede sein. Sofern bei Verstand, verlegt sich der Amateur auf langsame, mit Bedacht gesetzte Schwünge. Als ‚extreme Skiroute', nicht als schwarze Piste, ist die Streif-Rennstrecke ausgewiesen. An der Mausefalle sind Bode Miller & Co gerade einmal ein paar Sekunden unterwegs, Otto Normalverbraucher hat bereits seinen ersten Schweißausbruch hinter sich. Die Anspannung bleibt. Die Mausefalle scheint – trotz Kompression – nahtlos in den Steilhang überzugehen, wo den Rennfahrern alles abverlangt wird. Der durchschnittlich gute Skifahrer versucht hier nur, einigermaßen sicher hinunterzukommen. Mit dem Brückenschuss und dem ,Gschöss' kommt die erste Gelegenheit, sich zu entkrampfen.

Die Gleitstücke führen durch den Wald. Schuss heißt: Ab in die Hocke, bis der Oberschenkelmuskel sauer wird. Was folgt, oder besser droht, ist eine Schrägfahrt über die Alte Schneise, beinhart, 45 Prozent Gefälle. Vielleicht sollte man bald Pause machen. Der Skifahrer sieht der nächsten Herausforderung ins Auge: Dem ,Seidlalmsprung'. Die Streif ist die letzte und, wenn man nicht auf Umfahrungsstrecken ausweicht, schwierigste Abfahrt am Ende eines langen Skitags – mitten in die Stadt hinunter. Hansi Hinterseer ist oben auf der Seidlalm aufgewachsen und, so erzählt die Mär, seine skifahrerischen Qualitäten haben von rasanten Schul- und Einkaufsabfahrten profitiert. Die Hälfte der Rennstrecke wäre bei der ,Seidlalm' erledigt. Spitzenabfahrer beschleunigen hier im Lärchenschuss

auf 100 Sachen, der Laie soll oder muss mehr als die Hälfte davon abziehen.
Der Hausberg nähert sich, da braucht man kaum Beschleunigung. Das Wissen um die berüchtigte ‚Hausbergkante' bremst die Racecarver ganz automatisch. Für viele Fahrer gilt diese Stelle als die anspruchvollste der Streif überhaupt. Unglaubliche Kräfte wirken hier auf den bereits geschlauchten Rennfahrer und sein strapaziertes Material. Die Wellen, Buckel und Schläge spürt auch der Reserveathlet. An der Hausbergkante betritt der Rennfahrer erstmals die Bühne und dreht vor zehntausenden Augen in eine Linkskurve, weiter Richtung Zielschuss. 150 km/h sind hier keine Übertreibung. Aber: Streif-Rennfeeling gibt's für den Skifahrer auch billiger. Im Museum in der Bergstation der Hahnenkammbahn muss man sich nur auf den Streif-Simulator stellen und sich highspeedmäßig durchrütteln lassen. Wetten, man schafft es keine zehn Sekunden, bis man im virtuellen Fangnetz hängt…".

Mit 13 Siegen dominierte Anderl Molterer die Saison 1952/53.

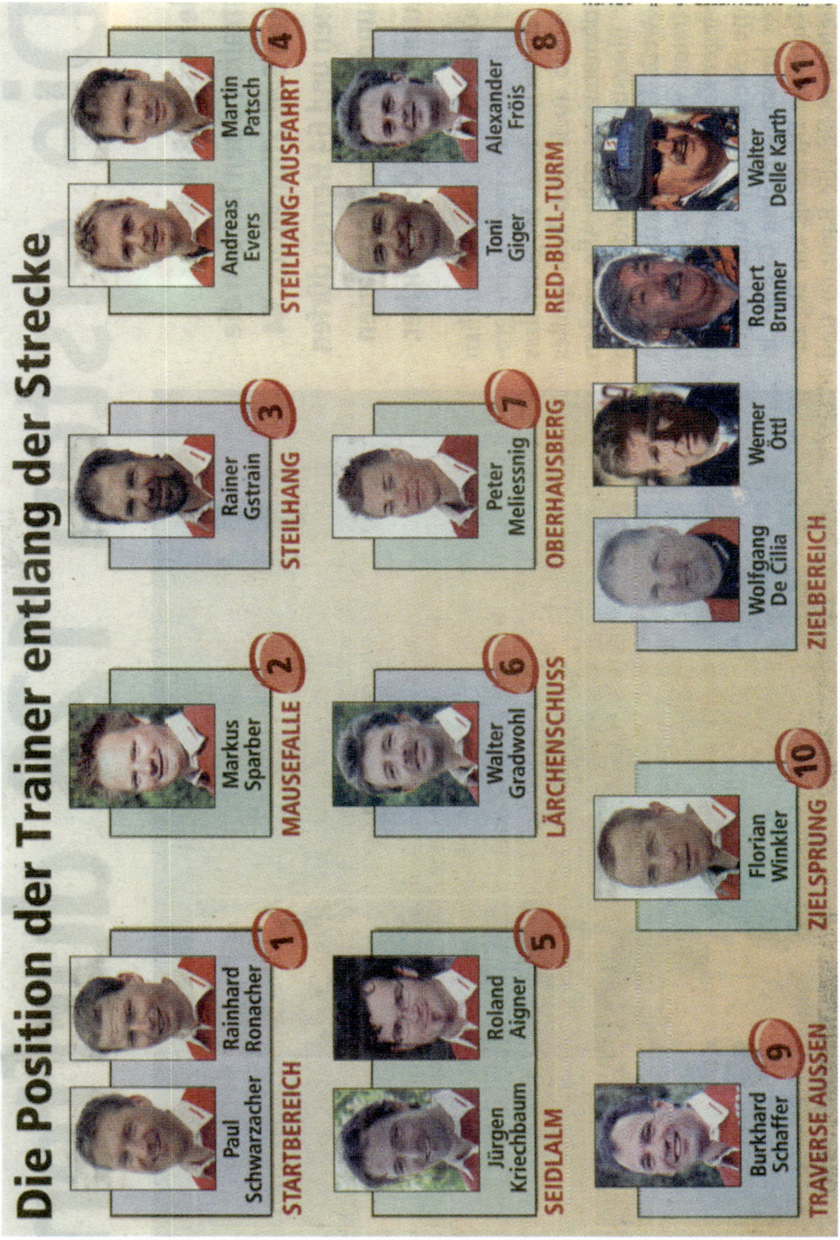
Die Position der Trainer entlang der Strecke
1
Paul Schwarzacher
Rainhard Ronacher
STARTBEREICH
2
Markus Sparber
MAUSEFALLE
3
Rainer Gstrain
STEILHANG
4
Andreas Evers
Martin Patsch
STEILHANG-AUSFAHRT
5
Jürgen Kriechbaum
Roland Aigner
SEIDLALM
6
Walter Gradwohl
LÄRCHENSCHUSS
7
Peter Meliessnig
OBERHAUSBERG
8
Toni Giger
Alexander Fröis
RED-BULL-TURM
9
Burkhard Schaffer
TRAVERSE AUSSEN
10
Florian Winkler
ZIELSPRUNG
11
Wolfgang De Cilia
Werner Öttl
Robert Brunner
Walter Delle Karth
ZIELBEREICH

Andere Wintersportgebiete Österreichs

Natürlich verfügt Österreich (ebenso wie die Schweiz, Deutschland, Italien, Frankreich) neben den beschriebenen Weltcup- und Weltmeisterschaftsorten über eine sehr hohe Anzahl wunderschöner Winterskigebiete. Stellvertretend für alle anderen seien erwähnt und kurz beschrieben und in Bildern dargestellt:
Obertauern, Wagrain, Altenmarkt-Zauchensee, Ischgl, Serfaus-Fiss-Ladis/Tirol, Rohrmoos-Untertal.

Patscherkofel

PATSCHER KOFEL einfach olympisch

Skigebiet am Olympiaberg Patscherkofel, Innsbruck-Igls/Tirol

Gipfelhöhe: 2.250 m

Höhe Igls: 900 m

Pisten:	20 km: Familienabfahrt (blau), Olympiaabfahrt, Heiligwasserpisten, Rennstrecken, Trainingspisten (rot), Gesamtfläche: 50 ha, Längste Piste vom Gipfel bis Talstation Igls: 11 km; Skirouten: Süd und West
Anlagen:	Kinderland mit Zauberteppich (Förderband für die Jüngsten), Übungslifte und Übungsgelände bei beiden Talstationen und auf 2.000 m, 1 Seilbahn, 2 4er Sessellifte, 1 1er Sessellift, 5 Schlepplifte
Wintersaison:	von November bis Mitte April
Beschneiung	90 % Pistenfläche können techn. beschneit werden.

Neuerungen Anfänger Funpark auf der Heiligwasserwiese, Rennstrecke mit fixer Zeitnehmung und Videoaufzeichnung, Höhenmeter Auswertung auf skiline.cc, erweitertes Kinderland beim Olympiaexpress, gratis W-Lan im Olex Restaurant, Nachtskilauf.

Zusatzangebote/Incentives: Firmen-/Gruppenskirennen am Tag und bei Flutlicht am Abend auf den Heiligwasserpisten in der Event Arena am Olex; Feiern und Veranstaltungen für Gruppen im Panorama-Restaurant auf 1.960 m

Vorzüge Nur 10 Minuten von Innsbruck entfernt, 7 Hütten und Restaurants im Skigebiet, Kinderlifte bei den Talstation, fantastisches Panorama, Schneesicherheit, Skischulen bei den Talstationen, Skiverleih, Sportshop und Skiservice direkt vor Ort, Gratisskibus von Innsbruck, Rodelbahn (2 km): Heiligwasser – Igls.

Tageskartenpreise Winter 2010/11

Erwachsene: € 30,50
Jugend: € 25,50 (Jahrgang 1992 - 1995)
Senioren: € 25,50 (Jahrgang 1951 und früher)
Kinder: € 15,50 (bis Jahrgang 1996)

Berg- und Talfahrt (Pendelbahn) f. Erwachsene: € 18,40 pro Person
Gruppentarife auf Anfrage!

Familienangebot im Winter: Kinder bis Jg. 2001 (unter 10 Jahren) fahren in Begleitung eines Elternteils frei! Familiennachweis ist erforderlich.

Weitere Attraktionen in und um Igls: Langlaufen, Eislaufen, Eisstockschießen, Winterwanderwege, Rodelbahn (2 km, Heiligwasser – Igls), Pferdeschlittenfahrten, Hallenbad, öffentliche Sauna, Fitnesscenter, Tennishalle, Massage, Casino, Kino, Pay and Play Golfplatz.

Bilder-/Video Download, Live Cam: www.patscherkofelbahnen.at
Unterkunftsanfragen an: incoming@feratel.com

Hinterstoder

Die beeindruckenden Bergriesen des Toten Gebirges sind die atemberaubende Kulisse für Oberösterreichs einziges Weltcupskigebiet, die Höss in Hinterstoder. Im Herzen der Urlaubsregion Pyhrn-Priel erstreckt sich eine Pistenwelt, die Wedel-Asse genauso begeistert wie junge Pistenflöhe. Genuss-Skilauf und Pisten-Action reichen sich im Stodertal die Hände.

Bis in luftige Höhen von 2.000 m reicht das Skigebiet auf der Höss und bietet Wintersportlern so ein besonders hohes Maß an Schneesicherheit auf 40 Pisten-km. So weit hinauf die Lifte reichen, so breit ist auch das Angebot an unterschiedlichesten Abfahrten und weitläufigen Panoramapisten. Die „blauen" Pisten garantieren Skispaß für die ganze Familie. Gleichzeitig finden ambitionierte Wintersportler mit der Hannes-Trinkl-Weltcupstrecke in der winterlichen Bergwelt und Hinterstoder eine echte sportliche Herausforderung. Herrlicher Ausblick auf die Bergwelt der Umgebung sorgen für reinsten Winter-Genuss.

Die besonders breit angelegte Carving-Rennstrecke ist ein echtes Highlight für all jene, die gerne richtig viel Platz um Carven in der weißen Pracht haben. So richtig zum Austoben eignet sich übrigens auch der „Snow Park“ am Schullifthang für Boarder. Hier gibt´s jede Menge Fun und Action im Schnee mit coolen Rails, zwei verschiedenen großen Kickern und einer Jibtonne. Und während die geübten Skifreaks auf den Spurten der Weltcupstars wedeln, setzen die Stars von Morgen im „Sunny Kids Park“ ihre ersten Schwünge

Obertauern

Inmitten der Radstädter Tauern im Salzburger Land erwartet den Skifahrer ein einzigartiger Skiort mit rund 100 km Pisten aller Schwierigkeitsgrade. Mehr als 30 Kabinenbahnen, Sessellifte und Schlepplifte.

Die Tauernrunde führt direkt vom Ort ins Skigeschehen. Ein raffiniertes Liftsystem macht es möglich, sämtliche Pisten abzufahren und wieder genau an den Ausgangsort zurückzukehren. Die spektakulärsten Abfahrten von den höchsten Punkten wurden als Super Seven herausgehoben und markiert. Obertauern stellt eine sichere Schneealternative zu den Gletschergebieten bis weit ins Frühjahr und schon früh im Herbst dar. Bekannt ist Obertauern auch als „Après-Ski-Ort“.

Wagrain

Der Karl Heinrich Waggerl-Ort liegt mitten im Skigebiet Ski amadé, welches 860 Pistenkilometer, 270 moderne Liftanlagen und 260 km präparierte Loipen umfasst. In Wagrain gründete Alois Rohrmoser aus einer Wagnerei heraus die Atomic-Ski, welche vor dem Umzug ins neue Werk Altenmarkt hier produziert wurden. Auch kulturell hat Wagrain einiges zu bieten: Karl Heinrich Waggerl Kasten: Südlich des Pfarrhofes befindet sich ein kleiner zweigeschossiger Getreidespeicher, der ehemals Teil eines Bauernhofes war und den Karl Heinrich Waggerl für museale Zwecke erwarb. Karl Heinrich Waggerl ist in Wagrain begraben. Er lebte mehr als 50 Jahre in dem heute nach ihm benannten Haus am Kirchboden, wo auch seine literarischen Werke entstanden. In einem einfachen Grab liegt Joseph Mohr begraben. Jener Joseph Mohr, der gemeinsam mit Franz Xaver Gruber der Welt bekanntestes Weihnachtslied „Stille Nacht“ schuf.

www.wagrain.at

Altenmarkt – Zauchensee

ALTENMARKT ZAUCHENSEE

Altenmarkt-Zauchensee ist bildlich bereits kurz im Potpourri „Weltcup-Orte…“ dargestellt. Der Ort ist ebenfalls dem ski amadé angeschlossen. Größter Arbeitgeber in Altenmarkt ist die Firma Atomic (siehe eigenes Kapitel).

Ischgl www.ischgl.com

Der bekannte Wintersportort Tirols bietet höchste Schneesicherheit, beinahe unendliche Pistenkilometer und modernste Liftanlagen in der Silvretta-Arena. Das Skigebiet Ischgl-Samnaun erreicht bei europaweiten Tests stets Bestnoten, regelmäßig wird die Silvretta Arena in die Top-10 der Skigebiete gewählt.

Silvretta Arena
Ischgl
Samnaun
2/3°C
Breite Krone 3.079 m
Piz Tasna 3.179 m
Stammerspitze 3.254 m
Muttler 3.294 m
offen
geschlossen
Unterengadin
Gampenalp 1.975 m
Bodenalp 1.840 m
E4 Gampenbahn geschlossen
Rauher Kopf 2.478 m
Tschamatschkopf 2.145 m
Mittelstation 1.683 m
Mittelstation 1.630 m
Mittelstation 1.889 m
Idalp
Palinkopf 2.864 m
Pardatschgrat 2.624 m
Obere Velillalpe 2.061 m
Greitspitze 2.872 m
Idjoch 2.760 m
Viderjoch 2.732 m
Flimspitze 2.928 m
Piz Ot 2.758 m
Fuorcla Maisas 2.935 m
Bürkelkopf 3.039 m
Vesulspitze 3.089 m
Alp Trida Sattel 2.488 m
Piz Munschuns 2.656 m
Bürkelspitzen 2.933 m
Grivalea 2700 m
Visnitzkopf 2744 m
0 - 0 cm

Rohrmoos – Untertal

Die Gemeinde bzw. der Skiort Rohrmoos-Untertal befindet sich ebenfalls in unmittelbarer Nachbarschaft zum WM-Ort 2013 Schladming. Eigentlich gehört der Austragungsberg „Planai“ zu dieser Gemeinde. Die Gemeindegrenze zu Schladming verläuft ungefähr im Mittelteil des Zielhanges, das Zielstadion ist „Schladminger-Hoheitsgebiet“. Die Nationalmannschaften benutzen den Hausberg „Hochwurzen“ gerne als Trainingsgebiet, z. B. auch für das „Night-Race“. Beliebt ist Rohrmoos auch als Familien-Skigebiet mit Hängen für alle Könnensstufen. Ins Untertal hinein führt die romantische Kristall-Langlaufloipe.

www.rohrmoos.co.at

Serfaus – Fiss/Ladis

Die Wintersportregion von Serfaus – Fiss/Ladis mit den drei historischen Dörfern liegt in 1.400 m auf einem sonnigen Hochplateau über dem Tiroler Inntal, umrahmt von den mächtigen 3.000er Bergen der Samnaungruppe und den Ötztaler Alpen.
190 km bestens präparierte Pisten, 135 km davon über 2.000 m Höhe, 135 km täglich gespurte Loipen, 70 Beförderungsanlagen, Freeridehänge, Funparks und alle Varianten des Winter-Funsports stehen den Wintersportlern zur Verfügung. Mit der Kinderschneealm, dem Murmlipark und Bertas Kinderland, exzellenten Skischulen, Ganztags-Kinderbetreuung, eigenen Kinderrestaurants und vielen anderen familienfreundlichen Attraktionen verfügt Serfaus – Fiss/Ladis über das wohl beste Winterangebot für Familien. Es wurde von namhaften Skiguides (ADAC, ski-online etc.) bereits mehrfach als familienfreundlichste Region der Alpen ausgezeichnet.

www.serfaus-fiss-ladis.at

Ein Potpourri aus vergangenen Zeiten

Josl Rieder, Hotelierssohn aus Lermoos, schnappte seinem Freund Toni Sailer Slalom-Gold weg.

Othmar Schneider gewann Slalomgold bei den Olympischen Spielen 1952.

Marianne Jahn, die überragende Technikerin der frühen Sechziger Jahre, wurde 1962 in Chamonix Doppel-Weltmeisterin in Slalom und Riesenslalom.

Alfred Matt Harald Rofner

David Zwilling holte Abfahrtsgold in St. Moritz 1974.

Das waren noch Zeiten: Monika Kaserer ohne Helm und Brille. Bild: SN

Engste Linie. „Mike" Tritscher fuhr von 1991 bis 1995 zwölf Mal aufs Stockerl (drei Siege), holte dazu Olympia-Bronze 1992 in Albertville.

Ein Ort und zwei Sieger im Gesamtweltcup: Gertrud Gabl und Karl Schranz – beide aus St. Anton am Arlberg – mit ihren großen Kristallkugeln in der Saison 1968/69.

Mit 13 Siegen dominierte Anderl Molterer die Saison 1952/53.

Kritische Masse: Karl Schranz nach seiner Rückkehr aus Sapporo

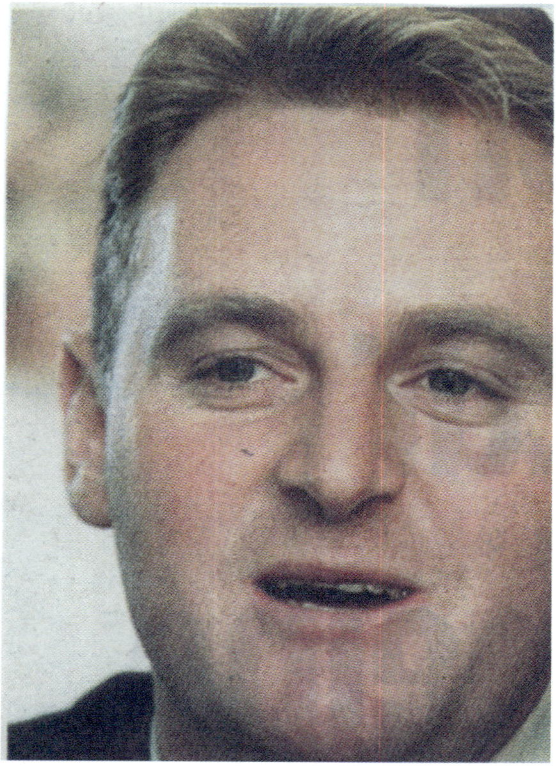

Patrick Ortlieb
Olypiasieger

Sportlegenden unter sich: Luc Alphand (links), Heinz Kinigadner und David Coulthard.

Harti Weirather feierte 1982 einen triumphalen Erfolg bei der Heim-WM in Schladming.

日本とオーストリア、両国の教え子がワールドカップで闘うようになれば幸いです。

日本を訪れるようになって12年。日本選手のレベルはかなりアップしています。私にとっても、毎年の日本訪問はいちばんの楽しみで、日本のレーサーが夏に私のキャンプに参加してくれることもあり、もう第2の故郷と思えるようになりました。若い芽が伸びゆくのを見守ることは、とてもエキサイティングで喜びに満ちたものです。これからも、日本・オーストリア両国の若い選手達をバックアップして行きます。

HUGO NINDL

Das war der ▶ Karriere-Höhepunkt von Petra Kronberger. Bei Olympia 1992 bejubelte sie gleich zweimal Gold.

Thomas Stangassinger krönte seine Laufbahn 1994 mit dem Slalom-Olympiasieg von Lillehammer.

Abfahrtsweltmeister 1978 in Garmisch: Josef Walcher

Ex-Ski-Fahrer bewies Moderatoren-Qualitäten

Knauss spricht Denglisch

KNAUSS interviewt Rainer Schönfelder.

Kitzbühel. Da staunte das Publikum nicht schlecht, als Ex-Ski-Crack **Hans Knauss** die *Fischer-Ski-Präsentation* im *Casino Kitzbühel* moderierte. Der 36-jährige Schladminger führte durchs Programm, wegen der anwesenden internationalen Presse, auf Denglisch (Mix aus Englisch und Deutsch). „In der Schule haben wir fast nichts gelernt. Das war mein Racing-Englisch", scherzte Knauss nach seinem Auftritt. Danach standen Interviews mit Rainer Schönfelder und Stefan Görgl am Programm. Sattelt Knauss vielleicht jetzt aufs Moderatorenfach um? „Mal schauen ..."

Teil 6 – Sicherheit im Skisport

Rennsportverletzungen – Statistik ÖSV

Über den Skiunfall mit tödlichem Ausgang, in welchen der Ministerpräsident von Thüringen, Dieter Althaus, verwickelt war, wurde seitenlang berichtet. Aber wie viele Skiunfälle mit weniger Prominenten mit Todesfolgen oder schweren Verletzungen gibt es? Der Österreichische Skiverband hat in Zusammenarbeit mit dem Institut für Sportwissenschaft in Innsbruck 2008/2009 eine umfangreiche Erhebung durchgeführt. Themen waren die Unfallursachen, das Kopfverletzungsrisiko, wie schnell fahren Wintersportler auf der Piste und Helmtragequote. Diese Erhebung wird dankenswerterweise vom ÖSV bereits seit 15 Jahren durchgeführt. Ziel ist es, das Unfallgeschehen auf den österreichischen Skipisten zu dokumentieren und mögliche Veränderungen rechtzeitig zu erfassen, um diesen im Rahmen präventiver Bemühungen entgegenzuwirken. Berücksichtigt werden Pistenbreite am Unfallort, Schneebeschaffenheit, Steilheit der Piste, Höhenlage und Witterung/Sicht.
Skifahrer verletzen sich am häufigsten an den unteren Extremitäten und hier vor allem am Kniegelenk mit gesamt 42 %. Die zweithäufigste Verletzungslokalisation stellt der Bereich Schulter/Rücken/Nacken mit 18 % dar. Im Gegensatz dazu ziehen sich die Snowboarder vor allem im Bereich Schulter/Rücken/Nacken (26 %) und im Armbereich (30 %) Verletzungen zu. Frauen verletzen sich beim Skifahren fast doppelt so oft am Knie wie Männer. Männer weisen deutlich mehr Verletzungen im Bereich Rücken auf. „Die Diskussionen in den Medien zum Thema ‚Skihelm' haben viele Skifahrer zum Helm greifen lassen", sagt ÖSV-Präsident Prof. Peter Schröcksnadel. Rund 63 % der Skifahrer tragen inzwischen einen Helm. Damit liegt Österreich in Europa an der Spitze. Allerdings sind es wesentlich mehr Österreicher (75 %) als Ausländer (52 %), die den Helm aufsetzen. Fast 90 % der Kinder unter 15 tragen bereits einen Helm. Die durch-

schnittlich gemessene Geschwindigkeit auf der Piste beträgt 44 km/h. 47 % der Männer fahren im Schnitt um 7 km/h schneller als Frauen. Gute männliche Skifahrer fahren im Schnitt fast 55 km/h. Vor allem weibliche, weniger gute Skifahrerinnen unterschätzen ihre Geschwindigkeit im Schnitt um 10 km/h. „Um das Unfallrisiko auf Österreichs Pisten noch weiter zu senken, sollten gerade schlechte Skifahrer in Kursen der Skivereine oder Skischulen ihr Fahrkönnen verbessern. Wer das Skifahren richtig lernt, ist sicherer unterwegs", so das Resümee von Prof. Peter Schröcksnadel. Um Unfälle zu vermeiden bzw. deren Anzahl reduzieren zu können, müssen neben einer richtig eingestellten Sicherheitsbindung vor allem rücksichtsvolles Verhalten auf der Piste, eine gewisse konditionelle Vorbereitung auf die Wintersaison, Aufwärmen auf der Piste, individuelle Pausengestaltung und eine richtige Selbsteinschätzung genannt werden. Durch das Tragen eines Skihelmes können schwere Kopfverletzungen verhindert werden.

Die FIS hat 10 Verhaltensregeln und Sicherheitsvorschriften in Wintersportorten erstellt. Die penible Beachtung dieser Regeln soll alle Skifahrer zum Einhalten und Nachdenken anregen!
Insbesondere warnt der ÖSV auch vor Gefahren in der Nacht. Nach dem schweren Skiunfall im Februar in der Steiermark warnt der ÖSV vor der Gefahr beim Nachtskifahren. Eine 45-jährige Skifahrerin war gegen ein Sicherungsseil aus Stahl geprallt und lebensgefährlich verletzt worden.

Die ÖSV-Mitgliedschaft bietet einen Mitgliederschutz, abgeschlossen zwischen ÖSV und UNIQA-Versicherungen, an. Im Falle von Skiverletzungen werden erhebliche Beträge für Bergungskosten, Rückholkosten, Verlegungskosten, Genesungsgeld, Invalidität und Unfalltod angeboten. Weiters umfasst die ÖSV-Mitgliedschaft einen Haftpflichtschutz, Rechtsschutz und ÖSV-Skikaskoversicherung an. Es ist nicht zielführend, hier die Einzelheiten aufzuzählen, ich verweise deshalb auf die Webseite des ÖSV.
www.oesv.at/mitgliederservice/mitgliederversicherungen.

I. Verhaltensregeln für Skifahrer und Snowboarder

(Fassung 2002)

1. **Rücksichtnahme auf die anderen Skifahrer und Snowboarder**
   Jeder Skifahrer und Snowboarder muss sich so verhalten, dass er keinen anderen gefährdet oder schädigt.

2. **Beherrschung der Geschwindigkeit und der Fahrweise**
   Jeder Skifahrer und Snowboarder muss auf Sicht fahren. Er muss seine Geschwindigkeit und seine Fahrweise seinem Können und den Gelände-, Schnee- und Witterungsverhältnissen sowie der Verkehrsdichte anpassen.

3. **Wahl der Fahrspur**
   Der von hinten kommende Skifahrer und Snowboarder muss seine Fahrspur so wählen, dass er vor ihm fahrende Skifahrer und Snowboarder nicht gefährdet.

4. **Ueberholen**
   Ueberholt werden darf von oben oder unten, von rechts oder von links, aber immer nur mit einem Abstand, der dem überholten Skifahrer oder Snowboarder für alle seine Bewegungen genügend Raum lässt.

5. **Einfahren, Anfahren und hangaufwärts Fahren**
   Jeder Skifahrer und Snowboarder, der in eine Abfahrt einfahren, nach einem Halt wieder anfahren oder hangaufwärts schwingen oder fahren will, muss sich nach oben und unten vergewissern, dass er dies ohne Gefahr für sich und andere tun kann.

6. **Anhalten**
   Jeder Skifahrer und Snowboarder muss es vermeiden, sich ohne Not an engen oder unübersichtlichen Stellen einer Abfahrt aufzuhalten. Ein gestürzter Skifahrer oder Snowboarder muss eine solche Stelle so schnell wie möglich freimachen.

7. **Aufstieg und Abstieg**
   Ein Skifahrer oder Snowboarder, der aufsteigt oder zu Fuss absteigt, muss den Rand der Abfahrt benutzen.

8. **Beachten der Zeichen**
   Jeder Skifahrer und Snowboarder muss die Markierung und die Signalisation beachten.

9. **Hilfeleistung**
   Bei Unfällen ist jeder Skifahrer und Snowboarder zur Hilfeleistung verpflichtet.

10. **Ausweispflicht**
    Jeder Skifahrer und Snowboarder, ob Zeuge oder Beteiligter, ob verantwortlich oder nicht, muss im Falle eines Unfalles seine Personalien angeben.

Auf die Gefahren des Rennsportes weise ich nur am Rande hin, es gibt genug Beispiele aus der jüngeren Vergangenheit. Welche Kräfte bei einem Sturz weit jenseits der 120 km/h einwirken, zeigt eindrucksvoll ein Foto des Schweizer Rennfahrers Daniel Albrecht.

Der Autor wünscht allen Skifahrerinnen und Skifahrern nicht ein Ende des Skitages wie die Bruno Haberzettel-Karikatur in der Kronenzeitung zeigt, sondern ein kräftiges „Ski-Heil".

Häufigste Verletzungen bei Skifahrern und Snowboardern:

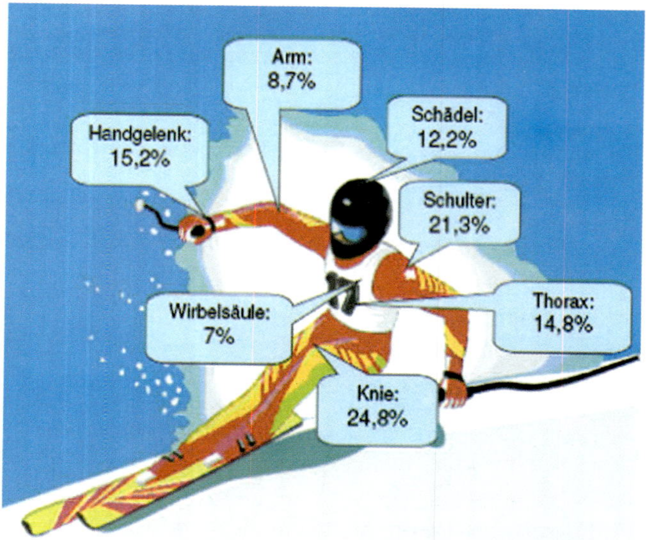

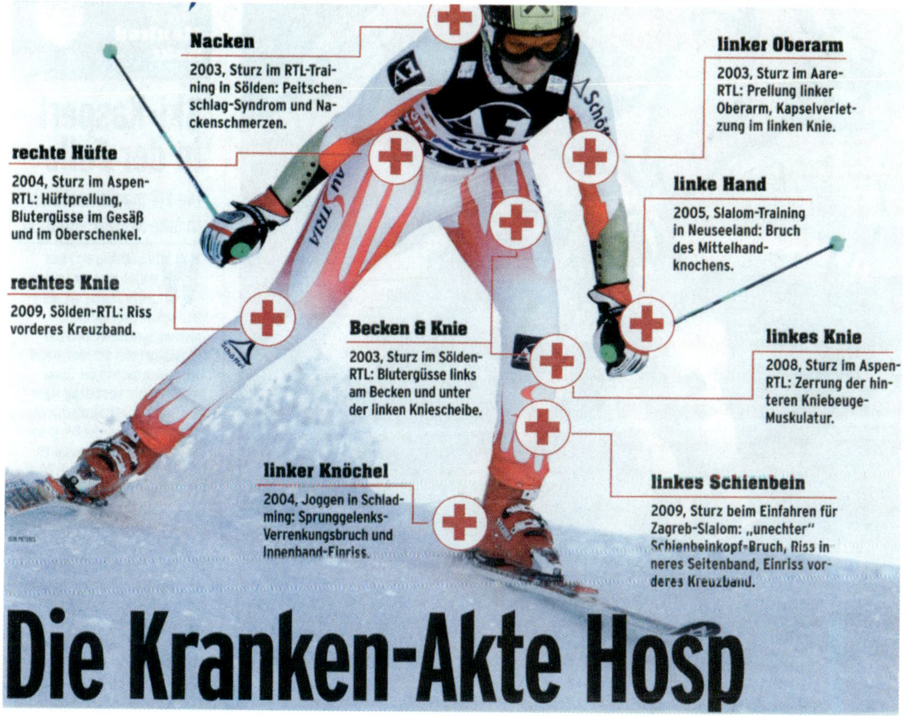
Nacken
2003, Sturz im RTL-Training in Sölden: Peitschenschlag-Syndrom und Nackenschmerzen.
linker Oberarm
2003, Sturz im Aare-RTL: Prellung linker Oberarm, Kapselverletzung im linken Knie.
rechte Hüfte
2004, Sturz im Aspen-RTL: Hüftprellung, Blutergüsse im Gesäß und im Oberschenkel.
linke Hand
2005, Slalom-Training in Neuseeland: Bruch des Mittelhandknochens.
rechtes Knie
2009, Sölden-RTL: Riss vorderes Kreuzband.
Becken & Knie
2003, Sturz im Sölden-RTL: Blutergüsse links am Becken und unter der linken Kniescheibe.
linkes Knie
2008, Sturz im Aspen-RTL: Zerrung der hinteren Kniebeuge-Muskulatur.
linker Knöchel
2004, Joggen in Schladming: Sprunggelenks-Verrenkungsbruch und Innenband-Einriss.
linkes Schienbein
2009, Sturz beim Einfahren für Zagreb-Slalom: „unechter" Schienbeinkopf-Bruch, Riss inneres Seitenband, Einriss vorderes Kreuzband.
Die Kranken-Akte Hosp

Arm: 3,8%
Schulter: 20,8%
Kopf: 11,3%
Handgelenk: 26,4%
Wirbelsäule: 13,2%
Knie+Bein: 9,4%
Sprunggelenk: 5,7%

HOTEL
ZUM GOLDENE
VISA
T21 1
BRUNO

Unfallstelle Dieter Althaus – mit Markierung des Unfallortes,

© SALEWA

Teil 7 - Trauerstunden

Schwarze Serie im weißen Sport

Auch wenn in den meisten Fällen schon mehrere Jahre her, wird Österreichs Skisport immer Sportgrößen, Unternehmern, Managern, Mitarbeitern und Funktionären gedenken:

Toni Mark, Gertraud Gabl, Gernot Reinstadler, Christl Haas, Alois Lipurger, Rudi Nierlich, Sepp Walcher, Richard Kröll, Ulli Maier, Alois Kahr, Matthäus Steffner, Walter Wunder, Rudi Frehsner, Walter Flasch, Dr. Eugen Köck.

GOTT SPRACH DAS GROSSE AMEN

†

Christliches Andenken

an meinen guten Gatten, unseren guten Vater, Herrn

Dkfm. Dr. Eugen Köck

Prokurist und kfm. Leiter der Firma Atomic

welcher am 4. Mai 1983, im Alter von 41 Jahren, durch einen tragischen Unfall, versehen mit den hl. Sakramenten, für immer von uns gegangen ist.

Die treibende Kraft bei Atomic. Er war von 1967 bis zu seinem tragischen Unfalltod kaufmännischer Leiter von Atomic. Am Freitag, den 29. April 1983, ging er entgegen seiner sonstigen Gewohnheiten nach der Arbeit nicht auf den Tennisplatz. Er wollte sich bei einem

Nachbarn, der gerade sein Haus umbaute, Sand holen, um die Sonnenschirm-Ständer zu beschweren. Da kamen vier Dachbalken ins Rollen. Einer hat Dr. Eugen Köck am Hinterkopf getroffen, und er verstarb wenige Tage danach. Wahrscheinlich wäre die Geschichte von Atomic mit ihm anders verlaufen. Er konnte gegenüber Rohrmoser sehr hart auftreten, wenn es um das Wohl der Firma ging. Ich konnte von Dr. Eugen Köck sehr viel lernen und bin ihm heute noch sehr dankbar dafür.

In der Blüte meines Lebens
Überraschte mich der Tod.
Meine Lieben, trauert nicht vergebens,
Denn dies Schicksal kam von Gott.
Wir sind ja noch verbunden
Durch ein Band, das nie zerbricht,
Liebe hält uns fest umwunden,
Und die Liebe stirbt ja nicht!

Bestattung Nierlich - Foto Hofer - Wilk Druck

†

CHRISTLICHES ANDENKEN
an meinen lieben Sohn, unseren Bruder, Taufpaten, Onkel, Cousin, Neffen und Enkel, Herrn

Rudolf Nierlich

St. Wolfgang, Mönichsreith 22
3facher Schiweltmeister

welcher am Samstag, dem 18. Mai 1991, durch einen tragischen Verkehrsunfall im 26. Lebensjahr, viel zu früh von uns gegangen ist.

***

Wer dich gekannt,
Kann unser Leid ermessen,
Was du uns warst,
Bleibt ewig unvergessen!

Rudi Nierlich: Der dreifache Weltmeister starb bei einem Autounfall

Sepp Walcher: Ein Ski-Weltmeister verunglückte bei einem Hobby-Rennen

Richard Kröll: Das Ski-Ass starb 1996 bei einem Autounfall in Tirol

アルペン競技専門誌 月刊スキーイングマガジン
SKIING
MAGAZINE
8
AUGUST 1991
780yen
ベースボール・マガジン社
SPECIAL★TALK
P・ブロディンガー
SERVUS, RUDI
ヒーローが残していった栄光と激動の軌跡を追って——
緊急特別報告
'98年長野五輪決定!
札幌オリンピック以来26年振り、待望の日本開催
別冊特別付録◉SKIING★CLINIC
ノルウェーチームの基礎トレーニング
バランス感覚の養成を重視した
新トレーニング・カリキュラム
[特別取材]
第5回アズリッシモ・レース
第1回KSCトレーニングセミナー
'91北海道インターナショナルキャンプ
[好評連載群]
栄光のエンブレム
ジュニア育成のHOW TO
子供のためのスキー指導
スーパースター列伝
日本スキー名著十二選
バイプレーヤーズ名鑑
WHAT IS「GA」!?
s.Oliver
SUBARU
2
ASPEN

追悼特

SERVUS RUDI

さよならルディ

ルドルフ・ニールリッヒ 激動の軌跡

ヒーローが残していった栄光のシュプール

3日後、世界選手権最終日の2月12日、男子回転。大回転コースの後半を使った、これも緩急、凹凸の激しい難コース。1本目73旗門、2本目74旗門と、ビッグゲーム特有の異常に多いゲートがセットされた。有力選手が次々と戦列を離れ、生き残りゲームとでも呼べそうなレース展開となった。

好調の波に乗ったニールリッヒの滑りはベイルの大舞台で冴え渡った。1本目、ベストタイムを奪ったのは『ミスター精密機械』アルミン・ビットナー。0秒25差でニールリッヒは2位に着けた。豪快なトンバはその豪快さゆえにポールをまたぎあえなく轟沈していた。2本目ニールリッヒは激しく降る雪の中で逆にビットナーに0秒68の差を付け、トータルで0秒44差で逆転優勝を飾り、今大会ただ一人の2冠王に輝いた。

ベイル世界選手権2冠王に輝いたニールリッヒ

『世界選手権のタイトルを手にするには、幸運と良いマテリアル、そして良い滑り、その全てが必要だと思う。そして今回のボクにはその3つの条件が全て備わっていました。ベイルに来る前、メダルを狙ってはいたものの、まさか2個の金メダルをポケットにコロラドを去ることになろうとは想像すら出来ませんでした。今日の2本目は、私を含むどのレーサーにとっても難しい状況だったと思います。幸運にもボクはフィニッシュすることができました。ゴールでビットナーが滑って来るのを待っている間、最悪でも銀メダルを手にしているのだから、と思ってわりに気楽でした。いつもレースのときは優勝を狙っています。今日はうまくいきました』と、口数の少ない男にしては報道陣を前にして気負うことなくよく喋った。本当は強い神経の持ち主だったのである。

ベイル世界選手権大回転で快勝した滑り

スターダムへ

ワールドカップ、世界選手権と好調をキープしてきたニールリッヒは、このシーズンの最後を飾る日本の富良野、志賀高原に於ける最終戦シリーズで、またまた爆発的な力を発揮して、日本のファンにその名を強く印象づけた。

3月3日、富良野大会第1日、男子大回転第5戦目。1本目はゼッケン1番で滑った新鋭オーレ・クリスチャン・フルセットが1分04秒08でベストタイムを奪った。ニールリッヒは1秒31遅れの7位。常識的には届かないタイム。2本目、ニールリッヒは9番目にス

ベイル世界選手権最終日のスラロームも制し、ゴール直後ウイニングポーズを見せた

„Bartl" Maier, Vater von Ulli Maier bei der Weltmeisterschaft 1989 in Vail. Vielleicht hat er zu diesem Zeitpunkt, dem Sieg seiner Tochter selbst noch nicht gewusst, dass er Großvater wird.

In der Blüte meines Lebens
überraschte mich der Tod.
Meine Lieben, trauert nicht vergebens
denn das Schicksal kam von Gott.
Wir sind ja noch verbunden,
durch ein Band das nie zerbricht.
Liebe hält uns fest umwunden -
und die Liebe stirbt ja nicht.

Zum lieben Gedenken

an unsere liebe Tochter, Mutti,
Verlobte, Enkelin, Schwester,
Schwägerin, Tante und Patin,
Frau

Ulli Maier

Doppelschiweltmeisterin
Ehrenringträgerin
der Marktgemeinde Rauris

die am 29. Jänner 1994 im Alter
von 26 Jahren, plötzlich und un-
erwartet, durch einen tragischen
Unfall im Schirennsport, von
Gott, dem Herrn, zu sich gerufen
wurde.

Gertraud Gabl: Die Slalom-Königin starb '76 in einer Lawine

† WALTER WUNDER

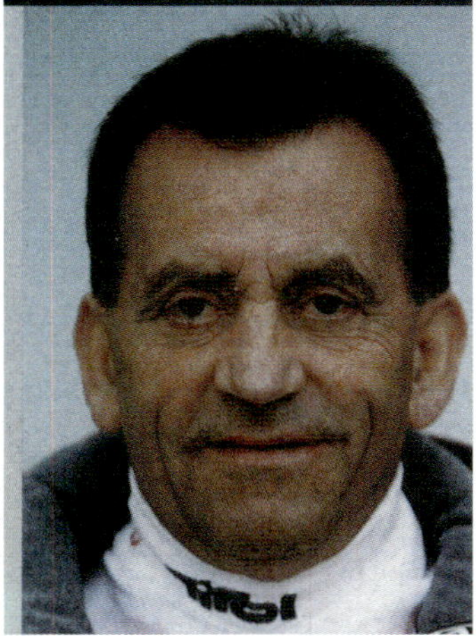

† SELMA STURMBERGER

Fischer-Gruppe trauert um KR Selma Sturm

Mit dem plötzlichen Ableben von KR Selma Sturmberger – geb. Fischer – am 20. Februar 2010 verliert die Fischer Unternehmensgruppe und die österreichische Ski- und Sportartikelindustrie nicht nur eine Unternehmerpersönlichkeit, sondern einen Menschen mit Herz und Augenmaß. Sie hatte sich zeit ihres Lebens mit großer Menschenkenntnis um das Unternehmen und ihre Mitarbeiter gekümmert. Stets gut informiert hat sie während ihres aktiven Berufslebens im Hintergrund gewissermaßen die Fäden gezogen und immer

Als begeisterter Langläufer – übrigens bis ins hohe Alter – gehörte er Mitte der siebziger Jahre des vergangenen Jahrhunderts zu den Mitbegründern des Tauernlaufes, den er, mit einer einzigen Ausnahme, jedes Jahr im Jänner selbst bewältigte. Dass er auch an zahlreichen anderen Volksläufen teilnahm, versteht sich von selbst, auch beim Vasalauf war er am Start. Es mag in des Schicksals Fügung liegen, dass Matthäus Steffner nur drei Tage vor Österreichs größtem Skifahrer Toni Sailer verstarb.

Denn Toni Sailer war jener Läufer, der im Jahr 1956 mit der legendären weißen Zipfelmütze aus dem Haus Steffner ein Produkt aus Altenmarkt erstmals ins Rampenlicht gestellt hat. Danach begann der Siegeszug auch von Steffner; die Firma war über viele Jahre hinaus Ausstatter zahl-

Toni Mark: 1958 in Wallberg gegen einen Baum gefahren

Schwarze Serie im weißen Sport

▶ **Tragödien –** Der Ski-Sport hat unverhältnismäßig viele Unfalltote zu beklagen

Gernot Reinstadler: Kurz vor dem Ziel in Wengen zu Tode gestürzt

Christl Haas: In Antalya beim Schwimmen im Meer ertrunken

Alois Lipburger: Der Skisprung-Trainer verunglückte mit dem Auto

Toni Sailer

Am 24. August 2009 ist Toni Sailer gestorben. Toni Sailer war der erfolgreichste Skifahrer aller Zeiten mit drei Olympischen Goldmedaillen bei den Olympischen Spielen 1956, sieben WM-Goldmedaillen und einer WM-Silbermedaille. Bei den Olympischen Spielen erzielte er, wenn ich mich richtig erinnere, folgende Zeitvorsprünge auf den jeweils Zweiten: 6,2 Sekunden im Riesentorlauf, 3,5 Sekunden in der Abfahrt, 1,8 Sekunden im Torlauf. 1959 trat er als großer Champion ab.

Viele mit ihm gedrehte Filme folgten („Der Schwarze Blitz“). Sein Aufenthalt in Japan hat ihm dort anhaltenden Ruhm eingebracht. Ich hatte die Möglichkeit, ca. fünfmal mit ihm in Japan zu sein. Es gab keine Kontrollen bei der Einreise, nur Ehrbezeigungen für „Toni-San“. Ein Skigebiet und ein Golfplatz sind nach ihm benannt („Sailer Valley“). Bei der Eröffnung trällerten den ganzen Tag die Sailer-Lieder „Am Fujiyama blüht kein Edelweiß“, „Ich bin der glücklichste Mensch auf der Welt“ aus den Lautsprechern an den Liftstützen.

Was ich besonders an ihm schätzte, war seine Ehrlichkeit und Geradlinigkeit. In Cortina gab es noch keine Verträge oder Gagen, er führ in den drei Bewerben zwei verschiedene Marken: Kneissl und Kästle. Nach seiner Karriere hatte er eine Vereinbarung mit Fischer.

Eine Wette zwischen ihm und Alois Rohrmoser verlor er. Es ging darum, wie viele Medaillen Österreich bei den Weltmeisterschaften 1962 in Chamonix gemacht habe. Der Einsatz war, dass Sailer ein Jahr lang statt Fischer Atomic fährt. Er hat die Wette verloren und eingehalten. Später wurde der Vertrag zwischen ihm und Atomic mit weltweiter Gültigkeit abgeschlossen, vor allem im Hinblick auf den japanischen Markt. Neben den Erfolgen und der Beliebtheit von Rudi Nierlich und Michael Tritscher trug dies wesentlich zu den Verkaufserfolgen in Japan bei. Immerhin wurden im besten Jahr 309.000 Paar

Ski nach Japan verkauft, heute sind es nach Firmenangaben zwischen 40.000 und 50.000 Paar.

2006 ereilte ihn die heimtückische Krankheit Krebs. Er erwähnte es keinem gegenüber, ließ sich nie etwas anmerken und bewahrte stets seine Freundlichkeit, sein offenes Wesen.

Prof. Peter Schröcksnadel: „Der Toni war ein besonderer Mensch, der mit seinem Charisma immer wieder begeistert hat. Er ist seinen Mitmenschen stets mit Fröhlichkeit begegnet und hat diese Lebensfreude und Heiterkeit trotz seiner Krankheit nie verloren. Sein Umgang mit dem Kranksein war für mich beeindruckender als so manch großer Sporterfolg und zeichnet ihn als das aus, was er war: Eine ganz große Persönlichkeit“. Hermann Maier sagte einmal: „Ganz egal, ob ich ihn oder ein anderer je überholt – Toni wird immer die allergrößte Legende bleiben“.

Eine großartige Hommage an Toni Sailer liefert der ehemalige ORF-Reporter Sigi Bergmann in seinem Buch „Toni Sailer, Sonntagskind“ (Seifert Verlag GmbH, 2009).

Erinnerungen mit Toni Sailer in Japan (mit dem Halleiner Sportartikelhändler Karl Reyer) und mit meiner Familie in der Ramsau am Dachstein

Toni Sailer und der japanische Atomic-Importeur Shigeru Katagiri

Toni Sailer, 1956, siebenfacher Goldmedaillengewinner

Der 20-jährige Toni Sailer als Sportstar. Winterspiele 1956 in Cortina

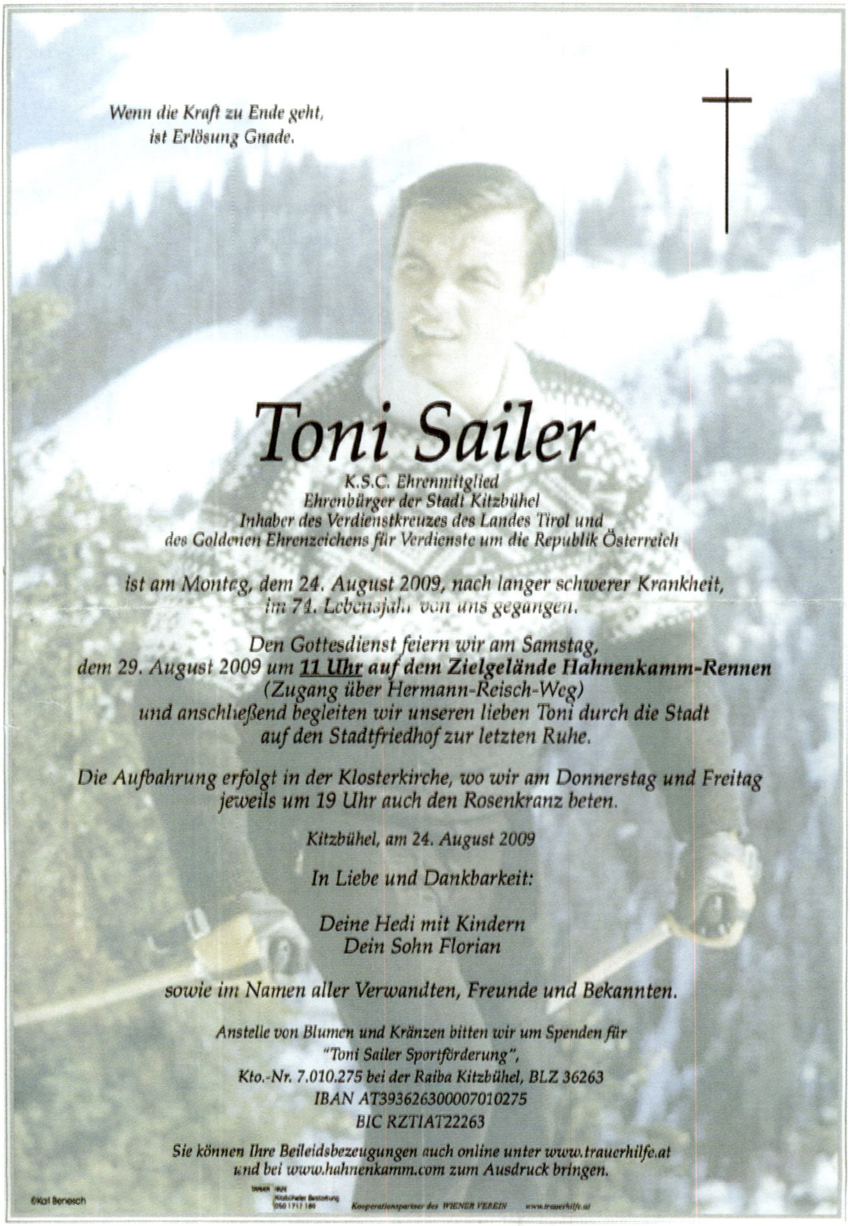

Wenn die Kraft zu Ende geht,
ist Erlösung Gnade.

†

Toni Sailer

K.S.C. Ehrenmitglied
Ehrenbürger der Stadt Kitzbühel
Inhaber des Verdienstkreuzes des Landes Tirol und
des Goldenen Ehrenzeichens für Verdienste um die Republik Österreich

ist am Montag, dem 24. August 2009, nach langer schwerer Krankheit,
im 74. Lebensjahr von uns gegangen.

Den Gottesdienst feiern wir am Samstag,
dem 29. August 2009 um ***11 Uhr auf dem Zielgelände Hahnenkamm-Rennen***
(Zugang über Hermann-Reisch-Weg)
und anschließend begleiten wir unseren lieben Toni durch die Stadt
auf den Stadtfriedhof zur letzten Ruhe.

Die Aufbahrung erfolgt in der Klosterkirche, wo wir am Donnerstag und Freitag
jeweils um 19 Uhr auch den Rosenkranz beten.

Kitzbühel, am 24. August 2009

In Liebe und Dankbarkeit:

Deine Hedi mit Kindern
Dein Sohn Florian

sowie im Namen aller Verwandten, Freunde und Bekannten.

Anstelle von Blumen und Kränzen bitten wir um Spenden für
"Toni Sailer Sportförderung",
Kto.-Nr. 7.010.275 bei der Raiba Kitzbühel, BLZ 36263
IBAN AT393626300007010275
BIC RZTIAT22263

Sie können Ihre Beileidsbezeugungen auch online unter www.trauerhilfe.at
und bei www.hahnenkamm.com zum Ausdruck bringen.

©Karl Benesch

Alois Rohrmoser

Ein weiterer großer Mann des Skisports ist von uns gegangen: Alois Rohrmoser: Ein Mann, der nur für den Skisport und die Skiproduktion gelebt hat. Ein Mann, der den Skiexport weltweit wie kein anderer belebt hat. Ein Mann, der den Skirennsport wie kein anderer geliebt hat. Ein Mann, der für die österreichische Wirtschaft unendlich viel geleistet hat.
Man schreibt auch nach seinem Tod noch viel über die Erfolge auf Atomic. Zu danken sind sie alle Alois Rohrmoser, angefangen von Olga Pall, Reinhard Tritscher, David Zwilling, Marc Girardelli, Rudi Nierlich, Franz Heinzer, Markus Wasmeier, Bill Johnson, Benni Raich, Stefan Eberharter, Annemarie Moser, Brigitte Totschnig, Ulli Maier und vielen anderen. Selbst hatte ich durch 24 Jahre hindurch die Möglichkeit, für Atomic zu arbeiten und gemeinsam zu großen Erfolgen zu kommen. Ich bin sicher, dass ihm alle österreichischen Sportartikelhändler und ihre Kollegen weltweit ein anerkennendes und ehrendes Andenken bewahren werden.

Leuchtende Tage.
Nicht weinen, dass sie vorüber.
Lächeln, dass sie gewesen!

In Liebe denken
wir an dich

KR Alois Rohrmoser
Gründer der Schifabrik Atomic
langjähriger Vizebürgermeister
der Gemeinde Wagrain
Träger des Goldenen Ehrenzeichens
des Landes Salzburg
Träger zahlreicher weiterer Auszeichnungen

* 11. Juli 1932 † 4. Februar 2005

Saison 2010/2011 – Weltcup-Termine aller Disziplinen

Weltcup Termine Dezember 2010 (Weltcuptermine)

Bisher liegen uns folgende **Weltcup-Termine für Dezember 2010** vor (ohne Gewähr)

Beginn	Ende	Veranstaltung	Ort/Land
Weltcup Termine Dezember 2010			
01.12.10	05.12.10	Ski Weltcup Herren	Beaver Creek / USA
03.12.10	03.12.10	Snowboard Weltcup Herren	Seoul / Korea
03.12.10	05.12.10	Weltcup Skispringen	Lillehammer / Norwegen
03.12.10	05.12.10	3. Short Track Weltcup	Changchun / China
04.12.10	05.12.10	Skilanglauf Weltcup	Düsseldorf / Deutschland
04.12.10	05.12.10	Weltcup Nordische Kombination	Lillehammer / Norwegen
04.12.10	05.12.10	2. Rennrodel Weltcup	Winterberg / Deutschland
04.12.10	05.12.10	4. Eisschnelllauf Weltcup	Changchun / China
06.12.10	12.12.10	3. Bob & Skeleton Weltcup	Park City / USA
08.12.10	12.12.10	Biathlon Weltcup	Hochfilzen / Österreich
09.12.10	12.12.10	Ski Weltcup Damen	St. Moritz / Schweiz
10.12.10	11.12.10	3. Rennrodel Weltcup	Calgary / Kanada
10.12.10	12.12.10	Weltcup Skispringen	Harrachov / Tschechien
10.12.10	12.12.10	4. Short Track Weltcup	Shanghai / China
11.12.10	11.12.10	Snowboard Weltcup Damen & Herren	Limone Piemonte / Italien
11.12.10	12.12.10	Ski Weltcup Herren	Val d'Isere / Frankreich
11.12.10	12.12.10	Skilanglauf Weltcup	Davos / Schweiz
11.12.10	12.12.10	5. Eisschnelllauf Weltcup	Obihiro / Japan
13.12.10	19.12.10	4. Bob & Skeleton Weltcup	Lake Placid / USA
14.12.10	19.12.10	Biathlon Weltcup	Pokljuka / Slowenien
15.12.10	18.12.10	Ski Weltcup Herren	Gröden / Italien
15.12.10	18.12.10	Snowboard Weltcup Damen & Herren	Telluride / USA
16.12.10	19.12.10	Ski Weltcup Damen	Val d'Isere / Frankreich
17.12.10	18.12.10	4. Rennrodel Weltcup	Park City / USA
17.12.10	19.12.10	Weltcup Skispringen	Engelberg / Schweiz

18.12.10	19.12.10	Skilanglauf Weltcup	La Clusaz / Frankreich
18.12.10	19.12.10	Weltcup Nordische Kombination	Ramsau / Österreich
19.12.10	19.12.10	Ski Weltcup Herren	Alta Badia / Italien
21.12.10	21.12.10	Ski Weltcup Damen	Courchevel / Frankreich
27.12.10	29.12.10	Ski Weltcup Herren	Bormio / Italien
28.12.10	29.12.10	Ski Weltcup Damen	Semmering / Österreich
28.12.10	29.12.10	Vierschanzentourn ee	Oberstdorf / Deutschland
30.12.10	30.12.10	World Team Challenge (kein Wc)	Schalke / Deutschland
31.12.10	01.01.11	Vierschanzentourn ee	Garmisch-Partenkirchen / D
31.12.10	01.01.11	Skilanglauf Weltcup (Tour de Ski)	Oberhof / Deutschland

Weltcup Termine Januar 2011 (Weltcuptermine)

Bisher liegen uns folgende **Weltcup-Termine für Januar 2011** vor (ohne Gewähr)

Beginn	Ende	Veranstaltung	Ort/Land
Weltcup Termine Januar 2011			
02.01.11	02.01.11	Ski Weltcup Damen & Herren	München / Deutschland
02.01.11	03.01.11	Vierschanzentournee	Innsbruck / Österreich
02.01.11	03.01.11	Skilanglauf Weltcup (Tour de Ski)	Oberstdorf / Deutschland
03.01.11	09.01.11	Biathlon Weltcup	Oberhof / Deutschland
04.01.11	06.01.11	Ski Weltcup Damen & Herren	Zagreb / Kroatien
05.01.11	06.01.11	Vierschanzentournee	Bischofshofen / Österreich
05.01.11	06.01.11	Skilanglauf Weltcup (Tour de Ski)	Toblach / Italien (Südtirol)
05.01.11	06.01.11	5. Rennrodel Weltcup (oder 08./09.01.)	Königssee / Deutschland
06.01.11	09.01.11	Ski Weltcup Damen	Zauchensee / Österreich
07.01.11	09.01.11	Weltcup Skispringen	Harrachov / Tschechien
08.01.11	09.01.11	Skilanglauf Weltcup (Tour de Ski)	Val di Fiemme / Italien
08.01.11	09.01.11	Weltcup Nordische Kombination	Schonach / Deutschland
08.01.11	09.01.11	Snowboard Weltcup Damen & Herren	Ort ??? / Österreich
08.01.11	09.01.11	Ski Weltcup Herren	Adelboden / Schweiz

Weltcup Termine Februar 2011 (Weltcuptermine)

Bisher liegen uns folgende **Weltcup-Termine für Februar 2011** vor (ohne Gewähr)

Beginn	**Ende**	**Veranstaltung**	**Ort/Land**
Weltcup Termine Februar 2011			
01.02.11	02.02.11	Weltcup Skispringen	Klingenthal / Deutschland
02.02.11	06.02.11	Biathlon Weltcup	Presque Isle / USA
04.02.11	05.02.11	Ski Weltcup Damen	Zwiesel / Deutschland
04.02.11	06.02.11	Skilanglauf Weltcup	Rybinsk / Russland
04.02.11	06.02.11	Weltcup Skispringen	Oberstdorf / Deutschland
05.02.11	06.02.11	Ski Weltcup Herren	Hinterstoder / Österreich
07.02.11	20.02.11	**Alpine Ski WM 2011**	Garmisch-Partenkirchen / D
07.02.11	09.02.11	Snowboard Weltcup Damen & Herren	Yongpyong / Korea
07.02.11	13.02.11	Biathlon Weltcup	Fort Kent / USA
11.02.11	13.02.11	Weltcup Skispringen	Vikersund / Norwegen
11.02.11	13.02.11	5. Short Track Weltcup	Moskau / Russland
12.02.11	13.02.11	8. Rennrodel Weltcup	Paramonovo / Russland
13.02.11	13.02.11	Snowboard Weltcup Damen & Herren	Yabuli / China
14.02.11	27.02.11	**Bob & Skeleton WM 2011**	Königssee / Deutschland
17.02.11	20.02.11	Snowboard Weltcup Damen & Herren	Stoneham / Kanada
18.02.11	20.02.11	6. Short Track Weltcup	Dresden / Deutschland
19.02.11	20.02.11	Skilanglauf Weltcup	Drammen / Norwegen
19.02.11	20.02.11	9. Rennrodel Weltcup	Sigulda / Lettland
19.02.11	20.02.11	7. Eisschnelllauf Weltcup	Salt Lake City / USA
23.02.11	06.03.11	**Nordische Ski WM 2011**	Oslo / Norwegen
23.02.11	28.02.11	Ski Weltcup Damen	Are / Schweden
25.02.11	26.02.11	Snowboard Weltcup Damen & Herren	Calgary / Kanada
26.02.11	27.02.11	Ski Weltcup Herren	Bansko / Bulgarien

Weltcup Termine März 2011 (Weltcuptermine)

Bisher liegen uns folgende **Weltcup-Termine für März 2011** vor (ohne Gewähr)

Beginn	Ende	Veranstaltung	Ort/Land
Weltcup Termine März 2011			
01.03.11	13.03.11	**Biathlon WM 2011**	Khanty Mansiysk / Russland
03.03.11	06.03.11	Ski Weltcup Damen	Tarvisio / Italien
04.03.11	06.03.11	8. Eisschnelllauf Weltcup	Heerenveer / Niederlande
05.03.11	05.03.11	Snowboard Weltcup Damen & Herren	Moskau / Russland
05.03.11	06.03.11	Ski Weltcup Herren	Kranjska Gora / Slowenien
10.03.11	13.03.11	Ski Weltcup Herren	Kvitfjell / Norwegen
11.03.11	12.03.11	Ski Weltcup Damen	Spindleruv Mlyn / Tschechien
11.03.11	12.03.11	Weltcup Nordische Kombination	Lahti / Finnland
11.03.11	13.03.11	Weltcup Skispringen	Lahti / Finnland
11.03.11	13.03.11	Snowboard Weltcup Damen & Herren	Bardonecchia / Italien
12.03.11	13.03.11	Skilanglauf Weltcup	Lahti / Finnland
14.03.11	20.03.11	Ski Weltcup Damen & Herren	Lenzerheide / Schweiz
15.03.11	20.03.11	Biathlon Weltcup	Oslo / Norwegen
16.03.11	16.03.11	Skilanglauf Weltcup	Stockholm / Schweden
17.03.11	20.03.11	Weltcup Skispringen	Planica / Slowenien
18.03.11	19.03.11	Snowboard Weltcup Damen & Herren	Chiesa, Valmalenco / Italien
18.03.11	20.03.11	Skilanglauf Weltcup	Falun / Schweden
25.03.11	27.03.11	Snowboard Weltcup Damen & Herren	Arosa / Schweiz

Schlusswort

Der Autor hofft, dass Sie die Geduld hatten, das Buch zu Ende zu lesen. Vielleicht hat es Ihnen doch einen kleinen Einblick in die derzeit gar nicht so leichte Situation in der Skiindustrie gegeben. Vielleicht aber können Sie auch von dem einen oder anderen Punkt – vor allem in Fragen der Sicherheit – profitieren. Das würde auch einen wesentlichen Zweck des Buches erfüllen. Für die ganz „Sportverrückten" habe ich als Service noch einige Statistiken eingefügt und auch auf die Ereignisse in der kommenden Saison hingewiesen. Dies war mir Dank der guten Organisation der FIS und des ÖSV möglich. Wenn Sie dieses Buch in der Hand halten, sind die ersten Weltcup-Rennen ja schon wieder Geschichte, aber eine lange Saison mit den Weltmeisterschaften 2011 steht ja noch bevor.

Insgesamt gesehen waren die 27 Jahre in der Sportartikelindustrie eine sehr schöne Zeit. Die letzten Jahre bei Atomic hätte ich mir ersparen sollen und damit viele Sorgen vermieden. Trotzdem bin ich eigentlich stolz und dankbar, für Atomic 24 Jahre gearbeitet und mit Hilfe von tüchtigen und fleißigen Mitarbeiterinnen und Mitarbeitern doch einiges weitergebracht zu haben.

Ich danke allen Wagrainern, Altenmarktern, den Menschen aus den benachbarten Gemeinden sowie den tätigen Gastarbeitern, welche auch in schwierigen Zeiten zu mir geholfen und mir Mut gegeben haben.

Auch wenn man heute von „Atomic-Bossen" oder „Atomic-Chefs" spricht und schreibt: Es hat immer nur einen Chef gegeben – Alois Rohrmoser.

Ewald Fritz Schrempf
Ramsau am Dachstein, im November 2010

Quellen-Nachweis
für Fotos, Karikaturen, Grafiken

APA, AP Reuters, Atomic, Austria Ski Academy, Heinz Bayer, Birbaum, Blizzard, DDr. Werner Clement, Dynastar, Fischer, FIS, Bruno Haberzettel, Sabine Hoffmann, HTM, Intersport Austria, K2, Kästle, Kneissl, Kronenzeitung, Hermann Kröll, Kurier, Lorenz, Mellmann, News, Nordica, Österreichischer Skiverband, Sepp Pail, Die Presse, Profil, Heinz Prugger, Rossignol, Bert Ruff, Salzburger Nachrichten, Salzburger Universitätsklinikum (www.salk.at), Franz Scherübl, Richard Schneider, Dr. Gerhard Seicht, Ernest Simharl, Erich Spiess, Sport 2000 Österreich, Sports Illustrated, Sportmagazin, SRS, Stadtamt Schladming, Stöckli, Tecnica, TVB Altenmarkt-Zauchensee, TVB Ischgl, TVB Obertauern, TVB Schladming-Rohrmoos, TVB Semmering, TVB Serfaus-Fiss-Ladis/Tirol, TVB Wagrain, Wirtschaftsblatt, Zai, Zur Zeit

Autogramme

Autogramme

Autogramme

Autogramme

Autogramme

Autogramme

Autogramme